Point up
3-step 왕초보
중국어 단어

국립중앙도서관 출판시도서목록(CIP)

```
(Point up) 3-step 왕초보 중국어 단어
창외국어연구회 편 | 감수: 최청화, 유향미
— 서울 : 창, 2012
   p. ;   cm
본문은 한국어, 중국어가 혼합수록됨
ISBN  978-89-7453-198-0  10720 : ₩ 10,000

중국어 어휘[中國語語彙]

724-KDC5
495.18-DDC21         CIP2012002070
```

Point Up 3스텝 왕초보 중국어 단어

2022년 01월 20일 5쇄 발행
2022년 01월 25일 5쇄 발행

감수자 | 최청화/유향미
펴낸이 | 이규인
펴낸곳 | 도서출판 **창**
등록번호 | 제15-454호
등록일자 | 2004년 3월 25일

주소 | 서울특별시 마포구 용강동 117-4 월명빌딩 1층
전화 | (02) 322-2686, 2687 / **팩시밀리** | (02) 326-3218
홈페이지 | http://www.changbook.co.kr
e-mail | changbook1@hanmail.net

ISBN 978-89-7453-198-0 10720

정가 10,000원
*잘못 만들어진 책은 〈도서출판 **창**〉에서 바꾸어 드립니다.

*이 책의 저작권은 〈도서출판 **창**〉에 있습니다.
 저작권법에 의해 보호를 받는 저작물이므로 무단 전재와 복제를 금합니다.

Point up

3-step 왕초보 중국어 단어

창
Chang
Books

Foreword

간편하고 효율적인 학습을 위해

여러분은 지금 국제화 시대에 살고 있습니다. 영어와 마찬가지로 중국어는 여러분과 떼려야 뗄 수 없는 불가분의 관계입니다. 또한 중국은 날이 갈수록 발전하는 나라로 앞으로 한중 교류도 늘어날 것으로 예상되기 때문에 반드시 필요한 언어라고말할 수 있습니다.
이러한 시대 상황을 고려하여 편집·제작된 Point up 3-step 왕초보 중국어 단어는 교육인적자원부 7차 교육과정 수능 필수단어와 새로 개정된 중국어 능력시험에 따라 新HSK 1급~6급의 필수단어 및 기초어휘 등을 포함해서 초급부터 중급, 고급에 이르기까지 누구나 부담없이 공부할 수 있도록 하였으며, 또한 10년 이상 각종 시험자료에서 입증된 핵심단어만을 골라 3,000단어로 구성하였습니다. 중국어 공부에서 가장 걸림돌은 어휘 즉, 단어입니다. 그러한 어휘학습 효과를 높이기 위해 만들어진 이 책의 특징을 살펴보면,

이 책의 구성을 살펴보면,
Part I   왕초보 1스텝 기본단어 - 초급 단계
Part II   왕초보 2스텝 필수단어 - 중급 단계
Part III 왕초보 3스텝 핵심단어 - 고급 단계

이와 같이 단계별로 분류한 후, 중요도에 따라 알기 쉽게 '한어병음자모' 순으로 배열·수록하였습니다. 그러나 한글발음표기는 단어 학습을 위한 것에 지나지 않으므로 정확한 발음은 발음표를 보고 익히시기 바랍니다. 게다가 단어를 쉽게 외울 수 있도록 생생하고 유익한 예문만을 엄선해, 최신의 주요 중영사전과 인터넷의 자료를 참조하였으며, 단어의 뜻도 중영사전에서 직접

F·o·re·w·o·rd

옮겨왔을 뿐만 아니라, 각 단어마다 정확한 한글발음을 표기하여 초보자도 쉽게 따라 발음할 수 있도록 하였습니다. 또한 기본뜻 외에 반의어, 동의어 및 파생어도 함께 실어 연상효과도 얻을 수 있도록 하였으며, 시대상황을 고려하여 많이 사용하는 외래어를 중심으로 첨가하였습니다. 부록은 중국어 학습에 꼭 필요한 알찬 내용만을 엄선하여 실었습니다. 따라서 본서에 표시되어 있는 체크박스를 체크하면서 매일 조금씩 외우다 보면 어느 새 단어왕이 되어 있을 것입니다. 그리고 포켓용으로 만들어져 휴대하며 공부할 수 있기에 단어학습을 한층 Point up 함으로써 여러분의 중국어실력을 단계별로 향상시켜 줄 것입니다.

참고로 이 책을 학습하는 데 필요한 사용기호를 살펴보면,
명→명사 동→동사 부→부사 대→대명사 접→접속사 형→형용사 개→개사
수량→수량사 수→수사 조동→조동사 조→조사 접미→접미사 감→감탄사
양→양사 접두→접두사 의→의성어/의태어 (↔)→반의어 (=)→동의어
□→번호순서대로 체크하면서 외우는 표시임.

Contents

차례

- Part I 왕초보 1스텝 기본단어 7
  (초급 단계)
- Part II 왕초보 2스텝 필수단어 143
  (중급 단계)
- Part III 왕초보 3스텝 핵심단어 309
  (고급 단계)

〈부록〉

- 중국어의 문자와 음절   542
- 숫자 읽는 법   547
- 필수 속담   550
- 필수 성어   552
- 필수 관용어   555
- 찾아보기   559

Part I

3-step
1단계

기본단어

3-step 1단계

1

□ **啊**

[ǎi] 아

 감 아, 앗 조동 감탄·긍정·의문을 나타냄

❖ **啊**, 明白了。 아! 알았다.
ā, míng bái le

❖ **啊**, 做得真好。 아! 정말 잘한다.
ā, zuò dé zhēn hǎo

2

□ **矮**

[ǎi] 아이

 형 키가 작다, (등급·지위 등이) 낮다

❖ 兄弟俩一高一**矮**。
xiōng dì liǎng yī gāo yī ǎi
두 형제가 하나는 크고 하나는 작다.

❖ 他又**矮**又胖。 그는 작고 뚱뚱하다.
tā yòu ǎi yòu pàng

3

□ **爱**

[ài] 아이

 명 사랑 동 사랑하다, ~하기 좋아하다

❖ **爱**妻。 사랑하는 아내.
ài qī

❖ 我**爱**你。 사랑해.
wǒ ài nǐ

4

□ **八**

[bā] 빠

 수 8, 여덟

❖ **八**个人。 여덟 명.
bā gè rén

1단계

5

□ **把**

[bǎ] 바

(수) 자루 (개) ~을, ~으로서 (동) (손으로) 쥐다

❖ 把书打开。책을 펴다.
 bǎ shū dǎ kāi

❖ 他把手指向远方。
 tā bǎ shǒu zhǐ xiàng yuǎn fāng
 그는 손으로 먼 곳을 가리켰다.

6

□ **爸爸**

[bà ba] 빠 바

(명) 아버지, 아빠

❖ 问爸爸要点儿零花儿。
 wèn bà ba yào diǎn líng huā'ér
 아빠에게 용돈 좀 달라고 해.

❖ 候鸟爸爸。기러기아빠.
 hòu niǎo bà ba

7

□ **吧**

[ba] 바

(조동) 명령(~해라), 건의·재촉(~하자), 추측

❖ 你忙你的吧! 수고해라!
 nǐ máng nǐ de ba

❖ 啊, 你不是说我吧?
 ā, nǐ bú shì shuō wǒ ba
 어, 너 지금 나한테 뭐라는 거 아니지?

8

□ **白**

[bái] 바이

(명) 백색 (형) 희다, 하얗다 (부) 헛되이

❖ 白白的雪。새하얀 눈.
 bái bái de xuě

❖ 肤色白。살빛이 희다.
 fū sè bái

9

□ **白天**

[bái tiān] 바이 티엔

(명) 주간, 낮, 대낮

❖ 晚上和白天一样长。밤과 낮의 길이가 같다.
 wǎn shang hé bái tiān yí yàng cháng

10
百
[bǎi] 바이

㊗ 100, 일백 〈비유〉매우 많은 수

❖ **百**把里路, 不太远。
bǎi bǎ lǐ lù, bù tai yuǎn
백 리 정도라 그리 멀지 않다.

❖ **百**闻不如一见。
bǎi wén bù rú yí jiàn
백 번 듣는 것보다 한 번 보는 것이 낫다.

11
搬
[bān] 빤

㊇ (위치를) 옮기다, 나르다, 이사하다

❖ **搬**行李。짐을 옮기다.
bān xíng li

12
办
[bàn] 빤

㊇ 일하다, 처리하다, 해결하다

❖ 好的, 就照你说的**办**。
hǎo de, jiù zhào nǐ shuō de bàn
좋아요, 그럼 당신 말대로 합시다.

❖ 这件事不好**办**。이 일은 처리하기 쉽지 않다.
zhè jiàn shì bù hǎo bàn

13
半
[bàn] 빤

㊗ 반, 절반, 30분 ㊉ 중간의 ㊊ 반쯤

❖ 分一**半**。반으로 가르다.
fēn yí bàn

❖ 完成了一**半**。반을 완성했다.
wán chéng le yī bàn

14
帮
[bāng] 빵

㊇ 돕다, 원조하다 ㊋ 결사, 집단, 패거리

❖ 谢谢**帮**我的忙。도와줘서 고마워요.
xiè xie bāng wǒ de máng

❖ **帮**着搬家。이삿짐 나르는 일을 돕다.
bāng zhe bān jiā

15
□ 棒球
[bàng qiú] 빵 치우

(명) 야구, 야구공

* 职业棒球。 프로 야구.
  zhí yè bàng qiú
* 棒球比赛输了。 야구 시합에 지다.
  bàng qiú bǐ sài shū le

16
□ 包
[bāo] 빠오

(동) 포장하다 (명) 보자기, 꾸러미, 가방

* 请打包。 포장해주세요.
  qǐng dǎ bāo

17
□ 饱
[bǎo] 바오

(형) 배부르다, 속이 꽉 차다 (부) 충분히

* 我真的吃饱了。 나는 정말 배가 불러요.
  wǒ zhēn de chī bǎo le

18
□ 报
[bào] 빠오

(동) 알리다, 전하다, 보고하다

* 日报。 일간 신문.
  rì bào

19
□ 报告
[bào gào] 빠오 까오

(명) 보고, 보고서 (동) 보고하다

* 报告你一个好消息。
  bào gào nǐ yī ge hǎo xiāo xi
  좋은 소식 하나 알려줄게.

20
□ 北
[běi] 베이

(명) 북, 북쪽, 북녘, 북방 (동) 패배하다

* 北边。 북쪽.
  běi biān
* 东西南北。 동서남북.
  dōng xī nán běi

기본단어 | 11

21
□ 被

[bèi] 빼이

[동] 덮다 [명] 이불 [개] ~에게 당하다

- 被祸。화를 당하다.
  bèi huò
- 他被公司裁退了。
  tā bèi gōng sī cái tuì le
  그는 회사로부터 정리 해고당했다.

22
□ 倍

[bèi] 빼이

[양] 배, 곱 [부] 더욱 [동] 배가하다

- 加倍努力吧。배로 노력하자.
  jiā bèi nǔ lì bā
- 比A大1倍。 A의 곱절이나 크다.
  bǐ A dà 1 bèi

23
□ 本

[běn] 번

[명] 근본, 기초 [형] 본래의 [대] 자기의, 이(것)

- 一本儿好书。좋은 책 한 권.
  yī běn ér hǎo shū
- 作业本。숙제 노트.
  zuò yè běn

24
□ 本月

[běn yuè] 번 위에

[명] 이번 달

- 报名时间到本月底止。
  bào míng shí jiān dào běn yuè dǐ zhǐ
  신청기간은 이번 달 말까지이다.

25
□ 鼻子

[bí zi] 비 즈

[명] 코

- 鼻子很高。코가 높다.
  bí zi hěn gāo
- 鼻子不通。코가 막히다.
  bí zi bù tōng

26
□ **比**

[bǐ] 비

개 ~에 비하여, ~보다 동 비교하다

❖ 他比我大五岁。
tā bǐ wǒ dà wǔ suì
그는 나보다 다섯 살이 많다.

❖ 飞机比火车快。
fēi jī bǐ huǒ chē kuài
비행기는 기차보다 빠르다.

27
□ **比较**

[bǐ jiào] 비 찌아오

부 비교적 동 비교하다, 대비하다

❖ 比较合适。 비교적 적당하다.
bǐ jiào hé shì

28
□ **必须**

[bì xū] 삐 쒸

부 반드시 ~해야 한다, 필수적이다

❖ 必须努力学习。
bì xū nǔ lì xué xí
반드시 열심히 공부해야 한다.

❖ 作业明天必须完成。
zuò yè míng tiān bì xū wán chéng
숙제는 내일 반드시 다 해야 한다.

29
□ **闭**

[bì] 삐

동 닫다, 다물다, 감다, 끝내다

❖ 闭嘴。 입을 닫다.
bì zuǐ

30
□ **毕业**

[bì yè] 삐 예

명 졸업 동 졸업하다

❖ 恭喜你毕业了。 졸업을 축하합니다.
gōng xǐ nǐ bì yè le

❖ 在毕业以后你想做什么?
zài bì yè yǐ hòu nǐ xiǎng zuò shén me
졸업 후에 뭘 할 생각이야?

31

□ **变**

[biàn] 삐엔

(동) 변하다, 달라지다, 바꾸다 (명) 변고

- 市容变了。 거리의 모습이 변하다.
  shì róng biàn le
- 时代变了。 시대가 변했다.
  shí dài biàn le

32

□ **遍**

[biàn] 삐엔

(형) 온, 모든 (동) 두루 퍼지다 (부) 널리

- 我仔细地读了一遍。
  wǒ zǐ xì de dú le yī biàn
  나는 자세히 한 번 읽었다.

33

□ **便宜**

[pián yi] 피엔 이

(형) 싸다

- 便宜的房租。 싼 집세.
  pián yi de fáng zū
- 还能便宜点儿吗?
  hái néng biàn yi diǎn ér ma
  좀더 싸게 할 수 없나?

34

□ **表**

[biǎo] 비아오

(명) 겉, 외부, 모범, 시계 (동) 나타내다

- 我的表很准。 내 시계는 아주 정확해.
  wǒ de biǎo hěn zhǔn

35

□ **别**

[bié] 비에

(동) 이별하다, 헤어지다, 구별하다, 꽂다

- 别乱说。 함부로 말하지 마.
  bié luàn shuō

36

□ **并**

[bìng] 삥

동 합치다, 겸유하다 부 결코, 조금도

❖ 这**并**非他的错。
zhè bìng fēi tā de cuò
이것은 결코 그의 잘못이 아니다.

❖ 我将制定**并**实行计划。
wǒ jiāng zhì dìng bìng shí xíng jì huá
나는 곧 계획을 세우고 실행할 것이다.

37

□ **并且**

[bìng qiě] 삥 치에

접 게다가, 또한, 그 위에

❖ 学历好，**并且**有实力。
xué lì hǎo, bìng qiě yǒu shí lì
학력도 좋고 또한 실력도 있다.

38

□ **病**

[bìng] 삥

명 병, 질병, 결점 동 병나다, 앓다

❖ 我今天**病**了，不能去上学了。
wǒ jīn tiān bìng le, bù néng qù shàng xué le
나는 오늘 병이나서 학교에 갈 수 없다.

❖ 他**病**了，吃不下去东西。
tā bìng le, chī bú xià qù dōng xi
그는 아파서 음식을 삼키지 못한다.

39

□ **拨**

[bō] 뿌어

동 다이얼을 돌리다, 방향을 바꾸다

❖ **拨**打。전화를 걸다.
bō dǎ

40

□ **玻璃**

[bō li] 뿌어리

명 유리, 유리 모양의 물건

❖ 来一个**玻璃**杯子，可以吗?
lái yī ge bō li bēi zi, kě yǐ ma
유리컵 하나 가져 다 주시겠어요?

41
□ 补
[bǔ] 부

(동) 깁다, 보충하다, (명) 이익, 도움

* 补充。 보충하다.
  bǔ chōng
* 热补英语。 집중적으로 영어를 보충학습하다.
  rè bǔ yīng yǔ

42
□ 不
[bù] 뿌

(부) (부정문) 아니다, ~않다, 못하다

* 我不去。 나는 가지 않는다.
  wǒ bú qù
* 有钱不一定能买到。
  yǒu qián bú yí dìng néng mǎi dào
  돈이 있다고 살 수 있는 것은 아니다.

43
□ 不必
[bú bì] 부삐

(부) ~할 필요가 없다, ~하지 마라

* 不必亲自动手。 친히 할 필요가 없다.
  bú bì qīn zì dòng shǒu
* 不必多心。 지나친 걱정은 하지 마라.
  bú bì duō xīn

44
□ 不错
[bú cuò] 부 추어

(형) 틀림없다, 맞다, 좋다, 괜찮다

* 这苹果的吃口不错。 이 사과 맛이 괜찮네.
  zhè píng guǒ de chī kǒu bú cuò
* 他们单位福利不错。
  tā men dān wèi fú lì bú cuò
  그들 회사는 복리후생이 괜찮다.

45
□ 不但
[bú dàn] 부 딴

(접) ~ 뿐만 아니라

* 她不但字写得很漂亮，画也画得不错。
  tā bú dàn zì xiě de hěn piāo liàng, huà yě huà de bú cuò
  그녀는 글씨를 예쁘게 쓸 뿐만 아니라 그림도
  잘 그린다.

46

□ **不要**

[bú yào] 부 야오

🔹 ~하지 마라, ~해서는 안 된다

* **不要**熬夜。밤을 꼬박 새지 마라.
  bú yào áo yè
* **不要**在作业本上乱画。
  bú yào zài zuò yè běn shàng luàn huà
  숙제 노트에 낙서하지 마라.

47

□ **部分**

[bù fēn] 뿌 펀

🔹 부분, 일부

* 字下划线的**部分**。밑줄 친 부분.
  zì xià huá xiàn de bù fēn

48

□ **才**

[cái] 차이

🔹 재주, 재능 있는 사람 🔹 방금, 이제 막, 겨우

* 只有努力地学习，**才**有成功的希望。
  zhǐ yǒu nǔ lì de xué xí, cái yǒuchéng gōng de xī wàng
  열심히 노력을 해야 비로소 성공의 희망이 보인다.
* 有你帮忙，我**才**办好了这个问题。
  yǒu nǐ bāng máng, wǒ cái bàn hǎo le zhè gè wèn tí
  너의 도움이 있어서 이 문제를 잘 처리할 수 있었다.

49

□ **菜**

[cài] 차이

🔹 야채, 채소, 요리의 총칭, 반찬

* 这**菜**味道怎么样? 이 요리 맛이 어때요?
  zhè dào cài wèi dao zěn me yàng

50

□ **参加**

[cān jiā] 찬 찌아

🔹 (조직·활동에) 참가하다, 가입하다

* **参加**比赛。단체에 참가하다.
  cān jiā bǐ sài
* 他正在**参加**教育会议。
  tā zhèng zài cān jiā jiào yù huì yì
  그는 지금 교육 회의에 참가 중이다.

51
餐厅
[cān tīng] 찬 팅

⒨ 식당, 음식점, 레스토랑

- **餐厅**开业。식당 개업.
  cān tīng kāi yè
- 这附近有没有**餐厅**?
  zhè fù jìn yǒu méi yǒu cān tīng
  이 근처에 식당이 있습니까?

52
草
[cǎo] 차오

⒨ 풀, 짚, 초서 ⒣ 거칠다, 어설프다

- 一棵**草**。 풀 한 포기.
  yī kē cǎo

53
层
[céng] 청

⒨ 층, 계층 ⒤ 연이어 ⒣ 겹겹의

- 高**层**。고층.
  gāo céng

54
曾经
[céng jīng] 청 찡

⒤ 일찍이, 이전에, 이미, 벌써

- 去年我们**曾经**见过面。
  qù nián wǒ men céng jīng jiàn guo miàn
  작년에 우리는 이미 만난 적이 있다.
- 这就是那时候**曾经**提起过的那本书。
  zhè jiù shì nà shí hou céng jīng tí qǐ guò de nà běn shū
  이것이 언젠가 말씀 드렸던 책입니다.

55
茶
[chá] 차

⒨ 차, 차나무, 찻빛, 담갈색

- 一盒绿**茶**。한 통의 녹차.
  yī hé lǜ chá
- 喝**茶**。차를 마시다.
  hē chá

56
长
[cháng] 창

혱 길다, 멀다, 뛰어나다 몡 길이, 장점, 장시간

❖ 他长得很帅，但是性格并不好。
tā zhǎng de hěn shuài, dàn shìxìng gé bìng bú hǎo
그는 잘생겼지만 성격은 좋지 않다.

❖ 小伙子长得高高大大的。
xiǎo huǒ zi zhǎng de gāo gāo dà dà de
아이가 건장하게 자랐다.

57
常
[cháng] 창

뷔 늘, 언제나, 자주

❖ 四季常绿。사계절 늘 푸르다.
sì jì cháng lǜ

58
唱
[chàng] 창

동 노래하다, 크게 외치다, 몡 노래, 시가

❖ 伴唱。 반주에 맞추어 노래하다.
bàn chàng

❖ 唱悲伤的歌。 슬픈 노래를 부르다.
chàng bēi shāng de gē

59
炒
[chǎo] 차오

동 (기름 등에) 볶다, 들볶다

❖ 炒饭。 볶음밥.
chǎo fàn

60
车站
[chē zhàn] 처 짠

몡 정류장, 정거장, 역

❖ 车站就在前门的附近。
chē zhàn jiù zài qián mén de fù jìn
정거장은 바로 첸먼의 근처에 있다.

❖ 简易车站。간이역.
jiǎn yì chē zhàn

기본단어 | **19**

61

□ **城市**

[chéng shì] 청 쓰

⊛ 명 도시, 도회지, 시내

❖ 海滨**城市**。해안 도시.
hǎi bīn chéng shì

❖ **城市**布局。도시 구도.
chéng shì bù jú

62

□ **吃**

[chī] 츠

⊛ 동 먹다, 마시다, 피우다 명 먹거리, 식사

❖ **吃**面条。국수를 먹다.
chī miàn tiáo

❖ **吃**便当。도시락을 먹다.
chī biàn dāng

63

□ **尺**

[chǐ] 츠

⊛ 명 자, 자 모양의 물건 수양 척, 자 [길이 단위]

❖ 二**尺**。2척.
èr chǐ

❖ 三**尺**有奇。삼 척 남짓.
sān chǐ yǒu qí

64

□ **抽**

[chōu] 초우

⊛ 동 뽑다, 꺼내다, 빨다, 피우다

❖ 他烟**抽**得太凶了。
tā yān chōu de tài xiōng le
그는 담배를 너무 심하게 피워 댄다.

❖ 从笔筒里**抽**出笔来。필통에서 펜을 꺼내다.
cóng bǐ tǒng lǐ chōu chū bǐ lái

65

□ **出**

[chū] 추

⊛ 동 나오다, 발표하다, 발행하다

❖ **出**门上街。문을 나서서 거리로 나가다.
chū mén shàng jiē

❖ 康复**出**院。건강을 회복하여 퇴원하다.
kāng fù chū yuàn

66
□ 厨房
[chú fáng] 추팡

[명] 부엌, 주방, 요리사, 조리사

- 在厨房做饭菜。주방에서 음식을 만든다.
  zài chú fáng zuò fàn cài
- 收拾厨房。부엌을 치우다.
  shōu shi chú fáng

67
□ 出租车
[chū zū chē] 추쭈처

[명] 택시

- 包乘一周的出租车。일주일간 대절한 택시.
  bāo chéng yī zhōu de chū zū chē
- 出租车按里程计费。
  chū zū chē àn lǐ chéng jì fèi
  택시는 거리에 따라 비용을 계산한다.

68
□ 穿
[chuān] 추안

[동] (구멍을) 뚫다, 꿰뚫다

- 这衣服你穿大小儿正合适。
  zhè yī fú nǐ chuān dà xiǎo ér zhèng hé shì
  이 옷은 네가 입으니 크기가 딱 맞다.
- 她穿得很单薄。
  tā chuān de hěn dān báo
  그녀는 옷을 너무 얇게 입었다.

69
□ 船
[chuán] 추안

[명] 배, 선박

- 划船。배를 젓다.
  huá chuán
- 往江里放船。강에 배를 띄우다.
  wǎng jiāng lǐ fàng chuán

70
□ 窗户
[chuāng hu] 추앙후

[명] 창, 창문

- 打开窗户。창문을 열다.
  dǎ kāi chuāng hu
- 叩打窗户。창문을 두드리다.
  kòu dǎ chuāng hu

71
吹

[chuī] 추이

동 불다

- 凉爽的风**吹**着。 시원한 바람이 불다.
  liáng shuǎng de fēng chuī zhe
- 风轻轻地**吹**着。 솔솔 바람이 불고 있다.
  fēng qīng qīng de chuī zhe

72
春天

[chūn tiān] 춘 티엔

명 봄, 봄철

- 过**春天**。 봄을 나다.
  guò chūn tiān
- 现在正是**春天**。 때는 바야흐로 봄이다.
  xiàn zài zhèng shì chūn tiān

73
次

[cì] 츠

명 차례, 순서 양 번, 차, 횟수 수 제 2의

- 成都我去过两**次**。
  chéng dōu wǒ qù guo liǎng cì
  나는 청두(成都)에 두 번 간 적이 있다.
- 初**次**见面。 처음으로 보다.
  chū cì jiàn miàn

74
聪明

[cōng míng] 충 밍

형 영리하다, 총명하다

- 极顶**聪明**。 대단히 총명하다.
  jí dǐng cōng ming
- **聪明**伶俐。 똑똑하고 영리하다.
  cōng míng líng lì

75
从

[cóng] 충

동 좇다 명 수행원, 사촌간 개 ~에서 [부터]

- **从**小本分。 어려서부터 분수를 지키다.
  cóng xiǎo běn fèn
- **从**古到今。 옛날부터 지금까지.
  cóng gǔ dào jīn

76
从来
[cóng lái] 충라이

🔸 여태껏, 지금까지, 이제까지

❖ 他从来不说假话。
tā cóng lái bù shuō jiǎ huà
그는 여태껏 거짓말을 한 적이 없다.

❖ 他的成绩在班上从来都是殿后的。
tā de chéng jì zài bān shàng cóng lái dōu shì diàn hòu de
그의 성적은 지금까지 줄곧 반에서 뒤에 처져 있다.

77
从前
[cóng qián] 충치엔

🔸 종전, 이전 🔸 예전에, 종전에

❖ 从前，做苦工很被人瞧不起。
cóng qián, zuò kǔ gōng hěn bèi rén qiáo bù qǐ
예전에는 막노동을 하면 아주 천시당했다.

❖ 从前的事情。종전의 일.
cóng qián de shì qíng

78
粗
[cū] 추

🔸 굵다, (알갱이가) 크다, 거칠다, 경솔하다

❖ 胳膊粗。팔이 굵다.
gē bo cū

❖ 条儿粗。가락이 굵다.
tiáo ér cū

79
寸
[cùn] 춘

🔸 아주 작은, 촌, 치 🔸 (매우) 짧다, 작다

❖ 十寸是一尺。열 치가 한 자이다.
shí cùn shì yī chǐ

❖ 二尺五寸。2자5치
èr chǐ wǔ cùn

80
错
[cuò] 추어

🔸 잘못 🔸 들쑥날쑥하다 🔸 (이를) 갈다

❖ 一开始就错了。당초부터 틀리다.
yì kāi shǐ jiù cuò le

❖ 不用说，是你错了。
bú yòng shuō, shì nǐ cuò le
두말할 것 없이 자네가 틀렸네.

81
打
[dǎ] 다

(동) 치다, 싸우다, 깨뜨리다

- ❖ 打架斗殴。치고 박고 싸우다.
  dǎ jià dòu ōu
- ❖ 他被打个臭死。
  tā bèi dǎ ge chòu sǐ
  그는 죽도록 심하게 두들겨 맞았다.

82
打火机
[dǎ huǒ jī] 다 후어 찌

(명) 라이터(lighter)

- ❖ 打火机点不着火。라이터가 안 켜진다.
  dǎ huǒ jī diǎn bù zháo huǒ
- ❖ 我的打火机点不着火，借你的用一下可以吗?
  wǒ de dǎ huǒ jī diǎn bú zháo huǒ, jiè nǐ de yòng yí xià kě yī ma
  라이터가 불이 안 켜지는데, 네 것 좀 빌려 쓸 수 있니?

83
打算
[dǎ suàn] 다 쑤안

(명) 생각 (동) 계획하다 (조동) ~하려고 하다

- ❖ 她打算写一部长篇小说。
  tā dǎ suan xiě yí bù cháng piān xiǎo shuō
  그녀는 장편소설 한 편을 쓸 작정이다.
- ❖ 下一步你有什么打算?
  xià yí bù nǐ yǒu shén me dǎ suan
  앞으로 너 어떻게 할 생각이니?

84
大
[dà] 따

(부) 매우, 몹시 (형) 크다, 많다, 세다

- ❖ 药力大。약효가 크다.
  yào lì dà
- ❖ 胆子大。담력이 크다.
  dǎn zi dà

85
大概
[dà gài] 따 까이

(명) 대략, 개요 (부) 아마, 대략적으로

- ❖ 她大概是韩国人。그녀는 아마도 한국인이다.
  tā dà gài shì hán guó rén

86
大家
[dà jiā] 따 찌아

명 대가, 거장, 권위자   대 모두들, 여러분

- **大家**好! 我介绍一下。
  dà jiā hǎo ! wǒ jiè shào yí xià
  여러분 안녕하세요. 제 소개를 할게요.

87
大衣
[dà yī] 따 이

명 외투, 오버코트 (overcoat)

- 皮**大衣**。 털 외투.
  pí dà yī
- 披**大衣**。 외투를 걸치다.
  pī dà yī

88
带
[dài] 따이

명 띠, 벨트, 밴   동 휴대하다, 지니다

- **带**钱。 돈을 지니다.
  dài qián
- **带**武器。 무기를 지니다.
  dài wǔ qì

89
但是
[dàn shì] 딴 쓰

접 그러나, 그렇지만, 하지만

- 玫瑰很美，**但是**有刺儿。
  méi guī hěn měi, dàn shì yǒu cì ér
  장미는 아름답다. 그러나 가시가 많다.
- 虽然我们见过面，**但是**不熟。
  suī rán wǒ men jiàn guo miàn, dàn shì bù shú
  우리가 비록 만난 적은 있지만, 잘 알지는 못한다.

90
当
[dāng] 땅

동 대하다   개 ~에서   조동 당연히 ~해야 한다

- **当**你过马路的时候，要注意安全。
  dāng nǐ guò mǎ lù de shí hou, yào zhù yì ān quán
  도로를 건널 때 안전에 주의하세요.

91
当然
[dāng rán] 땅 란

(부) 당연히, 물론 (형) 당연하다, 물론이다

- 你效法他是当然的。
  nǐ xiào fǎ tā shì dāng rán de
  네가 그를 본받는 것도 당연하다.

- 这样做当然不行。
  zhè yàng zuò dāng rán bù xíng
  이렇게 하는 것은 당연히 안 된다.

92
倒
[dǎo] 다오

(동) 넘어지다, 붕괴하다, 바꾸다, 이동하다

- 摔倒。넘어지다.
  shuāi dǎo

- 趴倒。엎어지다.
  pā dǎo

93
到
[dào] 따오

(형) 전반적이다 (동) 도착하다 (개) ~에, ~으로

- 飞机刚到。비행기가 방금 도착했다.
  fēi jī gāng dào

94
到低
[dào dǐ] 따오 디

(부) 도대체, 결국 (동) 끝까지 하다

- 经过多次试验，他们到底成功了。
  jīng guo duō cì shì yàn, tā men dào dǐ chéng gōng le
  여러 번의 실험을 거쳐 그들은 결국 성공했다.

95
道
[dào] 따오

(명) 길, 도로, 이치, 방법 (동) 말하다

- 铁道。철도.
  tiě dào

96
的
[de] 더

(조동) 명사·동사 뒤에서 한정의 역할

- 他的意见对啊。그의 의견이 맞아.
  tā de yì jiàn duì ā

- 谁的书？누구 책이야?
  shuí de shū

97

☐ **得**

[de] 더

[조동] 결과·가능·정도를 나타낸다

* **请你慢慢得说。** 천천히 말해주세요.
  qǐng nǐ màn màn de shuō
* **只要平时努力，保管考试取得好成绩。**
  zhǐ yào píng shí nǔ lì, bǎo guǎn kǎo shì qǔ dé hǎo chéng jī
  평소에 열심히만 한다면 틀림없이 시험에서 좋은 성적을 얻을 것이다.

98

☐ **灯**

[dēng] 덩

[명] 등, 등불, 전자관(電子管)

* **亮灯。** 등을 밝히다.
  liàng dēng

99

☐ **等**

[děng] 덩

[명] 종류, 등급 [형] 같다, 대등하다

* **等公共汽车。** 시내 버스를 기다리다.
  děng gōng gòng qì chē
* **请等一会儿。** 조금만 기다려 주세요.
  qǐng děng yí huì ér

100

☐ **低**

[dī] 띠

[형] (수준·등급 등이) 낮다 [동] (머리를) 숙이다

* **利息低。** 금리가 낮다.
  lì xī dī
* **地势低平。** 지대가 낮고 평탄하다.
  dì shì dī píng

101

☐ **地方**

[dì fang] 띠 팡

[명] 지방, 그곳, 그 지방

* **你现在在什么地方?** 너 지금 어디에 있니?
  nǐ xiàn zài zài shén me dì fang

102

☐ **地下铁**

[dì xià tiě] 띠 샤 톄

[명] 지하철

* **建筑地下铁道。** 지하철을 건설하다.
  jiàn zhù dì xià tiě dào

103
弟兄
[dì xiong] 띠 씨옹

(명) 형제

- 亲弟兄。친형제.
  qīn dì xiong

104
弟弟
[dì di] 띠 디

(명) 남동생, 아우

- 哥哥和弟弟。형과 아우.
  gē ge hé dì di
- 没有赶得上哥哥的弟弟。
  méi gǎn de shàng gē ge de dì di
  형 만한 아우 없다.

105
第
[dì] 띠

(접두) 제~, ~째 (부) 다만, 단지

- 第十次。제10차.
  dì shí cì
- 倒数第一。마지막에서 첫 번째.
  dǎo shù dì yī

106
点
[diǎn] 디엔

(명) 점, 얼룩 (동) 점을 찍다 (양) 약간, 조금, 개

- 晚点。연착하다.
  wǎn diǎn
- 脆弱点。취약점.
  cuì ruò diǎn

107
点心
[diǎn xīn] 디엔 신

(명) 간식, 과자, 가벼운 식사 (동) 요기하다

- 这点心我吃得来。
  zhè diǎn xīn wǒ chī de lái
  이 간식을 나는 먹을 수 있다.

108
点钟
[diǎn zhōng] 디엔 쭝

(명) 시(時), 시간

- 你几点钟睡觉？너는 몇 시에 자느냐？
  nǐ jǐ diǎn zhōng shuì jiào

109
电报
[diàn bào] 띠엔 빠오

⑬ 전보, 전신

* 拍电报。 전보를 치다.
  pāi diàn bào
* 收发电报。 전보를 받고 보내다.
  shōu fā diàn bào

110
电冰箱
[diàn bīng xiāng] 띠엔 삥 씨앙

⑬ 냉장고

* 大电冰箱。 대형 냉장고.
  dà diàn bīng xiāng

111
电话
[diàn huà] 띠엔 화

⑬ 전화, 전화기

* 长途电话。 장거리 전화.
  cháng tú diàn huà
* 公用电话。 공중전화.
  gōng yòng diàn huà

112
电脑
[diàn nǎo] 띠엔 나오

⑬ 컴퓨터(computer)

* 你真是电脑盲。我来帮你。
  nǐ zhēn shì diàn nǎo máng . wǒ lái bāng nǐ
  너 정말 컴맹이구나. 내가 도와줄게.
* 用电脑检索信息。
  yòng diàn nǎo jiǎn suǒ xìn xī
  컴퓨터로 정보 검색을 하다.

113
电扇
[diàn shàn] 띠엔 샨

⑬ 선풍기

* 电扇吹的风。 선풍기의 바람.
  diàn shàn chuī de fēng
* 顶棚上电扇在转动。
  dǐng péng shang diàn shàn zài zhuàn dòng
  천장에서 선풍기가 돌아가고 있다.

114

☐ **电视**

[diàn shì] 띠엔 쓰

㈜ 텔레비전(television), TV

* **电视**连续剧。드라마.
  diàn shì lián xù jù
* 看**电视**。TV를 보다.
  kàn diàn shì

115

☐ **电梯**

[diàn tī] 띠엔 티

㈜ 엘리베이터(elevator), 승강기

* 乘**电梯**。엘리베이터를 타다.
  chéng diàn tī

116

☐ **电影**

[diàn yǐng] 띠엔 잉

㈜ 영화

* 拍摄**电影**。영화를 찍다.
  pāi shè diàn yǐng
* 一部**电影**。영화 한 편.
  yí bù diàn yǐng

117

☐ **掉**

[diào] 띠아오

㈜ 떨어뜨리다, 떨어지다

* 把钱包**掉**在路上。
  bǎ qián bāo diào zài lù shang
  지갑을 길바닥에 떨어뜨리다.
* 他好像**掉**了魂似的。
  tā hǎo xiàng diào le hún sì de
  그는 마치 넋을 잃은 듯하다.

118

☐ **顶**

[dǐng] 띵

㈜ 아주, 대단히

* **顶**喜欢看电影。영화 보기를 아주 좋아하다.
  dǐng xǐ huān kàn diàn yǐng
* **顶**小。매우 작다.
  dǐng xiǎo

119

□ 丢

[diū] 띠우

(동) 잃다, 유실하다, 방치하다

❖ 丢失的东西。 잃어버린 물건.
　diū shī de dōng xī

❖ 丢失雨伞。 우산을 잃어버리다.
　diū shī yǔ sǎn

120

□ 东

[dōng] 똥

(명) 동, 동쪽

❖ 从东边刮来的风。 동쪽에서 부는 바람.
　cóng dōng biān guā lái de fēng

121

□ 东西

[dōng xi] 똥 시

(명) 물건, 물품, 음식, 자식, 새끼

❖ 各种东西。 갖가지 물건.
　gè zhǒng dōng xi

❖ 偷东西。 물건을 훔치다.
　tōu dōng xi

122

□ 冬天

[dōng tiān] 똥 티엔

(명) 겨울, 겨울철, 동계(冬季)

❖ 今年冬天挺冷。 올해 겨울은 꽤 춥다.
　jīn nián dōng tiān tǐng lěng

123

□ 懂

[dǒng] 둥

(동) 알다, 깨닫다, 이해하다

❖ 懂道理。 이치를 알다.
　dǒng dào lǐ

❖ 他懂三种文字。
　tā dǒng sān zhǒng wén zì
　그는 세 가지 언어를 이해한다.

124

□ 都

[dōu] 떠우

(부) 모두, 전부, 벌써, 심지어, ~조차도

❖ 他们夫妻俩都是教师。
　tā men fū qī liǎ dōu shì jiào shī
　그들 부부는 모두 교사이다.

125
读
[dú] 두

(동) 읽다, 공부하다 (명) 독음(讀音)

❖ **读**杂志。 잡지를 읽다.
　dú zá zhì

126
肚子
[dù zi] 뚜즈

(명) 복부(腹部), 배

❖ **肚子**饿了。 배가 고프다.
　dù zī è le

❖ **肚子**痛。 배가 아프다.
　dù zi tong

127
段
[duàn] 뚜안

(양) 구간, 조각, 단, 토막 (명) 수단, 방법, 단위

❖ 一**段**路。 한 구간의 길.
　yí duàn lù

❖ 一**段**时间。 얼마간의 시간.
　yí duàn shí jiān

128
短
[duǎn] 두안

(형) 짧다

❖ 衣袖稍**短**。 옷소매가 좀 짧다.
　yī xiù shāo duǎn

❖ **短**裤。 짧은 바지.
　duǎn kù

129
对
[duì] 뚜이

(개) ~에 대하여 (양) 쌍, 짝 (동) 대답하다

❖ 一**对**兔子。 토끼 한 쌍.
　yí duì tù zi

❖ 三**对**新婚夫妇。 세 쌍의 신혼 부부.
　sān duì xīn hūn fū fù

130
对于
[duì yú] 뚜이 위

(개) ~에 대하여, ~에 관하여

❖ **对于**那个事件他发表了个人意见。
　duì yú nà gè shì jiàn tā fā biǎo le gè rén yì jiàn
　그 사건에 대하여 그는 사건을 제시했다.

131

□ **顿**

[dùn] 뚠

양 끼니, 번, 차례 동 (머리를) 조아리다

- 一顿饭。 한 끼.
  yí dùn fàn
- 一天吃三顿饭。 하루에 세 끼 식사를 하다.
  yì tiān chī sān dùn fàn

132

□ **多**

[duō] 뚜어

형 많다, 과다한 부 얼마나, 제아무리

- 太多。 너무 많다.
  tai duō

133

□ **多少**

[duō shao] 뚜어 사오

대 다소, 얼마나, 몇

- 今天来了多少人? 오늘 몇 사람이 왔습니까?
  jīn tiān lái le duō shao rén
- 要多少钱? 요금이 얼마죠?
  yào duō shao qián

134

□ **朵**

[duǒ] 두오

수 (꽃이나 구름 등을 셀 때) 송이, 점

- 一朵莲花。 연꽃 한 송이.
  yì duǒ lián huā
- 月季的花朵有好几种颜色。
  yuè jì de huā duǒ yǒu hǎo jǐ zhǒng yán sè
  월계화의 꽃은 여러 가지 색깔이 있다.

135

□ **饿**

[è] 어

형 배가 고프다 동 굶다, 굶주리다

- 饥饿。 기아.
  jī è

136

□ **儿子**

[ér zi] 얼즈

명 아들, 아이

- 她生了个儿子。 그녀는 아들을 낳았다.
  tā shēng le yí ge ér zi
- 小儿子。 막내아들.
  xiāo ér zī

137

□ **而**
[ér] 얼

(접) ~하고도, 또한, 게다가, ~부터 ~까지

- 文章彪炳而简约。
  wén zhāng biāo bǐng ér jiǎn yuē
  글이 화려하면서도 간략하다.
- 紧张而有秩序。긴박하지만 질서가 있다.
  jǐn zhāng ér yǒu zhì xù

138

□ **而且**
[ér qiě] 얼 치에

(접) ~도, 또한, ~뿐만 아니라, 더욱이

- 他不但是我的同学，而且是我最好的朋友。
  tā bù dàn shì wǒ de tóng xué, ér qiě shì wǒ zuì hǎo de péng yǒu
  그는 나랑 같은 반 친구일 뿐만 아니라, 나의 가장 친한 친구이기도 하다.

139

□ **耳朵**
[ěr duo] 얼 두오

(명) 귀

- 捂住耳朵。귀를 막다.
  wǔ zhù ěr duo
- 掏耳朵。귀를 후비다.
  tāo ěr duo

140

□ **二**
[èr] 얼

(양) 둘, 2, 제2, 둘째, 두번 (형) 다른, 두 가지의

- 二班的教室在这儿吗?
  èr bān de jiào shì zài zhè ér ma
  2반 교실이 여기입니까?
- 二加二得四。 2 더하기 2는 4.
  èr jiā èr dé sì

141

□ **发**
[fā] 파

(동) 보내다, 발급하다, 발표하다, 번창하다

- 发货。물건을 보내다.
  fā huò
- 即兴发言。즉흥적으로 발언하다.
  jí xīng fā yán

142

□ **翻译**

[fān yì] 판 이

- 동 번역하다 명 번역, 통역, 번역가
- 把英文翻译成汉语。
  bǎ yīng wén fān yì chéng hàn yǔ
  영문을 중문으로 번역하다.

143

□ **饭**

[fàn] 판

- 명 밥, 식사, 생활
- 做饭。밥을 짓다.
  zuò fàn

144

□ **饭店**

[fàn diàn] 판 띠엔

- 명 여관, 호텔(Hotel), 식당, 레스토랑
- 住饭店。호텔에 들어가다.
  zhù fàn diàn
- 饭店老板。식당주인.
  fàn diàn lǎo bǎn

145

□ **方法**

[fāng fǎ] 팡파

- 명 방법, 수단, 방식
- 没方法。방법이 없다.
  méi fāng fǎ
- 简单的方法。간단한 방법.
  jiǎn dān de fāng fǎ

146

□ **方向**

[fāng xiàng] 팡 씨앙

- 명 방향, 목표
- 你的方向错了，你应该向北走。
  nǐ de fāng xiàng cuò le, nǐ yīng gāi xiàng běi zǒu
  그 방향이 아니야, 북쪽으로 가야 해.

147

□ **房子**

[fáng zi] 팡즈

- 명 집, 건물
- 盖房子。집을 짓다.
  gài fáng zī

148

□ **放**

[fàng] 팡

(동) 놓아주다, 방송하다, 놓다

❖ 你**放**心吧。 걱정 마세요.(마음 놓으세요)
  nǐ fàng xīn bā

149

□ **放心**

[fàng xīn] 팡 씬

(명) 안심 (동) 마음을 놓다, 안심하다

❖ 我很不**放心**。 나는 마음이 놓이지 않는다.
  wǒ hěn bù fàng xīn

150

□ **飞**

[fēi] 페이

(동) 비행하다, 날다 (부) 매우 빨리 (형) 뜻밖의

❖ 鸟**飞**。 새가 날다.
  niǎo fēi

❖ **飞**机**飞**行。 비행기가 날다.
  fēi jī fēi xíng

151

□ **飞机**

[fēi jī] 페이 찌

(명) 비행기, 항공기

❖ 乘坐**飞机**。 비행기에 탑승하다.
  chéng zuò fēi jī

❖ **飞机**翅膀。 비행기 날개.
  fēi jī chì bǎng

152

□ **分**

[fēn] 펀

(동) 나누다, 분배하다 (명) 분량, 부, 몫

❖ 两点十**分**。 2시 10분.
  liǎng diǎn shí fēn

❖ 请等十**分**钟。 10분만 기다려주세요.
  qǐng děng shí fēn zhōng

153

□ **粉笔**

[fěn bǐ] 펀 비

(명) 분필, 백묵

❖ **粉笔**灰。 분필 가루.
  fěn bǐ huī

154
□ 风

[fēng] 펑

명 바람, 풍속, 습관 형 바람에 말린

- 旋风。 회오리바람.
  xuán fēng
- 刮风。 바람이 불다.
  guā fēng

155
□ 封

[fēng] 펑

동 막다, 봉인하다 수 (편지 등 세는 단위) 통

- 三封信。 편지 세 통.
  sān fēng xìn

156
□ 服务

[fú wù] 푸우

동 근무하다, 봉사하다

- 我离开服务了十年的单位。
  wǒ lí kāi fú wù le shí nián de dān wèi
  나는 10년 동안 근무하던 직장을 그만뒀다.

157
□ 父亲

[fù qīn] 푸 친

명 부친, 아버지

- 父亲身体好吗? 부친께서는 건강하십니까?
  fù qīn shēn tǐ hǎo ma

158
□ 改

[gǎi] 가이

동 고치다, 바꾸다, 고쳐 쓰다

- 改毛病。 버릇을 고치다.
  gǎi máo bìng
- 改不过来。 고칠 수가 없다.
  gǎi bù guò lái

159
□ 盖

[gài] 까이

동 덮다, 씌우다, 집을 짓다 명 덮개, 뚜껑

- 给孩子盖上被子。
  gěi hái zi gài shàng bèi zi
  아이에게 이불을 덮어주다.

160
□ 干

[gān] 깐

[동] 하다, 일하다 [형] 마르다 [부] 헛되이

✧ 你干什么? 너 뭐하니?
nǐ gàn shí me

161
□ 干净

[gān jìng] 깐 찡

[형] 깨끗하다, 깔끔하다

✧ 干净的皮肤。 깨끗한 피부
gàn jìng de pí fū

162
□ 赶

[gǎn] 간

[동] 따라가다, 서두르다, 쫓아내다

✧ 迎头赶上。 선두를 따라잡다.
yíng tóu gǎn shàng

✧ 追赶。 뒤쫓다. 추적하다.
zhuī gǎn

163
□ 赶快

[gǎn kuài] 간 콰이

[부] 빨리, 서둘러, 어서, 얼른

✧ 赶快去一趟。 얼른 갔다 오세요.
gǎn kuài qù yī tàng

164
□ 钢笔

[gāng bǐ] 깡 비

[명] 만년필

✧ 那支钢笔多少钱? 이 만년필 얼마예요?
nà zhī gāng bǐ duō shǎo qián

165
□ 敢

[gǎn] 간

[조동] 감히 ~하다, 과감히 하다

✧ 你敢愚弄老人家?
nǐ gǎn yú nòng lǎo rén jiā
네가 감히 늙은이를 우롱하려 드느냐?

166
□ **刚才** [명] 방금, 조금 전, 막
[gāng cái] 깡 차이

❖ 你刚才在干吗? 너 방금 뭐 하고 있었지?
nǐ gāng cái zài gàn ma

❖ 说一下刚才收到的消息。
shuō yí xià gāng cái shōu dào de xiāo xi
방금 들어온 뉴스를 말씀 드리겠습니다.

167
□ **高** [명] 높이 [형] 높다, 비싸다 [동] 높아지다
[gāo] 까오

❖ 温度高。 온도가 높다.
wēn dù gāo

❖ 高龄。 연세가 높다.
gāo líng

168
□ **高兴** [명] 기쁨 [동] 기뻐하다, 좋아하다, 즐거워하다
[gāo xìng] 까오 씽

❖ 非常高兴。 매우 기쁘다.
fēi cháng gāo xìng

169
□ **搞** [동] 하다, ~을 하다
[gǎo] 가오

❖ 搞工作。 일을 하다.
gǎo gōng zuò

170
□ **告诉** [동] 알리다, 보고하다, 말하다
[gào su] 까오 쑤

❖ 告诉大家。 사람들에게 알리다.
gào su dà jiā

❖ 把合格的消息告诉妈妈。
bǎ hé gé de xiāo xi gào su mā ma
어머니께 합격 소식을 알리다.

171
□ **哥哥** [명] 형, 오빠, 친척 형, 친척 오빠
[gē ge] 꺼 거

❖ 我的哥哥很帅。 우리 오빠는 매우 잘생겼다.
wǒ de gē ge hěn shuài

172

个

[gè] 꺼

수 개, 명 형 단독의 명 (사람의) 키

- **两个梨。** 배 두 개.
  liǎng gè lí
- **是多少个?** 개수가 얼마나 됩니까?
  shì duō shǎo gè

173

个人

[gè rén] 꺼 런

명 개인, 나 자신

- **三个人。** 세 사람.
  sān gè rén
- **尊重个人意见。** 개인의 의견을 존중하다.
  zūn zhòng gè rén yì jiàn

174

各

[gè] 꺼

대 각각, 개개의, 여러 가지

- **世界各地。** 세계 각지.
  shì jiè gè dì
- **各家各户。** 집집마다, 가가호호.
  gè jiā gè hù

175

给

[gěi] 게이

동 주다, 바치다, 허용하다 개 ~에게

- **我给你送礼物。** 너에게 선물을 주다.
  wǒ gěi nǐ sòng lǐ wù
- **给客人冲茶。** 손님에게 차를 타 주다.
  gěi kè rén chōng chá

176

根

[gēn] 껀

수 개, 가닥, 근원 명 가닥, 대

- **一根儿葱。** 파 한 개.
  yī gēn ér cōng
- **两根儿牙签。** 이쑤시개 두 개.
  liǎng gēn ér yá qiān

177
□ 跟

[gēn] 껀

몡 뒤꿈치 동 뒤따르다, 좇아가다 개 ~에게

❖ **你的想法跟大家说一下吧。**
nǐ de xiǎng fǎ gēn dà jiā shuō yí xià ba
너의 생각을 모두에게 좀 말해라.

178
□ 更

[gèng] 껑

뷔 더욱, 한층 더, 또한

❖ **下了一场雨，天气更冷了。**
xià le yì chǎng yǔ, tiān qì gèng lěng le
비가 오고나서 날씨가 더욱 추워졌다.

179
□ 工厂

[gōng chǎng] 꽁 창

몡 공장

❖ **一家工厂。** 공장 하나.
yì jiā gōng chǎng

❖ **这工厂的机器都修好了。**
zhè gōng chǎng de jī qì dōu xiū hǎo le
이 공장의 기계는 모두 수리가 끝났다.

180
□ 工程

[gōng chéng] 꽁 청

몡 공사, 공정

❖ **希望工程。** 희망 공정, 희망 프로젝트.
xī wàng gōng chéng

181
□ 工夫

[gōng fu] 꽁 푸

몡 틈, 여가, 재주

❖ **你有工夫吗?** 시간 있습니까?
nǐ yǒu gōng fu ma

❖ **下工夫。** 공을 들이다.
xià gōng fu

182
□ 工资

[gōng zī] 꽁 쯔

몡 월급, 임금

❖ **今天发工资。** 오늘은 월급날이다.
jīn tiān fā gōng zī

183
□ 工作
[gōng zuò] 꽁 쭈오

[동] 일하다, 업무를 보다 [명] 일, 업무, 노동

❖ 找工作。 직업을 구하다.
zhǎo gōng zuò

❖ 努力工作。 열심히 일하다.
nǔ lì gōng zuò

184
□ 公共汽车
[gōng gòng qì chē] 꽁꽁치처

[명] 시내버스, 버스

❖ 市内公共汽车。 시내 버스.
shì nèi gōng gòng qì chē

❖ 公共汽车司机。 버스운전사.
gōng gòng qì chē sī jī

185
□ 公司
[gōng sī] 꽁 쓰

[명] 회사, 기업

❖ 那家公司已经搬家了。
nà jiā gōng sī yǐ jīng bān jiā le
그 회사는 이미 장소를 옮겼다.

186
□ 恭喜
[gōng xǐ] 꽁 시

[동] 축하하다

❖ 恭喜发财。 돈 많이 버세요.
gōng xǐ fā cái

❖ 恭喜恭喜。 축하하다.
gōng xǐ gōng xǐ

187
□ 公园
[gōng yuán] 꽁 위엔

[명] 공원

❖ 我还没去过天坛公园。
wǒ hái méi qù guò tiān tán gōng yuán
나는 아직 천단공원에 못 가봤다.

❖ 学校对面是一个公园。
xué xiào duì miàn shì yí ge gōng yuán
학교 건너편은 공원이다.

188
□ 功课
[gōng kè] 꽁 커

[명] 학과목, 공부, 강의 학습

- 必修功课。 필수 과목.
  bì xiū gōng kè
- 复习功课。 수업 내용을 복습하다.
  fù xí gōng kè

189
□ 公里
[gōng lǐ] 꽁 리

[명] 킬로미터(kilometer)

- 百把公里。 100킬로미터 가량.
  bǎi bǎ gōng lǐ
- 按六十公里时速运行。
  àn liù shí gōng lǐ shí sù yùn xíng
  시속 60킬로미터로 달리다.

190
□ 公斤
[gōng jīn] 꽁 찐

[명] 킬로그램(kilogram)

- 体重上了95公斤了。
  tǐ zhòng shàng le 95 gōng jīn le
  몸무게가 95킬로나 나간다.

191
□ 狗
[gǒu] 거우

[명] 개, 앞잡이 [동] 비위를 맞추다

- 一条狗。 개 한 마리.
  yì tiáo gǒu
- 热狗。 핫도그.
  rè gǒu

192
□ 够
[gòu] 꼬우

[형] 충분하다, 넉넉하다 [부] 충분히, 대단히

- 你可够聪明的。 너는 충분히 똑똑해.
  nǐ kě gòu cōng míng de

193
□ 古
[gǔ] 구

[명] 옛날, 고대 [형] 낡다, 오래되다

- 古今。 금고.
  gǔ jīn

194
骨头
[gǔ tóu] 구 토우

명 뼈, 녀석, ~놈

❖ 狗骨头。 개 뼈다귀.
 gǒu gǔ tóu

195
故事
[gù shì] 꾸 스

명 이야기, 스토리, 플롯(plot), 줄거리

❖ 神话故事。 신화 이야기.
 shén huà gù shì

196
挂
[guà] 꽈

동 (물건 등을) 걸다, 전화를 걸다

❖ 悬挂。 걸다.
 xuán guà
❖ 墙上挂着吊钟。 벽에 괘종이 걸려 있다.
 qiáng shàng guà zhe diào zhōng

197
怪
[guài] 꽈이

형 이상하다, 의심하다 명 괴물, 요괴

❖ 怪不得。 책망할 수 없다, 나무랄 수 없다.
 guài bu dé

198
关
[guān] 꾸안

동 닫다, (스위치를) 끄다, 가두다

❖ 关门。 문을 닫다.
 guān mén
❖ 下班时关机。 퇴근할 때는 전원을 끄세요.
 xià bān shí guān jī

199
关于
[guān yú] 꾸안 위

개 ~에 관해, ~에 관하여

❖ 他读了几本关于中国历史的书。
 tā dú le jǐ běn guān yú zhōng guó lì shǐ de shū
 그는 몇 권의 중국역사에 관한 책을 읽었다.

200
广播
[guǎng bō] 구앙 뽀

- 몡 방송 동 방송하다, 퍼뜨리다
- 正在广播晚间新闻。
  zhèng zài guǎng bō wǎn jiān xīn wén
  지금 저녁 뉴스를 방송하고 있다.

201
贵
[guì] 꾸이

- 형 비싸다, 지위가 높다 동 중히 여기다
- 价格很贵。값비싸다.
  jià gé hěn guì

202
国家
[guó jiā] 구오 찌아

- 몡 국가, 나라
- 社会主义国家。사회주의 국가.
  shè huì zhǔ yì guó jiā
- 建设国家。국가를 건설하다.
  jiàn shè guó jiā

203
果然
[guǒ rán] 구오 란

- 부 과연, 생각한 대로
- 天气预报说要下雨，今天果然下雨了。
  tiān qì yù bào shuō yào xià yǔ, jīn tiān guǒ rán xià yǔ le
  일기예보에서 비가 온다고 하더니 오늘 정말 비가 내렸다.

204
过去
[guò qù] 꿔 취

- 동 지나가다 몡 과거, 지난날
- 回忆过去。과거를 회상하다.
  huí yì guò qù

205
过
[guo] 구오

- 조동 동사 뒤에 쓰여 동작이 완결됨을 나타낸다
- 来中国以后，我吃过两次北京烤鸭。
  lái zhōng guó yǐ hòu, wǒ chī guo liǎng cì běi jīng kǎo yā
  중국에 온 후 나는 북경오리고기를 두 번 먹었다.

기본단어 | **45**

206

□ 还

[hái] 하이

🔸 여전히, 또, 게다가, 더, 더욱

- 他手艺还不熟。그의 솜씨는 아직 서툴다.
  tā shǒu yì hái bù shú
- 今天的雨比昨天还大。
  jīn tiān de yǔ bǐ zuó tiān hái dà
  오늘 비는 어제보다 더 많이 내린다.

207

□ 还是

[hái shì] 하이 스

🔸 여전히, 아직도 접 또한, 그래도

- 到底还是春天好，不冷也不热。
  dào dǐ hái shì chūn tiān hǎo, bù lěng yě bú rè
  아무래도 역시 봄이 좋아, 춥지도 덥지도 않거든.
- 客人上午到还是下午到?
  kè rén shàng wǔ dào hái shì xià wǔ dào
  손님이 오전에 도착합니까, 아니면 오후에 도착합니까?

208

□ 孩子

[hái zi] 하이 즈

🔸 어린아이, 아동, 자녀, 자식

- 她有三个孩子。그녀는 자식이 세 명 있다.
  tā yǒu sān ge hái zi

209

□ 海

[hǎi] 하이

🔸 바다, 큰 호수 형 크다, 많다

- 出海。바다로 나가다.
  chū hǎi
- 四周是海。사면이 바다다.
  sì zhōu shì hǎi

210

□ 寒假

[hán jià] 한 찌아

🔸 겨울방학, 겨울휴가

- 快要放寒假了。곧 겨울방학이다.
  kuài yào fàng hán jià le

211
好
[hǎo] 하오

(동) 좋아하다 (형) 좋다, 훌륭하다 (부) 아주

- 手气好。운이 좋다.
  shǒu qì hǎo
- 这孩子好可爱。이 아이는 너무 귀엽다.
  zhè hái zǐ hǎo kě ài

212
好吃
[hǎo chī] 하오 츠

(형) 맛있다, 맛나다

- 这道菜很好吃。이 요리는 아주 맛있다.
  zhè dào cài hěn hǎo chī

213
好好儿地
[hǎo hǎo ér dì] 하오 하얼 더

(부) 잘

- 你们要好好儿地说，别吵架。
  nǐ men yào hǎo hǎo ér de shuō, bié chǎo jià
  너희들이 잘 말해봐. 싸우지 말고.

214
好看
[hǎo kàn] 하오 칸

(형) 멋있다, 보기 좋다, 예쁘다, 아름답다

- 这件旗袍很好看。이 치파오는 아주 예쁘다.
  zhè jiàn qí páo hěn hǎo kàn

215
好象
[hǎo xiàng] 하오 씨앙

(동) 마치 ~같다, 비슷하다

- 他们以前好象见过面。
  tā men yǐ qián hǎo xiàng jiàn guo miàn
  그들은 전에 만난 적이 있는 것 같다.

216
号
[hào] 하오

(명) 이름, 명칭, 기호, 번호, 나팔

- 今天是十二月十五号。
  jīn tiān shì shí èr yuè shí wǔ hào
  오늘은 12월 15일이다.
- 下月三号再见。다음 달 사흗날에 다시 보자.
  xià yuè sān hào zài jiàn

217

□ **喝**

[hē] 허

동 마시다, 들이키다 감 허!

❖ 喝水。물을 마시다.
   hē shuǐ
❖ 一口气喝下去。단숨에 들이마시다.
   yì kǒu qì hē xià qù

218

□ **合适**

[hé shì] 허 쓰

형 적당하다, 알맞다, 적합하다

❖ 这件衣服和你很合适。
   zhè jiàn yī fú hé nǐ hěn hé shì
   이 옷은 너와 너무 잘 어울린다.

219

□ **合作**

[hé zuò] 허 쭤

명 협력, 합작 동 협력하다, 합작하다

❖ 两公司合作一事告吹了。
   liǎng gōng sī hé zuò yí shì gào chuī le
   두 회사의 합작 건이 무산되었다.

220

□ **河**

[hé] 허

명 강, 하천, 은하계

❖ 江和河。강과 하천.
   jiāng hé hé

221

□ **和**

[hé] 허

형 온화하다, 평화롭다 개 ~와, ~함께

❖ 他和我是好朋友。
   tā hé wǒ shì hǎo péng yǒu
   그와 나는 좋은 친구이다.
❖ 脾气温和。성격이 온화하다.
   pí qi wēn hé

222

□ **和平**

[hé píng] 허 핑

명 평화 형 순하다, 부드럽다, 평화롭다

❖ 和平年代。평화로운 시대.
   hé píng nián dài

223
黑
[hēi] 헤이

- 혱 검다, 저물다, 침울하다 동 사기치다
- ❖ 黑孩子。 호적에 없는 아이.
  hēi hái zi
- ❖ 心黑。 속이 검다.
  xīn hēi

224
黑板
[hēi bǎn] 헤이 반

- 명 칠판, 흑판
- ❖ 黑板擦。 칠판 지우개.
  hēi bǎn cā
- ❖ 在黑板上写字。 칠판에 글씨를 쓰다
  zài hēi bǎn shàng xiě zì

225
很
[hěn] 헌

- 부 매우, 몹시, 대단히
- ❖ 很舒服。 매우 편하다.
  hěn shū fu
- ❖ 这个收音机灵敏度很高。
  zhè gè shōu yīn jī líng mǐn dù hěn gāo
  이 라디오는 감도가 매우 좋다.

226
红
[hóng] 훙

- 혱 붉다, 빨갛다, 번창하다 명 다홍, 주홍
- ❖ 这朵花儿红。 이 꽃이 붉다.
  zhè duǒ huā ér hóng

227
后
[hòu] 호우

- 명 뒤, 후, 나중 동 뒤떨어지다
- ❖ 楼后有两棵树。
  lóu hòu yǒu liǎng kē shù
  건물 뒤에 나무 두 그루가 있다.

228
后天
[hòu tiān] 호우 티엔

- 명 모레 혱 후천적이다
- ❖ 后天你有没有约会? 모레 약속있어?
  hòu tiān nǐ yǒu méi yǒu yuē huì

229

□ **忽然**

[hū rán] 후 란

(부) **갑자기, 돌연히, 별안간**

* 刚才天还很晴朗，可是忽然下起了一阵大雨。 gāng cái tiān hái hěn qíng lǎng, kě shì hū rán xià qǐ le yī zhèn dà yǔ
하늘이 맑았는데 갑자기 큰 비가 내리기 시작했다.

230

□ **糊涂**

[hú tu] 후 투

(형) **흐리멍텅하다, 어리석다, 우둔하다**

* 这么简单的道理都不明白，你真糊涂啊！ zhè me jiǎn dān de dào li dōu bù míng bai, nǐ zhēn hú tu a
이렇게 간단한 이치도 모르다니, 너 정말 멍청하구나!
* 糊里糊涂。 흐리멍텅하다.
hú li hú tu

231

□ **画儿**

[huà ér] 화 얼

(명) **그림**

* 和一幅画儿一样。 한 폭의 그림 같다.
hé yì fú huà ér yí yang

232

□ **护士**

[hù shì] 후 스

(명) **간호사**

* 我想当护士，你呢？
wǒ xiǎng dāng hù shi, nǐ ne
나는 간호사가 되고싶어. 너는?

233

□ **花**

[huā] 후아

(명) **꽃, 관상용 식물** (형) **꽃으로 장식된** (동) **쓰다**

* 开花。 꽃이 피다.
kāi huā
* 花钱跟流水似的。 돈을 물 쓰듯이 한다.
huā qián gēn liú shuǐ sì de

234

□ 话

[huà] 화

명 말, 이야기 동 말하다, 이야기하다

- 话粗。말이 거칠다.
  huà cū
- 刚刚我说的话，都没什么意思。
  gāng gāng wǒ shuō de huà, dōu méi shén me yì si
  방금 내가 했던 말 아무 뜻도 없어.

235

□ 坏

[huài] 화이

형 망가지다, 고장나다 동 망치다

- 坏习惯。나쁜 습관.
  huài xí guàn
- 他的学习成绩不坏。
  tā de xué xí chéng jì bú huài
  그의 학습 성적은 나쁘지 않다.

236

□ 欢迎

[huān yíng] 후안 잉

명 환영 동 환영하다

- 鼓掌欢迎。박수로 환영하다.
  gǔ zhǎng huān yíng
- 欢迎光临。어서오세요.
  huān yíng guāng lín

237

□ 黄

[huáng] 후앙

명 노란색, 황색 형 노랗다, 누렇다

- 这件衣服是黄色的。이 옷은 노란색이다.
  zhè jiàn yī fu shì huáng sè de
- 脸色变黄。안색이 노랗다.
  liǎn sè biàn huáng

238

□ 回

[huí] 후이

양 번, 회, 차 동 돌다, 돌리다, 회답하다

- 我下个月回国。저 다음달에 귀국해요.
  wǒ xià ge yuè huí guó
- 起死回生。기사회생하다.
  qǐ sǐ huí shēng

기본단어 | **51**

239
□ **回答**
[huí dá] 후이 다

명 대답, 회답 동 대답하다, 회답하다

- 确切的回答。 확실한 대답.
  què qiē de huí dá
- 回答提问。 질문에 대답하다.
  huí dá tí wèn

240
□ **会**
[huì] 후이

명 회의, 모임 동 모으다, 만나다

- 演奏会。 연주회.
  yǎn zòu huì
- 他会开车。 그는 차를 운전할 줄 안다.
  tā huì kāi chē

241
□ **活**
[huó] 후오

동 살다, 생활하다 부 산채로 형 활기차다

- 活得长。 오래 살다.
  huó de cháng
- 他的精神永远活着。
  tā de jīng shen yǒng yuǎn huó zhe
  그의 정신은 영원히 살아 있다.

242
□ **火**
[huǒ] 후오

명 불, 무기, 화, 성냄 형 붉다, 번창하다

- 生火。 불을 지피다.
  shēng huǒ
- 那家店的生意越来越红火。
  nà jiā diàn de shēng yì yuè lái yuè hóng huǒ
  그 가게 장사는 갈수록 잘된다.

243
□ **火柴**
[huǒ chái] 후오 차이

명 성냥

- 卖火柴的小女孩。 성냥팔이 소녀.
  mài huǒ chái de xiǎo nǚ hái

244
火车
[huǒ chē] 후오 처

명 기차

- 火车慢慢地进站了。
  huǒ chē màn de jìn zhàn le
  기차가 천천히 역으로 들어왔다.

- 你坐火车比较方便。
  nǐ zuò huǒ chē bǐ jiào fāng biàn
  기차를 타는 게 비교적 편하다.

245
或者
[huò zhě] 휘 저

부 아마도, 어쩌면 **접** 혹은, 그렇지 않으면

- 打个电话给他，或者他会来。
  dǎ ge diàn huà gěi tā, huò zhě tā huì lái
  그에게 전화를 하면 혹시 그가 올지도 모른다

- 或者吃面包，或者吃面条，你随便吧。
  huò zhě chī miàn bāo, huò zhě chī miàn tiáo, nǐ suí biàn ba
  빵을 먹을지, 면을 먹을지 니 맘대로 해.

246
鸡蛋
[jī dàn] 찌 딴

명 계란, 달걀

- 鸡蛋论斤卖。 계란은 근으로 판다.
  jī dàn lùn jīn mài

- 鸡蛋面包。 계란빵.
  jī dàn miàn bāo

247
极
[jí] 지

부 극히, 매우 **명** 절정, 최고조 **동** 극에 달하다

- 最近几天，首尔冷极了。
  zuì jìn jǐ tiān, shǒu ěr lěng jí le
  최근 며칠, 서울 날씨는 매우 추웠다.

248
几
[jǐ] 지

대 몇, 얼마

- 有几个？ 몇이나 되겠소?
  yǒu jǐ gè

- 你家里有几口人？ 너희 가족은 몇 명이니?
  nǐ jiā li yǒu jǐ kǒu rén

249
记
[jì] 찌

(동) 기억하다, 기록하다 (명) 책, 글, 기호

- 你还记得吗? 너 아직 기억하고 있니?
  nǐ hái jì de ma

250
既然
[jì rán] 찌 란

(접) 이왕 이렇게 된 바에야

- 既然已经发生了，接受事实吧。
  jì rán yī jīng fā shēng le, jiē shòu shì shí bā
  이미 발생한 일인데, 그냥 받아들여라.

251
寄
[jì] 찌

(동) 부치다, 보내다, 맡기다, 위탁하다

- 寄信。 편지를 부치다.
  jì xìn
- 往老家寄钱。 고향에 돈을 부치다.
  wǎng lǎo jiā jì qián

252
加
[jiā] 찌아

(동) 더하다, 보태다 (부) 더, 더욱

- 一加二等于三。
  yī jiā èr děng yú sān
  하나에다 둘을 더하면 셋이다.

253
家
[jiā] 찌아

(명) 집, 가정, 집안

- 我们都是一家人。 우리 모두 한 가족이다.
  wǒ men dōu shì yì jiā rén

254
假
[jiǎ] 찌아

(형) 가짜이다

- 是真是假，一看就知道。
  shì zhēn shì jiǎ, yī kàn jiù zhī dào
  가짜인지 진짜인지 척 보면 안다.

255
价钱
[jià qián] 찌아 치엔

명 가격, 값

❖ 价钱便宜。값이 싸다.
jià qián pián yi

256
假期
[jiǎ qī] 찌아 치

명 휴가 기간, 휴일, 방학 기간

❖ 假期过半。휴가가 절반이 지났다.
jiǎ qī guò bàn

❖ 假期愉快。방학 잘 보내세요.
jiǎ qī yú kuài

257
间
[jiān] 찌엔

명 사이, 중간   양 간, (방 셀 때) 칸

❖ 两间卧室。침실 두 칸.
liǎng jiān wò shì

❖ 打扫房间。방을 청소하다.
dǎ sǎo fáng jiān

258
见
[jiàn] 찌엔

동 보다, 생각하다   명 의견, 견해, 생각

❖ 回头见! 이따봐요.
huí tóu jiàn

❖ 一见钟情。첫눈에 반하다.
yí jiàn zhōng qíng

259
件
[jiàn] 찌엔

양 (일·옷 등을 세는 단위) 건, 점, 벌   명 문건

❖ 这件事都是我的错误。
zhè jiàn shì dōu shì wǒ de cuò wù
이 일은 모두 내 잘못이다.

❖ 一件大衣。외투 한 벌.
yí jiàn dà yī

260
□ **健康**

[jiàn kāng] 찌엔 캉

명 건강 부 건강히 형 건강하다

❖ **身体健康。** 신체가 건강하다.
shēn tǐ jiàn kāng

261
□ **江**

[jiāng] 찌앙

명 강, 하천

❖ **江的宽度。** 강의 너비.
jiāng de kuān dù

262
□ **將來**

[jiāng lái] 찌앙 라이

명 장래, 미래

❖ **不远的将来。** 가까운 장래.
bù yuǎn de jiāng lái

❖ **将来你打算做什么?** 넌 장래 희망이 뭐니?
jiāng lái nǐ dǎ suan zuò shén me

263
□ **讲**

[jiǎng] 지앙

동 말하다, 강연하다, 설명하다

❖ **打比方来讲。** 예를 들어 말하다.
dǎ bǐ fāng lái jiǎng

❖ **讲说童年的故事。**
jiǎng shuō tóng nián de gù shi
어린 시절의 이야기를 하다.

264
□ **酱油**

[jiàng yóu] 찌앙 요우

명 간장

❖ **放酱油。** 간장을 치다.
fàng jiàng yóu

265
□ **交通**

[jiāo tōng] 찌아오 통

동 내통하다, 통하다, 왕래하다 명 교통

❖ **交通费。** 교통비.
jiāo tōng fèi

❖ **交通堵塞。** 교통체증.
jiāo tōng dǔ sè

266
□ 脚
[jiǎo] 지아오

[명] 발, 다리, (물건의) 밑동

- 手和脚。손과 발.
  shǒu hé jiǎo

267
□ 叫
[jiào] 찌아오

[동] 부르다, 외치다, 부르짖다

- 他叫小贝。그는 샤오뻬이라고 불린다.
  tā jiào xiǎo bèi
- 高声号叫。큰 소리로 소리지르다.
  gāo shēng hào jiào

268
□ 叫做
[jiào zuò] 찌아오 쭤

[동] 부르다, 일컫다

- 中秋节也叫做八月节。
  zhōng qiū jié yě jiào zuò bā yuè jié
  추석은 팔월대보름이라고도 부른다.
- 他小时候被叫做神童。
  tā xiǎo shí hou bèi jiào zuo shén tong
  그는 어렸을 때 신동이라고 불렸다.

269
□ 教
[jiāo] 찌아오

[동] 가르치다, 지도하다, 교육하다

- 教书法。서예를 가르치다.
  jiāo shū fǎ
- 教小孩识字。아이들에게 글자를 가르치다.
  jiāo xiǎo hái shí zì

270
□ 教室
[jiào shì] 찌아오 쓰

[명] 교실

- 你的教室在几楼? 니 교실은 몇 층이니?
  nǐ de jiào shì zài jǐ lóu
- 三间教室。교실 세 칸.
  sān jiān jiào shì

271

☐ **结实**

[jié shi] 찌에 스

🔸 형 굳다, 단단하다, 질기다

❖ 又厚又**结实**的皮子。두껍고 질긴 가죽.
yòu hòu yòu jié shi de pí zī

❖ 她小时候很瘦弱,现在**结实**多了。
tā xiǎo shí hòu hěn shòu ruò, xiàn zài jié shi duō le
그녀는 어렸을 적에 허약했지만, 지금은 많이 건강해졌다.

272

☐ **接**

[jiē] 찌에

🔸 동 접근[접촉]하다, (이어)받다

❖ **接**将,将!장 받아라, 장!
jiē jiāng, jiāng

❖ **接**到录取通知书。
jiē dào lù qǔ tōng zhī shū
시험 합격 통지서를 받다.

273

☐ **街**

[jiē] 찌에

🔸 명 가, 거리, 길

❖ 我喜欢逛**街**。나는 길거리쇼핑을 좋아한다.
wǒ xǐ huān guàng jiē

274

☐ **姐姐**

[jiě jie] 지에 지에

🔸 명 누나, 언니

❖ 我是他的**姐姐**。내가 그의 누나다.
wǒ shì tā de jiě jiě

❖ **姐姐**个儿大,妹妹个儿小。
jiě jie gè ér dà, mèi mei gè ér xiǎo
언니는 키가 크며 동생은 키가 작다.

275

☐ **借**

[jiè] 찌에

🔸 동 빌리다, 꾸다, 빌려주다

❖ 把书**借**给朋友。책을 친구에게 빌렸다.
bǎ shū jiè gěi péng yǒu

❖ **借**他人的手。남의 손을 빌리다.
jiè tā rén de shǒu

|단계

276

☐ **今年**

[jīn nián] 찐 니엔

몡 올해, 금년

❖ **今年**夏天比去年热得多。
jīn nián xià tiān bǐ qù nián rè de duō
올해 여름은 작년보다 훨씬 덥다.

❖ 他**今年**才九岁。 그는 올해 겨우 아홉 살이다.
tā jīn nián cái jiǔ suì

277

☐ **今天**

[jīn tiān] 찐 티엔

몡 오늘, 금일

❖ 我看**今天**不会下雪。
wǒ kàn jīn tiān bù huì xià xuě
내가 보기에 오늘은 눈이 오지 않을 것 같애.

❖ **今天**加班。 오늘은 잔업이 있다.
jīn tiān jiā bān

278

☐ **斤**

[jīn] 찐

양 근 몡 도끼

❖ 一**斤**多少钱? 한 근에 얼마예요?
yì jīn duō shǎo qián

279

☐ **进**

[jìn] 찐

동 나아가다, (안으로) 들다,

❖ 前**进**。 앞으로 나아가다.
qián jìn

❖ 请**进**。 들어오세요.
qǐng jìn

280

☐ **近**

[jìn] 찐

형 가깝다, 비슷하다 동 가까이하다, 접근하다

❖ 办公室离我家很**近**。
bàn gōng shì lí wǒ jiā hěn jìn
사무실은 우리집에서 가깝다.

281
九
[jiǔ] 지우

양 아홉, 9, (횟수나 수량이) 많은 것, 다수

❖ **九**号选手。9번 선수.
   jiǔ hào xuǎn shǒu

❖ 三乘三得**九**。삼 곱하기 삼은 구.
   sān chéng sān dé jiǔ

282
久
[jiǔ] 지우

명 기간, 동안 형 오래다, 길다

❖ 见到她已经很**久**了。
   jiàn dào tā yǐ jīng hěn jiǔ le
   그녀를 만난 지 오래다.

❖ 天长地**久**。천장지구, 하늘과 땅은 영원하다.
   tiān cháng dì jiǔ

283
旧
[jiù] 찌우

형 낡다, 오래되다

❖ **旧**报纸。지난 신문.
   jiù bào zhǐ

284
就
[jiù] 찌우

동 가까이 하다 부 곧, 이미 개 ~에 대하여

❖ 你先走一步，我**就**来。
   nǐ xiān zǒu yí bù, wǒ jiù lái
   네가 먼저 가, 내가 곧 따라 갈게.

❖ 他们初次见面**就**坠入爱河。
   wǒ men chū cì jiàn miàn jiù zhuì rù ài hé
   그들은 처음 만나 곧 사랑에 빠졌다.

285
举
[jǔ] 쥐

동 쳐들다, 일으키다 명 거동, 행위

❖ 高**举**。높이 들어올리다.
   gāo jǔ

❖ 高高地**举**起来。높이 들어올리다.
   gāo gāo de jǔ qǐ lái

286
□ **句**

[jù] 쥐

양 구, 문구 **명** 문장

- 说一**句**。 한 마디 하다.
  shuō yí jù
- 造**句**。 작문하다.
  zào jù

287
□ **决定**

[jué dìng] 쥐에 띵

명 결정, 결의 **동** 결정하다, 규정하다

- 你快**决定**吧。 너 빨리 결정해.
  nǐ kuài jué dìng ba

288
□ **觉得**

[jué de] 쥐에 더

동 느끼다, ~라고 생각하다

- 孩子们**觉得**游泳很好玩儿。
  hái zi men jué de yóu yǒng hěn hǎo wán ér
  애들은 수영이 아주 재미있다고 느낀다.
- 吃惯了，不**觉得**辣。
  chī guàn le, bù jué dé là
  먹는 데 습관이 되어, 맵게 느껴지지 않는다.

289
□ **咖啡**

[kā fēi] 카페이

명 커피

- 请喝**咖啡**。 커피 드세요.
  qǐng hē kā fēi
- 速溶**咖啡**。 인스턴트 커피.
  sù róng kā fēi

290
□ **开**

[kāi] 카이

동 열다

- **开**锁。 자물쇠를 열다.
  kāi suǒ
- **开**晚会。 파티를 열다.
  kāi wǎn huì

기본단어 | **61**

291

□ **开水**

[kāi shuǐ] 카이 수이

명 끓는 물, 끓인 물

❖ 来一杯**开水**。 뜨거운 물 주세요.
 lái yì bēi kāi shuǐ

292

□ **看**

[kàn] 칸

동 보다, 생각하다, 관찰하다

❖ **看**电影。 영화를 보다.
 kàn diàn yǐng

❖ **看**不见。 안 보인다.
 kàn bú jiàn

293

□ **考上**

[kǎo shàng] 카오 샹

동 (시험에) 합격하다

❖ 他**考上**大学了吗?
 tā kǎo shàng dà xué le ma
 대학시험에 합격했습니까?

❖ 他如愿**考上**了研究生。
 tā rú yuàn kǎo shàng le yán jiū shēng
 그는 원하는 대로 대학원에 합격하였다.

294

□ **考试**

[kǎo shì] 카오 쓰

명 시험 동 시험을 보다

❖ 报名参加托福**考试**。
 bào míng cān jiā tuō fú kǎo shì
 토플시험 참가 신청하다.

❖ 闭卷**考试**。 책을 덮고 보는 시험.
 bì juàn kǎo shì

295

□ **烤**

[kǎo] 카오

동 굽다, 불을 쬐이다, 말리다

❖ 北京**烤**鸭。 북경오리구이.
 běi jīng kǎo yā

❖ **烤**肉。 고기를 굽다.
 kǎo ròu

296
□ **棵**
[kē] 커

- ㈜ 포기, 그루
- ❖ 一**棵**树。 나무 한 그루.
  yī kē shù

297
□ **可**
[kě] 커

- ㈜ 매우, 정말 ㈜ 그러나, 오히려
- ❖ 昨天晚上的雪**可**真大。
  zuó tiān wǎn shang de xuě kě zhēn dà
  어젯밤의 눈은 정말 대단했다.

298
□ **可爱**
[kě ài] 커 아이

- ㈜ 귀엽다, 사랑스럽다 ㈜ 사랑스러움, 귀여움
- ❖ 小女孩儿长得**可爱**。
  xiǎo nǚ hái ér zhǎng de kě ài
  여자 아이가 정말 귀엽게 생겼다.

299
□ **可怕**
[kě pà] 커 파

- ㈜ 두렵다, 무섭다, 겁나다
- ❖ 十分**可怕**。 너무 무서워.
  shí fēn kě pà

300
□ **可是**
[kě shì] 커 쓰

- ㈜ 그러나, 하지만 ㈜ 대단히, 아무래도
- ❖ 好是好，**可是**不合身。
  hǎo shì hǎo, kě shì bù hé shēn
  좋기는 좋다, 그러나 몸에 맞지 않는다.
- ❖ 他生病了，**可是**他还是来上课了。
  tā shēng bìng le, kě shì tā hái shì lái shàng kè le
  그는 병이 났지만 수업에 왔다.

기본단어 | **63**

301

□ **可以**

[kě yǐ] 커 이

조동 ~할 수 있다, ~해도 된다

- 工作做完了才可以下班。
  gōng zuò zuò wán le cái kě yǐ xià bān
  일을 다 끝내야만 퇴근할 수 있다.
- 你帮我一下，可以吗?
  nǐ bāng wǒ yí xià, kě yǐ ma
  좀 도와줄 수 있어요?

302

□ **渴**

[kě] 커

형 갈증나다, 목마르다

- 口渴。 목이 마르다.
  kǒu kě
- 嗓子干渴。 목이 바싹 마르다.
  sǎng zi gān kě

303

□ **刻**

[kè] 커

동 새기다, 조각하다 명 조각품 형 심하다

- 现在是五点一刻。 지금은 5시 15분이다.
  xiàn zài shì wǔ diǎn yí kè

304

□ **客气**

[kè qì] 커 치

동 사양하다 명 예의 형 예의가 바르다

- 不要客气。 사양하지 마세요.
  bú yào kè qi
- 他们一家人对我都很客气。
  tā men yì jiā rén duì wǒ dōu hěn kè qi
  그들 가족은 나에게 모두 예의를 차린다.

305

□ **客人**

[kè rén] 커 런

명 손님, 객, 나그네, 길손

- 迎客人。 손님맞이.
  yíng kè ren

306
客厅
[kè tīng] 커 팅

명 객실, 응접실

✦ 客厅装饰得很漂亮。
kè tīng zhuāng shì de hěn piào liang
거실은 예쁘게 꾸며져 있다.

307
肯
[kěn] 컨

조동 ~을 하려하다, 기꺼이 ~하다

✦ 春天人肯感冒。
chūn tiān rén kěn gǎn mào
봄철엔 사람들이 곧잘 감기에 걸린다.

✦ 首肯。 수긍하다.
shǒu kěn

308
空调
[kōng tiáo] 쿵 티아오

명 에어콘

✦ 空调坏了。 에어콘이 고장났다.
kōng tiáo huài le

309
恐怕
[kǒng pà] 콩 파

부 아마도, 혹시 동 두려워하다

✦ 我们先吃饭吧，恐怕小王不会来了。
wǒ men xiān chī fàn ba, kǒng pà xiǎo wáng bú huì lái le
우리먼저먹자. 샤오왕은 아마도 안 올꺼같애.

310
口袋
[kǒu dài] 코우 다이

명 호주머니, 자루

✦ 上衣口袋。 상의 호주머니.
shàng yī kǒu dài

311
哭
[kū] 쿠

동 울다

✦ 小孩哭。 아이가 울다.
xiǎo hái kū

✦ 我禁不住哭起来了。
wǒ jīn bú zhù kū qǐ lái le
나는 참을 수 없어 울기 시작했다.

기본단어 | **65**

312

□ 苦

[kǔ] 쿠

(명) 고생 (형) 힘들다 (동) 고생시키다, 괴롭히다

- 极苦的药。쓰디쓴 약.
  jí kǔ de yào
- 烟味苦。담배 맛이 쓰다.
  yān wèi kǔ

313

□ 裤子

[kù zi] 쿠즈

(명) (남자용) 바지

- 这条裤子样式很时髦。
  zhè tiáo kù zi yàng shì hěn shí máo
  이 바지는 스타일이 세련되네요.
- 这条裤子太大了，没有小一点的吗?
  zhè tiáo kù zi tài dà le, méi yǒu xiǎo yì diǎn de ma
  이 바지는 너무 커요. 좀 작은거 없나요?

314

□ 快

[kuài] 콰이

(형) 빠르다, 민첩하다 (부) 빨리, 곧

- 火车快。기차는 빠르다.
  huǒ chē kuài
- 康复得快。병의 회복이 빠르다.
  kāng fù de kuài

315

□ 块

[kuài] 콰이

(명) 덩어리, 조각 (양) 덩이, 원 [중국 화폐 단위]

- 一块桌布。식탁보 한 장.
  yí kuài zhuō bù
- 一块香皂。비누 한 덩이.
  yí kuài xiāng zào

316

□ 筷子

[kuài zi] 콰이즈

(명) 젓가락

- 使筷子。젓가락질.
  shǐ kuài zi
- 用筷子夹。젓가락으로 집다.
  yòng kuài zi jiá

317
拉
[lā] 라

(동) 끌다, 잡아당기다, 운반하다

- 孩子拉住妈妈的衣服不放。
  hái zǐ lā zhù mā ma de yī fu bú fàng
  아이는 엄마의 옷자락을 잡고 놓지 않았다.
- 拉不住。당겨 고정시킬 수 없다.
  lā bù zhù

318
来
[lái] 라이

(동) 오다, (문제·사건 등이) 발생하다　(형) 미래의

- 进来。들어오다.
  jìn lái
- 他来北京快一年了。
  tā lái běi jīng kuài yì nián le
  그는 베이징에 온 지 거의 일년이 다 되어 간다.

319
蓝
[lán] 란

(형) 푸르다, 파랗다, 남색의, 파란색의

- 深蓝。짙은 남색.
  shēn lán
- 天蓝色。하늘색.
  tiān lán sè

320
篮球
[lán qiú] 란 치우

(명) 농구, 농구 시합, 농구공

- 我每个星期天跟朋友一起打篮球。
  wǒ měi ge xīng qī tiān gēn péng you yì qǐ dǎ lán qiú
  매주 일요일 나는 친구와 함께 농구를 한다.
- 篮球比赛。농구 경기.
  lán qiú bǐ sài

321
老虎
[lǎo hǔ] 라오 후

(명) 호랑이, 흉악한 사람 비유

- 可怕的老虎。무서운 호랑이.
  kě pà de lǎo hǔ
- 老虎出没。호랑이가 출몰하다.
  lǎo hǔ chū mò

322

□ **老师**

[lǎo shī] 라오 쓰

🅟 선생님, 스승님, 은사

❖ **老师**的恩惠。 스승의 은혜.
lǎo shī de ēn huì

❖ 不能对**老师**不敬。
bú néng duì lǎo shī bú jìng
선생님께 무례해서는 안 된다.

323

□ **老鼠**

[lǎo shǔ] 라오 슈

🅟 쥐

❖ **老鼠**爱大米。
lǎo shǔ ài dà mǐ
쥐는 쌀을 좋아해. (중국 가수 양신강의 노래제목)

324

□ **老人**

[lǎorén] 라오 런

🅟 노인

❖ 圣诞**老人**。 산타클로스.
shèng dàn lǎo rén

325

□ **了**

[le] 러

🅓 끝나다, 완료하다

❖ 不得**了**。 큰일났다. 야단났다.
bú dé liǎo

❖ 对**了**。 맞아!, 아참!
duì le

326

□ **累**

[lèi] 레이

🅗 힘들다, 지치다, 피곤하게 하다,

❖ 不太**累**。 그다지 피곤하지 않다.
bú tài lèi

❖ **累**死了。 피곤해죽겠다.
lèi sǐ le

I단계

327

□ **离**

[lí] 리

(동) 떠나다, 떨어지다 (개) ~부터 ~까지

- 他家离火车站很近。
  tā jiā lí huǒ chē zhàn hěn jìn
  그의 집은 기차역에서 매우 가깝다.

- 机场离这儿有多远?
  jī chǎng lí zhè ér yǒu duō yuǎn
  비행장이 여기서 얼마나 먼가요?

328

□ **梨**

[lí] 리

(명) 배나무, 배

- 黄色的梨。 노란 배
  huáng sè de lí

- 苹果和梨。 사과와 배.
  píng guǒ hé lí

329

□ **里**

[lǐ] 리

(명) 안, 내면, 속 (양) 리(거리단위)

- 教室里。 교실 안.
  jiào shì lǐ

- 一里等于五百米。1리는 500미터와 같다.
  yī lǐ děng yú wǔ bǎi mǐ

330

□ **历史**

[lì shǐ] 리스

(명) 역사, 과거의 사실

- 历史学。 역사학.
  lì shǐ xué

331

□ **立刻**

[lì kè] 리커

(부) 곧, 즉각, 당장

- 听到有人敲门，他立刻去开门。
  tīng dào yǒu rén qiāo mén, tā lì kè qù kāi mén
  누군가의 노크소리를 듣고 그는 바로 문을 열었다.

기본단어 | **69**

332
厉害
[lì hài] 리 하이

㉠ 사납다, 무섭다, 대단하다　㉢ 지독함, 본때

- 冷得**厉害**。추위가 대단하다.
  lěng de lì hai

333
连
[lián] 리엔

㉠ 잇다　㉡ 계속하여　㉢ ~조차도, ~까지도

- **连**她也没多说几句话。
  lián tā yě méi duō shuō jǐ jù huà
  그녀조차도 몇 마디 하지 않았다.

- 天气晴朗，**连**心情也好起来了。
  tiān qì qíng lǎng, lián xīn qíng yě hǎo qǐ lái le
  날이 개이니 기분도 좋아졌다.

334
脸
[liǎn] 리엔

㉢ 얼굴, 안색, 표정

- 转过**脸**。얼굴을 돌리다.
  zhuǎn guò liǎn

- 厚**脸**皮。철면피.
  hòu liǎn pí

335
两
[liǎng] 리앙

㉣ 둘, 2, 몇몇, 두어　㉢ 양쪽, 쌍방

- 这**两**个人都是我的朋友。
  zhè liǎng ge rén dōu shì wǒ de péng you
  이 두사람은 모두 내 친구이다.

- **两**双袜子。양말 두 컬레.
  liǎng shuāng wà zi

336
辆
[liàng] 리앙

㉣ (차량을 세는 단위) 대, 량

- 6**辆**汽车。자동차 여섯 대.
  liù liàng qìchē

- 一**辆**自行车。자전거 한 대.
  yí liàng zì xíng chē

337
□ 零

[líng] 링

- 수 0, 제로 동 떨어지다 형 소량이다
- ❖ 以三比零取胜。 3대 0으로 이기다.
  yī sān bǐ líng qǔ shèng
- ❖ 零钱。 잔돈.
  líng qián

338
□ 领

[lǐng] 링

- 동 앞장서다, 앞세우다 명 목, 깃, 칼라
- ❖ 率领。 통솔하다.
  shuài lǐng
- ❖ 领客人进里屋。 손님을 안방으로 모시다.
  lǐng kè ren jìn lǐ wū

339
□ 留

[liú] 리우

- 동 머무르다, 남기다, 받다
- ❖ 留钱。 돈을 남기다.
  liú qián
- ❖ 留学生。 유학생.
  liú xué shēng

340
□ 六

[liù] 리우

- 수 6, 여섯, 육
- ❖ 星期六。 토요일.
  xīng qī liù

341
□ 楼

[lóu] 로우

- 명 건물, 층
- ❖ 楼底下。 건물 아래.
  lóu dǐ xia
- ❖ 请问, 衣服类在几楼?
  qǐng wèn, yī fú lèi zài jǐ lóu
  의류는 몇 층에 있습니까?

342
□ 路
[lù] 루

[명] 길, 도로, 노정, 방법

- 过马路。길을 건너다.
  guò mǎ lù
- 平坦的路。평탄한 길.
  píng tǎn de lù

343
□ 旅行
[lǚ xíng] 뤼 싱

[명] 여행

- 见习旅行。수학 여행.
  jiàn xí lǚ xíng
- 这次旅行跟谁一起去?
  zhè cì lǚ háng gēn shuí yì qǐ qù
  이번 여행은 누구와 함께 가세요?

344
□ 綠
[lǜ] 뤼

[형] 녹색의

- 绿色。녹색.
  lǜ sè
- 绿茶。녹차.
  lǜ chá

345
□ 妈妈
[mā ma] 마 마

[명] 어머니, 모친

- 亲爱的妈妈。사랑하는 어머니.
  qīn ài de mā ma
- 怪不得，小美像她妈妈一样漂亮。
  guài bu de, xiǎo měi xiàng tā mā ma yí yàng piào liang
  어쩐지 샤오메이가 엄마 닮아서 예쁘네요

346
□ 麻烦
[má fan] 마 판

[명] 번거로움, 부담 [형] 귀찮다 [동] 귀찮게 하다

- 这件事很麻烦。이일은 매우 번거롭다.
  zhè jiàn shì hěn má fan
- 我不想给你添麻烦。
  wǒ bù xiǎng gěi nǐ tiān má fan
  당신께 폐를 끼치고 싶지 않아요.

347
马
[mǎ] 마

- 몡 말 혱 크다
- ❖ 赛**马**场。 경마장.
  sài mǎ chǎng
- ❖ 两匹**马**。 말 두 필.
  liǎng pǐ mǎ

348
马上
[mǎ shàng] 마샹

- 뷔 금방, 곧, 즉각
- ❖ 再等一会儿，他**马上**就回来。
  zài děng yí huì ér, tā mǎ shàng jiù huí lai
  조금만 더 기다려보자. 그는 곧 돌아올꺼야.

349
骂
[mà] 마

- 동 욕하다, 꾸짖다, 따지다
- ❖ **骂**人。 남을 욕하다.
  mà rén

350
吗
[ma] 마

- 조동 문의 끝에 사용하여 의문문을 만드는 어기조사
- ❖ 昨天你们玩儿得高兴**吗**?
  zuó tiān nǐ men wán ér de gāo xìng ma
  어제 너희들 재미있게 놀았니?
- ❖ 是**吗**? 그렇습니까. [반문을 나타냄]
  shì ma

351
买
[mǎi] 마이

- 몡 구입, 매입 동 사다, 구입하다, 세내다
- ❖ **买**车。 차를 사다.
  mǎi chē
- ❖ **买**铅笔。 연필을 사다.
  mǎi qiān bǐ

기본단어 | 73

352

□ **卖**

[mài] 마이

(동) 팔다, 판매하다, 팔아먹다

❖ **卖**苹果。 사과를 팔다.
 mài píng guǒ

❖ 买**卖**。 매매하다.
 mǎi mài

353

□ **慢慢地**

[màn màn di] 만 만 더

(부) 천천히

❖ **慢慢地**说。 천천히 말하다.
 màn màn de shuō

❖ **慢慢地**走路。 슬슬 걸어가다.
 màn màn de zǒu lù

354

□ **忙**

[máng] 망

(형) 바쁘다 (동) 서두르다, 바삐 ~하다

❖ 你现在**忙**吗? 너 지금 바쁘니?
 nǐ xiàn zài máng ma

❖ **忙**不过来。 쉴 새 없이 바쁘다.
 máng bú guò lái

355

□ **猫**

[māo] 마오

(동) 도망쳐 숨다 (명) 고양이

❖ 贼**猫**。 도둑 고양이.
 zéi māo

❖ 浪漫**猫**。 낭만 고양이.
 làng màn māo

356

□ **毛笔**

[máo bǐ] 마오 삐

(명) 붓

❖ **毛笔**字。 붓글씨.
 máo bǐ zì

❖ 一管**毛笔**。 붓 한 자루.
 yì guǎn máo bǐ

357
□ **毛**

[máo] 마오

몡 털, 깃, 양모, 털실, 곰팡이

- 身上长了很多毛。 몸에 털이 많다.
  shēn shang zhǎng le hěn duō máo
- 剪羊毛。 양의 털을 깎다.
  jiǎn yáng máo

358
□ **毛病**

[máo bìng] 마오 삥

몡 약점, 흠, 결점, 고장, 실수

- 老毛病。 몸에 밴 버릇.
  lǎo máo bìng
- 他有很多的坏毛病。
  tā yǒu hěn duō de huài máo bìng
  그는 매우 많은 결점이 있다.

359
□ **帽子**

[mào zi] 마오 즈

몡 모자

- 戴帽子。 모자를 쓰다.
  dài mào zi
- 脱帽子。 모자를 벗다.
  tuō mào zi

360
□ **没有**

[méi yǒu] 메이 요우

동 없다(동사 '有'의 부정) 부 안, 아니, 못

- 他的话是没有根据的。
  tā de huà shì méi yǒu gēn jù de
  그의 말은 근거가 없다.
- 吃饭了没有? 밥 먹었니?
  chī fàn le méi yǒu

361
□ **每**

[měi] 메이

부 늘, 언제나, 매번, 자주, 종종 대 매, 각각이

- 张老师每周上三次课。
  zhāng lǎo shī měi zhōu shàng sān cì kè
  장 선생님은 매주 세 번 수업하신다.
- 他每星期天去爬山。
  tā měi xīng qī tiān qù pá shān
  일요일마다 등산을 간다.

기본단어 | **75**

362
□ **每天**

[měi tiān] 메이 티엔

[명] 매일, 날마다

- 每天写日记。 매일 일기를 쓰다.
  měi tiān xiě rì jì
- 她每天都要擦粉。 그녀는 매일 화장을 한다.
  tā měi tiān dōu yào cā fěn

363
□ **美丽**

[měi lì] 메이 리

[명] 아름다움 [형] 미려하다, 아름답다

- 同从前一样美丽。
  tóng cóng qián yí yàng měi lì
  전과 다름없이 아름답다.
- 美丽的花园。 아름다운 화원.
  měi lì de huā yuán

364
□ **妹妹**

[mèi mei] 메이 메이

[명] 여동생, 누이동생, 친척 여동생

- 我有一个弟弟，一个妹妹。
  wǒ yǒu yí ge dì di, yí ge mèi mei
  저는 남동생 한 명, 여동생 한 명이 있어요.
- 与妹妹感情很好。
  yǔ mèi mei gǎn qíng hěn hǎo
  여동생과 사이좋게 지내다.

365
□ **门**

[mén] 먼

[명] 문, 과목, 여닫이, 스위치

- 给开门。 문을 열어 주다.
  gěi kāi mén
- 锁门。 문을 잠그다.
  suǒ mén

366
□ **门票**

[mén piào] 먼 피아오

[명] 입장권, 입장료

- 门票一张多少钱?
  mén piào yì zhāng duō shao qián
  입장권 한 장에 얼마예요?

367
□ **面包**

[miàn bāo] 미엔 빠오

(명) 빵, 식빵, 빵 부스러기

* 面包和牛奶。 빵과 우유.
  miàn bāo hé niú nǎi

* 烘烤面包。 빵을 굽다.
  hōng kǎo miàn bāo

368
□ **名片**

[míng piàn] 밍 피엔

(명) 명함

* 递名片。 명함을 건네 주다.
  dì míng piàn

* 留下名片走了。 명함을 놓고 가다.
  liú xià míng piàn zǒu le

369
□ **名字**

[míng zì] 밍 즈

(명) 이름, 성명

* 起名字。 이름을 짓다.
  qǐ míng zì

* 你叫什么名字? 이름이 뭐예요?
  nǐ jiào shí me míng zì

370
□ **明白**

[míng bái] 밍 바이

(형) 분명하다, 총명하다 (동) 이해하다

* 明白了吗? 이해했니?
  míng bai le ma

* 我明白了你的意思。
  wǒ míng bai le nǐ de yì si
  니 말의 의미를 이해했어.

371
□ **明年**

[míng nián] 밍 니엔

(명) 내년, 명년

* 明年我上大学。
  míng nián wǒ shàng dà xué
  내년에 나는 대학교에 들어가.

* 明年我打算结婚。
  míng nián wǒ dǎ suàn jié hūn
  내년에 나는 결혼 할 계획이야.

372

□ **明天**

[míng tiān] 밍 티엔

- 명 내일, 가까운 장래, 앞날
- ✦ 我明天在家休息。 나는 내일 집에서 쉴꺼야.
  wǒ míng tiān zài jiā xiū xi
- ✦ 你们明天早点儿来吧。
  nǐ men míng tiān zǎo diǎn ér lái ba
  너희들 내일은 좀 일찍 와.

373

□ **明信片**

[míng xìn piàn] 밍 씬 피엔

- 명 엽서, 우편엽서
- ✦ 给朋友寄明信片。 친구에게 엽서를 띄우다.
  gěi péng you míng xìn piàn

374

□ **母亲**

[mǔ qīn] 무 친

- 명 모친, 어머니
- ✦ 母亲好吗? 모친께서는 안녕하신가?
  mǔ qīn hǎo ma
- ✦ 母亲的病加重了，真叫人担心。
  mǔ qīn de bìng jiā zhòng le, zhēn jiào rén dān xīn
  모친의 병환이 위중하시다니 걱정이구먼.

375

□ **拿**

[ná] 나

- 동 들다, 나르다 개 ~(의)로(써), ~을
- ✦ 碗太烫，我拿不住了。
  wǎn tài tàng, wǒ ná bú zhù le
  그릇이 너무 뜨거워서 잡을 수가 없어요.
- ✦ 他手里拿着笔。 그는 손에 펜을 쥐고 있다.
  tā shǒu lǐ ná zhe bǐ

376

□ **哪**

[nǎ] 나

- 대 어느 것, 어떤 것 부 어찌, 왜, 어떻게
- ✦ 哪边个子大，互相比量一下。
  nǎ biān gè zi dà, hù xiàng bǐ liang yí xià
  어느 쪽이 큰지 서로 맞대 보자.
- ✦ 你要往哪边走?
  nǐ yào wǎng nǎ biān zǒu
  너는 어느 쪽으로 가려고 하니?

377
那

[nà] 나

㈐ 그, 저

❖ 那是什么? 그것은 무엇입니까?
  nà shì shén me
❖ 那是谁? 거기 누구십니까?
  nà shì shuí

378
那个

[nà gè] 나 거

㈐ 그, 저, 그것, 저것

❖ 这个比那个好。이것보다 저것이 더 좋다.
  zhè ge bǐ nà ge hǎo

379
那里

[nà lǐ] 나리

㈐ 그곳, 저곳

❖ 你去那里干吗? 너 거기 무엇 하러 가니?
  nǐ qù nà lǐ gàn má

380
哪儿

[nàr] 날

㈐ 그곳, 그때

❖ 你在哪儿工作? 너는 어디서 일을 하니?
  nǐ zài nǎ ér gōng zuò
❖ 你去哪儿? 너 어디 가니?
  nǐ qù nǎ ér

381
南

[nán] 난

㈅ 남, 남쪽, 남부

❖ 南山。남산.
  nán shān
❖ 南男北女。남남북녀.
  nán nán běi nǚ

382
难

[nán] 난

㈆ 어렵다, 난해하다, 힘들다 ㈅ 재앙, 근심

❖ 本性难改。본성은 고치기 어렵다.
  běn xìng nán gǎi
❖ 这个问题，难不难?
  zhè ge wèn tí, nán bu nán
  이 문제, 어렵니? 안 어렵니?

383
□ **呢**

[ne] 너

조동 명사 등의 뒤에서 의문문을 나타낸다

* **你为什么现在才说呢?**
  nǐ wèi shén me xiàn zài cái shuō ne
  나 원, 왜 이제야 얘길 하는 거야?

* **他是谁呢?** 누굴까?
  tā shì shuí ne

384
□ **内**

[nèi] 네이

명 안, 내부, 내부, 처(妻)나 처가의 친척

* **国家内部。** 나라 안.
  guó jiā nèi bù

385
□ **能**

[néng] 넝

명 재능, 수완, 능력 형 재능이 있다, 유능하다

* **这箱子她能搬动。**
  zhè xiāng zi tā néng bān dòng
  이 상자는 그녀가 옮길 수 있다.

* **这件事我能办得到。**
  zhè jiàn shì wǒ néng bàn de dào
  이 일을 나는 해낼 수 있다.

386
□ **能夠**

[néng gòu] 넝 꼬우

조동 ~할 수 있다, 가능하다

* **我们能够按时完成任务。**
  wǒ men néng gòu àn shí wán chéng rèn wu
  우리는 제 시간에 임무를 완수할 수 있다.

387
□ **你**

[nǐ] 니

대 너, 당신

* **你和我。** 너랑 나.
  nǐ hé wǒ

* **你几点上班?** 너는 몇 시에 출근하니?
  nǐ jǐ diǎn shàng bān

388
□ **你们**
[nǐ men] 니 먼

(대) 당신들, 너희들, 자네들

❖ **你们**从什么时候开始放假?
nǐ men cóng shén me shí hou kāi shǐ fàng jià
너희들 언제부터 방학 시작이니?

❖ **你们**等不及就先走吧。
nǐ men děng bù jí jiù xiān zǒu ba
너희들 기다릴 수 없으면 먼저 가라.

389
□ **年**
[nián] 니엔

(명) 년, 해, 설, 새해, 연령, 나이, 일생의 한 시기

❖ 今**年**。올해, 금년.
jīn nián

❖ 我们都认识好些**年**了。
wǒ men dōu rèn shí hǎo xiē nián le
우리가 안 지도 여러 해가 되었다.

390
□ **年级**
[nián jí] 니엔 지

(명) 학년, 학급

❖ 你几**年级**? 몇 학년이에요?
nǐ jǐ nián jí

❖ 我是大学一**年级**的。대학교 1학년입니다.
wǒ shì dà xué yì nián jí de

391
□ **年纪**
[nián jì] 니엔 찌

(명) 연세, 나이, 연령

❖ 你**年纪**多大了? 나이가 어떻게 되세요?
nǐ nián jì duō dà le

❖ **年纪**大。나이가 많다.
nián jì dà

392
□ **年轻人**
[nián qīng rén] 니엔 칭 런

(명) 청년, 젊은이

❖ **年轻人**应该有冲劲儿。
nián qīng rén yīng gāi yǒu chōng jìn ér
젊은이는 마땅히 패기가 있어야 한다.

393
☐ 念

[niàn] 니앤

[동] 생각하다, 읽다 [명] 생각, 염두

❖ 念书。책을 읽다.
niàn shū

394
☐ 鸟

[niǎo] 니아오

[명] 〈조류〉 새

❖ 鸵鸟。타조.
tuó niǎo

❖ 鸟飞走了。새가 날아가다.
niǎo fēi zǒu le

395
☐ 您

[nín] 닌

[대] 당신, 너의 높임말, 선생님, 귀하

❖ 奶奶，您慢走。할머니, 천천히 살펴가세요.
nǎi nai, nín màn zǒu

❖ 您尝一尝这个菜。이 요리 맛 좀 보세요.
nín cháng yi cháng zhè ge cài

396
☐ 牛

[niú] 니우

[명] (동물) 소 [형] 거만하다

❖ 牛吃草。소가 풀을 뜯어먹다.
niú chī cǎo

397
☐ 牛奶

[niú nǎi] 니우 나이

[명] 우유

❖ 草莓牛奶。딸기우유.
cǎo méi niú nǎi

398
☐ 女儿

[nǚ ér] 뉘 얼

[명] 딸

❖ 我有两个女儿。나에게는 두 명의 딸이 있다.
wǒ yǒu liǎng ge nǚ ér

399
努力

[nǔ lì] 누리

명 노력 **형** 열심히 하다 **동** 노력하다

- 努力学习。 열심히 공부하다.
  nǔ lì xué xí
- 努力工作。 열심히 일하다.
  nǔ lì gōng zuò

400
爬

[pá] 파

동 기어 오르다, 기다

- 爬树。 나무에 오르다.
  pá shù
- 爬山。 산에 오르다.
  pá shān

401
怕

[pà] 파

동 두렵다, 무섭다 **부** 아마, 혹시

- 你怕什么？我都不怕。
  nǐ pà shén me? wǒ dōu bú pà
  뭐가 무섭니? 나는 하나도 안 무서워.

402
拍

[pāi] 파이

동 손으로 툭툭 털다, 치다, 때리다

- 拍照片。 사진을 찍다.
  pāi zhào piàn
- 拍桌子。 탁자를 치다.
  pāi zhuō zi

403
排球

[pái qiú] 파이 치우

명 배구, 배구공

- 今天有排球比赛，你要支持哪个队？
  jīn tiān yǒu pái qiú bǐ sài, nǐ yào zhī chí nǎ ge duì
  오늘 배구경기에서 어느 팀을 응원할 거야?

404

□ **跑**

[pǎo] 파오

(동) 뛰다, 달리다, 도망가다

❖ 车**跑**得飞快。 열차가 매우 빨리 달린다.
　chē pǎo de fēi kuài

❖ 小王高兴得**跑**了起来。
　xiǎo wáng gāo xìng de pǎo le qǐ lái
　샤오왕은 뛸 듯이 기뻤다.

405

□ **陪**

[péi] 페이

(동) 모시다, 수행하다, 사죄하다

❖ 我**陪**爱人逛街。 나는 아내와 쇼핑을 나갔다.
　wǒ péi ài ren guàng jiē

406

□ **朋友**

[péng you] 펑 요우

(명) 친구, 벗, 동무, 연인, 애인

❖ 好**朋友**。 좋은 친구.
　hǎo péng you

❖ 成了**朋友**。 친구가 되다.
　chéng le péng you

407

□ **碰**

[pèng] 펑

(동) 부딪치다, 충돌하다, 우연히 만나다

❖ 上班的路上**碰**到了一位老同学。
　shàng bān de lù shang pèng dào le yí wèi lǎo tóng xué
　출근길에 옛 동창을 우연히 만났다.

408

□ **匹**

[pǐ] 피

(수) 필(말 세는 단위) (형) 평범하다

❖ 两**匹**马。 말 두 필.
　liǎng pī mǎ

409

□ **片**

[piàn] 피엔

(명) 영화 (명) 편, 조각, 구역

❖ 一**片**儿面包。 빵 한 조각.
　yí piàn ér miàn bāo

❖ 一**片**电影。 영화 한 편.
　yí piān diàn yǐng

410
票
[piào] 피아오

명 표, 입장권 동 무효가 되다

- 买票。표를 사다.
  mǎi piào
- 飞机票。비행기표.
  fēi jī piào

411
乒乓球
[pīng pāng qiú] 핑팡치우

명 탁구, 탁구공

- 我是乒乓球选手。나는 탁구선수입니다.
  wǒ shì pīng pāng qiú xuǎn shǒ

412
苹果
[píng guǒ] 핑 구오

명 사과, 사과나무

- 苹果坏了。사과가 상했다
  píng guǒ huài le
- 苹果汁。사과주스.
  píng guǒ zhī

413
破
[pò] 포

동 깨지다, 찢다, 부수다 형 낡다

- 破记录。기록을 깨다.
  pò jì lù

414
七
[qī] 치

양 일곱, 7

- 白雪公主和七个小矮人。
  bái xuě gōng zhǔ hé qī ge xiǎo ǎi rén
  백설공주와 일곱 난쟁이.
- 每晚七点钟。매일 저녁 7시.
  měi wǎn qī diǎn zhōng

415
骑
[qí] 치

동 타다, 올라타다

- 骑自行车。자전거를 타다.
  qí zì xíng chē
- 骑着马走。말을 타고 가다.
  qí zhe mǎ zǒu

기본단어 | 85

416
□ 起
[qǐ] 치

[동] 일어나다, 일어서다

❖ 起来。 일어나다.
qǐ lái

417
□ 起身
[qǐ shēn] 치 선

[동] 출발하다, 일어서다

❖ 他明天起身回故乡。
tā míng tiān qǐ shēn huí gù xiāng
그는 내일 고향으로 떠난다.

418
□ 汽车
[qì chē] 치 처

[명] 자동차

❖ 新汽车。 새로운 자동차.
xīn qì chē

❖ 你会开(汽)车吗? 차 운전할 줄 아세요?
nǐ huì kāi(qì) chē ma

419
□ 千
[qiān] 치엔

[수] 천, 1000 [형] 매우 많다

❖ 一千两的债。 천냥 빚.
yì qiān liǎng de zhài

420
□ 千万
[qiān wàn] 치엔 완

[수] 천만(千萬) [형] 수가 많다 [부] 제발, 부디

❖ 千万不要忘记。 부디 잊지 말아 주오.
qiān wàn bù yào wàng jì

421
□ 铅笔
[qiān bǐ] 치엔 비

[명] 연필

❖ 借我用一下你的铅笔, 可以吗?
jiè wǒ yòng yí xià nǐ de qiān bǐ, kě yǐ ma
연필 좀 빌려줘, 괜찮지?

422

□ 前

[qián] 치엔

[명] 앞, 정면, (시간) 전 [동] 앞으로 나아가다

❖ 前门。앞문.
qián mén

423

□ 前年

[qián nián] 치엔 니엔

[명] 재작년

❖ 前年春天。재작년 봄.
qián nián chūn tiān

❖ 前年从学校毕业的。
qián nián cóng xué xiào bì yè de
재작년에 학교를 졸업했다.

424

□ 前天

[qián tiān] 치엔 티엔

[명] 그저께

❖ 前天是我的生日。그저께가 내 생일이었다.
qián tiān shì wǒ de shēng rì

❖ 前天到的信今天才拆开看的。
qián tiān dào de xìn jīn tiān cái chāi kāi kàn de
그저께 도착한 편지를 오늘에서야 뜯어 보았다.

425

□ 钱

[qián] 치엔

[명] 돈, 화폐, 비용 [양] 돈, 전 [무게의 단위]

❖ 花钱。돈을 쓰다.
huā qián

❖ 有钱的人。돈 많은 사람.
yǒu qián de rén

426

□ 浅

[qiǎn] 치엔

[형] (물이) 얕다, (길 · 폭이) 좁다, 평이하다

❖ 河水浅。냇물이 얕다.
hé shuǐ qiǎn

❖ 学问肤浅。학문이 얕다.
xué wèn fū qiǎn

427
□ 墙

[qiáng] 치앙

[명] 벽, 담, 울타리, 기물의 칸막이

❖ 墙上挂着画。벽에 그림을 걸다.
qiáng shang guà zhe huà

428
□ 桥

[qiáo] 치아오

[명] 다리, 교각, 교량

❖ 桥的长度。다리의 길이.
qiáo de cháng dù

429
□ 轻

[qīng] 칭

[형] 가볍다, 경미하다 [부] 가볍게

❖ 行李轻。짐이 가볍다.
xíng li qīng

❖ 轻轻的一个吻，已经打动我的心。
qīng qīng de yī gè wěn, yǐ jīng dǎ dòng wǒ de xīn
가벼운 입맞춤은 이미 내 마음을 움직였죠.(월량대표아적심 노래가사 중)

430
□ 晴

[qíng] 칭

[명] 맑음 [형] (날씨가) 개다

❖ 晴朗的天空。맑게 갠 하늘.
qíng lǎng de tiān kōng

❖ 下午雨转晴。비 갠 오후.
xià wǔ yǔ zhuǎn qíng

431
□ 请

[qǐng] 칭

[동] ~해주세요, 청합니다, 부탁하다

❖ 请求帮助。도움을 청하다.
qǐng qiú bāng zhù

❖ 请问。실례합니다.
qǐng wèn

432
清楚
[qīng chǔ] 칭 추

(형) 뚜렷하다, 분명하다

* 黑板上的字写得很清楚。
  hēi bǎn shàng de zì xiě de qīng chu
  칠판 위에 쓰여진 글자는 매우 뚜렷하다.

* 谁都说不清楚。
  shuí dōu shuō bù qīng chǔ
  아무도 명확하게 말할 수 없어.

433
穷
[qióng] 치옹

(형) 가난하다 (동) 끝나다, 막다르다 (부) 극히

* 他小时候家里很穷。
  tā xiǎo shí hou jiā li hěn qióng
  그는 어릴 적에 집이 무척 가난했다.

434
秋天
[qiū tiān] 치우 티엔

(명) 가을, 가을 하늘

* 晴朗的秋天。 맑은 가을 하늘.
  qíng lǎng de qiū tiān

* 秋天是读书的季节。
  qiū tiān shì dú shū de jì jié
  가을은 독서의 계절이다.

435
去
[qù] 취

(동) 가다, 하다, 보내다

* 从上海去北京。
  cóng shàng hǎi qù běi jīng
  상하이에서 베이징으로 가다.

* 来去自由。 오가는 것은 자유이다.
  lái qù zì yóu

436
去年
[qù nián] 취 니엔

(명) 작년, 지난해

* 去年初。 작년 연초.
  qù nián chū

* 成绩比去年好。 성적이 작년보다 낫다.
  chéng jì bǐ qù nián hǎo

437
□ **全部**
[quán bù] 취엔 뿌

명 전부, 전체 형 전부의, 전체의, 총계의

* 全部一共多少钱?
  quán bù yí gòng duō shao qián
  전부 합해서 얼마입니까?

438
□ **却**
[què] 취에

부 도리어, 뜻밖에, 도대체 동 물러서다

* 别人都很高兴, 他却有点儿生气。
  bié rén dōu hěn gāo xīng, tā què yǒu diǎn ér shēng qì
  다른 사람들은 모두 기뻐하는데 그는 도리어 화를 냈다.

439
□ **群**
[qún] 췬

수 떼, 무리, 대중, 군중 형 무리를 이룬

* 狼群。 늑대의 무리.
  láng qún

441
□ **热闹**
[rè nao] 러 나오

형 왁자지껄하다, 번화하다 명 여흥, 구경거리

* 节日的商场十分热闹。
  jié rì de shāng chǎng shí fēn rè nào
  명절 무렵의 상점이 매우 시끌벅적하다.

* 市场什么时候都那么热闹。
  shì chǎng shén me shí hou dōu nà me rè nào
  시장은 언제나 시끌벅적하다.

442
□ **人**
[rén] 런

명 사람, 인간, 성인, 어른

* 好人。 좋은 사람.
  hǎo rén

* 人嘴快如风。 사람의 입은 바람처럼 빠르다.
  rén zuǐ kuài rú fēng

443
人家
[rén jiā] 런 지아

때 남, 다른 사람, 그 사람, 그, 사람

❖ 人家的国家。남의 나라.
rén jiā de guó jiā

444
人类
[rén lèi] 런 레이

명 인간, 인류

❖ 人类社会不断发展。
rén lèi shè huì bù duàn fā zhǎn
인류 사회가 끊임없이 발전하다.

445
认识
[rèn shi] 런 스

명 인식 동 인식하다, 알다

❖ 我们认识很久了。
wǒ men rèn shi hěn jiǔ le
우리가 알고 지낸 지 꽤 오래되었다.

❖ 有机会认识你，真是荣幸。
yǒu jī huì rèn shí nǐ, zhēn shì róng xìng
당신을 알게 되어 영광입니다.

446
认真
[rèn zhēn] 런 쩐

명 진지함, 성실 형 성실하다, 열심히 하다

❖ 他干什么都很认真。
tā gàn shén me dōu hěn rèn zhēn
그는 무엇을 하던지 늘 성실하고 진지하다.

❖ 她应该认真努力地学习英语。
tā yīng gāi rèn zhēn nǔ lì dì xué xí yīng yǔ
그녀는 열심히 영어공부를 해야한다.

447
日子
[rì zi] 르즈

명 날, 일자, 나날

❖ 他回国有些日子了。
tā huí guó yǒu xiē rì zi le
그가 귀국한 지 며칠이 되었다.

❖ 她前些日子出差了。
tā qián xiē rì zi chū chāi le
그녀는 지난 며칠 동안 출장을 갔었다.

448
□ **容易**

[róng yì] 룽 이

- 형 쉽다, 간단하다 부 쉽게, 쉽사리
- ❖ 抽烟，喝酒的人容易生病。
  chōu yān, hē jiǔ de rén róng yì shēng bìng
  흡연과 음주를 즐겨하는 사람은 병에 걸리기 쉽다.

449
□ **肉**

[ròu] 로우

- 명 고기, (사람·동물의) 살 형 굼뜨다
- ❖ 炒鸡肉。 닭고기를 볶다.
  chǎo jī ròu
- ❖ 用刀切肉。 고기를 칼로 썰다.
  yòng dāo qiē ròu

450
□ **软**

[ruǎn] 루안

- 형 부드럽다, 연약하다
- ❖ 软座。 (기차의)상등석.
  ruǎn zuò

451
□ **三**

[sān] 싼

- 수 셋, 3 부 재삼, 여러 번
- ❖ 三是单数。 3은 홀수이다.
  sān shì dān shù
- ❖ 五减三的差数是二。
  wǔ jiǎn sān de chà shù shì èr
  5에서 3을 뺀 나머지는 2이다.

452
□ **伞**

[sǎn] 싼

- 명 우산, 양산, 우산 모양의 물건
- ❖ 撑开雨伞。 우산을 펴다.
  chēng kāi yǔ sǎn
- ❖ 带雨伞出门。 우산을 갖고 나가거라.
  dài yǔ sǎn chū mén

453
扫 [sǎo] 싸오

(동) 쓸다, 청소하다, 제거하다, 좌우로 움직이다

- 扫扫屋子。 방을 청소하다.
  sāo sāo wū zī
- 秋风扫落叶。 가을 바람이 낙엽을 쓸어 간다.
  qiū fēng sǎo luò yè

454
山 [shān] 샨

(명) 산, 산과 비슷한 모양 (형) 웅장하다

- 青山。 청산.
  qīng shān
- 他们爬到山顶上去了。
  tā men pá dào shān dǐng shang qù le
  그들은 산 정상에 올라갔다.

455
上 [shàng] 샹

(명) 위, 위쪽, 상급기관 (동) 오르다, 나아가다

- 头上。 머리 위.
  tóu shàng
- 他住在楼上。 그는 위층에 산다.
  tā zhù zài lóu shàng

456
上午 [shàng wǔ] 샹우

(명) 오전

- 昨天上午。 어제 오전.
  zuó tiān shàng wǔ
- 医院上午10点建院。
  yī yuàn shàng wǔ 10 diǎn jiàn yuàn
  병원은 오전 10시에 개원한다.

457
上个月 [shàng gè yuè] 샹 거 위에

(명) 지난달

- 上上个月。 지지난달.
  shàng shàng gè yuè
- 上个月初我搬家。 나 다음달 초에 이사가.
  shàng gè yuè chū wǒ bān jiā

458

烧

[shāo] 샤오

동 태우다, 가열하다, 끓이다 명 열(熱)

❖ 烧信。편지를 태우다.
　shāo xìn
❖ 烧垃圾。쓰레기를 불태우다.
　shāo lā jī

459

少

[shǎo] 샤오

형 (수량이) 적다 동 잃다, 빚지다 부 그만

❖ 很少。아주 적다.
　hěn shǎo
❖ 少得可怜。형편없이 적다.
　shǎo dé kě lián

460

少年

[shào nián] 샤오 니엔

명 소년, 소년기

❖ 看起来，他还是个少年。
　kàn qǐ lai, tā hái shì ge shào nián
　보아하니 그는 아직 소년이다.
❖ 少年时期。소년기.
　shào nián shí qī

461

舌头

[shé tóu] 서 터우

명 혀, 잡담

❖ 吃的话，扎舌头。먹으면 혀가 깔끄럽다.
　chī de huà, zhā shé tou
❖ 乱动舌头。혀를 내두르다.
　luàn dòng shé tou

462

谁

[shéi] 쉐이

대 누구, 아무, (임의의) 아무개

❖ 你是谁？너는 누구니?
　nǐ shì shuí
❖ 谁是你最喜欢的演员？
　shuí shì nǐ zuì xǐ huān de yǎn yuán
　좋아하는 가수가 누구야?

463
身体
[shēn tǐ] 션 티

- 몡 신체, 몸, 건강
- ❖ 锻炼身体。 신체를 단련하다.
  duàn liàn shēn tǐ

464
深
[shēn] 썬

- 몡 깊이, 심도 형 깊다, 오래되다
- ❖ 友情深厚。 우정이 두텁다.
  yǒu qíng shēn hòu
- ❖ 深米色。 진한 베이지 색.
  shēn mǐ sè

465
什么
[shén me] 션 머

- 대 무엇, 무슨, 무엇이든지, 뭐, 왜
- ❖ 那是什么? 그것은 무엇입니까?
  nà shì shén me
- ❖ 你想说什么话? 무슨 말이 하고 싶은건데?
  nǐ xiǎng shuō shén me huà

466
升
[shēng] 성

- 동 오르다, 올라가다 몡 되, 됫박
- ❖ 上升。 상승하다. 위로 올라가다.
  shàng shēng
- ❖ 一升米。 쌀 한 되.
  yì shēng mǐ

467
生
[shēng] 성

- 동 낳다, 생기다, 살다 몡 삶 형 살아 있는
- ❖ 出生。 출생하다. 태어나다.
  chū shēng
- ❖ 他是以残疾生出来的。
  tā shì yǐ cán jí shēng chū lái de
  그는 불구로 태어났다.

468
生气
[shēng qì] 성 치

명 생명력, 생기　동 화내다, 성내다

- 你不要<u>生气</u>。화내지마.
  nǐ bù yào shēng qì
- 我没有对你<u>生气</u>。너에게 화내지 않았어.
  wǒ méi yǒu duì nǐ shēng qì

469
声音
[shēng yīn] 셩 인

명 음성, 소리, 목소리, 음악, 시가(詩歌), 의견

- 你的<u>声音</u>很好听。
  nǐ de shēng yīn hěn hǎo tīng
  당신 목소리 너무 좋아요.

470
十
[shí] 스

수 10, 열　형 완전한, 절정의

- 他<u>十</u>有八九会迟到。
  tā shí yǒu bā jiǔ huì chí dào
  십중팔구 그는 지각했을 것이다.
- 再等<u>十</u>分钟吧。10분만 더 기다립시다.
  zài děng shí fēn zhōng ba

471
石头
[shí tou] 스토우

명 돌, 바위, 문제, 난관

- 扔<u>石头</u>。돌을 던지다.
  rēng shí tou
- 一块硕大的<u>石头</u>。하나의 커다란 돌덩이.
  yí kuài shuò dà de shí tou

472
时候
[shí hou] 스호우

명 시기, 시절, 때

- 这<u>时候</u>怎么把电停了。
  zhè shí hou zěn me bǎ diàn tíng le
  이럴 때 어쩌자고 정전이 되었지?
- 什么<u>时候</u>? 언제요?
  shén me shí hou

473
□ **市场**

[shì chǎng] 쓰 창

명 시장, 저자, 도시, 도회, 시, 영역

- 菜市场。 야채시장.
  cài shì chǎng
- 牛市场。 우시장.
  niú shì chǎng

474
□ **世界**

[shì jiè] 쓰 찌에

명 세계, 세상, 영역, 활동 범위

- 内心世界。 내면 세계.
  nèi xīn shì jiè
- 动物世界。 동물의 세계.
  dòng wù shì jiè

475
□ **事情**

[shì qíng] 쓰 칭

명 사정, 일, 용무, 볼일

- 事情还没有眉目。
  shì qíng hái méi yǒu méi mù
  사건이 아직 단서가 없다.

476
□ **是**

[shì] 쓰

동 긍정하다, ~이다 형 맞다, 옳다

- 是的。 그렇다.
  shì de
- 他不是那个学校的老师。
  tā bù shì nà ge xué xiào de lǎo shī
  그 분은 그 학교의 선생님이 아니다.

477
□ **收拾**

[shōu shí] 쇼우 스

명 수습, 정리 동 정리하다, 수습하다

- 收拾房间。 방을 치우다.
  shōu shí fáng jiān

478
□ **收音机**

[shōu yīn jī] 쇼우인찌

圐 라디오(radio)

* **便携式收音机**。휴대용 라디오.
  biàn xié shì shōu yīn jī
* **收音机出故障**。라디오가 고장 나다.
  shōu yīn jī chū gù zhàng

479
□ **手**

[shǒu] 쇼우

圐 손, 수단, 재주 동 잡다, 쥐다, 들다

* **洗手**。손을 씻다.
  xǐ shǒu
* **挥手**。손을 흔들다.
  huī shǒu

480
□ **手巾**

[shǒu jīn] 쇼우찐

圐 수건, 타월, 손수건

* **毛巾湿湿的**。수건이 축축하다.
  máo jīn shī shī de
* **毛巾睡衣**。타월천의 잠옷.
  máo jīn shuì yī

481
□ **手套**

[shǒu tào] 쇼우 타오

圐 장갑, 글러브(glove), 스틱(stick)

* **橡皮手套**。고무 장갑.
  xiàng pí shǒu tào
* **戴手套**。장갑을 끼다.
  dài shǒu tào

482
□ **首都**

[shǒu dōu] 쇼우 뚜

圐 수도, 국도(國都)

* **首尔是韩国的首都**。
  shǒu ěr shì hán guó de shǒu dōu
  서울은 한국의 수도이다.

483

□ **受**

[shòu] 쇼우

동 받다, 받아들이다, 입다, 맞다, 일하다

- **受**尊敬。 존경을 받다.
  shòu zūn jìng
- **受**批评。 비평을 받다.
  shòu pī píng

484

□ **书**

[shū] 슈

명 책, 서적, 글   동 (글씨를) 쓰다, 기록하다

- 读**书**。 책을 읽다.
  dú shū
- **书**呆子。 책벌레.
  shū dāi zī

485

□ **叔叔**

[shū shu] 슈슈

명 숙부, 아저씨, 시동생, 삼촌

- **叔叔**, 快来。 아저씨, 어서 오세요.
  shū shu, kuài lái
- 去**叔叔**家问候。 아저씨 댁에 인사하러 가다.
  qù shū shu jiā wèn hou

486

□ **舒服**

[shū fú] 슈푸

형 (육체·정신이) 편안하다, 상쾌하다

- 你哪儿不**舒服**? 어디가 불편하세요?
  nǐ nǎ ér bù shū fú
- 这几天我身体有点儿不**舒服**。
  zhè jǐ tiān wǒ shēn tǐ yǒu diǎn ér bù shū fú
  요 며칠 몸이 좀 불편해요.

487

□ **输**

[shū] 슈

동 나르다, 운반하다, 바치다

- 足球赛**输**了。 축구 시합에 지다.
  zú qiú sài shū le
- 辩论**输**了。 토론에 지다.
  biàn lùn shū le

488

□ **暑假**

[shǔ jià] 슈 찌아

명 여름방학, 여름휴가

* 头年暑假。작년 여름방학.
  tóu nián shū jià
* 暑假之中。여름방학 동안.
  shǔ jià zhī zhōng

489

□ **树**

[shù] 슈

명 나무, 수목 동 심다, 재배하다, 수립하다

* 桃树。복숭아 나무.
  táo shù
* 绿树成林。푸른 나무가 숲을 이루다.
  lǜ shù chéng lín

490

□ **数**

[shù] 슈

동 세다, 헤아리다

* 从一数到一百。1부터 100까지 세다.
  cóng yī shù dào yì bǎi
* 不可胜数。이루 다 헤아릴 수 없다.
  bù kě shèng shù

491

□ **双**

[shuāng] 슈앙

형 짝수의, 갑절의 명 쌍, 켤레

* 双胞胎。쌍둥이.
  shuāng bāo tāi
* 天空出现双彩虹。쌍무지개가 뜨다.
  tiān kōng chū xiàn shuāng cǎi hóng

492

□ **水**

[shuǐ] 슈이

명 물, 강(江), 강·바다의 총칭, 즙, 용액

* 矿泉水。광천수, 생수, 미네랄 워터.
  kuàng quán shuǐ
* 水火不相容。
  shuǐ huǒ bù xiāng róng
  물과 불은 서로 화합하지 못한다.

493
□ 睡觉
[shuì jiào] 쑤이 찌아오

[동] 잠자다

- 时间不早了，该睡觉了。
  shí jiān bú zǎo le, gāi shuì jiào le
  시간이 늦었으니 잠을 자도록 해라.
- 我每天晚上十一点睡觉。
  wǒ měi tiān wǎn shang shí yī diǎn shuì jiào
  나는 매일 11시에 잔다.

494
□ 水果
[shuǐ guǒ] 수이 구오

[명] 과일, 과실

- 清鲜的水果。신선한 과일.
  qīng xiān de shuǐ guǒ
- 削水果。과일을 깎다.
  xuē shuǐ guǒ

495
□ 说
[shuō] 슈오

[동] 말하다, 설명하다 [명] 이론, 주장, 학설

- 说一说意见。의견을 말하다.
  shuō yi shuō yì jiàn
- 请再说一遍。다시 한번 말씀해주세요.
  qǐng zài shuō yí biàn

496
□ 死
[sǐ] 쓰

[동] 죽다, 그만두다 [형] 죽은 [부] 한사코

- 累死了。피곤해 죽겠다.
  lèi sǐ le
- 人死了。사람이 죽다.
  rén sǐ le

497
□ 四
[sì] 쓰

[수] 4, 사, 넷

- 明天风力四到五级。
  míng tiān fēng lì sì dào wǔ jí
  내일의 풍속은 4~5급이다.
- 四只鸡。닭 네 마리.
  sì zhī jī

498
□ 送
[sòng] 쏭

[동] 보내다, 선사하다, 배웅하다

- 给病人送束鲜花。
  gěi bìng rén sòng shù xiān huā
  환자에게 꽃다발을 보내다.
- 昨天我给外婆送了点儿钱去。
  zuó tiān wǒ gěi wài pó sòng le diǎn ér qián qù
  어제 나는 외할머니께 돈을 좀 보내 드렸다.

499
□ 算
[suàn] 쑤안

[동] 계산하다, 셈하다, 계획하다

- 口算。암산하다.
  kǒu suàn
- 算了吧! 됐어, 그만둬!
  suàn le ba

500
□ 虽然
[suī rán] 쑤이 란

[접] 비록 ~하더라도, 설령 ~일지라도

- 虽然我们见过面，但是不熟。
  suī rán wǒ mén jiàn guo miàn, dàn shì bù shú
  비록 우린 만난 적은 있지만, 잘 알지는 못한다.

501
□ 随便
[suí biàn] 수이 삐엔

[형] 무책임하다 [부] 제멋대로 [접] ~을 막론하고

- 不客气,请随便吃。
  bù kè qi, qǐng suí biàn chī
  사양하지 마시고, 마음대로 드세요.
- 你随便吧! 니 마음대로 해!
  nǐ suí biàn ba

502
□ 岁
[suì] 쑤이

[수] 해, 세월 [양] (나이 셀 때) 세, 살

- 三十岁左右的男子。30살 가량의 남자.
  sān shí suì zuǒ yòu de nán zǐ
- 岁去人老。세월이 가면 사람은 늙는다.
  suì qù rén lǎo

503
□ **所以**
[suǒ yǐ] 수오 이

- 접 그래서, 그러니까 명 원인, 까닭, 이유
- ◆ 因为路上堵车，**所以**开会迟到了。
  yīn wéi lù shàng dǔ chē, suǒ yǐ kāi huì chí dào le
  도로에 차가 막혀서 회의에 늦었다.

504
□ **所有**
[suǒ yǒu] 수오 요우

- 형 모든 명 소유, 소유물 동 소유하다
- ◆ **所有**的人员都到了。
  suǒ yǒu de rén yuán dōu dào le
  모든 인원이 다 도착하였다.
- ◆ 小王是尽他**所有**帮助别人。
  xiǎo wáng shì jìn tā suǒ yǒu bāng zhù bié rén
  샤오왕은 그가 할 수 있는 한 모든 사람들을 돕는다.

505
□ **它**
[tā] 타

- 대 그, 그것, 저것 등 사람 이외의 사물
- ◆ **它**出毛病了。그것이 고장났다.
  tā chū máo bìng le

506
□ **他**
[tā] 타

- 대 그, 그 사람, 저 사람
- ◆ **他**真是个大好人。그는 참 좋은 사람이다.
  tā zhēn shì ge dà hǎo rén
- ◆ **他**是大学教师。그는 대학 교수이다.
  tā shì dà xué jiào shī

507
□ **他们**
[tā men] 타 먼

- 대 그들, 저들, 저 사람들
- ◆ **他们**用眼神交流。
  tā mén yòng yǎn shén jiāo liú
  그들은 눈빛으로 대화한다.
- ◆ **他们**一起常去图书馆。
  tā men yì qǐ cháng qù tú shū guǎn
  그들은 함께 도서관에 자주 간다.

508
□ **她**

[tā] 타

(대) 그녀, 그 여자

- 她失眠了。 그녀는 잠을 못 잤다.
  tā shī mián le
- 她怎么还没来啊?
  tā zěn me hái méi lái a
  그녀는 어째서 아직 오지 않는 거지?

509
□ **太**

[tài] 타이

(부) 매우, 무척, 몹시 (형) 크다, 높다

- 天气太热了。 날씨가 너무 덥다.
  tiān qì tai rè le
- 太多。 너무 많다.
  tai duō

510
□ **太太**

[tài tài] 타이 타이

(명) 처, 아내, 부인, 마님

- 她不是王太太吗?
  tā bù shì wáng tai tai ma
  그녀는 왕씨 부인이 아닙니까?

511
□ **太阳**

[tài yáng] 타이 양

(명) 태양, 해, 햇볕, 햇빛, 햇살, 일광

- 太阳从西边出来了。 해가 서쪽에서 떴다.
  tai yáng cóng xī biān chū lái le

512
□ **糖**

[táng] 탕

(명) 설탕, 사탕, 엿, 사탕과자

- 糖水。 설탕물, 시럽.
  táng shuǐ
- 喜糖。
  xī táng
  축하 사탕. [약혼식이나 결혼식 때 사람들에게 나누어 주는 사탕]

513
□ 躺
[tǎng] 탕

[동] 눕다, 눕히다, (물건 등이) 쓰러지다

- 侧身躺着。옆으로 돌아눕다.
  cè shēn tǎng zhe
- 平躺。똑바로 눕다.
  píng tǎng

514
□ 趟
[tàng] 탕

[수] 차례, 번, 행(行), 줄, 열(列) [명] 행렬, 줄

- 他今天又白跑了一趟。
  tā jīn tiān yòu bái pǎo le yí tang
  그는 오늘 또 한 차례 헛걸음을 하였다.
- 他刚去了一趟北京。
  tā gāng qù le yí tàng běi jīng
  그는 막 북경에 한 차례 다녀왔다.

515
□ 讨论
[tǎo lùn] 타오 룬

[명] 토론, 의논 [동] 토론하다, 의논하다

- 讨论一番。한 차례 토론하다.
  tǎo lùn yì fān
- 讨论发展规划。발전 계획에 대해 토론하다.
  tǎo lùn fā zhǎn guī huà

516
□ 特别
[tè bié] 터 비에

[형] 특별하다 [부] 특별히, 매우, 아주

- 衣服的样式很特别。옷 디자인이 특별하다.
  yī fú de yàng shì hěn tè bié
- 我特别喜欢看台湾电视剧。
  wǒ tè bié xǐ huan kàn tái wān diàn shì jù
  나는 대만 드라마 보는 것을 몹시 좋아한다.

517
□ 疼
[téng] 텅

[형] 아프다 [동] 몹시 사랑하다

- 头疼得厉害。머리가 몹시 아프다.
  tóu téng de lì hai
- 肚子疼得很。배가 심하게 아프다.
  dù zi téng de hěn

518

□ **体操**

[tǐ cāo] 티 차오

명 체조

- **体操**运动。체조 경기.
  tǐ cāo yùn dòng
- 器械**体操**。기계 체조.
  qì xiè tǐ cāo

519

□ **替**

[tì] 티

동 대신하다 개 ~를 위하여, ~대신

- **替**人受过。
  tì rén shòu guò
  다른 사람을 대신해서 과실 책임을 지다.
- **替**我给你父母带个好儿。
  tì wǒ gěi nǐ fù mǔ dài ge hǎo ér
  내 대신에 부모님께 안부나 좀 전해 주세요.

520

□ **天**

[tiān] 티엔

명 하늘, 천공, 꼭대기 부분 형 타고난, 자연의

- **天**半边黑，半边白。
  tiān bàn biān hēi, bàn biān bái
  하늘이 한쪽은 어둡고 한쪽은 밝다.
- 我的**天**啊! 맙소사!
  wǒ de tiān ā

521

□ **天气**

[tiān qì] 티엔 치

명 날씨, 일기, 하늘의 기운, 시간

- **天气**多变。날씨가 변덕스럽다.
  tiān qì duō biàn
- 恶冷的**天气**。매우 추운 날씨.
  è lěng de tiān qì

522

□ **甜**

[tián] 티엔

형 달다, 달콤하다

- 西瓜**甜**。수박이 달다.
  xī guā tián
- **甜**味品。단 것.
  tián wèi pǐn

523

□ **挑**

[tiāo] 티아오

동 메다, 어깨에 메다, 고르다

* **挑**选人才。 인재를 선발하다.
  tiāo xuǎn rén cái
* **挑**选可以作新郎的人。 신랑감을 고르다.
  tiāo xuǎn kě yǐ zuò xīn láng de rén

524

□ **条**

[tiáo] 티아오

명 가늘고 긴 나뭇가지 양 줄기, 갈래, 마리

* 一**条**鱼。 물고기 한 마리.
  yì tiáo yú
* 一**条**河。 한 줄기 강.
  yì tiáo hé

525

□ **跳**

[tiào] 티아오

동 도약하다, 뛰어오르다, (심장이) 뛰다

* 他高兴得**跳**起来。
  tā gāo xìng de tiào qǐ lái
  그는 기뻐서 껑충껑충 뛰었다.

526

□ **听**

[tīng] 팅

동 (소리를) 듣다, 판결하다

* **听**音乐。 음악을 듣다.
  tīng yīn yuè
* 我**听**到楼下有人喊我。
  wǒ tīng dào lóu xià yǒu rén hǎn wǒ
  나는 아래층에서 누가 나를 부르는 소리를 들었다.

527

□ **停**

[tíng] 팅

동 멈추다, 정지하다, 체류하다

* 等雨**停**了再走。 비가 멈추면 가자.
  děng yǔ tíng le zài zǒu
* 雪**停**了。 눈이 그쳤다.
  xuě tíng le

528
□ 通

[tōng] 퉁

[동] 통하다, 연결되다, 알다

❖ 他通常忙得很。
tā tōng cháng máng de hěn
그는 평소에 바쁘게 지낸다.

❖ 四通八达。(길이)사방으로 통하다.
sì tōng bā dá

529
□ 同学

[tóng xué] 퉁 쉬에

[명] 동창, 학우 [동] 한 학교에서 배우다

❖ 我们是同班同学。
wǒ men shì tóng bān tóng xué
우리는 같은 반 친구이다.

❖ 同学会。동창회.
tóng xué huì

530
□ 头

[tóu] 토우

[명] 머리, 선두 [형] 제일의 [양] 두, 필, 마리, 접

❖ 往头上戴帽子。머리에 모자를 쓰다.
wǎng tóu shàng dài mào zi

❖ 分头发。머리를 기르다.
fēn tóu fa

531
□ 头发

[tóu fā] 토우 파

[명] 머리털, 두발, 머리카락

❖ 短短的头发。매우 짧은 머리.
duǎn duǎn de tóu fa

❖ 剪头发。머리카락을 자르다.
jiǎn tóu fa

532
□ 图书馆

[tú shū guǎn] 투 슈 구안

[명] 도서관

❖ 我要去图书馆念书。
wǒ yào qù tú shū guǎn niàn shū
나는 공부하러 도서관에 가야 해.

533
推
[tuī] 투이

(동) 밀다, 밀어내다, 추측하다

- 推开大门。 대문을 밀어 열다.
  tuī kāi dà mén
- 别推。 밀지 마시오.
  bié tuī

534
脱
[tuō] 투오

(동) 벗다

- 脱大衣。 외투를 벗다.
  tuō dà yī

535
腿
[tuǐ] 투이

(명) 다리, 중국식 햄(ham)

- 大腿。 넓적다리. 허벅지.
  dà tuǐ
- 床腿。 침대 다리.
  chuáng tuǐ

536
袜子
[wà zi] 와즈

(명) 양말, 버선

- 袜子穿了。 양말에 구멍이 났다.
  wà zi chuān le
- 一只袜子。 양말 한 짝.
  yì zhī wà zi

537
外
[wài] 와이

(명) 밖, 외, 외국 (형) 낯설다 (부) 또한

- 大门外。 대문 밖.
  dà mén wài
- 往跑道外跑吧。 트랙 밖으로 뛰어라.
  wǎng pǎo dào wài pǎo ba

538
□ 完

[wán] 완

동 끝내다, 완료하다 형 완전하다 명 끝

- 别说一天，就是两天也完不成。
  bié shuō yì tiān, jiù shì liǎng tiān yě wán bú chéng
  하루는 고사하고 이틀에도 끝낼 수 없다.

- 电影放完了。영화 상영이 끝났다.
  diàn yǐng fàng wán le

539
□ 玩

[wán] 완

동 놀다

- 今天玩儿得很愉快。
  jīn tiān wán ér dé hěn yú kuài
  오늘은 아주 신나게 놀았다.

- 去公园玩了。공원에 가서 놀았다.
  qù gōng yuán wán le

540
□ 晚

[wǎn] 완

형 늦다, 말기(末期)의 명 밤, 저녁, 만년

- 时间太晚了。시간이 너무 늦었다.
  shí jiān tài wǎn le

- 季节晚了。철(계절)이 늦다.
  jì jié wǎn le

541
□ 晚上

[wǎn shang] 완 샹

명 저녁, 밤

- 他今天晚上有饭局。
  tā jīn tiān wǎn shang yǒu fàn jú
  그는 오늘 저녁에 회식이 있다.

- 昨天晚上在门前摔倒了。
  zuó tiān wǎn shang zài mén qián shuāi dǎo le
  어제 저녁 문 앞에서 넘어졌다.

542
□ 万

[wàn] 완

수 만, 10000 형 대단히 많다 부 절대로

- 数十万。수십만.
  shù shí wàn

- 五万分之一的地图。5만 분의 1 지도.
  wǔ wàn fēn zhī yī de dì tú

543
网球
[wǎng qiú] 왕 치우

명 테니스(tennis)

- 双打网球。 복식 테니스
  shuāng dǎ wǎng qiú
- 精通网球。 테니스를 마스터하다.
  jīng tōng wǎng qiú

544
忘
[wàng] 왕

동 잊다, 망각하다, 무시하다

- 别忘了。 잊지 마라.
  bié wàng le
- 遗忘症。 건망증. 기억 상실증.
  yí wàng zhèng

545
危险
[wēi xiǎn] 웨이 시엔

명 위험 형 위험하다

- 危险地带。 위험지대.
  wēi xiǎn dì dài
- 雪地上超速行驶是危险的。
  xuě dì shang chāo sù xíng shǐ shì wēi xiǎn de
  눈길에서의 과속 운행은 위험하다.

546
为什么
[wèi shén me] 웨이 션 머

대 왜, 무엇 때문에, 어째서

- 说实话呢, 我也不知道为什么。
  shuō shí huà ne, wǒ yě bù zhī dao wéi shí me
  솔직히 말하면 나도 이유를 모르겠어.
- 哎, 你为什么现在才说呢?
  āi, nǐ wéi shén me xiàn zài cái shuō ne
  나 원, 왜 이제야 얘길 하는 거야?

547
位
[wèi] 웨이

명 분, 어른 자리 양 분, 명, 비트(bit)

- 预定人是几位?
  yù dìng rén shì jǐ wèi
  예약 인원은 몇 분이십니까?
- 请问, 你找哪一位? 어느 분을 찾으십니까?
  qǐng wèn, nǐ zhǎo nǎ yí wèi

기본단어 | **111**

548
喂

[wèi] 웨이

⚛ 야, 어이, 여보세요　⚛ 먹이를 주다, 기르다

❖ 喂，金先生在吗?
  wèi, jīn xiān shēng zài ma
  여보세요, 김선생님 계세요? (전화상에서)

❖ 喂，这条手绢不是您的吗?
  wèi, zhè tiáo shǒu juàn bú shì nín de ma
  여보시오, 이 손수건 당신 것 아니오?

549
问

[wèn] 원

⚛ 질문, 소식　⚛ 묻다　⚛ ~에게

❖ 询问责任。책임을 묻다.
  xún wèn zé rèn

❖ 问去火车站的路。역으로 가는 길을 묻다.
  wèn qù huǒ chē zhàn de lù

550
我

[wǒ] 워

⚛ 나, 저, 자기, 자신, 우리, 우리 측

❖ 我最近不忙。나는 요즘 바쁘지 않다.
  wǒ zuì jìn bù máng

❖ 我的。내 것.
  wǒ de

551
我们

[wǒ men] 워 먼

⚛ 우리(들), 나, 저, 당신(들)

❖ 我们走着去吧。우리 걸어서 가자.
  wǒ men zǒu zhe qù ba

❖ 我们选她当班长。
  wǒ men xuǎn tā dāng bān zhǎng
  우리는 그녀를 반장으로 뽑았다.

552
五

[wǔ] 우

⚛ 5, 다섯

❖ 三加二得五。3 더하기 2는 5.
  sān jiā èr dé wǔ

❖ 五分钟左右就来。5분 정도 걸립니다.
  wǔ fēn zhōng zuǒ yòu jiù lái

553

□ 西

[xī] 씨

명 서쪽, 서양 형 서양의

- 日落西山。해가 서산에 지다.
  rì luò xī shān
- 西方的天空。서쪽 하늘.
  xī fāng de tiān kōng

554

□ 希望

[xī wàng] 시 왕

명 희망, 바람, 기대 동 희망하다, 바라다

- 希望我们成为好朋友。
  xī wàng wǒ men chéng wéi hǎo péng you
  우리 좋은 친구가 되었으면 해요.

555

□ 洗

[xǐ] 시

동 씻다, 제거하다

- 菜洗了三道。채소를 세 번 씻다.
  cài xǐ le sān dào
- 洗头。머리를 감다.
  xǐ tóu

556

□ 洗衣机

[xǐ yī jī] 시 이 찌

명 세탁기

- 全自动洗衣机。전자동 세탁기.
  quán zì dòng xǐ yī jī
- 洗衣机坏了，使不得。
  xǐ yī jī huài le, shǐ bù dé
  세탁기가 고장이 나서 쓸 수 없다.

557

□ 喜欢

[xǐ huan] 시 후안

동 좋아하다 형 유쾌하다

- 喜欢吃什么东西。
  xǐ huān chī shén me dōng xi
  무엇이든 먹기 좋아하다.
- 喜欢花。꽃을 좋아하다.
  xǐ huān huā

기본단어 | **113**

558

□ 洗手间　　　명 화장실

[xǐ shǒu jiān] 시 쇼우 찌엔

请问，洗手间在哪儿?
qīng wèn, xǐ shǒu jiān zài nǎ ér
말씀 좀 묻겠습니다, 화장실은 어디에 있습니까?

559

□ 下　　　명 아래, 밑, 다음　동 내려가다

[xià] 시아

❖ 山下。산 아래.
shān xià

❖ 滚到山坡下。언덕 아래로 구르다.
gǔn dào shān pō xià

560

□ 下午　　　명 오후, 하오

[xià wǔ] 시아 우

❖ 下午办公。오후 업무를 보다.
xià wǔ bàn gōng

❖ 整个下午都在下毛毛雨。
zhěng gè xià wǔ dōu zài xià mao máo yǔ
오후 내내 가랑비가 왔다.

561

□ 下月　　　명 다음 달

[xià yuè] 시아 위에

❖ 下月初一。다음 달 초하루.
xià yuè chū yī

❖ 签证下月到期。
qiān zhèng xià yuè dào qī
비자는 다음 달이 만기이다.

562

□ 夏天　　　명 여름, 하계

[xià tiān] 시아 티엔

❖ 夏天来临，我要减肥。
xià tiān lái lín, wǒ yào jiǎn féi
여름이 다가오니 다이어트 해야 해.

❖ 这屋子夏天住荫凉。
zhè wū zi xià tiān zhù yīn liang
이 집은 여름에 서늘하다.

563
□ 先
[xiān] 씨엔

[명] 앞, 선두 [형] 조상의 [부] 먼저, 우선

- 我先去跑步，再吃早饭。
  wǒ xiān qù pǎo bù, zài chī zǎo fàn
  나는 먼저 조깅을 한 후 아침을 먹는다.

564
□ 先生
[xiān sheng] 시엔 셩

[명] 선생님 교사, ~씨, 의사(방언)

- 金先生。김 선생.
  jīn xiān sheng
- 大夫先生。의사 선생.
  dài fu xiān sheng

565
□ 咸
[xián] 시엔

[형] (맛이) 짜다 [부] 전부, 모두

- 水的味道咸。물맛이 짜다.
  shuǐ de wèi dào xián
- 味儿有点咸。맛이 짭짤하다.
  wèi ér yǒu diǎn xián

566
□ 线
[xiàn] 씨엔

[명] 실, 줄, 선, 경계선, 교통노선

- 棉线。무명실.
  mián xiàn
- 丝线。견사. 명주실.
  sī xiàn

567
□ 乡下
[xiāng xià] 시앙 시아

[명] 시골

- 他早先住在乡下。
  tā zǎo xiān zhù zài xiāng xià
  그는 이전에 시골에 살았다.

568
□ **相信**

[xiāng xìn] 시앙 신

(동) 믿다, 신임하다

* 我**相信**他是会守约的。
  wǒ xiāng xìn tā shì huì shǒu yuē de
  나는 그가 약속을 지키리라고 믿는다.

* **相信**力量。 힘을 믿다.
  xiāng xìn lì liang

569
□ **香蕉**

[xiāng jiāo] 시앙 찌아오

(명) 바나나

* 被**香蕉**皮滑倒。 바나나 껍질에 미끄러지다.
  bèi xiāng jiāo pí huá dǎo

* 摘**香蕉**。 바나나를 따다.
  zhāi xiāng jiāo

570
□ **箱子**

[xiāng zǐ] 시앙 즈

(명) 상자, 궤짝, 트렁크

* **箱子**里空空的，什么都没有。
  xiāng zi lǐ kōng kōng de, shén me dōu méi yǒu
  상자 안에는 텅 비어 아무것도 없다.

* **箱子**很重。 상자는 매우 무겁다.
  xiāng zi hěn zhòng

571
□ **想**

[xiǎng] 시앙

(명) 희망 (동) 생각하다 (조동) ~하려고 하다

* 左思右**想**。 이리저리 생각하다.
  zuǒ sī yòu xiǎng

* 真没**想**到。 정말 생각지도 못했다.
  zhēn méi xiǎng dào

572
□ **向**

[xiàng] 씨앙

(명) 방향, 목표 (동) 향하다 (개) ~에게

* 窗户**向**南。 창문이 남쪽을 향해 있다.
  chuāng hu xiàng nán

* 这间房子**向**南。 이 방은 남향이다.
  zhè jiān fáng zi xiàng nán

573
象
[xiàng] 씨앙

(명) 코끼리, 모양, 형상 (동) 모방하다

❖ **象**形字。 상형문자.
　xiàng xíng zì

❖ **象**声。 소리를 흉내내다.
　xiàng shēng

574
小
[xiǎo] 시아오

(형) 작다, 적다 (부) 약간, 조금, 잠시

❖ 有没有比这个**小**的?
　yǒu méi yǒu bǐ zhè ge xiǎo de
　이것보다 작은 것 있어요?

❖ 不大也不**小**。 크지도 작지도 않아요.
　bú dà yě bù xiǎo

575
小姐
[xiǎo jie] 시아오 지에

(명) 아가씨, 숙녀, 미스(Miss)

❖ **小姐**, 开个发票! 아가씨, 영수증 주세요.
　xiǎo jie, kāi ge fā piào

❖ 好心**小姐**。 마음씨가 고운 아가씨.
　hǎo xīn xiǎo jie

576
小心
[xiǎo xīn] 시아오 씬

(동) 조심·주의하다 (형) 세심하다, 주의깊다

❖ **小心**滑倒。 미끄러지지 않도록 조심하세요.
　xiǎo xīn huá dǎo

❖ **小心**夹手。 손이 끼이지 않게 조심하세요.
　xiǎo xīn jiā shǒu

577
笑
[xiào] 씨아오

(명) 웃음, 조소 (동) 웃다, 비웃다

❖ 哈哈大**笑**。 깔깔 웃다.
　hā hā dà xiào

❖ 眯眯**笑**。 빙그레 웃다.
　mī mī xiào

578

□ **些**

[xiē] 시에

㊃ 약간, 조금, 얼마간

❖ 他解释得更详细一些。
tā jiě shì de gèng xiáng xì yì xiē
그는 더욱 자세하게 해석했다.

❖ 还有些烧。 열기가 좀 있다.
hái yǒu xiē shāo

579

□ **鞋**

[xié] 시에

㊅ 신발, 구두

❖ 鞋柜。 신발장.
xié guì

❖ 穿鞋。 신발을 신다.
chuān xié

580

□ **写**

[xiě] 시에

㊇ 글씨를 쓰다, 글을 짓다, (그림)그리다

❖ 写错了。 잘못 썼다.
xiě cuò le

❖ 写小说。 소설을 쓰다.
xiě xiǎo shuō

581

□ **血**

[xiě] 시에

㊅ 피, 혈액

❖ 流血。 피가 흐르다.
liú xiě

❖ 流鼻血。 코피가 나다.
liú bí xiě

582

□ **谢**

[xiè] 씨에

㊇ 감사[사례]하다, 거절하다 ㊅ 감사, 사례

❖ 不知道该怎样谢谢你。
bù zhī dào gāi zěn yàng xiè xie nǐ
어떻게 감사드려야 할지 모르겠어요.

❖ 朋友之间还说谢, 哪儿有那么客气的。
péng you zhī jiān hái shuō xiè, nǎ ér yǒu nà me kè qi de
친구 사이에 고맙다니 별소리를 다 하는군.

583
□ 心

[xīn] 씬

[명] 심장, 마음, 생각, 사상, 감정

- 用心。마음을 쓰다.
  yòng xīn
- 一心一意。한마음 한뜻.
  yì xīn yí yì

584
□ 新

[xīn] 씬

[동] 일신하다 [형] 새롭다, 참신하다 [부] 새로

- 花样翻新。모양(디자인)이 새롭다.
  huā yàng fān xīn
- 从新开始。처음부터 새로 시작하다.
  cóng xīn kāi shǐ

585
□ 幸亏

[xìng kuī] 씬 쿠이

[부] 다행히

- 幸亏我们俩当时系上了安全带。
  xìng kuī wǒ men liǎ dāng shí jì shàng le ān quán dài
  다행히 우리 둘은 당시에 안전벨트를 맺었다.
- 幸亏他来叫醒我，才没有迟到。
  xìng kuī tā lái jiào xǐng wǒ, cái méi yǒu chí dào
  다행히 그가 나를 깨워주는 바람에 지각하지 않았다.

586
□ 薪水

[xīn shuǐ] 씬 슈이

[명] 급료, 월급

- 第一个月的薪水。첫 월급.
  dì yī ge yuè de xīn shuǐ
- 你一个月的薪水是多少?
  nǐ yī ge yuè de xīn shuǐ shì duō shǎo
  당신 한 달 월급은 얼마입니까?

587
□ 新闻

[xīn wén] 씬 원

[명] 뉴스, 기사, 새 소식

- 海外新闻。해외 뉴스.
  hǎi wài xīn wén
- 九点新闻。9시 뉴스.
  jiǔ diǎn xīn wén

588
□ 信

[xìn] 씬

명 신용, 신의, 편지 동 믿다 형 확실하다

- 写信。편지를 쓰다.
  xiě xìn
- 推荐信。추천서.
  tuī jiàn xìn

589
□ 星期

[xīng qī] 씽 치

명 주, 주일

- 星期一。월요일.
  xīng qī yī
- 还有一个星期就要开学了。
  hái yǒu yí ge xīng qī jiù yào kāi xué le
  1주일후면 개학한다.

590
□ 星期天

[xīng qī tiān] 씽 치 티엔

명 일요일

- 星期天早点来。일요일에 일찌감치 오너라.
  xīng qī tiān zǎo diǎn lái
- 快乐的星期天。즐거운 일요일.
  kuài lè de xīng qī tiān

591
□ 星星

[xīng xing] 씽 싱

명 별

- 星星世界。별나라.
  xīng xing shì jiè
- 小星星。작은별.
  xiǎo xīng xing

592
□ 行李

[xíng lǐ] 싱 리

명 짐, 행장, 내력, 행적

- 搬行李。짐을 옮기다.
  bān xíng lǐ
- 保管行李。짐을 보관하다.
  bǎo guǎn xíng lǐ

593
□ 休息
[xiū xī] 시우 시

[명] 휴식, 휴양, 휴업 [동] 휴식하다, 휴양하다

- 你好好儿休息一下。 푹 쉬세요.
  nǐ hǎo hāo ér xiū xi yí xià

594
□ 修
[xiū] 시우

[명] 수정주의 [동] 수리하다, 건설하다

- 修好了。 다 고쳤다.
  xiū hǎo le
- 不修边幅。 외관이나 차림새를 꾸미지 않다.
  bù xiū biān fú

595
□ 许多
[xǔ duō] 쉬 뚜어

[형] 많다, 좋다, 상당하다

- 庭院里种了许多花草。
  tíng yuàn lǐ zhǒng le xǔ duō huā cǎo
  정원에 매우 많은 화초를 심었다.
- 许多钱。 많은 돈.
  xǔ duō qián

596
□ 学生
[xué shēng] 쉬에 성

[명] 학생, 견습생, 실습생

- 学生证。 학생증.
  xué shēng zhèng
- 我是高中三年级的学生。
  wǒ shì gāo zhōng sān nián jí de xué shēng
  나는 고등학교 3학년 학생입니다.

597
□ 学习
[xué xí] 쉬에 시

[명] 학습, 공부 [동] 배우다

- 学习汉语。 중국어를 배우다.
  xué xí hàn yǔ
- 学习技术。 기술을 배우다.
  xué xí jì shù

598
□ 学校

[xué xiào] 쉬에 시아오

[명] 학교

❖ 学校宿舍。학교 기숙사.
xué xiào sù shè

❖ 到学校去。학교에 가다.
dào xué xiào qù

599
□ 牙齿

[yá chǐ] 야 츠

[명] 이, 치아

❖ 雪白的牙齿。새하얀 치아.
xuě bái de yá chǐ

❖ 牙齿掉了。이가 빠지다.
yá chǐ diào le

600
□ 呀膏

[yā gāo] 야 까오

[명] 치약

❖ 他买了进口的牙膏。
tā mǎi le jìn kǒu de yá gāo
그는 수입 치약을 샀다.

601
□ 颜色

[yán sè] 옌 써

[명] 색깔, 용모, 얼굴빛

❖ 灰暗的颜色。어두운 색.
huī àn de yán sè

❖ 你喜欢什么颜色? 무슨색 좋아하세요?
nǐ xǐ huān shén me yán sè

602
□ 眼镜

[yǎn jìng] 옌 찡

[명] 안경

❖ 摘眼镜。안경을 벗다.
zhāi yǎn jìng

❖ 戴眼镜。안경을 착용하다.
dài yǎn jìng

603

□ **眼睛**

[yǎn jing] 옌 징

(명) 눈, 안목

- 睁**眼瞎**。눈 뜬 장님.
  zhēng yǎn xiā

- 睁**眼睛**。눈을 뜨다.
  zhēng yǎn jing

604

□ **羊**

[yáng] 양

(명) 양

- **羊**在咩咩地叫。양이 매매 운다.
  yáng zài miē miē de jiào

- **羊**毛。양모(털).
  yáng máo

605

□ **药**

[yào] 야오

(명) 약, 화학 약품 (동) 독살하다

- 吃**药**。약을 먹다.
  chī yào

- 中**药**。한방약.
  zhōng yào

606

□ **要**

[yào] 야오

(형) 중요하다 (명) 요점 (동) 원하다

- 我**要**把英语学好。
  wǒ yào bǎ yīng yǔ xué hǎo
  나는 영어를 마스터할 것이다.

- 不**要**让他看见。그에게 보이지 않도록 해라.
  bù yào ràng tā kàn jian

607

□ **要紧**

[yào jǐn] 야오 찐

(형) 중요하다, 심하다, 엄중하다

- 这事儿可**要紧**，不能耽误。
  zhè shì ér kě yào jǐn, bù néng dān wù
  이 일은 아주 중요하니 지체해서는 안 돼.

- 身体**要紧**，别这么累死累活地干。
  shēn tǐ yào jǐn, bié zhè me lèi sǐ lèi huó de gàn
  건강이 중요하니, 이렇게 죽자 사자 일하지 마라.

608
要是
[yào shì] 야오 스

图 만일 ~한다면, 만약 ~하면

- 要是不下雨，我们就去爬山了。
  yào shì bú xià yǔ, wǒ men jiù qù pá shān le
  만약 비가 오지 않는다면, 우리는 등산 갈 것이다.

- 要是出了事故，那还了得！
  yào shì chū le shì gù, nà hái liǎo dé
  만약에 사고라도 난다면, 그거 큰일나지!

609
也
[yě] 예

뷔 ~도, 또한, 그리고 조동 판단 · 결정 · 의문

- 去也可以，不去也可以。
  qù yě kě yǐ, bù qù yě kě yǐ
  가도 되고, 안 가도 된다.

- 明天我也要去开会。
  míng tiān wǒ yě yào qù kāi huì
  내일 나도 회의에 참가하여야 한다.

610
也许
[yě xǔ] 예 쉬

뷔 아마도, 혹시, 어쩌면

- 他也许已经回国了。
  tā yě xǔ yǐ jīng huí guó le
  그는 아마도 벌써 돌아왔을지도 몰라.

611
夜
[yè] 예

명 밤, 밤중 저녁

- 开夜车。 밤을 새워 공부(일)하다.
  kāi yè chē

612
一
[yī] 이

수 1, 하나, 일 명 첫째, 첫 번째 형 같다

- 一本书。 책 한 권.
  yì běn shū

- 我一个人能做好。 저 혼자서 할 수 있어요.
  wǒ yí ge rén néng zuò hǎo

613

□ **一点儿**

[yì diǎnr] 이 디얼

㊜ 조금, 약간, 적은 것, 작은 것, 전혀

❖ 随便买**一点儿**水果什么的就行了。
suí biàn mǎi yì diǎn ér shuǐ guǒ shén me de jiù xíng le
되는대로 과일 등을 조금 사면 돼요.

❖ 屋里有**一点儿**热。 방안이 약간 덥다.
wū li yǒu yì diǎn ér rè

614

□ **一定**

[yí dìng] 이 띵

㊛ 고정된, 일정한 ㊜ 꼭, 반드시꼭

❖ **一定**要加倍努力学习。
yí dìng yào jiā bèi nǔ lì xué xí
반드시 더욱더 열심히 공부하겠다.

❖ 我想你**一定**能成功。
wǒ xiǎng nǐ yí dìng néng chéng gōng
내 생각에 너는 반드시 성공할 거야.

615

□ **一共**

[yí gòng] 이 꽁

㊜ 전부, 다, 모두, 합해서

❖ 我们班**一共**有30人。
wǒ men bān yí gòng yǒu sān shí rén
우리 반에는 모두 50명이 있다.

616

□ **一会儿**

[yí huì(r)] 이 후얼

㊜ 잠시, 잠깐, 짧은 시간에

❖ 等**一会儿**。 좀 기다리다.
děng yí huì ér

❖ 睡**一会儿**。 한숨 자다.
shuì yí huì ér

617

□ **一起**

[yì qǐ] 이 치

㊛ 한 곳 ㊜ 함께, 모두

❖ 他们俩**一起**共事了三年。
tā men liǎ yì qǐ gòng shì le sān nián
그 두 사람은 3년 동안 함께 일했다.

❖ 我们**一起**吃饭吧。 우리 같이 밥 먹자.
wǒ men yì qǐ chī fàn ba

618
□ **一样**

[yí yàng] 이 양

형 똑같다, 동일하다, ~같다

- **我**的想法跟你的**一样**。
  wǒ de xiǎng fǎ gēn nǐ de yí yang
  내 생각은 네 생각과 같다.
- 他俩的个头**一样**高。
  tā liǎng de gè tóu yí yàng gāo
  그 두 사람은 키가 똑같다.

619
□ **一直**

[yì zhí] 이 즈

명 뚫을 곤변 부 줄곧, 곧바로

- 大雪**一直**下了两天两夜。
  dà xuě yì zhí xià le liǎng tiān liǎng yè
  큰 눈이 이틀밤낮으로 줄곧 내렸다.
- 他的生活**一直**很安定。
  tā de shēng huó yì zhí hěn ān dìng
  그의 생활은 내내 아주 안정되어 있다.

620
□ **衣服**

[yī fu] 이 푸

명 옷, 의복

- **衣服**旧了,变色了。
  yī fu jiù le, biàn sè le
  옷이 낡아서 색이 변했다.
- 这个商店有很多漂亮的**衣服**。
  zhè ge shāng diàn yǒu hěn duō piào liang de yī fu
  이 상점은 예쁜 옷이 아주 많아요.

621
□ **已经**

[yǐ jīng] 이 징

부 이미, 벌써

- 飞机**已经**起飞了。 비행기가 이미 이륙했다.
  fēi jī yǐ jīng qǐ fēi le
- 他来晚了,火车**已经**开走了。
  tā lái wǎn le, huǒ chē yǐ jīng kāi zǒu le
  그는 늦게 와서, 기차는 이미 떠났다.

622
☐ **以后** [명] 이후, 금, 향후
[yǐ hòu] 이 호우

- 三年以后。3년 이후.
  sān nián yǐ hòu
- 从今以后。오늘 이후로. 지금부터.
  cóng jīn yǐ hòu

623
☐ **以前** [명] 이전
[yǐ qián] 이 치엔

- 唐代以前。당대 이전.
  táng dài yǐ qián
- 毕业以前。졸업 이전.
  bì yè yǐ qián

624
☐ **以为** [동] ~라고 여기다, 알다, 인정하다
[yǐ wèi] 이 웨이

- 以为那话是对的。그 말이 옳다고 생각한다.
  yǐ wéi nà huà shì duì de
- 不以为然。대수롭지 않게 여기다.
  bù yǐ wéi rán

625
☐ **椅子** [명] 의자, 걸상
[yǐ zi] 이 즈

- 椅子有点矮。의자가 약간 낮다.
  yǐ zǐ yǒu diǎn ǎi
- 坐着椅子。의자에 앉아있다.
  zuò zhe yǐ zǐ

626
☐ **因此** [접] 그러므로, (그) 때문에, 그래서
[yīn cǐ] 인 츠

- 他最近太忙，因此不能亲自来看你。
  tā zuì jìn tài máng, yīn cǐ bù néng qīn zì lái kàn nǐ
  그는 최근에 너무 바빠서, 너를 보러 직접 오지 못했다.
- 因此要刻苦学习。
  yīn cǐ yào kè kǔ xué xí
  그러므로 열심히 공부해야 한다.

627
因为

[yīn wèi] 인 웨이

접 ~ 때문에 개 ~으로 인하여

❖ **因为**闷热睡不着。무더워서 잠을 못자다.
yīn wéi mèn rè shuì bù zháo

❖ **因为**忙没时间见面。
yīn wéi máng méi shí jiān jiàn miàn
바빠서 만날 틈이 없다.

628
阴

[yīn] 인

명 음(陰), 그늘, 뒷면 형 흐리다, 그늘지다

❖ 天**阴**得很重。하늘이 잔뜩 흐리다.
tiān yīn de hěn zhòng

❖ 天**阴**。날씨가 흐리다.
tiān yīn

629
银行

[yín háng] 인 항

명 은행

❖ 旅行支票只能到中国**银行**进行兑换。
lǚ xíng zhī piào zhī néng dào zhōng guó yín háng duì huàn
여행자수표는 중국은행에서만 환전할 수 있다.

630
应该

[yīng gāi] 잉 까이

형 마땅하다 조동 마땅히 ~해야 한다

❖ **应该**的。당연한 일인걸요.
yīng gāi de

❖ 学技术**应该**认认真真。
xué jì shù yīng gāi rèn rèn zhēn zhēn
기술을 배우려면 성실해야 한다.

631
影子

[yǐng zi] 잉즈

명 그림자, 거울이나 물 위에 비친 모습

❖ **影子**投在窗户上。그림자가 창문에 비치다.
yǐng zi tóu zài chuāng hù shàng

❖ 树**影子**。나무 그림자.
shù yǐng zi

632
□ **硬**

[yìng] 잉

- 부 무리하게, 억지로 형 단단하다, 강경하다

✧ 质地坚**硬**。 재질이 견고하다.
  zhì dì jiān yìng

✧ 这两天闹嗓子，**硬**的一点儿也吃不下。
  zhè liǎng tiān nào sǎng zi, yìng de yī diǎn ér yě chī bù xià
  요며칠 목이 아파서 딱딱한 것을 조금도 삼킬 수가 없다.

633
□ **用**

[yòng] 융

- 명 사용, 쓸모 동 사용하다, 필요하다

✧ 我**用**一下你的电脑，行吗?
  wǒ yòng yī xià nǐ de diàn nǎo, xíng ma
  니 컴퓨터 좀 사용해도 되니?

634
□ **用功**

[yòng gōng] 융 꿍

- 동 힘써 배우다, 열심히 공부하다

✧ 他的孩子读书很**用功**。
  tā de hái zi dú shū hěn yòng gōng
  그의 자식은 매우 열심히 공부한다.

✧ 刻苦**用功**。
  kè kǔ yòng gōng
  어려움을 참고 견디며 열심히 공부하다.

635
□ **邮局**

[yóu jú] 요우 쥐

- 명 우체국

✧ **邮局**在学校的右边。
  yóu jú zài xué xiào de yòu bian
  우체국은 학교 우측에 있다.

✧ 我去**邮局**寄包裹。
  wǒ qù yóu jú jì bāo guǒ
  나는 우체국에 가서 소포를 부쳤다.

636
□ **邮票**

[yóu piào] 요우 피아오

- 명 우표

✧ 贴**邮票**。 우표를 붙이다.
  tiē yóu piào

✧ 纪念**邮票**。 기념 우표.
  jì niàn yóu piào

637
油
[yóu] 요우

명 기름 동 기름을 바르다 형 미끄럽다

- 食用油。식용유.
  shí yòng yóu
- 给汽车加油。자동차에 기름을 넣다.
  gěi qì chē jiā yóu

638
游泳
[yóu yǒng] 요우 용

명 수영, 헤엄 동 수영하다, 헤엄치다

- 我不会游泳。나는 수영을 할 줄 모른다.
  wǒ bù huì yóu yǒng
- 经常游泳。늘 수영을 한다.
  jīng cháng yóu yǒng

639
有
[yǒu] 요우

동 있다, 소유하다, 풍부하다 대 어느, 어떤

- 冰箱里有什么呢?
  bīng xiāng li yǒu shén me ne
  냉고 안에 무엇이 있습니까?
- 她有一双大大的眼睛。
  tā yǒu yī shuāng dà dà de yǎn jīng
  그녀는 커다란 눈을 가지고 있다.

640
又
[yòu] 요우

부 또, 또는, 한편, 그 위에, 게다가

- 读了又读。읽고 또 읽다.
  dú le yòu dú
- 那个电影很有意思，我又看了一次。
  nà ge diàn yǐng hěn yǒu yì si, wǒ yòu kàn le yī cì
  그 영화는 너무 재미있어서, 나는 한번 더 봤다.

641
右
[yòu] 요우

명 오른쪽, 우편 형 가장 낫다, 우익이다

- 右手和左手。오른손과 왼손.
  yòu shǒu hé zuǒ shǒu
- 右边一直走。오른쪽으로 쭉 걸어가세요.
  yòu biān yì zhí zǒu

642
□ 鱼

[yú] 위

[명] 생선, 물고기

- 捕鱼。물고기를 잡다.
  bǔ yú
- 鱿鱼。오징어.
  yóu yú

643
□ 雨

[yǔ] 위

[명] 비 [동] (비나 눈) 내리다

- 雨住了。비가 긋다.
  yǔ zhù le
- 等雨停了再走。비가 멈추면 가자.
  děng yǔ tíng le zài zǒu

644
□ 原来

[yuán lái] 위엔 라이

[명] 원래, 본래 [형] 본래의 [부] 처음부터

- 他们还住在原来的地方。
  tā men hái zhù zài yuán lái de dì fang
  그들은 아직도 원래 살던 곳에 살고 있다.

645
□ 圆珠笔

[yuán zhū bǐ] 위엔 쭈 비

[명] 볼펜

- 用铅笔还是圆珠笔没有关系。
  yòng qiān bǐ hái shì yuán zhū bǐ méi yǒu guān xi
  연필이나 볼펜이나 상관없다.

646
□ 远

[yuǎn] 위엔

[형] (거리 · 시간상) 멀다, 차이가 크다

- 远道儿。먼 길.
  yuǎn dào ér
- 从家到公司很远。
  cóng jiā dào gōng sī hěn yuǎn
  집에서 회사까지는 매우 멀다.

647

□ **愿意**

[yuàn yì] 위엔 이

(동) 희망하다, 동의하다

❖ **大家都愿意你来做客。**
dà jiā dōu yuàn yì nǐ lái zuò kè
모두들 네가 방문해 주기를 바란다.

648

□ **月**

[yuè] 위에

(명) 달, 월 (형) 매월[매달]의

❖ **今天是9月20号。就是我的生日。**
jīn tiān shì 9 yuè 20 hào, jiùshì wǒ de shēngrì
오늘은 9월 20일, 바로 내 생일이다.

649

□ **月亮**

[yuè liang] 위에 리앙

(명) 달, 달빛

❖ **月亮代表我的心。**
yuè liang dài biǎo wǒ de xīn
달빛이 내 마음을 대신하네.(첨밀밀 ost. 등려군 노래)

650

□ **越**

[yuè] 위에

(동) 건너다, 벗어나다 (형) 격앙되다 (부) 점점

❖ **天气越来越冷了。** 날씨가 점점 추워진다.
tiān qì yuè lái yuè lěng le

651

□ **云**

[yún] 윈

(명) 구름

❖ **云浮上来。** 구름이 뜨다.
yún fú shàng lái

❖ **白云。** 흰 구름.
bái yún

652

□ **运动**

[yùn dòng] 윈 뚱

(명) 운동 (동) 운동하다

❖ **我对运动没有兴趣。**
wǒ duì yùn dòng méi yǒu xìng qù
나는 운동에 관심 없어요.

653
□ **杂志**
[zá zhì] 자 쯔

명 잡지, 잡기(雜記)

- 妇女**杂志**。 여성 잡지.
  fù nǚ zá zhì
- 发行**杂志**。 잡지를 발행하다.
  fā xíng zá zhì

654
□ **再**
[zài] 짜이

부 다시, 또, 재차, 아무리 ~한다 해도

- 青春不**再**。 청춘은 다시 오지 않는다.
  qīng chūn bù zài
- 这个问题下次**再**讨论。
  zhè ge wèn tí xià cì zài tǎo lùn
  이 문제를 다음에 다시 토론하자.

655
□ **在**
[zài] 짜이

동 존재하다, 생존하다 개 ~에, ~에(서)

- 那起事故发生**在**去年夏天。
  nà qǐ shì gù fā shēng zài qù nián xià tiān
  그 사고는 작년 여름에 일어났다.

656
□ **早上**
[zǎo shang] 쟈오 상

명 아침

- 我**早上**7点起床。
  wǒ zǎo shang qī diǎn qǐ chuáng
  나는 아침 7시에 일어난다.
- **早上**时分。 아침나절.
  zǎo shang shí fēn

657
□ **造**
[zào] 짜오

동 제작하다, 건설하다 명 당사자, 수확, 시대

- **造**句。 문장을 만들다, 작문하다.
  zào jù
- 建**造**。 건조하다.
  jiàn zào

658
怎么
[zěn me] 쩐 머

때 어떻게, 왜, 어떤, 아무리

- 这到底是怎么回事?
  zhè dào dǐ shì zěn me huí shì
  도대체 어떻게 된 일이야?

- 怎么? 找我有事吗?
  zěn me? zhǎo wǒ yǒu shì ma
  왜? 무슨 일로 나를 찾아?

659
怎么样
[zěn me yàng] 쩐 머 양

때 어떠하다, 어떻게 하다

- 感觉怎么样? 느낌이 어때요?
  gǎn jué zěn me yàng

- 你父母身体怎么样?
  nǐ fù mǔ shēn tǐ zěn me yàng
  당신 부모님 건강은 어떻습니까?

660
站
[zhàn] 짠

동 멈추다, 서다

- 站成单列。 한 줄로 서다.
  zhàn chéng dān liè

661
张
[zhāng] 짱

동 펴다, 늘어놓다, 보다 양 장, 개

- 十张考卷。 시험지 열 장.
  shí zhāng kǎo juàn

- 一张床。 침대 하나.
  yì zhāng chuáng

662
着急
[zháo jí] 자오 지

동 조급해하다, 초조해하다

- 干着急, 没办法。
  gān zháo jí, méi bàn fǎ
  쓸데없이 조급해해 봤자 소용이 없다.

- 别着急, 问题会解决的。
  bié zháo jí, wèn tí huì jiě jué de
  조급해하지 마, 문제는 해결될 거야.

663
□ 照
[zhào] 짜오

[동] 빛나다, 비춰보다 [명] 사진, 면허증, 허가증

- 照了一张全家福。
  zhào le yì zhāng quán jiā fú
  가족 사진을 한 장 찍었다.
- 照相馆。사진관.
  zhào xiàng guăn

664
□ 照片
[zhào piàn] 짜오 피엔

[명] 사진

- 彩色照片。컬러 사진.
  căi sè zhào piàn

665
□ 这
[zhè] 쩌

[대] 이, 이것, 이때, 지금

- 这座山不太高，我们爬得上去。
  zhè zuò shān bú tài gāo, wŏ men pá de shàng qù
  이 산은 높지 않아서, 우리는 오를 수 있다.
- 这孩子长得跟他妈妈一样。
  zhè hái zi zhăng de gēn tā mā ma yí yang
  이 아이는 엄마를 꼭 닮았다.

666
□ 这个
[zhè ge] 쩌 거

[대] 이, 이것

- 这个比那个好。이것은 그것보다 좋다.
  zhè ge bĭ nà ge hăo
- 给我这个。이걸로 주세요.
  gĕi wŏ zhè ge

667
□ 这里
[zhè lĭ] 쩌 리

[대] 이곳, 여기

- 躺在这里。여기 누우세요.
  tăng zài zhè li
- 这里可以坐吗? 여기 앉아도 되나요?
  zhè li kĕ yĭ zuò ma

668
□ **着**
[zhe] 저

조동 ~하고 있(는 중이)다, ~해 있다

- 接着说吧。 계속 말해 봐요.
  jiē zhe shuō ba
- 我喜欢听着音乐。
  wǒ xǐ huān tīng zhe yīn yuè
  나는 좋아하는 음악을 듣고 있는 중이야.

669
□ **针**
[zhēn] 쩐

명 바늘, 침, 주사 동 침으로 치료하다

- 打针。 주사를 맞다.
  dǎ zhēn

670
□ **真**
[zhēn] 쩐

형 진실하다, 참되다 명 진면목 부 정말

- 真奇怪。 정말 이상해
  zhēn qí guài
- 这是不是真的? 이것이 진짜야, 아니야?
  zhè shì bú shì zhēn de

671
□ **整理**
[zhěng lǐ] 정 리

명 정리, 정돈 동 정리하다, 정돈하다

- 整理档案。 서류를 정리하다.
  zhěng lǐ dàng àn
- 整理存货。 재고정리.
  zhěng lǐ cún huò

672
□ **整天**
[zhěng tiān] 정 티엔

명 하루 종일, 온종일

- 整天下雨。 하루 종일 비가 내린다.
  zhěng tiān xià yǔ

673
□ 正
[zhèng] 쩡

[형] 똑바르다, 정면의 [동] 고치다 [부] 바로

- 正前方。정면.
  zhèng qián fāng
- 正三角形。정삼각형.
  zhèng sān jiǎo xíng

674
□ 只
[zhī] 쯔

[양] 마리, 척, 짝, 쪽, 개 [형] 단독의

- 一只羊。양 한 마리.
  yì zhī yang
- 两只小船。작은 배 두 척.
  liǎng zhī xiǎo chuán

676
□ 知道
[zhī dào] 쯔 다오

[동] 알다, 이해하다, 깨닫다

- 我不知道这件事。이 일은 나는 모른다.
  wǒ bù zhī dào zhè jiàn shì
- 我怎么知道? 제가 어떻게 알아요?
  wǒ zěn me zhī dào

677
□ 只
[zhǐ] 즈

[부] 오직, 단지, 오직 ~밖에 없다 [접] 그러나

- 我只去了一次。나는 단지 한 번 갔었다.
  wǒ zhǐ qù le yí cì
- 只相信你。당신만 믿어요.
  zhǐ xiāng xìn nǐ

678
□ 只好
[zhǐ hǎo] 즈 하오

[부] 부득이, 하는 수 없이

- 我的钱包丢了，只好走着回去。
  wǒ de qián bāo diū le, zhǐ hǎo zǒu zhe huí qù
  지갑을 잃어버려서 하는 수 없이 걸어갔다.
- 到最后，我也只好答应。
  dào zuì hòu, wǒ yě zhǐ hǎo dā ying
  마지막에 가서는 나도 어쩔 수 없이 승낙하였다.

1-step 2-step 3-step

679

□ **只要**

[zhǐ yào] 즈 야오

접 만약 ~라면, ~하기만 하면

- **打的到学校只要十分钟。**
  dǎ dī dào xué xiào zhī yào shí fēn zhōng
  택시를 타고 학교에 가는 데 단지 십 분밖에 안 걸린다.

- **只要努力一定会成功的。**
  zhī yào nǔ lì yí dìng huì chéng gōng de
  노력하기만 하면 꼭 성공할 거에요.

680

□ **纸**

[zhǐ] 즈

명 종이 **양** 장, 매, 통

- **彩纸。** 색종이.
  cǎi zhǐ

- **折纸。** 종이를 접다.
  shé zhī

681

□ **指**

[zhǐ] 즈

동 가리키다, 지적하다 **양** 손가락 굵기

- **手指北方。** 손가락으로 북쪽을 가리키다.
  shǒu zhī běi fāng

682

□ **中**

[zhōng] 쫑

명 중앙, 한가운데, 안 **형** 적당하다

- **建设中。** 건설중.
  jiàn shè zhōng

- **中间。** 가운데.
  zhōng jiān

683

□ **钟**

[zhōng] 쫑

명 종, 시계, 시, 시간

- **给钟上发条。** 시계 태엽을 감다.
  gěi zhōng shàng fā tiáo

- **早晨六点钟。** 아침 6시.
  zǎ chè liùdiā zhōg

684

□ **钟头**

[zhōng tóu] 쭝 토우

명 시간(時間)

- 我实足等了三个**钟头**。
  wǒ shí zú děng le sān gè zhōng tóu
  내가 족히 3시간은 기다렸다.

- 他们已经干了两个**钟头**了。
  tā men yǐ jīng gàn le liǎng ge zhōng tóu le
  그들은 이미 두 시간을 일했다.

685

□ **种**

[zhǒng] 쫑

명 씨, 종 동 뿌리다, 기르다, 심다

- 播**种**。파종.
  bō zhǒng

686

□ **猪**

[zhū] 쭈

명 돼지

- 一头**猪**。돼지 한 마리.
  yì tóu zhū

- **猪**肉。돼지고기.
  zhū ròu

687

□ **主人**

[zhǔ rén] 주 런

명 주인, 소유주, 임자

- 没有**主人**的雨伞。주인 없는 우산.
  méi yǒu zhǔ rén de yǔ sǎn

688

□ **煮**

[zhǔ] 쭈

동 삶다, 익히다, 끓이다

- **煮**面条。국수를 삶다.
  zhǔ miàn tiáo

689

□ **住**

[zhù] 쭈

동 살다, 거주하다, 머무르다

- **住**在一起。같은 곳에 살다.
  zhù zài yì qǐ

- 雨**住**天晴。비가 그치고 날이 맑다.
  yǔ zhù tiān qíng

690

☐ **注意**

[zhù yì] 쭈 이

몡 주의, 조심 동 주의하다, 조심하다

❖ 注意安全。 안전에 주의하다.
zhù yì ān quán

691

☐ **桌子**

[zhuō zi] 쭈오 즈

몡 탁자, 테이블

❖ 搬桌子。 탁자를 옮기다.
bān zhuō zi
❖ 放在桌子上的花瓶。 탁자 위에 놓인 꽃병.
fàng zài zhuō zi shàng de huā píng

692

☐ **字典**

[zì diǎn] 쯔 디엔

몡 자전

❖ 这个字不但我不认识，甚至字典上也查不到。
zhè ge zì bú dàn wǒ bú rèn shi, shèn zhì zì diǎn shang yě chá bú dào
이 글자는 내가 모를 뿐 아니라 사전에서조차 찾을 수 없다.

693

☐ **自己**

[zì jǐ] 쯔 지

몡 자기, 자신, 자기에게 속한 것

❖ 自己弟兄。 자기 형제.
zì jǐ dì xiōng
❖ 我能自己做。 저 혼자 할 수 있어요.
wǒ néng zì jǐ zuò

694

☐ **自行车**

[zì xíng chē] 쯔 싱 처

몡 자전거

❖ 骑自行车。 자전거를 타다.
qí zì xíng chē
❖ 我的自行车被偷走。
wǒ de zì xíng chē bèi tōu zǒu
내 자전거는 도둑맞았다.

695
□ **总**
[zǒng] 종

(부) 늘, 언제나, 반드시 (동) 총괄하다

❖ 总复习。 총복습.
  zǒng fù xí

696
□ **走**
[zǒu] 조우

(동) 걷다, 달아나다, 옮기다, 출발하다

❖ 一边走一边唱。 걸어가면서 노래하다.
  yì biān zǒu yì biān chàng
❖ 火车已经走了。 기차가 이미 떠났다.
  huǒ chē yǐ jīng zǒu le

697
□ **足球**
[zú qiú] 주 치우

(명) 축구, 축구공

❖ 足球迷。 축구광.
  zú qiú mí
❖ 世界杯足球大赛。 월드컵 축구 경기.
  shì jiè bēi zú qiú dà sài

698
□ **嘴**
[zuǐ] 주이

(명) 입, 주둥이

❖ 嘴大。 입이 크다.
  zuǐ dà

699
□ **最**
[zuì] 쭈이

(부) 가장, 최고, 제일

❖ 这个最好。 이것이 가장 좋다.
  zhè ge zuì hǎo
❖ 最好的人。 가장 훌륭한 사람.
  zuì hǎo de rén

기본단어 | **141**

700
昨天
[zuó tiān] 주오 티엔

명 어제

* **昨天**我见到她了。
  zuó tiān wǒ jiàn dào tā le
  어제 나는 그녀를 만났다.
* 他**昨天**回来了。 그는 어제 돌아왔다.
  tā zuó tiān huí lái le

701
左
[zuǒ] 쭈오

명 왼쪽, 동쪽 형 어긋나다, 비뚤어지다

* 向**左**转！ 왼쪽으로 돌아라.
  xiàng zuǒ zhuǎn
* 往**左**走的女人，往右走的男人。
  wǎng zuǒ zǒu de nǚ rén, wǎng yòu zǒu de nán rén
  왼쪽으로 가는 여자, 오른쪽으로 가는 남자.

702
坐
[zuò] 쭈오

동 앉다, 타다, 놀다 명 자리, 좌석

* **坐**在椅子上。 걸상에 앉다.
  zuò zài yǐ zi shang
* 好好**坐**下。 편안히 앉게.
  hǎo hǎo zuò xià

703
做
[zuò] 쭈오

동 짓다, 제조하다, 만들다

* **做**针线。 바느질을 하다.
  zuò zhēn xiàn
* **做**饭。 밥을 하다.
  zuò fàn

Part II

3-step
2단계

필수단어

3-step 2단계

1

□ **阿姨**

[ā yí] 아이

몡 아주머니, 이모, 보모

❖ **阿姨**, 请问现在几点了?
ā yí, qǐng wèn xiàn zài jǐ diǎn le
아주머니, 지금 몇 시쯤 되었나요?

❖ **阿姨**, 妈妈马上就回来了。
ā yí, mā ma mǎ shàng jiù huí lái le
이모, 엄마가 금방 오실 거예요.

2

□ **安静**

[ān jìng] 안 찡

형 안정하다, 조용하다, 침착하다

❖ 要让孕妇产妇**安静**。
yào ràng yùn fù chǎn fù ān jìng
임산부에게 안정을 취하게 하다.

❖ **安静**点儿, 别咋呼。
ān jìng diǎn ér, bié zā hū
떠들지 말고 좀 조용히 해.

3

□ **班**

[bān] 빤

몡 반, 클래스, 조(组), 단체, 그룹(group)

❖ 初级**班**。초급반.
chū jí bān

❖ 成家**班**。
chéng jiā bān
홍콩의 영화배우 청룽(成龍)이 조직한 스턴트 팀.

2단계

4
□ 办法

[bàn fǎ] 빤 파

명 방법, 수단, 방식, 조치

❖ 想出办法。 방법을 생각해 내다.
 xiǎng chū bàn fǎ
❖ 各想各的办法。
 gè xiǎng gè de bàn fǎ
 각자 각각의 방법을 생각하다.

5
□ 办公室

[bàn gōng shì] 빤 꽁 쓰

명 사무실, 행정 부서

❖ 他在办公室不? 그는 사무실에 있나요?
 tā zài bàn gōng shì bù
❖ 不要在办公室逗闹。
 bù yào zài bàn gōng shì dòu nào
 사무실에서 웃고 떠들지 마라.

6
□ 帮助

[bāng zhù] 빵 쭈

명 도움, 원조 동 돕다, 보좌하다

❖ 谢谢你的真诚帮助。
 xiè xiè nǐ de zhēn chéng bāng zhù
 당신의 진실한 도움에 감사드립니다.
❖ 帮助盲人安全回家。
 bāng zhù máng rén ān quán huí jiā
 맹인이 안전하게 귀가하는 것을 도와주다.

7
□ 保险

[bǎo xiǎn] 바오 시엔

명 보험, 안전 형 안전하다 동 보증하다

❖ 我在保险公司工作。
 wǒ zài bǎo xiǎn gōng sī gōng zuò
 나는 보험회사에서 일한다.
❖ 这样做才保险。
 zhè yàng zuò cái bǎo xiǎn
 이렇게 해야 비로소 안전하다.

필수단어 | **145**

8
□ **报纸**

[bào zhǐ] 빠오 즈

명 신문, 신문지, 신문용지

❖ 在**报纸**上登广告。신문에 광고를 내다.
 zài bào zhǐ shàng dēng guǎng gào
❖ **报纸**被风刮跑了。
 bào zhǐ bèi fēng guā pǎo le
 신문지가 바람에 날아갔다.

9
□ **抱**

[bào] 빠오

동 부둥켜안다, 끌어안다, (생각 등을) 품다

❖ 母亲**抱**着孩子。어머니가 아이를 안고 있다.
 mǔ qīn bào zhe hái zǐ
❖ 我真想紧紧地**抱**住你。
 wǒ zhēn xiǎng jǐn jǐn dì bào zhù nǐ
 나는 진짜 너를 꽉 안아 주고 싶다.

10
□ **杯**

[bēi] 뻬이

명 잔, 컵, 트로피(trophy), 우승컵

❖ 水**杯**。물잔.
 shuǐ bēi
❖ 奖**杯**。우승컵, 우승 트로피.
 jiǎng bēi

11
□ **北京**

[běi jīng] 베이 징

명 북경, 북경시

❖ 奠都**北京**。베이징(北京)을 수도로 정하다.
 diàn dōu běi jīng
❖ 列车向**北京**进发。
 liè chē xiàng běi jīng jìn fā
 열차가 베이징(北京)을 향해 출발하다.

12
本来
[běn lái] 번 라이

> 명 본래, 원래　부 본래의, 원래의, 당연히

- 有的还露出木头<u>本来</u>的颜色。
  yǒu de hái lòu chū mù tou běn lái de yán sè
  어떤 것은 또 나무 본래의 색깔을 드러내었다.

- <u>本来</u>要当时就赶回去。
  běn lái yào dāng shí jiù gǎn huí qù
  원래 당장 돌아가려고 했다.

13
边
[biān] 삐엔

> 명 가, 변, 끝, 가장자리　부 한편, 동시에

- 路<u>边</u>。 길가, 노변.
  lù biān

- 无<u>边</u>无际。 끝이 없다.
  wú biān wú jì

14
表示
[biǎo shì] 비아오 쓰

> 명 표정, 기색　동 (의사를) 표시하다

- <u>表示</u>感谢。 감사의 표시.
  biǎo shì gǎn xiè

- 用斜线<u>表示</u>。 사선으로 표시하시오.
  yòng xié xiàn biǎo shì

15
病人
[bìng rén] 삥 런

> 명 환자, 병자

- 给<u>病人</u>打针。 환자에게 주사를 놓다.
  gěi bìng rén dǎ zhēn

- 慰劳<u>病人</u>。 병자를 위로하다.
  wèi láo bìng rén

필수단어 | **147**

16
□ **不过**

[bú guo] 뿌 꿔

(부) ~에 불과하다 (접) 그러나, 하지만

❖ **不过**尔尔。 이 정도에 불과하다.
 bú guò ěr ěr

❖ 那里气候很好, **不过**秋天爱下雨。
 nà li qì hou hěn hǎo, bú guo qiū tiān ài xià yǔ
 그곳은 날씨가 아주 좋긴 하지만 가을에 비가 자주 온다.

17
□ **不好意思**

[bù hǎo yì si] 뿌 하오 이스

(동) 부끄럽다, 쑥스럽다, 창피스럽다

❖ **不好意思**向你张口。
 bù hǎo yì sī xiàng nǐ zhāng kǒu
 너에게 입을 떼기가 쑥스럽다.

❖ 让你久等了, **不好意思**。
 ràng nǐ jiǔ děng le, bù hǎo yì sī
 오래 기다리게 해서 미안 합니다.

18
□ **布**

[bù] 뿌

(명) 포, 천, 포목 (동) 공포하다, 배치하다

❖ 棉**布**。 면포.
 mián bù

❖ 花**布**。 꽃무늬 천.
 huā bù

19
□ **擦**

[cā] 차

(동) 마찰시키다, 비비다, 닦다, 바르다, 칠하다

❖ **擦**皮鞋。 구두를 닦다.
 cā pí xié

❖ **擦**口红。 립스틱을 바르다.
 cā kǒu hóng

20
□ **猜**

[cāi] 차이

- 동 추측하다, 알아맞히다, 의심하다
- ❖ 猜谜语。 수수께끼를 알아맞히다.
  cāi mí yǔ
- ❖ 你猜谁来了。 누가 왔는지 알아맞혀 봐.
  nǐ cāi shuí lái le

21
□ **参观**

[cān guān] 찬 꾸안

- 명 참관, 견학 동 참관하다, 견학하다
- ❖ 绝参观。 참관[견학]을 사절하다.
  jué cān guān
- ❖ 参观三峡大坝。 샨샤(三峡)댐을 참관하다.
  cān guān sān xiá dà bà

22
□ **差不多**

[chà bu duō] 차 부 뚜오

- 부 거의, 대체로 형 근접하다, 거의 비슷하다
- ❖ 时间差不多到了。 시간이 거의 됐다.
  shí jiān chà bù duō dào le
- ❖ 他俩个子差不多。 그 둘은 키가 비슷하다.
  tā liǎ gè zi chà bu duō

23
□ **常常**

[cháng cháng] 창 창

- 부 자주, 늘, 종종, 언제나
- ❖ 常常进出酒馆。 술집에 자주 드나들다.
  cháng cháng jìn chū jiǔ guǎn
- ❖ 他上学常常迟到。
  tā shàng xué cháng cháng chí dào
  그는 늘 학교에 지각하다.

24
□ **场**

[chǎng] 창

- 명 장소, 광장, 무대, (영화·경기 등의) 회, 편
- ❖ 在场。 현장에 있다.
  zài chǎng
- ❖ 上场。 등장하다, 출장하다.
  shàng chǎng

25

□ **吵**

[chǎo] 차오

(형) 시끄럽다, 떠들썩하다

- **外面太吵了，睡不着。**
  wài mian tài chǎo le, shuì bù zháo
  밖이 너무 시끄러워 잠들 수가 없다.
- **每天晚上上边那家都吵得没法说。**
  měi tiān wǎn shàng shàng biān nà jiā dōu chǎo dé méi fǎ shuō
  밤마다 윗집은 소란스럽기 짝(이) 없다.

26

□ **车**

[chē] 처

(명) 차, 수레, 기계, 선반 (동) 선반으로 깎다

- **坐车。** 차를 타다.
  zuò chē
- **二手车。** 중고차.
  èr shǒu chē

27

□ **衬衫**

[chèn shān] 천 싼

(명) 셔츠(shirt), 블라우스

- **白白的衬衫。** 새하얀 셔츠.
  bái bái de chèn shān
- **她穿着一件粉色衬衫。**
  tā chuān zhe yí jiàn fěn sè chèn shān
  그녀는 분홍색 블라우스를 입고 있다.

28

□ **成**

[chéng] 청

(동) 이루다, 완성하다, ~이 되다 (형) 기존의

- **功到自然成。** 공들이면 자연히 이루어진다.
  gōng dào zì rán chéng
- **好不容易成了一门亲事。**
  hǎo bù róng yì chéng le yī mén qīn shì
  혼사를 어렵게 성공하였다.

29
重
[chóng] 충

동 중복하다, 겹치다 부 거듭, 다시 형 겹겹의

- 重新。다시, 재차, 새로.
  chóng xīn
- 久别重逢。오래 헤어져 있다가 다시 만나다.
  jiǔ bié zhòng féng

30
出来
[chū lái] 추 라이

동 나오다, 출현하다, 나서다

- 你快出来! 빨리 나와!
  nǐ kuài chū lái!
- 太阳从云里出来了。
  tài yáng cóng yún lǐ chū lái le
  태양이 구름 속에서 나왔다.

31
出门
[chū mén] 추 먼

동 외출하다, 집을 떠나다

- 他大约是出门了。
  tā dà yuē shì chū mén le
  그는 아마 외출한 것 같다.
- 出门千条路。문을 나서면 천 갈래 길이 있다.
  chū mén qiān tiáo lù

32
出去
[chū qù] 추 취

동 나가다, 외출하다

- 出去到河边走走。강가로 나가 좀 걷자꾸나.
  chū qù dào hé biān zǒu zǒu
- 出去兜兜风。나가서 머리 좀 식혀라.
  chū qù dōu dōu fēng

33
床
[chuáng] 추앙

명 침대, 베드(bed) (수양) 채, 자리

- 双人床。2인용 침대.
  shuāng rén chuáng
- 铺床叠被。침대에 이불을 깔고 개다.
  pū chuáng dié bèi

필수단어 | **151**

34
答应

[dā yìng] 따 잉

(동) 허락하다, 동의하다 (명) 승낙

- 他已答应帮忙。
  tā yǐ dā yīng bāng máng
  그는 이미 도와 줄 것을 허락했다.
- 答应别人的事就不能反悔。
  dā yìng bié rén de shì jiù bù néng fǎn huǐ
  남에게 승낙한 일은 번복하면 안 된다.

35
打扫

[dǎ sǎo] 다 사오

(명) 청소 (동) 청소하다, 치우다

- 打扫教室。교실 청소.
  dǎ sǎo jiào shì
- 打扫房间。방을 청소하다.
  dǎ sǎo fáng jiān

36
打针

[dǎ zhēn] 다 쩐

(명) 주사 (동) 주사를 놓다, 주사를 맞다

- 抚摸打针的地方。
  fǔ mō dǎ zhēn de dì fāng
  주사 맞은 곳을 슬슬 문지르다.
- 给病人打针。환자에게 주사를 놓다.
  gěi bìng rén dǎ zhēn

37
大小

[dà xiǎo] 따 시아오

(명) 크기, 대소, 어른과 아이 (부) 아무튼

- 这衣服你穿大小儿正合适。
  zhè yī fú nǐ chuān dà xiǎo ér zhèng hé shì
  이 옷은 네가 입으니 크기가 딱 맞다.
- 他大小也是个经理, 你得尊重他。
  tā dà xiǎo yě shì ge jīng lǐ, nǐ děi zūn zhòng tā
  그가 어쨌든 사장이니, 너는 그를 존중해야 한다.

38
□ **大学**
[dà xué] 따 쉬에

- 명 대학 동 크게 배우다
- 创建一所**大学**。 대학을 창설하다.
  chuàng jiàn yì suǒ dà xué
- 打造一流**大学**。
  dǎ zào yī liú dà xué
  일류 대학을 (대학으로) 만들다.

39
□ **戴**
[dài] 따이

- 동 쓰다, 걸치다, 착용하다
- 他头上**戴**着一顶帽子。 모자를 쓰다.
  tā tóu shang dài zhe yì dǐng mào zi
- **戴**金丝眼镜。 금테 안경을 쓰다.
  dài jīn sī yǎn jìng

40
□ **大夫**
[dài fu] 따이 푸

- 명 의사
- 按照**大夫**的劝说。 의사의 권고에 따르다.
  àn zhào dài fu de quàn shuō
- 他是一个老练的**大夫**。
  tā shì yí ge lǎo liàn de dài fu
  그는 노련한 의사이다.

41
□ **单**
[dān] 딴

- 형 홑의, 단일의 부 오직, 오로지
- **单**被。 홑이불.
  dān bèi
- 大门多为**单**扇。
  dà mén duō wéi dān shàn
  대문은 주로 하나로 되어 있다.

42
□ **担心**
[dān xīn] 딴 씬

- 명 걱정 동 걱정하다, 염려하다
- 多余的**担心**。 공연한 걱정을 하다.
  duō yú de dān xīn
- 别**担心**，好好睡。 걱정 말고 푹 주무세요.
  bié dān xīn, hǎo hāo shuì

43

□ **淡**

[dàn] 딴

(형) (색이) 엷다, (맛이) 싱겁다

- **你把墨磨淡一点吧。**
  nǐ bǎ mò mó dàn yī diǎn bā
  너는 먹을 좀 묽게 갈아라.

- **轻描淡写**
  qīng miáo dàn xiě
  가볍고 연하게 그리다, 대충 묘사하다, (중요한 문제를) 얼렁뚱땅 넘어가다.

44

□ **蛋糕**

[dàn gāo] 딴 까오

(명) 케이크(cake), 카스텔라

- **切蛋糕。** 케이크를 자르다.
  qiē dàn gāo

- **馈送蛋糕。** 케이크를 봉송하다.
  kuì sòng dàn gāo

45

□ **地**

[de] 더

(조동) 동사·형용사를 수식하는 말 뒤에 붙는 결구조사(結構助詞)

- **我非常地难过。** 나는 매우 괴롭다.
  wǒ fēi cháng de nán guò

- **白白地跑了一趟。** 쓸데없이 갔다 왔다.
  bái bái de pǎo le yí tang

46

□ **地球**

[dì qiú] 띠 치우

(명) 지구

- **地球是圆的。** 지구는 둥글다.
  dì qiú shì yuán de

- **地球的公转一年一次。**
  dì qiú de gōng zhuàn yì nián yí cì
  지구의 공전은 일 년에 한번 걸린다.

47
地铁
[dì tiě] 띠 티에

명 지하철

- 乘地铁。지하철을 타다.
  chéng dì tiě
- 地铁待建。지하철을 건설할 예정이다.
  dì tiě dài jiàn

48
顶
[dǐng] 딩

명 정수리, 꼭대기 동 머리로 받치다 부 아주

- 山顶。산꼭대기.
  shān dǐng
- 高山顶上还积着银白色的雪。
  gāo shān dǐng shàng hái jī zhe yín bái sè de xuě
  높은 산봉우리에는 아직도 눈이 허옇다.

49
动
[dòng] 똥

동 (마음이) 움직이다, 행동하다

- 活动。활동하다, 움직이다.
  huó dòng
- 风吹草动。바람이 불면 풀이 움직인다.
  fēng chuī cǎo dòng

50
动物
[dòng wù] 똥 우

명 동물, 짐승

- 动物本能。동물의 본능.
  dòng wù běn néng
- 严禁捕猎稀有动物。
  yán jìn bǔ liè xī yǒu dòng wù
  희귀 동물 포획을 엄금하다.

51
短
[duǎn] 두안

명 결점 형 (길이·시간이) 짧다 동 모자라다

- 护短。결점을 감싸다.
  hù duǎn
- 昼短夜长。낮이 짧고 밤이 길다.
  zhòu duǎn yè cháng

52
□ **对不起**

[duì bù qǐ] 뚜이 부 치

- 동 미안하다, 죄송하다
- ❖ 这实在是对不起。 이거 참 미안합니다.
  zhè shí zài shì duì bù qǐ
- ❖ 无法明确回答，对不起。
  wú fǎ míng què huí dá, duì bù qǐ
  명쾌히 대답할 수 없어 미안하다.

53
□ **对面**

[duì miàn] 뚜이 미엔

- 명 반대편, 맞은편, 건너편
- ❖ 对面开来一辆大卡车。
  duì miàn kāi lái yī liàng dà kǎ chē
  반대편에서 큰 화물차 한 대가 오다.
- ❖ 对面的女孩看过来。
  duì miàn de nǚ hái kàn guò lái
  맞은편 아가씨 여길봐요! (임현제의 노래 제목임).

54
□ **多么**

[duō me] 뚜어 머

- 부 얼마나, 어느 정도, 참으로
- ❖ 今天的天气是多么晴朗啊！
  jīn tiān de tiān qì shì duō me qíng lǎng ā !
  오늘 날씨가 얼마나 쾌청한가!
- ❖ 你看，晓明多么踏实啊。
  nǐ kàn, xiǎo míng duō me tā shí ā
  봐라, 효명이는 얼마나 성실하니!

55
□ **儿**

[ér] 얼

- 양사 · 형용사 · 동사 뒤에 붙어 명사화시키다
- ❖ 幼儿。 유아.
  yòu ér
- ❖ 唱儿。 노래.
  chàng ér

56
□ **法**

[fǎ] 파

몡 방법, 방식, 법률　동 본받다, 모방하다

❖ **法**律要严格遵守。
　fǎ lǜ yào yán gé zūn shǒu
　법률을 엄격하게 준수해야 한다.

❖ **法**其遗志。 그 유지를 본받다.
　fǎ qí yí zhì

57
□ **方面**

[fāng miàn] 팡 미엔

몡 방면, 쪽, 분야

❖ 他在政治 **方面**取得了很大成绩。
　tā zài zhèng zhì fāng miàn qǔ dé le hěn dà chéng jì
　그는 정치 분야에서 큰 성과를 거두었다.

❖ 治安 **方面**的问题还很多。
　zhì ān fāng miàn de wèn tí hái hěn duō
　치안 방면의 문제가 아직도 매우 많다.

58
□ **房东**

[fáng dōng] 팡 똥

몡 집주인

❖ **房东**收房租。 주인이 집세를 수수했다.
　fáng dōng shōu fáng zū

❖ **房东**让把房子腾出来。
　fáng dōng ràng bǎ fáng zǐ téng chū lái
　집주인이 방을 빼라고 한다.

59
□ **房间**

[fáng jiān] 팡 찌엔

몡 방

❖ 打扫 **房间**。 방을 청소하다.
　dǎ sǎo fáng jiān

❖ **房间**里有三个灯头。
　fáng jiān lǐ yǒu sān gè dēng tóu
　방에는 전등이 세 개 있다.

60
□ 非常

[fēi cháng] 페이 창

- 閉 대단히, 매우 혱 비상한, 특별한

- ❖ 非常高兴。매우[대단히] 기쁘다.
  fēi cháng gāo xīng

- ❖ 非常时期。비상 시기.
  fēi cháng shí qī

61
□ 费

[fèi] 페이

- 몡 요금, 비용, 경비 동 (금전·노력 등을) 쓰다

- ❖ 动迁费。이주 비용.
  dòng qiān fèi

- ❖ 一个月交通费是多少?
  yí ge yuè jiāo tōng fèi shì duō shao
  한달에 교통비는 얼마나 드니?

62
□ 分明

[fēn míng] 펀 밍

- 閉 분명히, 뚜렷이 혱 분명하다, 뚜렷하다

- ❖ 界限分明。한계를 분명히 하다.
  jiè xiàn fēn míng

- ❖ 泾渭分明。시비나 한계가 뚜렷하다.
  jīng wèi fēn míng

63
□ 风景

[fēng jǐng] 펑 징

- 몡 풍경, 경치

- ❖ 风景优美。풍경이 아름답다.
  fēng jǐng yōu měi

- ❖ 风景迷人。경치가 매혹적이다.
  fēng jǐng mí rén

64
□ 服务员

[fú wù yuán] 푸 우 웬

- 몡 종업원, 웨이터(waiter), 안내원

- ❖ 服务员收拾出客房。
  fú wù yuán shōu shí chū kè fáng
  종업원이 객실을 청소하다.

- ❖ 服务员收着门票。
  fú wù yuán shōu zhe mén piào
  종업원이 입장권을 받고 있다.

2단계

65
□ **附近**

[fù jìn] 푸 찐

<u>명</u> 부근, 근처　<u>형</u> 부근의, 근처의

* 我家就在附近。 우리 집은 이 부근에 있다.
  wǒ jiā jiù zài fù jìn
* 生活在首尔附近。
  shēng huó zài shǒu ěr fù jìn
  서울 근처에서 살고 있다.

66
□ **干**

[gān] 깐

<u>명</u> 방패　<u>동</u> 연루되다　<u>형</u> 건조하다, 마르다

* 不相干。 서로 아무런 상관이 없다.
  bù xiāng gān
* 河水干涸。 강물이 마르다.
  hé shuǐ gān hé

67
□ **刚**

[gāng] 깡

<u>부</u> 막, ~하자, 꼭　<u>형</u> 단단하다

* 我刚从中国来的。 나는 막 중국에서 왔어.
  wǒ gāng cóng zhōng guó lái de
* 猪的刚毛。 돼지의 빳빳한 털.
  zhū de gāng máo

68
□ **歌剧**

[gē jù] 꺼 쮜

<u>명</u> 오페라, 가극

* 歌剧歌手。 오페라 가수.
  gē jù gē shǒu
* 演歌剧。 가극에 출연하다.
  yǎn gē jù

69
□ **关系**

[guān xi] 꾸안 시

<u>명</u> 관계　<u>동</u> 관계하다, 관련되다

* 同事关系。 동료 관계.
  tóng shì guān xi
* 此事关系到全体员工的利益。
  cǐ shì guān xi dao quán tǐ yuán gōng de lì yi
  이 일은 전체 직원의 이익과 관련된다.

필수단어 | **159**

70
□ 广告

[guǎng gào] 구앙 까오

명 광고, 간행물, 신문

* 广告设计得很别致。
  guǎng gào shè jì de hěn bié zhì
  광고 디자인을 특색 있게 잘 했다.
* 他不经心地看着电视 广告。
  tā bù jīng xīn de kàn zhe diàn shì guǎng gào
  그는 무심코 TV광고를 보고 있다.

71
□ 国际

[guó jì] 구오 찌

명 국제 **형** 국제적인

* 拨打 国际长途。국제 전화를 걸다.
  bō dǎ guó jì cháng tú
* 播报 国际新闻。국제 뉴스를 보도하다.
  bō bào guó jì xīn wén

72
□ 航空

[háng kōng] 항 콩

명 항공

* 航空器材。항공기기.
  háng kōng qì cái
* 民用 航空。민간 항공.
  mín yòng háng kōng

73
□ 号码

[hào mǎ] 하오 마

명 번호, 사이즈(size), 호수

* 电话 号码。전화 번호.
  diàn huà hào mǎ
* 你穿的是多大 号码的衣服?
  nǐ chuān de shì duō dà hào mǎ de yī fú
  네가 입고 있는 옷은 사이즈가 뭐니?

74
□ 红茶

[hóng chá] 홍 차

명 홍차

* 往 红茶里放糖。홍차에 설탕을 넣다.
  wǎng hóng chá lǐ fàng táng
* 从印度购入 红茶。
  cóng yìn dù gòu rù hóng chá
  인도에서 홍차를 사들이다.

2단계

75
□ **后来**

[hòu lái] 호우 라이

튄 이후, 나중에, 그 다음에

- 他**后来**算把那个问题解决了。
  tā hòu lái suàn bǎ nà gè wèn tí jiě jué le
  후에 그는 마침내 그 문제를 해결하였다.

- **后来**就再也没有和我联系了。
  hòu lái jiù zài yě méi yǒu hé wǒ lián xì le
  나중에 다시는 나와 연락되지 못했다.

76
□ **壶**

[hú] 후

명 주전자, 단지

- 茶**壶**。 찻주전자.
  chá hú

- **壶**里的水开了。 주전자의 물이 끓었다.
  hú lǐ de shuǐ kāi le

77
□ **护照**

[hù zhào] 후 짜오

명 여권, 패스포트, 증명서

- 发**护照**。 여권이 발급되다.
  fā hù zhào

- 我的**护照**得到了签证。
  wǒ de hù zhào dé dào le qiān zhèng
  나는 내 여권에 사증을 받았다.

78
□ **花生**

[huā shēng] 후아 썽

명 땅콩

- 怪味儿**花生**。 별미의 땅콩.
  guài wèi ér huā shēng

- **花生**适宜旱作。
  huā shēng shì yí hàn zuò
  땅콩은 밭재배가 적합하다.

79
□ **滑雪**

[huá xuě] 후아 쉬에

명 스키 동 스키를 타다

- 冬季是滑雪的季节。
  dōng jì shì huá xuě de jì jié
  겨울은 스키의 계절이다.
- 热中于滑雪。 스키에 열중하다.
  rè zhōng yú huá xuě

80
□ **回来**

[huí lái] 후이 라이

동 돌아오다 부 뒤에 동 원래 상태로 되다

- 买回来很多东西。 물건을 사서 돌아오다.
  mǎi huí lai hěn duō dōng xi
- 燕子飞回南方来。
  yàn zī fēi huí nán fāng lái
  제비가 남방으로 돌아오다.

81
□ **活动**

[huó dòng] 후어 뚱

동 움직이다, 활동하다 명 활동

- 这个乐队又活动上了。
  zhè gè yuè duì yòu huó dòng shang le
  이 밴드가 또 활동하기 시작했다.
- 课外活动。 과외 활동.
  kè wai huó dòng

82
□ **机场**

[jī chǎng] 찌 창

명 공항, 비행장

- 去机场送人。 공항에까지 바래다주다.
  qù jī chǎng sòng rén
- 两人在机场相遇。
  liǎng rén zài jī chǎng xiāng yù
  두 사람은 공항에서 만났다.

83
记得
[jì de] 찌 더

동 잊지 않고 있다, 기억하고 있다

- 记得清楚。똑똑히 기억하다.
  jì dé qīng chǔ
- 那件事记得清清楚楚。
  nà jiàn shì jì dé qīng qīng chǔ chǔ
  그 일을 선명히 기억하다.

84
计划
[jì huà] 찌 화

명 계획 동 계획하다

- 年度计划。연도계획.
  nián dù jì huà
- 计划缩减开支。지출을 감축할 계획이다.
  jì huà suō jiǎn kāi zhī

85
假
[jiǎ] 지아

형 거짓의 동 빌리다, 가정하다 접 가령

- 他说的话都是假的。
  tā shuō de huà dōu shì jiǎ de
  그가 한 말은 전부 거짓이다.
- 假文件。가짜 문서.
  jiǎ wén jiàn

86
简单
[jiǎn dān] 지엔 딴

명 단순 형 간단하다

- 简单劳动。단순 노동.
  jiǎn dān láo dòng
- 程序简单。절차가 간단하다.
  chéng xù jiǎn dān

87
简直
[jiǎn zhí] 지앤 즈

부 그야말로, 곧바로, 실로

- 简直是个冷天。그야말로 추운 날씨다.
  jiǎn zhí shì gè lěng tiān
- 她简直就是个仙女。
  tā jiǎn zhí jiù shì gè xiān nǚ
  그녀는 그야말로 선녀이다.

필수단어 | **163**

88
□ **饺子**

[jiǎo zi] 지아오 즈

(명) 교자, 만두

* 吃饺子。 만두를 먹다.
  chī jiǎo zi
* 油煎饺子。 기름에 튀긴 만두.
  yóu jiān jiǎo zi

89
□ **交**

[jiāo] 찌아오

(동) 주다, 내다, 넘기다 (명) 경계, 교차점

* 把拾到的失物上交。
  bǎ shí dào de shī wù shàng jiāo
  주운 물건을 위(기관)에 넘겨주다.
* 把包裹交给来人带走。
  bǎ bāo guǒ jiāo gěi lái rén dài zǒu
  소포를 온 사람에게 건네주어 가져가게 하다.

90
□ **解决**

[jiě jué] 지에 쥐에

(동) 해결하다, 풀다

* 各个解决。 하나하나씩 해결하다.
  gè gè jiě jué
* 从客观角度去解决问题。
  cóng kè guān jiǎo dù qù jiě jué wèn tí
  객관적인 입장에서 문제를 해결하다.

91
□ **介绍**

[jiè shào] 찌에 샤오

(명) 소개 (동) 소개하다, 설명하다

* 粗略地看了看产品的介绍。
  cū luè de kàn le kàn chǎn pǐn jiè shào
  대충 생산품 소개를 훑어보다.
* 介绍对象。 결혼 상대를 소개하다.
  jiè shào duì xiàng

92
□ **紧**

[jǐn] 진

(형) 팽팽하다, 단단하다, 죄다

- 把木头捆紧。 나무를 팽팽하게 묶다.
  bǎ mù tóu kǔn jǐn
- 螺丝要拧紧。 나사는 단단하게 조여야 한다.
  luó sī yào nǐng jǐn

93
□ **紧张**

[jǐn zhāng] 진 짱

(형) 긴장하다, 부족하다 (명) 긴장

- 他显得很紧张。
  tā xiǎn dé hěn jǐn zhāng
  그는 매우 긴장한 것처럼 보인다.
- 紧张的局势就缓和下来了。
  jǐn zhāng de jú shì jiù huǎn hé xià lái le
  긴장된 국면은 진정되었다.

94
□ **进步**

[jìn bù] 찐 뿌

(명) 진보 (동) 진보하다, 발전하다 (형) 진보적이다

- 进步人士。 진보적 인사.
  jìn bù rén shì
- 文化在进步。 문화가 진보하다.
  wén huà zài jìn bù

95
□ **进来**

[jìn lái] 찐 라이

(동) 들어오다

- 爬后墙进来。 뒷담을 넘어 들어오다.
  pá hòu qiáng jìn lái
- 关上门再进来。 문을 닫고 들어오너라.
  guān shàng mén zài jìn lái

96
□ **进去**

[jìn qù] 찐 취

(동) 들어가다

- 眼睛深深地凹进去。 눈이 쑥 들어가다.
  yǎn jing shēn shēn de āo jìn qù
- 大兵团攻进去。 대군단이 공격해 들어가다.
  dà bīng tuán gōng jìn qù

97

□ **经济**　　　　　　명 경제　형 경제적이다

[jīng jì] 찡찌

- ❖ 发展经济。경제를 발전시키다.
  fā zhǎn jīng jì
- ❖ 这个跟那个比经济多了。
  zhè gè gēn nà gè bǐ jīng jì duō le
  이것은 그것보다 더 경제적이다.

98

□ **酒**　　　　　　명 술, 팅크, 알코올을 함유한 액체

[jiǔ] 지우

- ❖ 这酒很冲。이 술은 냄새가 지독하다.
  zhè jiǔ hěn chòng
- ❖ 打发众人吃酒。
  dǎ fā zhòng rén chī jiǔ
  사람들에게 술자리를 마련해 주다.

99

□ **橘子**　　　　　　명 귤, 오렌지

[jú zi] 쥐즈

- ❖ 收摘橘子。귤을 따다.
  shōu zhāi jú zī
- ❖ 剥橘子皮。귤껍질을 바르다.
  bāo jú zī pí

100

□ **开始**　　　　　　동 시작되다, 개시(開始)하다　명 시작

[kāi shǐ] 카이스

- ❖ 新的学期开始了。
  xīn de xué qī kāi shǐ le
  새로운 학기가 시작되었다.
- ❖ 好的开始是成功的一半。
  hǎo de kāi shǐ shì chéng gōng de yī bàn
  좋은 시작은 성공의 절반이다.

101
看病
[kàn bìng] 칸 삥

(동) 진찰 받다, 진찰하다 (명) 진찰, 문병

- 医生正在给病人看病。
  yī shēng zhèng zài gěi bìng rén kàn bìng
  의사가 지금 환자를 진료하고 있다.

- 他身体不适, 到医院看病去了。
  tā shēn tǐ bù shì, dào yī yuàn kàn bìng qù le
  그는 몸이 불편하여 병원에 진찰을 받으러 갔다.

102
可能
[kě néng] 커 넝

(부) 아마도 (명) 가능성 (조동) ~할 수 있다

- 他可能不会来了。
  tā kě néng bú huì lái le
  그는 아마 오지 않을거야.

- 任何军队都可能打败仗。
  rèn hé jūn duì dōu kě néng dǎ bài zhàng
  어떤 군대든 전쟁에서 질 수도 있다.

103
课
[kè] 커

(명) 학과, 과목, 수업, 강의

- 语文课。 국어 과목.
  yǔ wén kè

- 一节课四十五分钟。
  yì jiē kè sì shí wǔ fēn zhōng
  수업 한 시간은 45분이다.

104
课文
[kè wén] 커 원

(명) 본문, 교과서 중의 본문

- 阅读课文。 본문을 읽다.
  yuè dú kè wén

- 抄写课文。 본문을 베껴 쓰다.
  chāo xiě kè wén

105
□ 口
[kǒu] 코우

[명] 입구, 입, 맛

❖ 大门口儿。대문 입구.
dà mén kǒu ér

❖ 这道菜很对口。이 요리는 입에 딱 맞는다.
zhè dào cài hěn duì kǒu

106
□ 辣
[là] 라

[명] 매운 맛 [형] 맵다 [동] 얼얼하게 하다

❖ 川菜真辣。쓰촨 요리는 정말 맵다.
chuān cài zhēn là

❖ 这个辣椒真辣人。
zhè gè là jiāo zhēn là rén
이 고추는 정말 얼얼하게 하네.

107
□ 来不及
[lái bù jí] 라이 뿌 지

[동] (시간이 촉박하여) ~할 수 없다, 댈 수 없다

❖ 年轻时不爱惜身体，到而今后悔也来不及了。
nián qīng shí bù ài xī shēn tǐ, dào ér jīn hòu huǐ yě lái bù jí le
젊은 시절에 몸을 돌보지 않더니, 지금에 와서 후회해도 이미 늦었다.

❖ 我来不及办理手续。
wǒ lái bù jí bàn lǐ shǒu xù
나는 수속을 처리할 겨를이 없다.

108
□ 老
[lǎo] 라오

[형] 늙다, 오래되다 [부] 늘, 오래 [명] 노인

❖ 人老心不老。사람은 늙어도 마음은 늙지 않다.
rén lǎo xīn bù lǎo

❖ 老厂。오래 된 공장.
lǎo chǎng

109
□ 老婆
[lǎo pó] 라오 포

[명] 처, 마누라, 아내

❖ 娶老婆。마누라를 얻다.
qǔ lǎo pó

❖ 碰上了个好老婆。좋은 아내를 만나다.
pèng shàng le gè hǎo lǎo pó

110
老实
[lǎo shi] 라오 스

- 형 성실하다, 솔직하다, 얌전하다
- ❖ 忠厚老实。 충직하고 성실하다.
  zhōng hòu lǎo shi
- ❖ 这孩子真老实。 이 아이 참 얌전하네요.
  zhè hái zi zhēn lǎo shi

111
冷
[lěng] 렁

- 형 춥다, 차다 동 식히다, 차게 하다
- ❖ 你冷吗? 너 춥니?
  nǐ lěng ma
- ❖ 稀饭太烫了，冷一下再喝。
  xī fàn tài tàng le, lěng yí xià zài hē
  죽이 너무 뜨거우니 좀 식혀서 먹자.

112
礼物
[lǐ wù] 리 우

- 명 선물, 예물, 방문 선물
- ❖ 收到礼物。 선물을 받다.
  shōu dào lǐ wù
- ❖ 交换礼物。 예물 교환.
  jiāo huàn lǐ wù

113
理
[lǐ] 리

- 명 결, 무늬, 이치, 도리 양 리 [거리 단위]
- ❖ 理事并不是好学的。
  lǐ shì bìng bú shì hǎo xué de
  사무를 처리하는 것이 배우기 쉬운 것은 결코 아니다.

114
俩
[liǎ] 랴

- 수 둘, 두개
- ❖ 姐妹俩。 자매 두 사람.
  jiě mèi liǎ
- ❖ 我买了俩苹果。 나는 사과 두 개를 샀다.
  wǒ mǎi le liǎ píng guo

115
□ 力气

[lì qì] 리 치

[명] 힘, 완력, 체력

- 力气不够。힘이 모자라다.
  lì qi bú gòu
- 以有力气而目空一切。힘을 뽐내다.
  yǐ yǒu lì qi ér mù kōng yí qiè

116
□ 练习

[liàn xí] 리엔 씨

[명] 연습 [동] 연습하다

- 做练习。숙제를 하다, 연습 문제를 풀다.
  zuò liàn xí
- 练习打字。타자 연습을 하다.
  liàn xí dǎ zì

117
□ 凉快

[liáng kuài] 리앙 쿠아이

[형] 서늘하다, 선선하다 [동] 더위를 식히다

- 洗了个澡，凉快多了。
  xǐ le gè zǎo, liáng kuài duō le
  샤워를 했더니 한결 시원하구나.
- 坐下来歇会儿，凉快凉快。
  zuò xià lái xiē huì ér, liáng kuài liáng kuài
  시원하게 바람을 쐴 겸 앉아서 좀 쉽시다.

118
□ 亮

[liàng] 리앙

[형] (광선, 빛이) 밝다, 빛나다 [명] 빛, 밝음

- 屋里的灯光很亮。실내의 불빛이 매우 밝다.
  wū lǐ de dēng guāng hěn liàng
- 屋里黑漆漆的，没有一点儿亮儿。
  wū li hēi qī qī de, méi yǒu yì diǎn ér liàng ér
  방 안이 한 점의 빛도 없이 캄캄하다.

119
□ 了解

[liǎo jiě] 리아오 지에

[명] 이해, 조사 [동] 이해하다, 조사하다

- 侧面了解。(다른) 측면에서의 이해.
  cè miàn le jiě
- 加深了解。더 깊이 이해하다.
  jiā shēn le jiě

120
另外
[lìng wài] 링 와이

(대) 다른 것, 그 밖의 (부) 그 밖에 (접) 또

- 把这两个留下，另外的你全部拿走。
  bǎ zhè liǎng gè liú xià, lìng wai de nǐ quán bù ná zǒu
  이 두 개는 남겨 놓고, 다른 것들은 네가 전부 가져가라.
- 他另外还有一处宅子。
  tā lìng wài hái yǒu yí chù zhái zi
  그는 또 한 채의 주택을 가지고 있다.

121
楼
[lóu] 로우

(명) 건물, 층집, 다층건물

- 办公楼。사무동.
  bàn gōng lóu
- 会议室在三楼。회의실은 3층에 있다.
  huì yì shì zài sān lóu

122
律师
[lǜ shī] 뤼 스

(명) 변호사

- 律师事务所。변호사 사무실.
  lǜ shī shì wù suǒ
- 我爸爸是一名律师。
  wǒ bà ba shì yì míng lǜ shī
  우리 아버지는 변호사다.

123
旅行
[lǚ xíng] 뤼 싱

(명) 여행 (동) 여행하다

- 排定旅行日程。여행 일정을 짜다.
  pái dìng lǚ xíng rì chéng
- 我们明天去桂林旅行。
  wǒ men míng tiān qù guì lín lǚ xíng
  우리는 내일 구이린으로 여행하러 간다.

필수단어 | **171**

124
□ **绿**

[lǜ] 뤼

형 푸르다, 녹색이다 명 초록색, 녹색, 풀색

- 绿树成荫。 푸른 나무가 그늘을 이루다.
  lǜ shù chéng yīn
- 红绿灯。 신호등.
  hóng lǜ dēng

125
□ **满意**

[mǎn yì] 만 이

형 만족하다, 만족스럽다 동 만족해하다

- 他很满意现在的居处。
  tā hěn mǎn yì xiàn zài de jū chù
  그는 지금의 거처에 아주 만족한다.
- 他对自己的表现很满意。
  tā duì zì jǐ de biǎo xiàn hěn mǎn yì
  그는 자신의 행동에 아주 만족한다.

126
□ **满**

[mǎn] 만

형 가득 차다, 꽉 차다

- 肥猪满圈。 살찐 돼지가 우리에 가득하다.
  féi zhū mǎn quān
- 电影院场场爆满。
  diàn yǐng yuàn chǎng chǎng bào mǎn
  영화관이 매회마다 만원을 이룬다.

127
□ **毛巾**

[máo jīn] 마오 찐

명 타월, 면 수건, 머플러

- 买毛巾。 타월을 사다.
  mǎi máo jīn
- 他用毛巾擦了擦脸上的汗。
  tā yòng máo jīn cā le cā liǎn shàng de hàn
  그는 수건으로 얼굴의 땀을 닦았다.

128

门口(儿)

[mén kǒu(r)] 먼 코우

명 문 입구, 현관

- 站在门口放风。 문 앞에 서서 망을 보다.
  zhàn zài mén kǒu fàng fēng
- 门口就是一条大街。
  mén kǒu jiù shì yì tiáo dà jiē
  입구 앞은 바로 큰길이다.

129

米

[mǐ] 미

명 쌀(껍질을 벗긴 곡류) 양 미터(meter)

- 200英尺有多少米?
  200 yīng chǐ yǒu duō shǎo mǐ
  200피트는 몇 미터 입니까?
- 这个坑大约有三米深。
  zhè gè kēng dà yuē yǒu sān mǐ shēn
  이 구덩이는 대략 3미터 정도 된다.

130

米饭

[mǐ fàn] 미 판

명 쌀밥, 밥

- 米饭和面食花搭着吃。
  mǐ fàn hé miàn shí huā dā zhe chī
  쌀밥과 국수를 뒤섞어서 먹다.
- 米饭烧焦了。 밥이 눌었다.
  mǐ fàn shāo jiāo le

131

那么

[nà me] 나 머

대 (상태, 정도) 그렇게, 저렇게 접 그러면

- 没想到他去得那么早。
  méi xiǎng dao tā qù de nà me zǎo
  그가 그렇게 빨리 갈 줄은 생각도 못했다.
- 既然大家没有异议，那么就这样决定了。
  jì rán dà jiā méi yǒu yì yì, nà me jiù zhè yàng jué dìng le
  모두들 이의가 없으시니, 그렇다면 이렇게 결정하겠습니다.

132
☐ 奶奶

[nǎi nai] 나이 나이

명 할머니

- **奶奶**用钱总是很节省。
  nǎi nai yòng qián zǒng shì hěn jié shěng
  할머니는 늘 검소하시다.
- 家里只有小孙女给**奶奶**作伴。
  jiā li zhǐ yǒu xiǎo sūn nǚ gěi nǎi nai zuò bàn
  집에는 어린 손녀만이 할머니 곁에 있다.

133
☐ 男人

[nán rén] 난 런

명 (성년) 남자

- 和她有男女关系的**男人**们。
  hé tā yǒu nán nǚ guān xì de nán rén mén
  그녀와 관계가 있는 남자들.
- 这些男孩长大成为**男人**了。
  zhè xiē nán hái zhǎng dà chéng wéi nán rén le
  소년은 자라서 남자가 되었다.

134
☐ 难道

[nán dào] 난 따오

부 (반문을 강조) 설마 ~하겠는가?

- **难道**你想否认事实吗?
  nán dào nǐ xiǎng fǒu rèn shì shí ma
  설마하니 사실을 부인하려는 것은 아니겠지요?
- 这**难道**不是爱吗?
  zhè nán dào bù shì ài ma
  이것이 그래 사랑이 아니란 말이냐?

135
☐ 难受

[nán shòu] 난 쏘우

형 (육체적·정신적으로) 괴롭다, 편하지 않다

- 我心里很**难受**。 내 마음이 매우 괴롭다.
  wǒ xīn lǐ hěn nán shòu
- 妈妈**难受**得连饭都吃不下。
  mā ma nán shòu de lián fàn dōu chī bú xià
  엄마는 괴로워서 밥도 드시지 못한다.

136

□ **弄**

[nòng] 농

(동) 되다, 얻다, 만지다, 하다, 장만하다

* 她在一条小弄里长大的。
  tā zài yì tiáo xiǎo nòng li zhǎng dà de
  그녀는 한 골목에서 자랐다.
* 那么弄事情是弄不成的。
  nà me nòng shì qíng shì nòng bù chéng de
  그래서는 일이 안 풀린다.

137

□ **女儿**

[nǚ ér] 뉘 얼

(명) 딸, 여자아이, 미혼녀

* 给女儿梳头。 딸의 머리를 빗겨 주다.
  gěi nǚ ér shū tóu
* 女儿是上天给我的恩赐。
  nǚ ér shì shàng tiān gěi wǒ de ēn cì
  딸은 하늘이 내게 준 선물이다.

138

□ **女人**

[nǚ rén] 뉘 런

(명) 여자, 여인

* 风骚女人。 요염한 여자.
  fēng sāo nǚ rén
* 霸占别人的女人。 남의 여자를 가로채다.
  bà zhàn bié rén de nǚ rén

139

□ **暖和**

[nuǎn huo] 누안 후오

(형) 따뜻하다   (동) 따뜻하게 하다

* 天气渐渐暖和起来了。
  tiān qì jiàn jiàn nuǎn huo qǐ lái le
  날씨가 점점 따뜻해진다.
* 外面冷，进屋暖和暖和吧。
  wài miàn lěng, jìn wū nuǎn huo nuǎn huo ba
  밖이 추우니 방에 들어가 몸을 녹입시다.

필수단어 **175**

140
□ **欧**

[ōu] 오우

(명) 유럽

- 西**欧**。 서유럽.
  xī ōu
- **欧**元。 유로화.
  ōu yuán

141
□ **欧洲**

[ōu zhōu] 오우 쪼우

(명) 유럽주, 구(라파)주

- **欧洲**一体化。 유럽이 일체화하다.
  ōu zhōu yì tǐ huà
- 约同去**欧洲**旅游。
  yuē tóng qù ōu zhōu lǚ yóu
  유럽 여행을 같이 가기로 약속하다.

142
□ **胖**

[pàng] 팡

(형) 뚱뚱하다, 편안하다, 살찌다

- 他渐渐地**胖**起来了。
  tā jiàn jiàn de pàng qī lái le
  그는 점점 뚱뚱해졌다.
- 心宽体**胖**。 마음이 유쾌하고 몸도 편안하다.
  xīn kuān tǐ pàng

143
□ **跑步**

[pǎo bù] 파오 뿌

(명) 구보, 달리기 (동) 구보를 하다

- 在练兵场转圈**跑步**。 구보로 연병장을 돌다.
  zài liàn bīng chǎng zhuàn quān pǎo bù
- 踏着口令的节拍**跑步**。
  tà zhe kǒu lìng de jié pāi pǎo bù
  호령에 발을 맞추어 구보를 하다.

144
□ **啤酒**

[pí jiǔ] 피 지우

(명) 맥주

- 冰冻**啤酒**。 맥주를 차갑게 하다.
  bīng dòng pí jiǔ
- 把**啤酒**瓶盖儿起开。 맥주병 마개를 열다.
  bǎ pí jiǔ píng gài ér qī kāi

2단계

145
□ **便宜**
[biàn yí] 피엔 이

🟠 형 싸다, 저렴하다 명 공짜, 이익

❖ 买了家用轿车后，出游就很**便宜**了。
mǎi le jiā yòng jiào chē hòu, chū yóu jiù hěn biàn yí le
자가용을 산 후 놀러 가기가 아주 편리해졌다.

146
□ **篇**
[piān] 피엔

🟠 명 편, 글 양 편(문장의 수를 세는 단위)

❖ 一**篇**散文。 산문 한 편.
yì piān sǎn wén

❖ 正在读下**篇**。 하편을 읽고 있는 중이다.
zhèng zài dú xià piān

147
□ **漂亮**
[piāo liàng] 피아오 리앙

🟠 형 예쁘다, 아름답다, 뛰어나다, 간결하다

❖ 那女孩真**漂亮**！ 저 여자애는 정말 예쁘다.
nà nǚ hái zhēn piāo liàng !

❖ 我给她买了**漂亮**的首饰。
wǒ gěi tā mǎi le piāo liàng de shǒu shì
나는 그녀에게 아름다운 장신구를 사 주었다.

148
□ **平常**
[píng cháng] 핑 창

🟠 명 평소, 평상시 형 평범하다

❖ **平常**他很少有时间休息。
píng cháng tā hěn shǎo yǒu shí jiān xiū xī
평소 그는 휴식할 시간이 거의 없다.

❖ **平常**人家。 보통 사람.
píng cháng rén jiā

149
□ **葡萄**
[pú táo] 푸 타오

🟠 명 포도, 포도나무

❖ 一串儿**葡萄**。 포도 한 송이.
yí chuàn ér pú tao

❖ 成串的**葡萄**。 송이송이 맺은 포도.
chéng chuàn de pú táo

150
□ **妻子**

[qī zi] 치 즈

명 아내, 처, 부인

- 爷娘妻子走相送。
  yé niáng qī zǐ zǒu xiāng sòng
  아버지와 어머니, 아내와 자식이 전송하였다.
- 他丢下妻子儿女离家出走了。
  tā diū1 xià qī zǐ ér nǚ lí jiā chū zǒu le
  그는 아내와 자식을 내버려 두고 집을 나갔다.

151
□ **奇怪**

[qí guài] 치 꽈이

형 기괴하다, 이상하다 동 의아해 하다

- 奇怪的发型。 기이한 헤어스타일.
  qí guài de fā xíng
- 大家都奇怪你为什么突然走了。
  dà jiā dōu qí guài nǐ wéi shí me tū rán zǒu le
  모두 네가 왜 갑자기 갔는지 이상하게 여긴다.

152
□ **起床**

[qǐ chuáng] 치 추앙

명 기상 동 기상하다, 잠자리에서 일어나다

- 早晨起床太晚。 아침 기상이 너무 늦다.
  zǎo chén qǐ chuáng tai wǎn
- 谁叫她起床呢?
  shuí jiào tā qǐ chuáng ne
  누가 그녀를 기상하게 했습니까?

153
□ **起飞**

[qǐ fēi] 치 페이

명 이륙 동 (비행기가) 이륙하다

- 飞机准备起飞。
  fēi jī zhǔn bèi qǐ fēi
  비행기가 이륙 준비를 하고 있다.
- 飞机快要起飞了。 비행기가 곧 이륙한다.
  fēi jī kuài yào qǐ fēi le

154
□ **其实**

[qí shí] 치 스

부 실은, 사실은, 실제로는

❖ **其实**，你的话对。 실은 네 말이 옳다.
  qí shí, nǐ de huà duì

❖ 说的容易，**其实**不然。
  shuō de róng yì, qí shí bù rán
  말은 쉽지만 실제는 그렇지 않다.

155
□ **气候**

[qì hou] 치 호우

명 기후, 동향, 성과, 역량

❖ **气候**不服。 기후에 익숙하지 않다.
  qì hou bù fú

❖ 政治**气候**。 정치 동향.
  zhèng zhì qì hou

156
□ **起来**

[qǐ lái] 치 라이

동 자리에서 일어나다, 생기다, 일어나다

❖ 明儿可以晚点儿**起来**。
  míng ér kě yǐ wǎn diǎn ér qǐ lái
  내일은 늦게 일어나도 되겠군.

❖ 他忙**起来**招呼。
  tā máng qǐ lái zhāo hū
  그는 얼른 일어나서 인사를 했다.

157
□ **签证**

[qiān zhèng] 치엔 쩡

명 비자 **동** 출입국을 허가하다

❖ 申请入境**签证**。 입국 비자를 신청하다.
  shēn qǐng rù jìng qiān zhèng

❖ 我的护照得到了**签证**。
  wǒ de hù zhào dé dào le qiān zhèng
  나는 내 여권에 사증을 받았다.

158
□ **亲戚**

[qīn qī] 친 치

명 **친척**

- 投靠亲戚。 친척에게 의탁하다.
  tóu kào qīn qī
- 亲戚间走动很勤密。
  qīn qī jiān zǒu dòng hěn qín mì
  친척간에 왕래가 빈번하다.

159
□ **清楚**

[qīng chǔ] 칭 추

형 **분명하다, 명백하다, 명석하다** 동 **알다**

- 当面把话说清楚。
  dāng miàn bǎ huà shuō qīng chǔ
  직접 맞대고 말을 분명히 하다.
- 湖水的底层可以看得很清楚。
  hú shuǐ de dǐ céng kě yǐ kàn dé hěn qīng chǔ
  호수의 밑바닥을 아주 똑똑히 볼 수 있다.

160
□ **请客**

[qǐng kè] 칭 커

명 **손님 초대** 동 **손님을 초대하다**

- 请客送礼。
  qǐng kè sòng lǐ
  손님을 초대하고 선물을 증정하다.
- 下帖请客。
  xià tiē qǐng kè
  초대장을 보내서 손님을 초대하다.

161
□ **庆祝**

[qìng zhù] 칭 쭈

동 **축하하다, 경축하다**

- 这是庆祝新年的一种方式。
  zhè shì qìng zhù xīn nián de yì zhǒng fāng shì
  이것은 새해를 축하하는 한 방식이다.
- 庆祝新年。 신년을 경축하다.
  qìng zhù xīn nián

162
取
[qǔ] 취

⟨동⟩ 취하다, 가지다, 얻다, 받다, 부르다

- 钻木**取**火。 나무를 문질러 불을 얻다.
  zuàn mù qǔ huǒ
- 收(**取**)贷款。 꾸어준 돈을 받다.
  shōu (qǔ) dài kuǎn

163
全
[quán] 취엔

⟨형⟩ 완전하다, 완비되다 ⟨부⟩ 전부 ⟨동⟩ 보전하다

- 十**全**十美。 완벽하여 흠잡을 데가 없다.
  shí quán shí měi
- 一应俱**全**。 전부 갖추어져 있다.
  yí yìng jù quán

164
裙子
[qún zi] 췬즈

⟨명⟩ 치마, 스커트

- 酱紫色的**裙子**。 짙은 보라색 치마.
  jiàng zǐ sè de qún zi
- **裙子**的颜色很新鲜。
  qún zi de yán sè hěn xīn xian
  치마의 색깔이 아주 산뜻하다.

165
然后
[rán hòu] 란 호우

⟨부⟩ 그 후에, 그런 후에, 그러고 나서

- 舅舅只说了一句话，**然后**就匆匆忙忙地离开了。 jiù jiu zhī shuō le yí jù huà, rán hòu jiù cōng cōng máng máng de lí kāi le
  외삼촌은 한마디의 말만 한 후에 급히 떠났다.
- 先彩排，**然后**正式演出。
  xiān cǎi pái, rán hòu zhèng shì yǎn chū
  먼저 리허설을 하고, 그런 후에 정식으로 공연한다.

166

□ **热**

[rè] 러

(형) 뜨겁다, 덥다 (명) 열, 열기 (동) 가열하다

- 火**热**。 불처럼 뜨겁다.
  huǒ rè
- **热**天。 무더운 날.
  rè tiān

167

□ **人民币**

[rén mín bì] 런 민 삐

(명) (중국화폐 단위) 인민폐

- 用**人民币**兑换美元。
  yòng rén mín bì duì huàn měi yuán
  인민폐를 달러로 바꾸다.
- 把欧元换算成**人民币**。
  bǎ ōu yuán huàn suàn chéng rén mín bì
  유로화를 인민폐로 환산하다.

168

□ **日记**

[rì jì] 르지

(명) 일기, 일지

- 每天写**日记**。 매일 일기를 쓰다.
  měi tiān xiě rì jì
- 航海**日记**。 항해 일지.
  háng hǎi rì jì

169

□ **如果**

[rú guǒ] 루 구오

(접) 만일~이라면, 만약

- **如果**有时光机的话，我想回到过去。
  rú guǒ yǒu shí guāng jī de huà, wǒ xiǎng huí dào guò qù
  만약 타임머신이 있다면 나는 과거로 돌아가고 싶다.
- 你**如果**遇到什么困难，就去找他。
  nǐ rú guǒ yù dào shí me kùn nán, jiù qù zhǎo tā
  네가 만약 무슨 어려움을 만나게 된다면 그를 찾아가라.

170
软件
[ruǎn jiàn] 루안 찌엔

명 (컴퓨터의) 소프트웨어(software)

- 应用软件。응용 소프트웨어.
  yīng yòng ruǎn jiàn
- 软件公司。소프트웨어 회사.
  ruǎn jiàn gōng sī

171
赛
[sāi] 싸이

동 집어넣다, 쑤셔 넣다, 막히다, 틀어막다

- 足球赛输了。축구 시합에 지다.
  zú qiú sài shū le
- 比赛跑步。달리기 실력을 겨루다.
  bǐ sài pǎo bù

172
沙发
[shā fā] 사 파

명 소파, 안락의자

- 沙发靠垫。소파 쿠션.
  shā fā kào diàn
- 这沙发坐着很舒服。이 소파는 참 편안하다.
  zhè shā fā zuò zhe hěn shū fú

173
商店
[shāng diàn] 샹 띠엔

명 상점

- 捣毁商店。상점을 때려부수다.
  dǎo huǐ shāng diàn
- 经理商店。상점을 경영 관리하다.
  jīng lǐ shāng diàn

174
商量
[shāng liàng] 샹 리앙

명 의논, 상의 동 의논하다, 상의하다

- 和身边的人商量。측근과 의논하다.
  hé shēn biān de rén shāng liàng
- 商量去上海的事。
  shāng liàng qù shàng hǎi de shì
  상하이에 간 일을 상의하다.

175
□ **上课**

[shàng kè] 상 커

- 명 수업 동 수업하다, 수업을 받다
- ❖ 重新开始上课。 수업을 다시 시작하다.
  zhòng xīn kāi shǐ shàng kè
- ❖ 按时上课。 제 시간에 수업하다.
  àn shí shàng kè

176
□ **生活**

[shēng huó] 성 훠어

- 명 생활, 생계, 살림 동 생활하다, 생존하다
- ❖ 日常生活。 일상 생활.
  rì cháng shēng huó
- ❖ 他一直本本分分地生活。
  tā yì zhí běn běn fèn fèn de shēng huó
  그는 줄곧 성실하게 생활해 왔다.

177
□ **生病**

[shēng bìng] 성 삥

- 동 (인체나 동물체 등에) 병이 나다
- ❖ 她的爱马生病了。
  tā de ài mǎ shēng bìng le
  그녀의 애마가 병이 들었다.
- ❖ 在航行中他生病了。
  zài háng xíng zhōng tā shēng bìng le
  항행 중에 그는 병이 났다.

178
□ **生日**

[shēng rì] 성 르

- 명 생일, 창립기념일
- ❖ 生日宴会。 생일 파티.
  shēng rì yàn huì
- ❖ 前天是我的生日。 그저께가 내 생일이었다.
  qián tiān shì wǒ de shēng rì

179
剩
[shèng] 셩

(동) 남다, 남기다

- 剩下不少饭菜
  shèng xià bù shǎo fàn cài
  요리가 많이 남다, 요리를 많이 남기다.
- 吃不了剩下吧。 (다) 못 먹겠으면 남기세요.
  chī bù le shèng xià bā

180
时间
[shí jiān] 스 찌엔

(명) 시간, 시각, 틈, 여가

- 珍惜时间。 시간을 아끼다.
  zhēn xī shí jiān
- 事故发生的时间是早晨6点。
  shì gù fā shēng de shí jiān shì zǎo chen liù diǎn
  사고가 난 시각은 새벽 6시이다.

181
实在
[shí zài] 스 짜이

(형) 참되다, 확실하다 **(부)** 정말로, 확실히

- 他心眼儿挺实在。
  tā xīn yǎn ér tǐng shí zài
  그는 마음씨가 매우 참되다.
- 他真是位实在的青年。
  tā zhēn shì wèi shí zài de qīng nián
  그는 참 확실한 청년이다.

182
试
[shì] 쓰

(동) 시험보다, 맛보다, 시험삼아 해보다

- 跃跃欲试。 시험해 보고 싶어 안달이다.
  yuè yuè yù shì
- 你试试看。 네가 시험 삼아 한 번 봐.
  nǐ shì shì kàn

183
□ **收**
[shōu] 서우

명 접수, 징수 동 받다, 접수하다

- **收**信。 편지를 받다.
  shōu xìn
- **收发**。
  shōu fā
  (기관, 학교 등에서 공문 서류나 우편물 등을) 접수하여 발송하다.

184
□ **手指**
[shǒu zhǐ] 서우 즈

명 손가락

- **手指**僵硬。 손가락이 뻣뻣하다.
  shǒu zhǐ jiāng yìng
- 纤长的**手指**。 가늘고 긴 손가락.
  xiān cháng de shǒu zhǐ

185
□ **受伤**
[shòu shāng] 서우 상

명 부상 동 부상을 당하다, 상처를 입다

- 包扎**受伤**的腿。 부상한 다리를 싸매다.
  bāo zhā shòu shāng de tuǐ
- 意外**受伤**。 의외의 부상을 당하다.
  yì wai shòu shāng

186
□ **书店**
[shū diàn] 슈 디엔

명 서점, 책방

- 古旧**书店**。 고서점.
  gǔ jiù shū diàn
- 这家**书店**租借杂志。
  zhè jiā shū diàn zū jiè zá zhì
  이 서점은 잡지를 빌려 준다.

2단계

187
□ **输入**
[shū rù] 수 루

명 입력, 수입 동 입력하다, 수입하다

❖ 推动技术和资金的输入。
 tuī dòng jì shù hé zī jīn de shū rù
 기술과 자금의 수입을 촉진시키다.

❖ 输入数据。데이터를 입력하다.
 shū rù shù jù

188
□ **蔬菜**
[shū cài] 쑤 차이

명 채소, 야채, 푸성귀

❖ 储藏越冬蔬菜。월동 채소를 저장하다.
 chǔ cáng yuè dōng shū cài

❖ 在凉盘里拼蔬菜
 zài liáng pán lǐ pīn shū cài
 스테이크에 야채를 곁들이다.

189
□ **帅**
[shuài] 쑤아이

명 군대의 최고 지휘관 동 통솔하다

❖ 统帅。통수권자.
 tǒng shuài

❖ 小伙子长得很帅。젊은이가 참 잘생겼다.
 xiǎo huǒ zī cháng dé hěn shuài

190
□ **酸**
[suān] 쑤안

명 〈화학〉산 형 시큼하다, 쓰리다, 비통하다

❖ 硫酸。유산.
 liú suān

❖ 这李子太酸了。이 자두는 너무 시다.
 zhè lǐ zī tai suān le

191
□ **随**
[suí] 수이

동 (길·강 등을) 따라가다, 맡기다, 닮다

❖ 尾随。뒤를 따르다.
 wěi suí

❖ 她长得随她母亲。그녀는 어머니를 닮았다.
 tā cháng dé suí tā mǔ qīn

192
孙女(儿)

[sūn nǚ(r)] 쑨 뉘

명 손녀

- 你有没有**孙女**？ 당신은 손녀가 있습니까?
  nǐ yǒu méi yǒu sūn nǚ
- **孙女**的丈夫叫什么?
  sūn nǚ de zhàng fū jiào shén me
  손녀의 남편을 뭐라고 부르나요?

193
孙子

[sūn zi] 쑨즈

명 손자, 꼬마, 애송이

- 老头最近添了个**孙子**。
  lǎo tóu zuì jìn tiān le gè sūn zǐ
  영감은 최근에 손자를 보았다.
- 奶奶总向着小**孙子**。
  nǎi nai zǒng xiàng zhe xiǎo sūn zǐ
  할머니는 늘 작은손자를 두둔한다.

194
台

[tái] 타이

명 단, 누대, 받침대, 무대 **수** 대, 편

- 后**台**。 무대 뒤.
  hòu tái
- 一**台**话剧。 연극 한 편.
  yì tái huà jù

195
态度

[tài dù] 타이 뚜

명 태도, 입장

- 表明**态度**。 태도를 표명하다.
  biǎo míng tai dù
- 悠然自得的**态度**。 유연한 태도.
  yōu rán zì dé de tai dù

196
谈

[tán] 탄

동 말하다, 논의하다

- 边走边**谈**。 걸으면서 말하다.
  biān zǒu biān tán
- 他们**谈**着呢。 그들은 얘기를 하고 있는 중이다.
  tā men tán zhe ne

197
□ 弹
[tán] 탄

[명] 탄환, 총알 [동] 튕기다, (솜을) 타다

- 弹去帽子上的灰尘。
  tán qù mào zi shang de huī chén
  모자 위의 먼지를 손가락으로 튀겨 털다.
- 弹钢琴。 피아노를 치다.
  tán gāng qín

198
□ 汤
[tāng] 탕

[명] 국, 뜨거운 물

- 鸡汤。 닭국.
  jī tāng
- 如汤沃雪。
  rú tāng wò xuě
  눈에 끓는 물 붓기이다, 아주 쉽게 해결되다.

199
□ 提高
[tí gāo] 티 까오

[동] 제고하다, 향상시키다

- 提高国民福利。 국민 복지 향상.
  tí gāo guó mín fú lì
- 提高生活水平。 생활 수준을 향상시키다.
  tí gāo shēng huó shuǐ píng

200
□ 提醒
[tí xǐng] 티 싱

[동] 일깨우다, 깨우치다, 주의를 환기시키다

- 相互之间提醒对方的缺点。
  xiāng hù zhī jiān tí xǐng duì fāng de quē diǎn
  서로의 결점을 깨우쳐 주다.
- 心里不断提醒着自己。
  xīn lǐ bù duàn tí xǐng zhe zì jǐ
  마음속에서는 끊임없이 자신을 일깨우고 있다.

201

□ 跳舞

[tiào wǔ] 티아오 우

명 춤 동 춤을 추다

- 他跳舞跳得不错。 그는 춤을 잘 춘다.
  tā tiào wǔ tiào dé bù cuò
- 合着音乐跳舞。 음악에 맞추어 춤을 춘다.
  hé zhe yīn yuè tiào wǔ

202

□ 同

[tóng] 퉁

동 ~을 같이하다 개 ~와 (함께) 접 ~과[와]

- 二人年龄不同。 두 사람은 나이가 다르다.
  èr rén nián líng bù tóng
- 会同。
  huì tóng
  (관련 부서나 분야가 모여 함께) 일을 처리하다.

203

□ 脱

[tuō] 투어

동 벗다, 제거하다 형 사소하다

- 脱大衣。 외투를 벗다.
  tuō dà yī
- 脱氧。 탈산(脫酸)하다, (산을 제거하다.)
  tuō yǎng

204

□ 碗

[wǎn] 완

명 그릇 양 그릇 모양의 물건을 세는 단위

- 碗筷。 밥그릇과 젓가락.
  wǎn kuài
- 一碗面。 국수 한 그릇.
  yì wǎn miàn

205

□ 往

[wǎng] 왕

동 향해서 가다 형 이전의 개 ~쪽으로

- 该货轮是驶往韩国仁川港的。
  gāi huò lún shì shǐ wǎng hán guó rén chuān gǎng de
  이 화물선은 한국의 인천항을 향해 갑니다.
- 往那边跑。 그쪽으로 뛰다.
  wǎng nà biān pǎo

206
□ **问题**　　　　　명 문제, 질문

[wèn tí] 원 티

- 我可以问两个问题吗?
  wǒ kě yǐ wèn liǎng gè wèn tí ma
  제가 문제 두 개를 여쮜봐도 되겠습니까?
- 这时崔老师又提出了问题。
  zhè shí cuī lǎo shī yòu tí chū le wèn tí
  이때 최 선생님은 또 문제를 제기했다.

207
□ **文化**　　　　　명 문화, 일반 교양

[wén huà] 원 화

- 文化教育。 문화 교육.
  wén huà jiào yù
- 学习文化知识。 일반 상식을 공부하다.
  xué xí wén huà zhī shí

208
□ **午饭**　　　　　명 점심식사, 점심

[wǔ fàn] 우 판

- 你吃午饭了吗? 너 점심 먹었니?
  nǐ chī wǔ fàn le ma
- 午饭隔过去了。 점심식사를 거르다.
  wǔ fàn gé guò qù le

209
□ **舞会**　　　　　명 무대, 스테이지, 무도회

[wǔ huì] 우 타이

- 她并不是前晚的舞会之花。
  tā bìng bù shì qián wǎn de wǔ huì zhī huā
  그녀는 결코 무도회의 꽃이 아니다.
- 化装舞会上, 她打扮成一个天使。
  huà zhuāng wǔ huì shang, tā dǎ bàn chéng yí gè tiān shǐ
  가장 무도회에서 그녀는 천사로 분장하였다.

필수단어 | **191**

210
□ **西餐**

[xī cān] 씨 찬

- 명 양식, 서양요리

- ❖ 今晚吃西餐。오늘 저녁은 양식으로 먹자.
  jīn wǎn chī xī cān
- ❖ 他把我带到一家西餐厅。
  tā bǎ wǒ dài dào yì jiā xī cān tīng
  그는 나를 양식당에 데리고 갔다.

211
□ **习惯**

[xí guàn] 시 꾸안

- 명 습관, 버릇, 풍습 동 습관이 되다

- ❖ 改变不良习惯。나쁜 습관을 고치다.
  gǎi biàn bù liáng xí guàn
- ❖ 他已经习惯了这里的生活。
  tā yǐ jīng xí guàn le zhè lǐ de shēng huó
  그는 이미 이곳의 생활에 익숙해졌다.

212
□ **洗澡**

[xǐ zǎo] 시 자오

- 명 세척 동 목욕하다, 말끔히 씻다

- ❖ 喜欢洗澡。목욕을 좋아하다.
  xǐ huān xǐ zǎo
- ❖ 乘涨潮洗澡。밀물에서 목욕하다.
  chéng zhǎng cháo xǐ zǎo

213
□ **现代**

[xiàn dài] 씨엔 따이

- 명 현대, 현세

- ❖ 现代建筑。현대 건축.
  xiàn dài jiàn zhù
- ❖ 现代重要的课题。현대의 중요한 과제.
  xiàn dài zhòng yào de kè tí

214
□ **现在**

[xiàn zài] 씨엔 짜이

- 명 지금, 현재 동 지금 존재하다

- ❖ 现在几点了？ 지금 몇 시니?
  xiàn zài jǐ diǎn le
- ❖ 现在的经济形势大有好转。
  xiàn zài de jīng jì xíng shì dà yǒu hǎo zhuǎn
  현재의 경제 상황은 크게 호전됐다.

215
像
[xiàng] 씨앙

(명) 형상 (동) (형상이) 서로 같다 (부) 마치, 흡사

* 他的面貌像他哥哥。
  tā de miàn mào xiàng tā gē gē
  그의 용모는 그의 형과 닮았다.
* 她和她的母亲很像。
  tā hé tā de mǔ qīn hěn xiàng
  그녀는 그녀의 어머니와 매우 닮았다.

216
小时
[xiǎo shí] 씨아오 스

(명) 시간, 시각

* 需要3个小时。 3시간이 걸리다.
  xū yào 3 gè xiǎo shí
* 两个小时换一班。 두 시간마다 교대하다.
  liǎng ge xiǎo shí huàn yì bān

217
谢谢
[xiè xie] 씨에 씨에

(동) 감사합니다, 고맙습니다

* 谢谢你的美意。
  xiè xie nǐ de měi yì
  당신의 호의에 감사드립니다.
* 谢谢对拙作的过奖。
  xiè xie duì zhuō zuò de guò jiǎng
  졸작을 과찬해 주시니 감사합니다.

218
辛苦
[xīn kǔ] 씬 쿠

(명) 고생 (형) 고생스럽다 (동) 고생하다

* 不辞辛苦。 고생을 마다하지 않다.
  bù cí xīn kǔ
* 你们一路上辛苦了。
  nǐ men yí lù shang xīn kǔ le
  오는 길에 고생하였구나!

219
□ **新鲜**

[xīn xiān] 씬 씨엔

(형) 싱싱하다, 신선하다, 신기하다

❖ 新鲜空气。신선한 공기.
  xīn xiān kōng qì
❖ 新鲜蔬菜。신선한 채소.
  xīn xiān shū cài

220
□ **信用**

[xìn yòng] 씬 융

(명) 신용 (동) 신용하다

❖ 讲信用。신용을 중시하다.
  jiǎng xìn yòng
❖ 信用贤能。
  xìn yòng xián néng
  현명하고 유능한 인재를 신임하여 중용하다.

221
□ **行**

[xíng] 싱

(동) 걷다, 가다 (명) 행위, 항렬, 순서 (양) 행, 열

❖ 发行。발행하다.
  fā xíng
❖ 自行处理。스스로 처리하다.
  zì xíng chǔ lǐ

222
□ **幸福**

[xìng fú] 씽 푸

(명) 행복 (형) 행복하다

❖ 用自己的双手创造幸福。
  yòng zì jǐ de shuāng shǒu chuàng zào xìng fú
  자신의 힘으로 행복을 일구어 내다.
❖ 生活幸福。생활이 행복하다.
  shēng huó xìng fú

2단계

223
幸亏
[xìng kuī] 씽 쿠이

(부) 다행히, 운 좋게, 요행으로

- 幸亏这是个小事件。
  xìng kuī zhè shì gè xiǎo shì jiàn
  다행이도 작은 사건이었다.
- 旱情很严重, 幸亏下了场雨。
  hàn qíng hěn yán zhòng, xìng kuī xià le chǎng yǔ
  가뭄이 심했는데 비가 와서 다행이다.

224
兄弟
[xiōng dì] 슝 띠

(명) 형과 동생, 형제

- 兄弟齐肩。형제가 키가 대등하다.
  xiōng dì qí jiān
- 兄弟俩心性契合。
  xiōng dì liǎng xīn xìng qì hé
  형제가 서로 의기투합하다.

225
需要
[xū yào] 쉬 야오

(동) 필요하다, 요구되다 (명) 필요, 수요

- 我们需要他们的帮助。
  wǒ mén xū yào tā mén de bāng zhù
  우리는 그들의 도움을 필요로 한다.
- 一切从人民的需要出发。
  yí qiè cóng rén mín de xū yào chū fā
  모든 것은 국민들의 필요로부터 출발한다.

226
雪
[xuě] 쉬에

(명) 눈

- 积雪。쌓인 눈.
  jī xuě
- 用伞挡住雪。우산으로 눈을 가리다.
  yòng sǎn dǎng zhù xuě

227
呀

[yā] 야

감 아, 야

- 呀！真的下雪了。 아! 진짜 눈이다.
  ya! zhēn de xià xuě le
- 啊哟，今天的风真大呀！
  ā yō, jīn tiān de fēng zhēn dà ya
  야아, 오늘 바람이 굉장한데!

228
牙膏

[yá gāo] 야 까오

명 치약

- 含氟牙膏。 불소 치약.
  hán fú yá gāo
- 买两个牙膏。 치약을 두 통 사다.
  mǎi liǎng gè yá gāo

229
眼泪

[yǎn lèi] 옌 레이

명 눈물

- 流眼泪。 눈물을 흘리다.
  liú yǎn lèi
- 眼泪打转转。 눈물이 핑돌다.
  yǎn lèi dǎ zhuǎn zhuǎn

230
宴会

[yàn huì] 옌 후이

명 파티, 연회

- 步入宴会大厅。 연회장으로 걸어 들어가다.
  bù rù yàn huì dà tīng
- 生日宴会。 생일 파티.
  shēng rì yàn huì

231
样子

[yàng zi] 양 즈

명 모양, 태도, 견본

- 这件大衣的样子很好看。
  zhè jiàn dà yī de yàng zi hěn hǎo kàn
  이 외투의 모양은 아주 보기 좋다.
- 鞋样子。 신발 견본.
  xié yàng zī

232
□ **要求**
[yào qiú] 야오 치우

- 동 요구하다, 요망하다 명 요구, 요망
- ❖ 要求肇事者赔礼道歉。
  yào qiú zhào shì zhě péi lǐ dào qiàn
  사고를 낸 쪽에 사죄를 요구하다.
- ❖ 正当要求。 정당한 요구.
  zhèng dāng yào qiú

233
□ **爷爷**
[yé ye] 예 예

- 명 할아버지, 조부
- ❖ 下周给爷爷做寿。
  xià zhōu gěi yé ye zuò shòu
  다음 주에 할아버지 생신 잔치를 해 드린다.
- ❖ 爷爷是个硬汉子。
  yé ye shì ge yìng hàn zi
  할아버지는 강골한이셨다.

234
□ **一般**
[yì bān] 이 빤

- 형 일반적이다, 같다, 보통이다
- ❖ 韩国的电影一般都很感人。
  hán guó de diàn yǐng yì bān dōu hěn gǎn rén
  한국 영화는 일반적으로 매우 감동적이다.
- ❖ 韩国男人一般都喜欢喝酒。
  hán guó nán rén yì bān dōu xǐ huān hē jiǔ
  한국 남자는 일반적으로 모두 술을 즐겨 마신다.

235
□ **医生**
[yī shēng] 이 성

- 명 의사, 의원
- ❖ 高年医生。 고령의 의사.
  gāo nián yī shēng
- ❖ 碰上好医生，他活该有救。
  pèng shàng hǎo yī shēng, tā huó gāi yǒu jiù
  좋은 의사를 만났으니, 그는 당연히 치료될 수 있다.

236

□ **医院**

[yī yuàn] 이 위엔

몡 병원, 의원

* 去医院打补针。
  qù yī yuàn dǎ bǔ zhēn
  병원에 가서 영양 주사를 맞다.

* 骨科医院。 정형 외과 의원.
  gǔ kē yī yuàn

237

□ **以**

[yǐ] 이

개 ~으로(써) 접 ~하기 위하여

* 以少胜多。
  yǐ shǎo shèng duō
  적은 인원으로(써) 많은 인원을 이기다.

* 大家都给他们以热情的帮助。
  dà jiā dōu gěi tā men yǐ rè qíng de bāng zhù
  모두가 그들에게 따뜻한 도움을 준다.

238

□ **意见**

[yì jiàn] 이 찌엔

몡 의견, 생각, 이의, 불만

* 征求意见。 널리 의견을 구하다.
  zhēng qiú yì jiàn

* 我想先听听你的意见。
  wǒ xiǎng xiān tīng tīng nǐ de yì jiàn
  나는 너의 의견을 먼저 들어보고 싶다.

239

□ **意思**

[yì si] 이 스

몡 뜻, 생각, 조짐 동 성의를 표시하다

* 你千万别误会了我的意思。
  nǐ qiān wàn bié wù huì le wǒ de yì si
  당신은 제발 나의 뜻을 오해하지 마세요.

* 上面说的只是我个人的意思。
  shàng mian shuō de zhǐ shì wǒ gè rén de yì si
  앞에서 말한 것은 다만 내 개인의 생각일 뿐이다.

240
饮料
[yǐn liào] 인 리아오

명 음료

- 罐装饮料。캔 음료.
  guàn zhuāng yǐn liào
- 把饮料咕噜咕噜喝下去了。
  bǎ yǐn liào gū lū gū lū hē xià qù le
  음료수를 벌컥거리며 마신다.

241
印象
[yìn xiàng] 인 씨앙

명 인상

- 印象很深。인상이 아주 깊다.
  yìn xiàng hěn shēn
- 不可磨灭的印象。사라질 수 없는 인상.
  bù kě mó miè de yìn xiàng

242
影响
[yǐng xiǎng] 잉 시앙

명 영향, 반응, 동정 동 영향을 주다

- 产生重大的影响。중대한 영향을 미치다.
  chǎn shēng zhòng dà de yǐng xiǎng
- 影响情绪。정서에 영향을 주다.
  yǐng xiǎng qíng xù

243
预习
[yù xí] 위 시

명 예습 동 예습하다

- 好好预习(彻头彻尾地预习)。
  hǎo hāo yù xí (chè tóu chè wěi de yù xí)
  예습을 철저히 하다.
- 预习功课。수업을 예습하다.
  yù xí gōng kè

244
语言
[yǔ yán] 위 옌

명 언어

- 语言流变。언어의 변천.
  yǔ yán liú biàn
- 语言平易。언어가 평이하다.
  yǔ yán píng yì

245
预报
[yù bào] 위 빠오

명 예보 동 예보하다

* 天气预报。일기 예보.
  tiān qì yù bào
* 预报火山活动情况。화산 활동을 예보하다.
  yù bào huǒ shān huó dòng qíng kuàng

246
语法
[yǔ fǎ] 위 파

명 문법, 용어법

* 合乎语法。문법에 맞다.
  hé hū yǔ fǎ
* 违反语法。어법에 어긋나다.
  wéi fǎn yǔ fǎ

247
圆
[yuán] 위엔

명 원(圓), 원둘레 형 둥글다, 동그랗다

* 今天的月亮很圆。오늘 달은 매우 둥글다.
  jīn tiān de yuè liàng hěn yuán
* 他的眼睛很大很圆。
  tā de yǎn jīng hěn dà hěn yuán
  그의 눈은 매우 크고 매우 둥글다.

248
元
[yuán] 위엔

수 (중국의 화폐 단위) 원

* 各项开支合计三千余元。
  gè xiàng kāi zhī hé jì sān qiān yú yuán
  각 항목의 지출을 합계하니 삼천여 위안(元)이 되다.

249
再说
[zài shuō] 짜이 슈오

동 ~한 뒤에 정하다 접 게다가

* 等会儿再说。좀 있다가 다시 말하자.
  děng huì ér zài shuō
* 太晚了，就不去找他了，再说他也不一定在家。tài wǎn le, jiù bú qù zhǎo tā le, zài shuō tā yě bù yí dìng zài jiā
  너무 늦어서 그를 찾아가지 않겠어요, 게다가 그가 꼭 집에 있어요.

250
□ 早饭
[zǎo fàn] 자오 판

[명] 조반, 아침밥

- 没吃早饭。아침을 거르다.
  méi chī zǎo fàn
- 吃早饭。조반을 들다.
  chī zǎo fàn

251
□ 长
[zhǎng] 장

[동] 자라다, 늘어나다 [형] 맏이의

- 孩子日渐长高。아이가 나날이 자란다.
  hái zǐ rì jiàn zhǎng gāo
- 小女孩长得白净净的。
  xiǎo nǚ hái zhǎng de bái jìng jìng de
  어린 소녀가 말쑥하게 자랐다.

252
□ 争
[zhēng] 쩡

[동] 다투다, 논쟁하다 [형] 모자라다 [대] 어떻게

- 争冠军。우승을 다투다.
  zhēng guàn jūn
- 争个不休。언쟁이 그치지 않다.
  zhēng gè bù xiū

253
□ 正在
[zhèng zài] 쩡 짜이

[부] 한창 ~하고 있는 중이다, 바야흐로

- 他正在河边打溜。
  tā zhèng zài hé biān dǎ liū
  그는 지금 강변을 거닐고 있다.
- 新机场正在修建中。
  xīn jī chǎng zhèng zài xiū jiàn zhōng
  새 비행장은 한창 짓고 있는 중이다.

254
□ 职业
[zhí yè] 즈 예

[명] 직업, 일

- 掉换职业。직업을 바꾸다.
  diào huàn zhí yè
- 选择职业。직업을 정하다.
  xuǎn zé zhí yè

255
□ 中间
[zhōng jiān] 쫑 찌엔

[명] 가운데, 속, 중앙, 한가운데, 중간

- 中间偏左。가운데가 왼쪽으로 쏠리다.
  zhōng jiān piān zuǒ
- 喷水池坐落在公园的中间。
  pēn shuǐ shi zuò luò zài gōng yuán de zhōng jiān
  분수대가 공원의 중간에 자리 잡고 있다.

256
□ 祝
[zhù] 쭈

[동] 축하하다, 기원하다

- 庆祝。경축(慶祝)하다.
  qìng zhù
- 祝你胜利。당신의 승리를 기원합니다.
  zhù nǐ shèng lì

257
□ 准备
[zhǔn bèi] 준 뻬이

[동] 준비하다, 대비하다

- 准备不足。준비가 부족하다.
  zhǔn bèi bù zú
- 准备晚饭。저녁밥을 준비하다.
  zhǔn bèi wǎn fàn

258
□ 最好
[zuì hǎo] 쭈이 하오

[형] 가장 좋다 [부] 가장 좋기는

- 这个最好。이것이 가장 좋다.
  zhè ge zuì hǎo
- 你最好让他自己决定。
  nǐ zuì hǎo ràng tā zì jǐ jué dìng
  그 사람 스스로 결정하도록 하는 게 제일 바람직하다.

259
□ 最后
[zuì hòu] 쭈이 허우

[명] 최후, 맨 마지막

- 取得最后的胜利。최후의 승리를 쟁취하다.
  qǔ dé zuì hòu de shèng lì
- 我们一定要坚持到最后。
  wǒ men yí dìng yào jiān chí dào zuì hòu
  우리는 반드시 마지막까지 견지해야 한다.

260
□ **最近**
[zuì jìn] 쭈이 찐

명 최근, 요즘

- 她最近变瘦了。 그녀는 요즘 살이 빠졌다.
  tā zuì jìn biàn shòu le
- 最近忙得有点喘不过气来了。
  zuì jìn máng de yǒu diǎn chuǎn bú guò qì lái le
  요즘 바빠서 숨을 돌릴 수가 없다.

261
□ **啊**
[a] 아

감 아, 앗 조동 감탄 · 긍정 · 의문을 나타냄

- 啊，真好吃! 아 맛있다!
  ā, zhēn hǎo chī

262
□ **矮**
[ǎi] 아이

형 키가 작다, (등급 · 지위 등이) 낮다

- 一高一矮。 하나는 크고 하나는 작다.
  yì gāo yì ǎi

263
□ **爱惜**
[ài xī] 아이 시

동 소중하게 여기다, 매우 귀여워하다

- 爱惜公物。 공공 기물을 아끼자.
  ài xī gōng wù

264
□ **安装**
[ān zhuāng] 안 쭈앙

명 설치, 조립 동 설치하다, 셋업하다

- 安装冷气。 설치하다.
  ān zhuāng lěng qì

265
□ **把**
[bǎ] 바

수 자루 개 ~을, ~으로서 동 (손으로) 쥐다

- 刀把。 칼자루.
  dāo bǎ

266
□ **把握**
[bǎ wò] 바 워

동 쥐다, 잡다, (기회를) 붙잡다 명 자신, 가망

- 把握民心。 민심을 파악하다.
  bǎ wò mín xīn

267

□ **吧**
[ba] 바

조동 명령(~해라), 건의·재촉(~하자), 추측

❖ 忘了吧! 생각도 하지 말아라!
  wàng le ba!

268

□ **白**
[bái] 바이

명 백색 형 희다, 하얗다 부 헛되이

❖ 拔白头发。흰머리를 뽑다.
  bá bái tóu fā

269

□ **百**
[bǎi] 바이

수 100, 일백 〈비유〉 매우 많은 수

❖ 一百个人都来了。백 명이 모두 왔다.
  yì bǎi ge rén dōu lái le

270

□ **搬**
[bān] 빤

동 (위치를) 옮기다, 나르다, 이사하다

❖ 搬行李。짐을 나르다.
  bān xíng li

271

□ **办理**
[bàn lǐ] 빤 리

명 취급, 처리 동 하다, 취급하다, 처리하다

❖ 照例办理。관례에 따라 처리하다.
  zhào lì bàn lǐ

272

□ **包**
[bāo] 빠오

동 포장하다 명 보자기, 꾸러미, 가방

❖ 打包装箱。포장하여 상자에 넣다.
  dǎ bāo zhuāng xiāng

273

□ **包裹**
[bāo guǒ] 빠오 구오

명 소포, 보따리 동 포장하다

❖ 邮寄包裹。우편으로 소포를 부치다.
  yóu jì bāo guǒ

274
□ **包含**

[bāo hán] 빠오 한

- 몡 포함 통 내포하다, 담다, 들다
- ❖ 包含早餐吗?。
  bāo hán zǎo cān ma?
  아침식사가 포함되어 있습니까?

275
□ **饱**

[bǎo] 바오

- 혱 배부르다, 속이 꽉 차다 튀 충분히, 족히
- ❖ 肚子饱了。배가 든든하다.
  dù zī bāo le

276
□ **保证**

[bǎo zhèng] 바오 쩡

- 몡 보증 통 보증하다, 틀림없이
- ❖ 他不能保证。그 사람은 보증할 수 없다.
  tā bù néng bǎo zhèng

277
□ **报告**

[bào gào] 빠오 까오

- 몡 보고, 보고서 통 보고하다
- ❖ 收报告。보고서를 걷다.
  shōu bào gào

278
□ **悲观**

[bēi guān] 뻬이 꾸안

- 몡 비관 혱 비관적이다
- ❖ 悲观厌世。세상을 싫어하여 비관하다.
  bēi guān yàn shì

279
□ **被**

[bèi] 뻬이

- 통 덮다, 당하다 몡 이불 개 ~에게 당하다
- ❖ 被体。몸을 덮다.
  bèi tī

280
□ **倍**

[bèi] 뻬이

- 양 배, 곱, 갑절 튀 더욱, 훨씬 통 배가하다
- ❖ 信心倍增。자신감이 배로 늘었다.
  xìn xīn bèi zēng

필수단어 | **205**

281
鼻子
[bí zi] 비 즈

- 명 코
- ❖ 塌鼻子。 납작코.
  tā bí zī

282
比
[bǐ] 비

- 개 ~에 비하여, ~보다   동 비교하다, 견주다
- ❖ 比能耐。 기량을 겨루다.
  bǐ néng nai

283
比较
[bǐ jiào] 비 찌아오

- 부 비교적   동 비교하다, 대비하다
- ❖ 互相比较。 서로 비교하다.
  hù xiāng bǐ jiào

284
必须
[bì xū] 삐 쉬

- 부 반드시 ~해야 한다, 필수적이다
- ❖ 必须努力学习。
  bì xū nǔ lì xué xí
  반드시 열심히 공부해야 한다.

285
毕竟
[bì jìng] 삐 찡

- 부 결국, 필경, 드디어, 어차피
- ❖ 他毕竟是学生。 그는 결국은 학생이다.
  tā bì jìng shì xué shēng

286
毕业
[bì yè] 삐 예

- 명 졸업   동 졸업하다
- ❖ 毕业以前。 졸업 이전.
  bì yè yǐ qián

287
编辑
[biān jí] 삐엔 지

- 명 편집, 편집인   동 편집하다
- ❖ 结束编辑。 편집을 마감하다.
  jié shù biān jí

288
遍
[biàn] 삐엔

(형) 온, 모든 (동) 두루 퍼지다 (부) 널리, 두루

❖ 足迹遍天下。천하를 두루 돌아다니다.
 zú jì biàn tiān xià

289
辩论
[biàn lùn] 삐엔 룬

(명) 변론, 논쟁, 토론 (동) 변론하다, 논쟁하다

❖ 辩论输了。변론에 지다.
 biàn lùn shū le

290
标准
[biāo zhǔn] 삐아오 준

(명) 기준, 표준 (형) 표준적이다, 정확하다

❖ 判分标准。채점 기준.
 pàn fēn biāo zhǔn

291
冰箱
[bīng xiāng] 삥 씨앙

(명) 아이스박스(ice box), 냉장고

❖ 在冰箱冷藏。냉장고를 채우다.
 zài bīng xiāng lěng cáng

292
并且
[bìng qiě] 삥 치에

(접) 게다가, 또한, 그 위에

❖ 学历好并且有实力。
 xué lì hǎo bìng qiě yǒu shí lì
 학력도 좋고 또한 실력도 있다.

293
病毒
[bìng dú] 삥 두

(명) 〈의학〉 병독, 바이러스(virus)

❖ 传播病毒。병독을 퍼뜨리다.
 chuán bō bìng dú

294
玻璃
[bō lí] 뽀 리

(명) 유리, 유리 모양의 물건

❖ 玻璃崩裂。유리가 깨지다.
 bō lí bēng liè

295
博士
[bó shì] 보 쓰

명 박사

* 工学博士。공학 박사.
  gōng xué bó shì

296
补充
[bǔ chōng] 부 충

명 보충, 보완 동 보충하다, 보완하다

* 补充兵力。병력을 보충하다.
  bǔ chōng bīng lì

297
不必
[bú bì] 뿌 삐

부 ~할 필요가 없다, ~하지 마라

* 不必相瞒。서로 속일 필요 없다.
  bù bì xiāng mán

298
不但
[bú dàn] 뿌 딴

접 ~ 뿐만 아니라

* 不但东西质量好, 而且好看。
  bù dàn dōng xī zhì liàng hǎo,
  물건 질이 좋을 뿐만 아니라 보기도 좋다.

299
不免
[bù miǎn] 뿌 미앤

동 면할 수 없다, 아무리 ~해도 ~가 되다

* 不免有些唐突。무례함을 면치 못합니다.
  bù miǎn yǒu xiē táng tū

300
不足
[bù zú] 뿌 주

형 부족하다, ~할 가치가 없다 명 부족

人有时不免要说谎。
rén yǒu shí bù miǎn yào shuō huǎng
사람은 때에 따라 어쩔 수 없이 거짓말을 하기도 한다.

301
部分
[bù fēn] 뿌 펀

명 부분, 일부

* 连结部分。연결 부분.
  lián jiē bù fen

302
□ 才

[cái] 차이

[명] 재주, 재능, 재능 있는 사람 [부] 방금, 겨우

❖ 才具出众。 재능이 출중하다.
cái jù chū zhòng

303
□ 财产

[cái chǎn] 차이 찬

[명] 재산, 자산

❖ 对分财产。 재산을 반으로 나누다.
duì fēn cái chǎn

304
□ 采访

[cǎi fǎng] 차이 팡

[동] 취재하다, 탐방하다, 인터뷰하다

❖ 去采访。 취재를 나가다.
qù cǎi fǎng

305
□ 采取

[cǎi qǔ] 차이 취

[동] (방침 · 태도 등을) 취하다, 채택하다

❖ 采取低姿态。 저자세를 취하다.
cǎi qǔ dī zī tài

306
□ 参加

[cān jiā] 찬 찌아

[동] (조직 · 활동에) 참가하다, 가입하다

❖ 参加社团。 단체에 참가하다.
cān jiā shè tuán

307
□ 餐厅

[cān tīng] 찬 팅

[명] 식당, 음식점, 레스토랑

❖ 餐厅在哪儿?。 식당은 어디에 있습니까?
cān tīng zài nǎ ér ?

308
□ 操心

[cāo xīn] 차오 씬

[동] 걱정하다, 마음이 쓰이다, 심려하다

❖ 瞎操心。 괜히 걱정하다.
xiā cāo xīn

309
□ **操作**

[cāo zuò] 차오 쭤

[명] 조작 [동] (기계 등을) 조작하다

✣ 人工操作。인위적인 조작.
rén gōng cāo zuò

310
□ **草**

[cǎo] 차오

[명] 풀, 짚, 초서 [형] 거칠다, 어설프다

✣ 一棵草。풀 한 포기.
yì kē cǎo

311
□ **层**

[céng] 청

[명] 층, 계층 [부] 연이어 [형] 겹겹의

✣ 读者层。독자층.
dú zhě céng

312
□ **曾经**

[céng jīng] 청 찡

[부] 일찍이, 이전에, 이미, 벌써

✣ 我曾经爱过她。
wǒ céng jīng ài guò tā
나는 일찍이 그녀를 사랑했었다.

313
□ **差别**

[chā bié] 차 비에

[명] (형식 · 내용상에서의) 차이, 구별

✣ 人种差别。인종차별.
rén zhǒng chà bié

314
□ **产生**

[chǎn shēng] 찬 셩

[동] 낳다, 출산하다, 생기다

✣ 产生杂念。잡념이 생기다.
chǎn shēng zá niàn

315
□ **长**

[cháng] 창

[형] 길다, 멀다, 뛰어나다 [명] 길이, 장점

✣ 长时间。긴 시간.
cháng shí jiān

316
□ 吵架
[chǎo jià] 차오 찌아

[명] 말다툼 [동] 말다툼하다

❖ 夫妻俩又吵架了。부부는 또 다투었다.
fū qī liǎng yòu chǎo jià le

317
□ 炒
[chǎo] 차오

[동] (기름 등에) 볶다, 들볶다

❖ 炒鸡肉。닭고기를 볶다.
chǎo jī ròu

318
□ 成为
[chéng wéi] 청 웨이

[동] ~으로 되다, ~가 되다, ~로 변하다

❖ 成为富人。부자가 되다.
chéng wéi fù rén

319
□ 承担
[chéng dān] 청 딴

[동] 담당하다, 맡다, 감당하다

❖ 厂长把工作全部承担下来。
chǎng cháng bǎ gōng zuò quán bù chéng dān xià lái
공장장이 업무를 모두 담당하다.

320
□ 城市
[chéng shì] 청 쓰

[명] 도시, 도회지, 시내

❖ 城市煤气。도시 가스.
chéng shì méi qì

321
□ 吃亏
[chī kuī] 츠 쿠이

[부] 애석하게도 [동] 손해를 보다, 불리하다

❖ 他踢足球吃亏。그는 축구하는 데 불리하다.
tā tī zú qiú chī kuī

322
□ 持续
[chí xù] 츠 쉬

[동] 계속 유지하다, 지속하다

❖ 内战持续。냉전이 지속되다.
nèi zhàn chí xù

323
□ **尺子**
[chǐ zi] 츠 즈
명 자, 척도(尺度), 기준, 표본
※ 卷尺子。 줄자.
juàn chǐ zī

324
□ **冲**
[chòng] 충
동 ~을 향하다, ~을 대하다 개 ~대하여
※ 卧室的窗户冲西。
wò shì de chuāng hù chōng xī
침실의 창문은 서쪽을 향해 나 있다.

325
□ **重复**
[chóng fù] 충 푸
명 중복, 반복 동 중복되다, 반복하다
※ 重复地说。 반복해서 말하다.
chóng fù de shuō

326
□ **抽象**
[chōu xiàng] 초우 씨앙
명 추상 형 추상적이다
※ 抽象概念。 추상적인 개념.
chōu xiàng gài niàn

327
□ **出**
[chū] 추
동 나오다, 발표하다, 발행하다
※ 出门上街。 문을 나서서 거리로 나가다.
chū mén shàng jiē

328
□ **出版**
[chū bǎn] 추 반
명 출판 동 출판하다, 발행하다
※ 出版专著。 전문 저서를 출판하다.
chū bǎn zhuān zhù

329
□ **出差**
[chū chai] 추 차이
명 출장 동 출장 가다, 파견되[하]다
※ 出差在外。 외지로 출장 중이다.
chū chāi zài wài

330
出生
[chū shēng] 추 셩

명 출생 동 탄생하다

❖ 出生申报。 출생 신고.
　chū shēng shēn bào

331
除非
[chú fēi] 추 페이

접 다만[오로지] ~해야만, ~하지 않으면

❖ 除非下雨，否则我一定骑车去公园。
　chú fēi xià yǔ, fǒu zé wǒ yī dìng qí chē qù gōng yuán
　비가 오는 것을 제외하고, 그렇지 않으면 나는
　반드시 자전거를 탄다.

332
厨房
[chú fáng] 추 팡

명 부엌, 주방, 요리사, 조리사

❖ 厨房大。 주방이 크다.
　chú fáng dà

333
处理
[chù lǐ] 추 리

명 처리, 처분 동 처리[처치]하다

❖ 污水处理。 오수를 처리하다.
　wū shuǐ chù lǐ

334
穿
[chuān] 추안

동 (구멍을) 뚫다, 꿰뚫다

❖ 穿衣服。 옷을 입다.
　chuān yī fú

335
传播
[chuán bō] 추안 뽀

동 널리 퍼뜨리다, 전파하다 명 전파, 유포

❖ 蚊子传播疾病。 모기가 병을 퍼뜨리다.
　wén zǐ chuán bō jí bìng

336
□ **传统**
[chuán tǒng] 추안 퉁

명 전통

❖ 打破传统。 전통을 깨다.
dǎ pò chuán tǒng

337
□ **传真**
[chuán zhēn] 추안 쩐

명 초상(화), 팩스(fax) 동 초상화를 그리다

❖ 有没有传真? 팩스 있으세요?
yǒu méi yǒu chuán zhēn?

338
□ **船**
[chuán] 추안

명 배, 선박

❖ 船刚要走。 배가 막 떠나려 했다.
chuán gāng yào zǒu

339
□ **窗户**
[chuāng hu] 추앙 후

명 창, 창문

❖ 打开窗户。 창문을 열다.
dǎ kāi chuāng hù

340
□ **窗帘**
[chuāng lián] 추앙 리엔

명 커튼, 블라인드

❖ 拉窗帘。 커튼을 내리다.
lā chuāng lián

341
□ **闯**
[chuǎng] 추앙

동 돌진하다, 목표를 향해 도처에서 활동하다

❖ 横冲直闯。 좌충우돌하며 돌진하다.
héng chōng zhí chuǎng

342
□ **创造**
[chuàng zào] 추앙 짜오

동 창조하다, 발명하다, 새롭게 만들다

❖ 创造美。 미를 창조하다.
chuàng zào měi

343
吹
[chuī] 추이

(동) 불다, (바람이) 불다, 허사가 되다

❖ 吹笛子。 피리를 불다.
　chuī dí zī

344
次要
[cì yào] 츠 야오

(형) 이차적인, 부차적인, 다음으로 중요한

❖ 次要问题。 부차적인 문제.
　cì yào wèn tí

345
聪明
[cōng míng] 총 밍

(형) 영리하다, 총명하다

❖ 聪明得很。 아주 똑똑하다.
　cōng míng de hěn

346
从
[cóng] 충

(동) 좇다, 순종하다　(명) 수행원, 사촌간

❖ 从流逐波。 흐름을 따르다.
　cóng liú zhú bō

347
从来
[cóng lái] 충 라이

(부) 여태껏, 지금까지, 이제까지

❖ 他们从来没驳过嘴。
　tā men cóng lái méi bó guò zuǐ
　그들 이제까지 다툰 일이 없었다.

348
从前
[cóng qián] 충 치엔

(명) 종전, 이전　(부) 예전에, 종전에

❖ 从前的事情。 종전의 일.
　cóng qián de shì qíng

349
粗
[cū] 추

(형) 굵다, (알갱이가) 크다, 거칠다　(부) 대충

❖ 胳膊粗。 팔이 굵다.
　gē bó cū

350

□ 粗心

[cū xīn] 추 씬

형 세심하지(꼼꼼하지) 못하다, 부주의하다

❖ 粗心的人。데면데면한 사람.
cū xīn de rén

351

□ 促进

[cù jìn] 추 찐

명 촉진 동 촉진시키다

❖ 促进经济发展。경제 발전을 촉진하다.
cù jìn jīng jì fā zhǎn

352

□ 促使

[cù shǐ] 추 스

동 ～하도록 (재촉)하다, ～하게 하다

❖ 促使进步。진보하도록 하다.
cù shǐ jìn bù

353

□ 存在

[cún zài] 춘 짜이

동 존재하다, 현존하다 명 존재

❖ 存在的本源。실재 이유.
cún zài de běn yuán

354

□ 措施

[cuò shī] 추오 쓰

명 조치, 대책, 시책 동 조치하다

❖ 救急措施。구급 조치.
jiù jí cuò shī

355

□ 错

[cuò] 추어

명 잘못, 착오 형 들쑥날쑥하다, 나쁘다

❖ 答案错误。답이 틀리다.
dá àn cuò wù

356

□ 达到

[dá dào] 다 따오

동 (목표·정도에) 도달하다

❖ 达到指标。목표에 도달하다.
dá dào zhǐ biāo

357
答案
[dá àn] 다 안

- 몡 답안, 답
- ❖ 寻求答案。 답을 찾다.
  xún qiú dá àn

358
打扮
[dǎ bàn] 다 반

- 몡 단장, 차림새 동 단장하다, 화장하다
- ❖ 普通打扮。 수수한 몸차림.
  pǔ tōng dǎ bàn

359
打交道
[dǎ jiāo dào] 다 찌아오 따오

- 동 왕래하다, 사귀다, 접촉하다
- ❖ 他很难打交道。 그는 상대하기 힘들다.
  tā hěn nán dǎ jiāo dào

360
打扰
[dǎ rǎo] 다 라오

- 동 (남의 일을) 방해하다, 교란시키다
- ❖ 不要打扰他。 그를 방해하지 마라.
  bú yào dǎ rǎo tā

361
打算
[dǎ suàn] 다 수안

- 몡 생각 동 계획하다 조동 ~하려고 하다
- ❖ 明天打算。 내일 갈 예정이다.
  míng tiān dǎ suàn

362
打听
[dǎ tīng] 다 팅

- 동 물어보다, (사실·상황 등을) 알아보다
- ❖ 到处打听。 이리저리 알아보다.
  dào chù dǎ tīng

363
打招呼
[dǎ zhāo hu] 다 짜오 후

- 동 인사하다, 통지하다, 주의를 주다
- ❖ 挨个儿打招呼。 하나하나 인사하다.
  āi gè ér dǎ zhāo hu

필수단어 | **217**

364
□ **大方**
[dà fang] 따 팡

형 시원스럽다, 인색하지 않다

❖ 言谈大方。 말이 시원시원하다.
　yán tán dà fāng

365
□ **大概**
[dà gài] 따 까이

명 대략, 개요　부 아마, 대략적으로

❖ 大概的情况。 대략적인 상황.
　dà gài de qíng kuàng

366
□ **大家**
[dà jiā] 따 찌아

명 대가, 거장, 권위자　대 모두들, 여러분

❖ 书法大家。 서예의 대가.
　shū fǎ dà jiā

367
□ **大使馆**
[dà shǐ guǎn] 따스관

명 대사관

❖ 驻华韩国大使馆。
　zhù huá hán guó dà shǐ guǎn
　중국에 주재하는 한국 대사관.

368
□ **大约**
[dà yuē] 따 위에

부 대략, 대강, 아마, 대개는

❖ 她大约三十来岁。
　tā dà yuē sān shí lái suì
　그녀는 대략 30여 세 되었다.

369
□ **呆**
[dāi] 따이

동 머무르다　형 우둔하다, 멍청하다

❖ 在那里呆了六天。
　zài nà li dāi le liù tiān
　거기에서 엿새 동안 묵었다.

370
□ **带**
[dài] 따이

명 띠, 벨트, 밴　동 휴대하다, 지니다

❖ 系安全带。 안전띠를 매다.
　jì ān quán dài

371
□ **代替**
[dài tì] 따이 티
- 명 대신, 대체 동 대신하다, 대체하다
- 我代替朋友来了。
  wǒ dài tì péng yǒu lái le
  친구 대신으로 내가 왔다.

372
□ **待遇**
[dài yù] 따이 위
- 명 대우, 취급, 대접 동 대우하다
- 政治待遇。 정치적 대우.
  zhèng zhì dài yù

373
□ **单纯**
[dān chún] 딴 춘
- 형 단순하다 부 단지, 오로지, 단순히
- 结构单纯。 구조가 단순하다.
  jié gòu dān chún

374
□ **担任**
[dān rèn] 딴 런
- 명 담당 동 (직무를) 맡다
- 担任经理。 경리를 담당하다.
  dān rèn jīng lǐ

375
□ **耽误**
[dān wu] 딴 우
- 명 허비 동 그르치다, 허비하다
- 一刻也别耽误。 일각도 지체 말라.
  yí kè yě bié dān wù

376
□ **但是**
[dàn shì] 딴 쓰
- 접 그러나, 그렇지만, 하지만
- 他年龄很小，但是却会五种言语言。
  tā nián líng hěn xiǎo, dàn shì què huì wǔ zhǒng yán yǔ yán
  그는 나이는 어리지만 5개 국어를 할 줄 안다.

377
□ **当**
[dāng] 땅
- 동 대하다, 되다, 담당하다 개 ~에서 ~때
- 当替补。 예비 인원이 되다.
  dāng tì bǔ

필수단어 | **219**

378
□ **当地**

[dāng dì] 땅 띠

(명) 현지, 그 곳

❖ **当地**首富。현지 갑부.
dāng dì shǒu fù

379
□ **当然**

[dāng rán] 땅 란

(부) 당연히, 물론 (형) 당연하다, 물론이다

❖ **当然**的结果。당연한 결과.
dāng rán de jié guǒ

380
□ **当时**

[dāng shí] 땅 스

(명) 당시, 그때 (부) 바로, 즉시, 즉각, 당장

❖ **当时**她仅十岁。
dāng shí tā jǐn shí suì
당시 그녀는 겨우 열 살이었다.

381
□ **导演**

[dǎo yǎn] 다오 옌

(명) 감독, 연출자, 안무 (동) 연출하다, 감독하다

❖ 韩国**导演**。한국 감독.
hán guó dǎo yǎn

382
□ **导游**

[dǎo yóu] 따오 요우

(명) 관광안내원 (동) 안내하다

❖ 充当**导游**。가이드를 맡다.
chōng dāng dǎo yóu

383
□ **倒**

[dǎo] 다오

(동) 넘어지다, 붕괴하다, 바꾸다, 이동하다

❖ 一发撂**倒**。일발에 쓰러지다.
yì fā liào dǎo

384
□ **到**

[dào] 따오

(형) 전반적이다 (동) 도착하다 (개) ~에, ~으로

❖ 刚**到**。금방 도착했다.
gāng dào

385
□ **到处**

[dào chù] 따오 추

㊾ 도처에, 곳곳에

❖ 到处张扬。 곳곳에 소문을 내다.
dào chù zhāng yáng

386
□ **到达**

[dào dá] 따오 다

㊂ 도착 ㊃ 도착하다, 이르다

❖ 限时到达。 정해진 시간에 도착하다.
xiàn shí dào dá

387
□ **到底**

[dào dǐ] 따오 디

㊾ 도대체, 결국 ㊃ 끝까지 하다

❖ 你到底是怎么想的?
nǐ dào dǐ shì zěn me xiǎng de
너는 도대체 어떻게 생각하느냐?

388
□ **得**

[de] 더

㊃ 얻다, 생기다 ㊄ 알맞다 ㊅ 됐어, 아이고

❖ 得95分。 95점을 받다.
dé 95 fēn

389
□ **得意**

[dé yì] 더 이

㊃ 마음먹은 대로 되다, 자만하다, 만족하다

❖ 他很是得意。 그는 몹시 만족스러웠다.
tā hěn shì dé yì

390
□ **得**

[de] 더

㊆ 동사·형용사·보어 사이에서 결과·가능·정도를 나타낸다

❖ 搬得动。 옮길 수 있다.
bān de dòng

391
□ **得**

[děi] 데이

㊆ ~해야 한다, ~일 것이다 ㊄ 만족하다

❖ 你得这么办。 너는 이렇게 해야 한다.
nǐ děi zhè me bàn

392
等
[děng] 덩

- 명 종류, 등급 형 같다, 대등하다
- ❖ 同等待遇。 동등하게 대우하다.
  tóng děng dài yù

393
等候
[děng hòu] 덩 호우

- 동 (구체적인 대상을) 기다리다
- ❖ 耐心等候。 인내심을 가지고 기다리다.
  nai xīn děng hòu

394
地道
[dì dào] 띠 다오

- 형 진짜의, 본고장의, 질이 좋다, 순수하다
- ❖ 他的韩国语说得很地道。
  tā de hán guó yǔ shuō dé hěn dì dào
  그는 정통 한국어를 구사한다.

395
地方
[dì fāng] 띠 팡

- 명 지방, 그곳, 그 지방
- ❖ 地方特色。 그 지방 특색.
  dì fāng tè sè

396
地毯
[dì tǎn] 띠 탄

- 명 양탄자, 카펫(carpet), 융단
- ❖ 铺地毯。 양탄자를 깔다.
  pù dì tǎn

397
弟弟
[dì di] 띠 디

- 명 남동생, 아우
- ❖ 亲弟弟。 친동생.
  qīn dì di

398
点心
[diǎn xīn] 디엔 신

- 명 간식, 과자, 가벼운 식사 동 요기하다
- ❖ 点心发软。 과자가 눅눅하다.
  diǎn xīn fā ruǎn

2단계

399
电梯
[diàn tī] 띠엔 티

명 엘리베이터(elevator), 승강기

❖ 乘电梯。 엘리베이터를 타다.
chéng diàn tī

400
掉
[diào] 띠아오

동 떨어뜨리다, 떨어지다

❖ 掉雨点儿。 빗방울이 떨어지다.
diào yǔ diǎn ér

401
丢
[diū] 띠우

동 잃다, 유실하다, 방치하다

❖ 丢面子。 체면을 잃다.
diu1 miàn zī

402
东
[dōng] 뚱

명 동, 동쪽

❖ 东大门市场。 동대문시장.
dōng dà mén shì chǎng

403
懂
[dǒng] 둥

동 알다, 깨닫다, 이해하다

❖ 懂道理。 이치를 알다.
dǒng dào lǐ

404
独特
[dú tè] 두 터

형 독특하다, 특별하다

❖ 造型独特。 이미지가 독특하다.
zào xíng dú tè

405
肚子
[dù zi] 뚜 즈

명 복부(腹部), 배

❖ 肚子饿。 배가 고프다.
dù zī è

필수단어 **223**

406

□ **段**

[duàn] 뚜안

양 구간, 조각, 단, 토막 명 수단, 방법, 단위

❖ **一段木头。** 나무 한 토막.
　yí duàn mù tóu

407

□ **对**

[duì] 뚜이

개 ~에 대하여, ~에게 양 쌍 동 대답하다

❖ **大家对老师很尊敬。**
　dà jiā duì lǎo shī hěn zūn jìng
　모두가 선생님을 아주 존경한다.

408

□ **对于**

[duì yú] 뚜이 위

개 ~에 대하여, ~에 관하여

❖ **对于朝核问题的看法。**
　duì yú cháo hé wèn tí de kàn fǎ
　북한 핵 문제에 대한 견해.

409

□ **顿**

[dùn] 뚠

양 끼니, 번, 차례 동 (머리를) 조아리다

❖ **晚辈顿首。** 후배가 머리를 조아리다.
　wǎn bèi dùn shǒu

410

□ **朵**

[duǒ] 두오

수 (꽃이나 구름 등을 셀 때) 송이, 점

❖ **两朵云。** 구름 두 조각.
　liǎng duǒ yún

411

□ **饿**

[è] 어

형 배가 고프다 동 굶다, 굶주리다

❖ **忍饥挨饿。** 배고픈 것을 참다.
　rěn jī āi è

412

□ **而**

[ér] 얼

접 ~하고도, 또한, 게다가, ~부터 ~까지

❖ **由夏而秋。** 여름부터 가을까지.
　yóu xià ér qiū

2단계

413
而且
[ér qiě] 얼 치에

접 ~도, 또한, ~뿐만 아니라, 더욱이

* 食物匮乏而且昂贵。
  shí wù kuì fá ér qiě áng guì
  음식이 부족했고 비쌌다.

414
耳朵
[ěr duo] 얼 두오

명 귀

* 掏耳朵。 귀를 후비다.
  tāo ěr duǒ

415
发
[fā] 파

동 보내다, 발급하다, 발표하다, 번창하다

* 发电报。 전문을 보내다.
  fā diàn bào

416
翻译
[fān yì] 판 이

동 번역하다   명 번역, 통역, 번역가

* 翻译成韩文。 한국어로 번역하다.
  fān yì chéng hán wén

417
凡是
[fán shì] 판 쓰

부 대체로, 무릇   접 만약 ~한다면

* 凡是历史都会重演。
  fán shì lì shǐ dōu huì chóng yǎn
  무릇 역사는 되풀이되는 것이다.

418
烦恼
[fán nǎo] 판 나오

명 번뇌   동 번뇌하다, 걱정하다

* 摒绝烦恼。 번뇌를 없애다.
  bìng jué fán nǎo

419
方法
[fāng fǎ] 팡 파

명 방법, 수단, 방식

* 学习方法。 학습 방법.
  xué xí fāng fǎ

필수단어 | **225**

420
□ 方向
[fāng xiàng] 팡 씨앙

명 방향, 목표

❖ 辨明方向。방향을 분명히 구별하다.
  biàn míng fāng xiàng

421
□ 妨碍
[fáng ài] 팡 아이

명 방해 동 방해하다, 훼방 놓다

❖ 妨碍营业。영업을 방해하다.
  fáng ài yíng yè

422
□ 放
[fàng] 팡

동 놓아주다, 방송하다, 놓다

❖ 释放。석방하다.
  shì fàng

423
□ 放松
[fàng sōng] 팡 쑹

동 늦추다, 느슨하게 하다

❖ 放松管理。관리를 느슨하게 하다.
  fàng sōng guǎn lǐ

424
□ 放心
[fàng xīn] 팡 씬

명 안심 동 마음을 놓다, 안심하다

❖ 你放心。안심해라.
  nǐ fàng xīn

425
□ 费心
[fèi xīn] 페이 씬

동 마음을 쓰다, 신경쓰다, 걱정하다

❖ 白费心思。공연히 애를 쓰다.
  bái fèi xīn sī

426
□ 分
[fēn] 펀

동 나누다, 분배하다 명 분량, 부, 몫

❖ 分任务。임무를 할당하다.
  fēn rèn wù

427
风格
[fēng gé] 펑 거

- 명 풍격, 품격, 태도나 방법
- ❖ 醇化风格。 품격을 순화하다.
  chún huà fēng gé

428
复印
[fù yìn] 푸 인

- 동 복사하다, 복제하다
- ❖ 复印材料。 자료를 복사하다.
  fù yìn cái liào

429
父亲
[fù qīn] 푸 친

- 명 부친, 아버지
- ❖ 亲生父亲。 친아버지.
  qīn shēng fù qīn

430
付款
[fù kuǎn] 푸 쿠안

- 명 지불, 지급 동 돈을 지불하다
- ❖ 按月付款。 다달이 돈을 지불하다.
  àn yuè fù kuǎn

431
复制
[fù zhì] 푸 쯔

- 동 복제하다, (파일을) 카피하다 명 복제
- ❖ 复制照片。 사진을 복사하다.
  fù zhì zhào piàn

432
盖
[gài] 까이

- 동 덮다, 씌우다, 집을 짓다 명 덮개, 뚜껑
- ❖ 盖盖子。 덮개를 덮다.
  gài gài zi

433
干净
[gān jìng] 깐 찡

- 형 깨끗하다, 깔끔하다
- ❖ 干净的皮肤。 깨끗한 피부.
  gàn jìng de pí fū

434

□ **赶快**

[gǎn kuài] 간 콰이

(부) 빨리, 서둘러, 어서, 얼른

❖ **赶快**回来。빨리 오시오.
　gǎn kuài huí lái

435

□ **敢**

[gǎn] 간

(조동) 감히 ~하다, 과감히 하다

❖ 谁也不**敢**指令他。
　shuí yě bù gǎn zhǐ lìng tā
　누구도 감히 그에게 명령할 수 없다.

436

□ **感受**

[gǎn shòu] 간 쇼우

(명) 느낌, 인상　(동) 느끼다, (영향을) 받다

❖ 切身**感受**。자신의 느낌.
　qiè shēn gǎn shòu

437

□ **刚才**

[gāng cái] 깡 차이

(명) 방금, 조금 전, 막

❖ **刚才**钟又响了两下。
　gāng cái zhōng yòu xiǎng le liǎng xià
　방금 종이 또 두 차례 울렸다.

438

□ **高**

[gāo] 까오

(명) 높이　(형) 높다, 비싸다　(동) 높아지다

❖ 比我**高**。나보다 크다.
　bǐ wǒ gāo

439

□ **高级**

[gāo jí] 까오 지

(형) 고급의

❖ **高级**品。고급품.
　gāo jí pǐn

440

□ **搞**

[gǎo] 가오

(동) 하다, ~을 하다

❖ **搞**工作。일을 하다.
　gǎo gōng zuò

441
□ **告诉**
[gào sù] 까오 수

[동] 알리다, 보고하다, 말하다

❖ 告诉大家。 사람들에게 알리다.
gào sù dà jiā

442
□ **哥哥**
[gē ge] 꺼 거

[명] 형, 오빠, 친척 형, 친척 오빠

❖ 远房哥哥。 먼 친척 오빠.
yuǎn fáng gē ge

443
□ **个人**
[gè rén] 꺼 런

[명] 개인, 나 자신

❖ 个人主义。 개인주의.
gè rén zhǔ yì

444
□ **个性**
[gè xìng] 꺼 씽

[명] 개성, 개별성

❖ 富有个性。 개성이 풍부하다.
fù yǒu gè xìng

445
□ **各**
[gè] 꺼

[대] 각각, 개개의, 여러 가지

❖ 各家各户。 집집마다.
gè jiā gè hù

446
□ **给**
[gěi] 게이

[동] 주다, 바치다, 허용하다 [개] ~에게

❖ 给钱。 돈을 주다.
gěi qián

447
□ **根**
[gēn] 껀

[수] 개, 가닥, 근원 [명] 가닥, 대

❖ 几根线。 실 몇 가닥.
jǐ gēn xiàn

448
□ 跟
[gēn] 건

[명] 뒤꿈치 [동] 뒤따르다 [개] ~에게, ~와

❖ 脚跟。발뒤꿈치.
jiǎo gēn

449
□ 更
[gèng] 껑

[부] 더욱, 한층 더, 또한

❖ 我比你看得更多。
wǒ bǐ nǐ kàn dé gèng duō
내가 너보다 더 많이 봤다.

450
□ 工厂
[gōng chǎng] 꽁 창

[명] 공장

❖ 迁移工厂。공장을 이전하다.
qiān yí gōng chǎng

451
□ 公布
[gōng bù] 꽁 뿌

[명] 공표 [동] 발표하다, 공포하다

❖ 公布于众。대중에게 공포하다.
gōng bù yú zhòng

452
□ 公共汽车
[gōng gòng qì chē] 꽁 꽁 치 처

[명] 시내버스, 버스

❖ 等公共汽车。시내버스를 기다리다.
děng gōng gòng qì chē

453
□ 公司
[gōng sī] 꽁 쓰

[명] 회사, 기업

❖ 开公司。회사를 창립하다.
kāi gōng sī

454
□ 公园
[gōng yuán] 꽁 위엔

[명] 공원

❖ 营造公园。공원을 만들다.
yíng zào gōng yuán

455
□ **功夫**
[gōng fu] 꽁 푸

명 조예, 시간, 노력

❖ **功夫**深湛。조예가 깊다.
gōng fū shēn zhàn

456
□ **公里**
[gōng lǐ] 꽁 리

명 킬로미터(kilometer)

❖ 百把**公里**。100킬로미터 가량.
bǎi bǎ gōng lǐ

457
□ **公斤**
[gōng jīn] 꽁 찐

명 킬로그램(kilogram)

❖ 给我一**公斤**。1킬로그램 주세요.
gěi wǒ yì gōng jīn

458
□ **够**
[gòu] 꼬우

형 충분하다, 넉넉하다 부 충분히, 대단히

❖ 浓度还不**够**。농도가 아직 충분하지 않다.
nóng dù hái bù gòu

459
□ **孤单**
[gū dān] 꾸 딴

명 외토리 형 외롭다, 미약하다

❖ **孤单**寂寞。고독하고 적적하다.
gū dān jì mò

460
□ **古典**
[gǔ diǎn] 구 디엔

명 고전, 고대의 의식(제도)

❖ **古典**音乐。고전 음악.
gǔ diǎn yīn yuè

461
□ **骨头**
[gǔ tóu] 구 토우

명 뼈, 녀석, ~놈

❖ 贱**骨头**。천박한 놈.
jiàn gú tou

462

□ **固定**

[gù dìng] 꾸 띵

- 형 고정된 동 고정시키다
- ❖ **固定**资本。고정 자본.
  gù dìng zī běn

463

□ **故事**

[gù shì] 꾸 스

- 명 이야기, 스토리, 플롯(plot), 줄거리
- ❖ **故事**梗概。이야기 줄거리.
  gù shì gěng gài

464

□ **挂**

[guà] 꽈

- 동 (물건 등을) 걸다, 전화를 걸다
- ❖ **挂**牌子。간판을 걸다.
  guà pái zī

465

□ **关**

[guān] 꾸안

- 동 닫다, (스위치를) 끄다, 가두다
- ❖ 把窗户**关**上。창문을 닫다.
  bǎ chuāng hù guān shàng

466

□ **关怀**

[guān huái] 꾸안 후아이

- 명 관심, 배려 동 보살피다, 배려하다
- ❖ 深切的**关怀**。깊은 관심(배려).
  shēn qiē de guān huái

467

□ **关于**

[guān yú] 꾸안 위

- 개 ~에 관해, ~에 관하여
- ❖ **关于**人生观。인생관에 관하여.
  guān yú rén shēng guān

468

□ **观念**

[guān niàn] 꾸안 니엔

- 명 관념, 생각
- ❖ 错误**观念**。잘못된 관념.
  cuò wù guān niàn

2단계

469
□ **观众**
[guān zhòng] 꾸안 쫑

명 관중, 관람객

❖ 敬告观众。관중에게 삼가 아뢰다.
  jìng gào guān zhòng

470
□ **广播**
[guǎng bō] 구앙 뽀

명 방송 동 방송하다, 퍼뜨리다

❖ 收听广播。방송 프로그램을 청취하다.
  shōu tīng guǎng bō

471
□ **规矩**
[guī ju] 꾸이 쥐

명 규칙 형 성실하다, 단정하다

❖ 用规矩束缚。규칙으로 얽매다.
  yòng guī ju shù fù

472
□ **规则**
[guī zé] 꾸이 저

명 규칙 형 규칙적이다, 정연하다

❖ 竞赛规则。경기 규칙.
  jìng sài guī zé

473
□ **贵**
[guì] 꾸이

형 비싸다, 지위가 높다 동 중히 여기다

❖ 价钱贵。값비싸다.
  jià qián guì

474
□ **国籍**
[guó jí] 구오 지

명 국적, 소속국

❖ 改变国籍。국적을 옮기다.
  gǎi biàn guó jí

475
□ **国家**
[guó jiā] 구오 찌아

명 국가, 나라

❖ 治理国家。국가를 다스리다.
  zhì lǐ guó jiā

필수단어 **233**

476

□ **果然**

[guǒ rán] 구오 란

🔸 과연, 생각한 대로   🔹 긴 꼬리 원숭이

❖ 果然不出所料。 과연 예상한 대로.
   guǒ rán bù chū suǒ liào

477

□ **果实**

[guǒ shí] 구오 스

🔹 과실, 수확, 거둬들인 물건

❖ 肥硕的果实。 크고 알찬 과실.
   féi shuò de guǒ shí

478

□ **过**

[guò] 꿔

🔸 가다, 건너다, 지나다   🔹 잘못   🔸 너무

❖ 泅水而过。 헤엄쳐 건너다.
   qiú shuǐ ér guò

479

□ **过分**

[guò fèn] 꿔 펀

🔹 지나치다, 과분하다, 심하다

❖ 太过分了。 너무 지나치다.
   tài guò fèn le

480

□ **过去**

[guò qù] 꿔 취

🔸 지나가다   🔹 과거, 지난날

❖ 秋天过去了。 가을이 지나갔습니다.
   qiū tiān guò qù le

481

□ **过**

[guò] 구오

🔹 동사 뒤에 쓰여 동작이 완결됨을 나타낸다

❖ 受得过。 견딜 수 있다.
   shòu dé guò

482

□ **还**

[hái] 하이

🔹 아직, 일찍이, 더욱, 또, 그만하면

❖ 还没有来。 아직 안 왔다.
   hái méi yǒu lái

2단계

483
还是
[hái shì] 하이 스

(부) 여전히, 아직도 (접) 또한, 그래도

* 他还是个生手。 그는 아직 초보이다.
  tā hái shì gè shēng shǒu

484
害羞
[hài xiū] 하이 시우

(형) 부끄러워하다, 수줍어하다

* 她好害羞。 그녀는 수줍음을 잘 탄다.
  tā hǎo hài xiū

485
孩子
[hái zi] 하이 즈

(명) 어린아이, 아동, 자녀, 자식

* 管理孩子。 아이를 돌보다.
  guǎn lǐ hái zī

486
海岸
[hǎi àn] 하이 안

(명) 해안

* 海岸警备队。 해안경비대.
  hǎi àn jīng bèi duì

487
寒假
[hán jià] 한 찌아

(명) 겨울방학, 겨울휴가

* 快要放寒假了。 곧 겨울방학이다.
  kuài yào fàng hán jià le

488
航班
[háng bān] 항 반

(명) 운행표, 취항 순서, 운항편

* 定点航班。 정기 항공편.
  dìng diǎn háng bān

489
好吃
[hǎo chī] 하오 츠

(형) 맛있다, 맛나다

* 这道菜很好吃。 이 요리는 아주 맛있다.
  zhè dào cài hěn hǎo chī

필수단어 **235**

490

□ **好象**

[hǎo xiàng] 하오 씨앙

(동) 마치 ~같다, 비슷하다

❖ 这个人好象我的同学。
zhè gè rén hǎo xiàng wǒ de tóng xué
이 사람은 마치 내 친구 같다.

491

□ **号**

[hào] 하오

(명) 이름, 명칭, 기호, 번호, 나팔

❖ 对号入座。번호대로 자리에 앉다.
duì hào rù zuò

492

□ **好奇**

[hào qí] 하오 치

(명) 호기심 (형) 호기심이 많다

❖ 刺激好奇心。호기심을 자극하다.
cì jī hào qí xīn

493

□ **合适**

[hé shì] 허 쓰

(형) 적당하다, 알맞다, 적합하다

❖ 挑选合适的人才。적합한 인재를 가리다.
tiāo xuǎn hé shì de rén cái

494

□ **合作**

[hé zuò] 허 쭤

(명) 협력, 합작 (동) 협력하다, 합작하다

❖ 党际合作。정당끼리 협력하다.
dǎng jì hé zuò

495

□ **何况**

[hé kuàng] 허 쿠앙

(접) 하물며, 더구나

❖ 汝尚如此, 何况人乎?
rǔ shàng rú cǐ, hé kuàng rén hū
너조차 이러한데 하물며 남은 오죽하겠니?

496

□ **河**

[hé] 허

(명) 강, 하천, 은하계

❖ 河对面。강 맞은편.
hé duì miàn

497
□ 合格
[hé gé] 허 거

[명] 합격 [동] 규격에 맞다, 합격하다

❖ 头名合格。 수석 합격.
tóu míng hé gé

498
□ 和平
[hé píng] 허 핑

[명] 평화 [형] 순하다, 부드럽다, 평화롭다

❖ 维护和平。 평화를 유지하다.
wéi hù hé píng

499
□ 黑
[hēi] 헤이

[형] 검다, 저물다, 침울하다 [동] 사기치다

❖ 天色发黑。 날이 어두워지다.
tiān sè fā hēi

500
□ 黑板
[hēi bǎn] 헤이 반

[명] 칠판, 흑판

❖ 菜单在黑板上。
cài dān zài hēi bǎn shàng
메뉴는 칠판에 적혀 있었다.

501
□ 红
[hóng] 훙

[형] 붉다, 빨갛다, 번창하다 [명] 다홍, 주홍

❖ 红苹果。 새빨간 사과.
hóng píng guǒ

502
□ 后果
[hòu guǒ] 허우 구어

[명] 최후의 결과, 후과

❖ 前因后果。 원인과 결과.
qián yīn hòu guǒ

503
□ 忽然
[hū rán] 후 란

[부] 갑자기, 돌연히, 별안간

❖ 车忽然停了。 차가 갑자기 멈추다.
chē hū rán tíng le

504
□ 胡同
[hú tóng] 후 퉁

명 골목, 작은 거리

❖ 胡同入口。 골목 초입.
  hú tóng rù kǒu

505
□ 糊涂
[hú tú] 후 투

형 흐리멍덩하다, 어리석다, 우둔하다

❖ 我真糊涂。 나는 정말 흐리멍덩하다.
  wǒ zhēn hú tu

506
□ 护士
[hù shì] 후 스

명 간호사

❖ 我是一名护士。 나는 간호사다.
  wǒ shì yì míng hù shi

507
花
[huā] 후아

명 꽃, 관상용 식물 형 꽃으로 장식된

❖ 开花。 꽃이 피다.
  kāi huā

508
话题
[huà tí] 화 티

명 화제, 이야기의 주제

❖ 转变话题。 화제를 돌리다.
  zhuǎn biàn huà tí

509
□ 画
[huà] 화

동 (그림을) 그리다 명 그림

❖ 画的好。 잘 그린다.
  huà de hǎo

510
□ 怀疑
[huái yí] 후아이 이

명 회의, 의심 동 의심하다, 추측하다

❖ 抱有怀疑。 의심을 품다.
  bào yǒu huái yí

511
□ **坏** [형] 망가지다, 고장나다 [동] 망치다
[huài] 화이
❖ 手机坏了。핸드폰이 고장나다.
shǒu jī huài le

512
□ **欢迎** [명] 환영 [동] 환영하다
[huān yíng] 후안 잉
❖ 鼓掌欢迎。박수로 환영하다.
gǔ zhǎng huān yíng

513
□ **幻想** [명] 환상 [동] 환상하다
[huàn xiǎng] 후안 시앙
❖ 丢掉幻想。환상을 버리다.
diu1 diào huàn xiǎng

514
□ **慌张** [형] 당황하다, 허둥대다, 덜렁거리다
[huāng zhāng] 후앙 짱
❖ 神色慌张。당황하는 기색이 역력하다.
shén sè huāng zhāng

515
□ **黄** [명] 노란색, 황색 [형] 노랗다, 누렇다
[huáng] 후앙
❖ 黄颜料。노랑 물감.
huáng yán liào

516
□ **灰心** [동] 실망하다, 낙심하다, 상심하다
[huī xīn] 후이 씬
❖ 别灰心。낙심하지 마라.
bié huī xīn

517
□ **恢復** [동] 회복하다, 회복되다, 되찾다
[huī fù] 후이 푸
❖ 照原样恢复。원래 모습대로 회복하다.
zhào yuán yàng huī fù

518

□ **回答**

[huí dá] 후이 다

명 대답, 회답 동 대답하다, 회답하다

❖ **回答**问话。 질문에 대답하다.
　huí dá wèn huà

519

□ **会议**

[huì yì] 후이 이

명 회의, 전체 회의

❖ 出席**会议**。 회의에 참석하다.
　chū xí huì yì

520

□ **火**

[huǒ] 후오

명 불, 무기, 화, 성냄 형 붉다, 번창하다

❖ 引个**火**。 불을 붙이다.
　yǐn ge huǒ

521

□ **火柴**

[huǒ chái] 후오 차이

명 성냥

❖ 划**火柴**。 성냥을 켜다.
　huá huǒ chái

522

□ **伙伴**

[huǒ bàn] 후오 빤

명 동료, 친구, 동반자

❖ 儿时**伙伴**。 어린 시절 친구.
　ér shí huǒ bàn

523

□ **或者**

[huò zhě] 휘 저

부 아마도, 어쩌면 접 혹은, 그렇지 않으면

❖ **或者**他们已经吃了。
　huò zhě tā mén yǐ jīng chī le
　어쩌면 그들이 이미 먹었을지도 모른다.

524

□ **肌肉**

[jī ròu] 찌 로우

명 근육

❖ **肌肉**疼痛。 근육이 아프다.
　jī ròu téng tòng

525
□ **鸡蛋**

[jī dàn] 찌 딴

명 계란, 달걀

❖ **煮鸡蛋**。계란을 삶다.
zhǔ jī dàn

526
□ **积累**

[jī lěi] 찌 레이

동 (조금씩) 쌓다, 축적하다 명 축적

❖ **积累经验**。경험을 쌓다.
jī lěi jīng yàn

527
□ **极**

[jí] 지

부 극히, 매우 명 절정 동 극에 달하다

❖ **极明显**。매우 뚜렷하다.
jí míng xiǎn

528
□ **即使**

[jí shǐ] 지 스

접 설령 ~하더라도

❖ **即使我不对**。설령 내가 잘못했다 하더라도.
jí shǐ wǒ bù duì

529
□ **纪念**

[jì niàn] 찌 니엔

명 기념 동 기념하다 형 기념의, 기념하는

❖ **纪念照**。기념 촬영.
jì niàn zhào

530
□ **既然**

[jì rán] 찌 란

접 이왕 이렇게 된 바에야

❖ **既然如此**。기왕 이렇게 된 이상.
jì rán rú cǐ

531
□ **寄**

[jì] 찌

동 부치다, 보내다, 맡기다, 위탁하다

❖ **发寄信件**。편지를 부치다.
fā jì xìn jiàn

532

□ **寂寞**

[jì mò] 찌 모

- 형 적막하다, 고독하다, 쓸쓸하다, 적적하다
- 寂寞的光景。 적막한 광경.
  jì mò de guāng jǐng

533

□ **加油**

[jiā yóu] 찌아 요우

- 동 주유하다, 기름을 치다
- 给汽车加油。 자동차에 기름을 넣다.
  gěi qì chē jiā yóu

534

□ **假如**

[jiǎ rú] 지아 루

- 접 만약, 만일, 가령
- 假如下雨就不去公园。
  jiǎ rú xià yǔ jiù bù qù gōng yuán
  비가 내리면 공원에 가지 않겠다.

535

□ **加班**

[jiā bān] 찌아 반

- 동 초과 근무하다 명 초과 근무
- 今天加班。 오늘은 잔업이 있다.
  jīn tiān jiā bān

536

□ **驾驶**

[jià shǐ] 찌아스 스

- 동 운전하다, (기계를) 조종하다
- 驾驶卡车。 화물자동차를 운전하다.
  jià shǐ kǎ chē

537

□ **坚强**

[jiān qiáng] 찌엔 치앙

- 형 굳세다, 굳고 강하다 동 강화하다
- 意志坚强。 의지가 굳세다.
  yì zhì jiān qiáng

538

□ **煎**

[jiān] 찌엔

- 동 (기름에) 지지다, (전을) 부치다
- 煎煎饼。 전을 부치다.
  jiān jiān bǐng

539
□ 件
[jiàn] 찌앤
[양] (일이나 사건, 옷 등을 세는 단위) 건, 점, 벌, 개
❖ 急件。긴급 문서.
jí jiàn

540
□ 健康
[jiàn kāng] 찌엔 캉
[명] 건강 [부] 건강히 [형] 건강하다
❖ 身体健康。신체가 건강하다.
shēn tǐ jiàn kāng

541
□ 键盘
[jiàn pán] 찌엔 판
[명] 키보드, 자판, 건반
❖ 敲键盘。건반을 두드리다.
qiāo jiàn pán

542
□ 将来
[jiāng lái] 찌앙 라이
[명] 장래, 미래
❖ 不远的将来。가까운 장래.
bù yuǎn de jiāng lái

543
□ 讲
[jiǎng] 지앙
[동] 말하다, 강연하다, 설명하다
❖ 讲不过去。더 이상 말할 수 없다.
jiǎng bú guò qù

544
□ 讲究
[jiǎng jiū] 지앙 지우
[동] 중히 여기다, 소중히 하다 [형] 정교하다
❖ 讲究卫生。위생을 중요시하다.
jiǎng jiū wèi shēng

545
□ 酱油
[jiàng yóu] 찌앙 요우
[명] 간장
❖ 放酱油。간장을 치다.
fàng jiàng yóu

546
交通
[jiāo tōng] 찌아오 통

동 내통하다, 통하다, 왕래하다 명 교통

❖ 交通方便。 교통이 편리하다.
　jiāo tōng fāng biàn

547
狡猾
[jiǎo huá] 지아오 후아

형 교활하다, 간사하다

❖ 狡猾的伎俩。 교활한 수법.
　jiǎo huá de zhī liǎ

548
脚
[jiǎo] 지아오

명 발, 다리, (물건의) 밑동

❖ 手和脚。 손과 발.
　shǒu hé jiǎo

549
教
[jiāo] 찌아오

동 가르치다, 지도하다, 교육하다

❖ 手把手地教。 차근차근 가르치다.
　shǒu bǎ shǒu de jiāo

550
教室
[jiào shì] 찌아오 쓰

명 교실

❖ 步入教室。 교실로 걸어 들어가다.
　bù rù jiào shì

551
教授
[jiào shòu] 찌아오 소우

명 교수 동 강의하다, 교수하다

❖ 名誉教授。 명예 교수.
　míng yù jiào shòu

552
教训
[jiào xùn] 찌아오 쉰

동 훈계하다 명 교훈, 훈계, 꾸짖음

❖ 历史的教训。 역사의 교훈.
　lì shǐ de jiào xùn

553
□ 结实 [형] 굳다, 단단하다, 질기다
[jiē shi] 찌에 스
❖ 身体结实。 몸이 단단하다.
shēn tǐ jiē shi

554
□ 接 [동] 접근[접촉]하다, (이어)받다
[jiē] 찌에
❖ 没人接。 전화를 안 받습니다.
méi rén jiē

555
□ 节省 [동] 아끼다, 절약하다
[jié shěng] 지에 성
❖ 节省时间。 시간을 아끼다.
jié shěng shí jiān

556
□ 姐姐 [명] 누나, 언니
[jiě jie] 지에 지에
❖ 姐姐个儿大。 언니는 키가 크다.
jiě jie gè ér dà

557
□ 借 [동] 빌리다, 꾸다, 빌려주다
[jiè] 찌에
❖ 借小说书。 소설책을 빌리다.
jiè xiǎo shuō shū

558
□ 紧急 [형] 긴급하다, 절박하다
[jǐn jí] 진 지
❖ 紧急关头。 긴급한 시기.
jǐn jí guān tóu

559
□ 谨慎 [형] 신중하다, 용의주도하다
[jǐn shèn] 진 션
❖ 过于谨慎。 너무 신중하다.
guò yú jǐn shèn

560
□ **尽力**
[jǐn lì] 찐 리

(동) 힘을 다하다, 최선을 다하다

❖ **尽力**帮助。 힘껏 도와주다.
jìn lì bāng zhù

561
□ **进**
[jìn] 찐

(동) 나아가다, (안으로) 들다,

❖ 向前**进**。 앞을 향해 나아가다.
xiàng qián jìn

562
□ **近**
[jìn] 찐

(형) 가깝다, 비슷하다 (동) 가까이하다, 접근하다

❖ 首尔离这儿很**近**。
shǒu ěr lí zhè ér hěn jìn
서울은 여기에서 매우 가깝다.

563
□ **京剧**
[jīng jù] 찡 쥐

(명) 경극, 중국 전통극

❖ 演唱**京剧**。 경극을 상연하다.
yǎn chàng jīng jù

564
□ **竞争**
[jìng zhēng] 찡 쩡

(동) 경쟁하다 (명) 경쟁

❖ 公平**竞争**。 공정한 경쟁.
gōng píng jìng zhēng

565
□ **竟然**
[jìng rán] 찡 란

(부) 뜻밖에도, 의외로, 결국, 마침내

❖ 你**竟然**成功了。 너는 마침내 성공했어!
nǐ jìng rán chéng gōng le

566
□ **久**
[jiǔ] 지우

(명) 기간, 동안 (형) 오래다, 길다

❖ 阔别已**久**。 헤어진 지가 이미 오래다.
kuò bié yǐ jiǔ

567
旧
[jiù] 찌우

형 낡다, 오래되다

❖ 旧雨伞。 낡은 우산.
jiù yǔ sǎn

568
就
[jiù] 찌우

동 가까이하다 부 곧, 이미 (개)~에 대하여

❖ 就到首尔。 서울까지 간다.
jiù dào shǒu ěr

569
居然
[jū rán] 쮜 란

부 의외로, 뜻밖에

❖ 她居然得了个最高分。
tā jū rán dé le gè zuì gāo fēn
그녀는 의외로 최고 점수를 받았다.

570
举
[jǔ] 쥐

동 쳐들다, 일으키다 명 거동, 행위

❖ 举兵起义。 봉기를 일으키다.
jǔ bīng qǐ yì

571
举办
[jǔ bàn] 쥐 빤

동 행하다, 거행하다

❖ 举办讲座。 강좌를 열다.
jǔ bàn jiǎng zuò

572
举行
[jǔ xíng] 쥐 싱

동 (모임·의식 등을) 거행하다, 진행하다

❖ 举行会议。 회의를 가지다.
jǔ xíng huì yì

573
拒绝
[jù jué] 쮜 쮜에

명 거절 동 거절하다

❖ 断然拒绝。 단호히 거절하다.
duàn rán jù jué

574

□ 聚会

[jù huì] 쮜 후이

명 모임, 회합 동 모이다, 집합하다

❖ 同学聚会。 동창 모임.
tóng xué jù huì

575

□ 决定

[jué dìng] 쥐에 띵

명 결정, 결의 동 결정하다, 규정하다

❖ 决定日期。 날짜를 결정하다.
jué dìng rì qī

576

□ 决赛

[jué sài] 쥐에 싸이

명 결승 동 최후의 승부를 결정하다

❖ 进入决赛。 결승에 진출하다.
jìn rù jué sài

577

□ 觉得

[jué de] 쥐에 더

동 느끼다, ~라고 생각하다

❖ 我觉得很惋惜。 나는 매우 안타깝다.
wǒ jué de hěn wǎn xī

578

□ 绝对

[jué duì] 쥐에 뚜이

형 절대의, 절대적인 부 절대로

❖ 绝对优势。 절대적인 우세.
jué duì yōu shì

579

□ 咖啡

[kā fēi] 카 페이

명 커피

❖ 冲浓咖啡。 커피를 짙게 타다.
chōng nóng kā fēi

580

□ 开发

[kāi fā] 카이 파

명 개발 동 (자원·황무지 등을) 개발하다

❖ 开发富源。 천연 자원을 개발하다.
kāi fā fù yuán

2단계

581
□ **开心**
[kāi xīn] 카이 씬

명 즐거움 형 유쾌하다

❖ 非常开心。 매우 즐거웠습니다.
fēi cháng kāi xīn

582
□ **抗议**
[kàng yì] 캉 이

명 항의 동 항의하다

❖ 严正抗议。 엄중하게 항의하다.
yán zhèng kàng yì

583
□ **考试**
[kǎo shì] 카오 쓰

명 시험 동 시험을 보다

❖ 预备考试。 시험에 대비하다.
yù bèi kǎo shì

584
□ **棵**
[kē] 커

수 포기, 그루

❖ 一棵草。 풀 한 포기.
yī kē cǎo

585
□ **可爱**
[kě ài] 커 아이

형 귀엽다, 사랑스럽다 명 사랑스러움

❖ 美丽可爱。 예쁘고 귀엽다.
měi lì kě ài

586
□ **可怕**
[kě pà] 커 파

형 두렵다, 무섭다, 겁나다

❖ 可怕的光景。
kě pà de guāng jǐng
무서운 광경.

587
□ **可是**
[kě shì] 커 쓰

접 그러나, 하지만 부 대단히, 아무래도

❖ 可是我不能去。 그렇지만 나는 못 가겠다.
kě shì wǒ bù néng qù

필수단어 **249**

588
可惜
[kě xī] 커 씨

형 섭섭하다, 아쉽다 부 아깝게도

❖ **真可惜**。 정말 섭섭하다.
zhēn kě xī

589
可以
[kě yǐ] 커 이

조동 ~할 수 있다, ~해도 된다

❖ **萱草可以吃**。 원추리는 먹을 수 있다.
xuān cǎo kě yǐ chī

590
渴
[kě] 커

형 갈증나다, 목마르다

❖ **感到渴了**。 갈증을 느끼다.
gǎn dào kě le

591
刻
[kè] 커

동 새기다, 조각하다 명 조각품 형 심하다

❖ **刻字**。 글자를 새기다.
kè zì

592
客观
[kè guān] 커 꾸안

명 객관 형 객관적이다

❖ **客观事实**。 객관적 사실.
kè guān shì shí

593
客人
[kè rén] 커 런

명 손님, 객, 나그네, 길손

❖ **客人四位**。 손님 네 분.
kè rén sì wèi

594
客厅
[kè tīng] 커 팅

명 객실, 응접실

❖ **布置客厅**。 객실을 꾸미다.
bù zhì kè tīng

595
空调
[kōng tiáo] 콩 티아오

명 냉난방, 에어콘

- 快开空调吧。 빨리 에어컨 켜라.
  kuài kāi kōng tiáo ba

596
恐怖
[kǒng bù] 콩 뿌

명 테러, 공포 형 두려워하다, 무서워하다

- 恐怖行为。 테러 행위.
  kǒng bù xíng wéi

597
恐怕
[kǒng pà] 콩 파

부 아마도, 혹시 동 두려워하다

- 恐怕他不会同意。
  kǒng pà tā bù huì tóng yì
  아마 그는 동의하지 않을 것이다.

598
哭
[kū] 쿠

동 울다

- 小孩哭。 아이가 울다.
  xiǎo hái kū

599
苦
[kǔ] 쿠

명 고생 형 힘들다 동 고생시키다, 괴롭히다

- 各种苦。 갖은 고생.
  gè zhǒng kǔ

600
裤子
[kù zi] 쿠즈

명 (남자용) 바지

- 一条裤子。 바지 한 개.
  yī tiáo kù zī

601
快
[kuài] 콰이

형 빠르다, 민첩하다 부 빨리, 곧

- 他的表快五分钟。
  tā de biǎo kuài wǔ fēn zhōng
  그의 시계는 5분이 빠르다.

602
筷子
[kuài zi] 콰이 즈

명 젓가락

❖ 用筷子夹菜吃。
yòng kuài zi jiá cài chī
젓가락으로 요리를 집어먹다.

603
拉
[lā] 라

동 끌다, 잡아당기다, 운반하다

❖ 拉车。 수레를 끌다.
lā chē

604
蓝
[lán] 란

형 푸르다, 파랗다, 남색의, 파란색의

❖ 仰望蓝天。 푸른 하늘을 쳐다보다.
yǎng wàng lán tiān

605
浪漫
[làng màn] 랑 만

명 낭만 형 낭만적이다, 방탕하다

❖ 浪漫气氛。 낭만적인 분위기.
làng màn qì fèn

606
老虎
[lǎo hǔ] 라오 후

명 호랑이, 흉악한 사람 비유

❖ 可怕的老虎。 무서운 호랑이.
kě pà de lǎo hǔ

607
老鼠
[lǎo shǔ] 라오 슈

명 쥐

❖ 老鼠给猫吃了。
lǎo shǔ gěi māo chī le
쥐가 고양이에게 잡아먹히다.

608
姥姥
[lǎo lao] 라오 라오

명 외할머니, 산파

❖ 今天是姥姥的生日。
jīn tiān shì lǎo lao de shēng rì
오늘은 외할머니의 생신이다.

609
累
[lèi] 레이

(형) 힘들다, 지치다, 피곤하게 하다.

❖ 不大累。 그다지 피곤하지 않다.
bù dà lèi

610
冷静
[lěng jìng] 렁 찡

(명) 냉정함 (형) 냉정하다, 침착한

❖ 沉着冷静。 침착하고 냉정하다.
chén zhe lěng jìng

611
离
[lí] 리

(동) 떠나다, 떨어지다 (개) ~부터 ~까지

❖ 出离险局。 위험한 상황을 벗어나다.
chū lí xiǎn jú

612
离婚
[lí hūn] 리 훈

(명) 이혼 (동) 이혼하다

❖ 和前夫离婚。 본남편과 이혼하다.
hé qián fū lí hūn

613
梨
[lí] 리

(명) 배나무, 배

❖ 苹果和梨。 사과와 배.
píng guǒ hé lí

614
理发
[lǐ fà] 리 파

(명) 이발 (동) 이발하다

❖ 该理发了。 이발을 해야겠다.
gāi lǐ fā le

615
理解
[lǐ jiě] 리 지에

(명) 이해 (동) 이해하다

❖ 理解深透。 철저하게 이해하다.
lǐ jiě shēn tòu

616
☐ **理想**
[lǐ xiǎng] 리 시앙

몡 이상 혱 이상적이다

* 抱有理想。이상을 품다.
  bào yǒu lǐ xiǎng

617
☐ **理由**
[lǐ yóu] 리 요우

몡 이유, 까닭

* 正当理由。정당한 이유.
  zhèng dāng lǐ yóu

618
☐ **历史**
[lì shǐ] 리 스

몡 역사, 과거의 사실

* 扭曲历史。역사를 왜곡하다.
  niǔ qū lì shǐ

619
☐ **立刻**
[lì kè] 리 커

부 곧, 즉각, 당장

* 立刻照我说的去办。
  lì kè zhào wǒ shuō de qù bàn
  내 말을 즉각 시행하라.

620
☐ **利润**
[lì rùn] 리 룬

몡 이윤

* 利润的一部分。이윤의 일부.
  lì rùn de yí bù fèn

621
☐ **利用**
[lì yòng] 리 융

몡 이용, 활용 동 이용하다, 활용하다

* 互相利用。서로 이용하다.
  hù xiāng lì yòng

622
☐ **连**
[lián] 리엔

동 잇다 부 계속하여 개 ~조차도, ~까지도

* 山峦颠连。산이 끝없이 이어져 있다.
  shān luán diān lián

623
□ 脸
[liǎn] 리엔

- 몡 얼굴, 안색, 표정
- ❖ 洗脸。 얼굴을 씻다.
  xǐ liǎn

624
□ 粮食
[liáng shí] 리앙 스

- 몡 양식, 식량
- ❖ 存储粮食。 양식을 저장하다.
  cún chǔ liáng shí

625
□ 两
[liǎng] 리앙

- ㊄ 둘, 2, 몇몇, 두어 몡 양쪽, 쌍방
- ❖ 两双袜子。 양말 두 켤레.
  liǎng shuāng wà zi

626
□ 辆
[liàng] 리앙

- ㊄ (차량을 세는 단위) 대, 량
- ❖ 两辆小轿车。 소형 승용차 두 대.
  liǎng liàng xiǎo jiào chē

627
□ 邻居
[lín jū] 린 쥐

- 몡 이웃, 이웃사람, 이웃집
- ❖ 邻居着火了。 옆집에 불이 붙었다.
  lín jū zháo huǒ le

628
□ 领域
[lǐng yù] 링 위

- 몡 (학술·사회 활동 범위의) 영역, 분야
- ❖ 活动领域。 활동 영역.
  huó dòng lǐng yù

629
□ 流传
[liú chuán] 리우 추안

- 몡 유전 동 전해지다, (작품 등이) 유전하다
- ❖ 广为流传。 널리 전해지다.
  guǎng wéi liú chuán

630
□ **留** [동] 머무르다, 남기다, 받다

[liú] 리우

❖ 留钱。돈을 남기다.
liú qián

631
□ **流行** [명] 유행 [동] 유행하다

[liú xíng] 리우 싱

❖ 流行式样。유행하는 스타일.
liú xíng shì yàng

632
□ **留学** [명] 유학 [동] 유학하다

[liú xué] 리우 쉐

❖ 出洋留学。외국 유학을 가다.
chū yáng liú xué

633
□ **陆地** [명] 육지, 뭍

[lù dì] 루 띠

❖ 船靠上了陆地。배가 육지에 닿다.
chuán kào shàng le lù dì

634
□ **路** [명] 길, 도로, 노정, 방법

[lù] 루

❖ 行万里路。먼 길을 가다.
xíng wàn lǐ lù

635
□ **轮流** [동] 교대로 하다 [부] 교대로, 순번대로

[lún liú] 룬 리우

❖ 轮流放哨。교대로 보초를 섰다.
lún liú fàng shào

636
□ **论文** [명] 논문

[lùn wén] 룬 원

❖ 精读论文。논문을 정독하다.
jīng dú lùn wén

637
☐ **落后** [형] 낙후되다, 늦어지다
[luò hòu] 뤄 허우
❖ 落后于时代。 시대에 뒤떨어지다.
luò hòu yú shí dài

638
☐ **麻烦** [명] 번거로움, 부담 [형] 귀찮다 [동] 귀찮게 하다
[má fan] 마 판
❖ 这件事很麻烦。 이 일은 무척 번거롭다.
zhè jiàn shì hěn má fán

639
☐ **马** [명] 말 [형] 크다
[mǎ] 마
❖ 两匹马。 말 두 필.
liǎng pǐ mǎ

640
☐ **马虎** [형] 건성건성하다, 소홀하다, 무책임하다
[mǎ hu] 마 후
❖ 马虎了事。 일을 소홀히 처리하다.
mǎ hu liǎo shì

641
☐ **马上** [부] 금방, 곧, 즉각
[mǎ shàng] 마 쌍
❖ 马上回答。 즉시 대답하다.
mǎ shàng huí dá

642
☐ **骂** [동] 욕하다, 꾸짖다, 따지다
[mà] 마
❖ 谩骂。 함부로 욕하다.
màn mà

643
☐ **卖** [동] 팔다, 판매하다, 팔아먹다
[mài] 마이
❖ 卖水果。 과일을 팔다.
mài shuǐ guǒ

644

□ **忙**

[máng] 망

- ⓗ 바쁘다 ⓓ 서두르다, 바삐 ~하다
- 整天价忙。 종일토록 바쁘다.
  zhěng tiān jià máng

645

□ **毛**

[máo] 마오

- ⓜ 털, 깃, 양모, 털실, 곰팡이
- 鹅毛。 거위 깃털.
  é máo

646

□ **毛病**

[máo bìng] 마오 삥

- ⓜ 약점, 흠, 결점, 고장, 실수
- 他有很多的坏毛病。
  tā yǒu hěn duō de huài máo bìng
  그는 매우 많은 결점이 있다.

647

□ **帽子**

[mào zi] 마오 즈

- ⓜ 모자
- 他已经把帽子摘掉了。
  tā yǐ jīng bǎ mào zi zhāi diào le
  그는 이미 모자를 벗었다.

648

□ **每**

[měi] 메이

- ⓑ 늘, 언제나, 매번, 자주 ⓓ 매, 각각이
- 她每晚都做梦。 그녀는 매일 밤 꿈을 꾼다.
  tā měi wǎn dōu zuò mèng

649

□ **美丽**

[měi lì] 메이 리

- ⓜ 아름다움 ⓗ 미려하다, 아름답다
- 夏天的夜晚是很美丽的。
  xià tiān de yè wǎn shì hěn měi lì de
  여름밤은 매우 아름답다.

650

□ **妹妹**

[mèi mei] 메이 메이

- ⓜ 여동생, 누이동생, 친척 여동생
- 他只有一个妹妹。
  tā zhǐ yǒu yí gè mèi mei
  그는 여동생 하나밖에 없다.

651
□ 门
[mén] 먼

[명] 문, 과목, 여닫이, 스위치

❖ 前门。앞문.
qián mén

652
□ 免费
[miǎn fèi] 미엔 페이

[명] 무료 [동] 무료로 하다, 공짜로 하다

❖ 免费递送。무료로 배달하다.
miǎn fèi dì sòng

653
□ 面包
[miàn bāo] 미엔 빠오

[명] 빵, 식빵, 빵 부스러기

❖ 面包是用面粉做的。
miàn bāo shì yòng miàn fěn zuò de
빵은 밀가루로 만든다.

654
□ 民族
[mín zú] 민 주

[명] 민족

❖ 中国有五十六个少数民族。
zhōng guó yǒu wǔ shí liù gè shǎo shù mín zú
중국에는 56개의 소수민족들이 있다.

655
□ 名片(儿)
[míng piàn(r)] 밍 피엔

[명] 명함

❖ 他递给我一张名片。
tā dì gěi wǒ yì zhāng míng piàn
그가 나에게 명함을 한 장 건네주다.

656
□ 明白
[míng bái] 밍 바이

[형] 분명하다, 총명하다 [동] 이해하다

❖ 这句话不够明白。
zhè jù huà bú gòu míng bai
이 말은 그다지 분명하지 않다.

657
明信片

[míng xìn piàn] 밍 씬 피엔

명 엽서, 우편엽서

- 两张**明信片**。 엽서 두 통.
  liǎng zhāng míng xìn piàn

658
明星

[míng xīng] 밍 씽

명 스타(star), 배우, 금성

- 电影**明星**。 영화계의 인기 스타.
  diàn yīng míng xīng

659
模糊

[mó hú] 모 후

형 모호하다 명 모호함

- **模糊**影响之谈。 모호하고 근거 없는 말.
  mó hú yǐng xiǎng zhī tán

660
陌生

[mò shēng] 모 셩

형 생소하다, 낯설다

- 他听到了一个**陌生**的声音。
  tā tīng dào le yí gè mò shēng de shēng yīn
  그는 낯선 소리를 들었다.

661
母亲

[mǔ qīn] 무 친

명 모친, 어머니

- 他的**母亲**得了一场重病。
  tā de mǔ qīn dé le yì chǎng zhòng bìng
  그의 어머니는 중병에 걸렸다.

662
木头

[mù tóu] 무 토우

명 나무조각, 목재

- 他的妻子喜欢**木头**家具。
  tā de qī zǐ xǐ huān mù tóu jiā jù
  그의 아내는 목재 가구를 좋아한다.

663
□ 拿
[ná] 나

[동] 들다, 나르다 [개] ~(의)로(써), ~을

我帮你拿包吧。
wǒ bāng nǐ ná bāo bā
제가 가방을 들어 드릴게요.

664
□ 南
[nán] 난

[명] 남, 남쪽, 남부

南边。남쪽.
nán biān

665
□ 难
[nán] 난

[형] 어렵다, 난해하다, 힘들다 [명] 재앙, 근심

难脱手掌。손바닥을 벗어나기 힘들다.
nán tuō shǒu zhǎng

666
□ 难怪
[nán guài] 난 꽈이

[부] 과연, 어쩐지 [동] 책망하기 어렵다

难怪他会很累。
nán guài tā huì hěn lèi
그 사람이 어쩐지 피곤하더라니.

667
□ 内
[nèi] 네이

[명] 안, 내부, 내부, 처(妻)나 처가의 친척

今天内结束。오늘 안으로 끝마치다.
jīn tiān nèi jié shù

668
□ 年代
[nián dài] 니엔 따이

[명] 연대, 시기, 시대

和平年代。평화로운 시대.
hé píng nián dài

669
□ 年级
[nián jí] 니엔 지

[명] 학년, 학급

低年级学生。저학년 학생.
dī nián jí xué shēng

670
□ **年纪**

[nián jì] 니엔 찌

- 몡 연세, 나이, 연령
- ❖ 年纪大。나이가 많다.
  nián jì dà

671
□ **念**

[niàn] 니엔

- 동 생각하다, 읽다 몡 생각, 염두
- ❖ 念脚本。대본을 읽다.
  niàn jiǎo běn

672
□ **鸟**

[niǎo] 니아오

- 몡 〈조류〉 새
- ❖ 鸟飞走了。새가 날아가다.
  niǎo fēi zǒu le

673
□ **您**

[nín] 닌

- 대 당신, 너의 높임말, 선생님, 귀하
- ❖ 祝您幸福。당신의 행복을 빕니다.
  zhù nín xìng fú

674
□ **宁可**

[níng kě] 닝 커

- 접 차라리 (~하는 것이 낫다), 오히려 (~할지언정)
- ❖ 与其坐客车宁可坐船。
  yǔ qí zuò kè chē nìng kě zuò chuán
  버스를 타는 것보다 차라리 배를 타는 것이 낫다.

675
□ **牛奶**

[niú nǎi] 니우 나이

- 몡 우유
- ❖ 坏了的牛奶。상한 우유.
  huài le de niú nǎi

676
□ **努力**

[nǔ lì] 누 리

- 몡 노력 형 열심히 하다 동 노력하다
- ❖ 共同努力。함께 노력하다.
  gòng tóng nǔ lì

677
偶尔
[ǒu ěr] 오우 얼

- 부 가끔, 이따금 형 우발적인
- 我偶尔见她。 나는 가끔 그를 만난다.
  wǒ ǒu ěr jiàn tā

678
偶然
[ǒu rán] 오우 란

- 부 우연히 형 우연하다, 우연스럽다
- 我们是偶然遇见的。
  wǒ mén shì ǒu rán yù jiàn de
  우리는 우연히 만났다.

679
拍
[pāi] 파이

- 동 손으로 툭툭 털다, 치다, 때리다
- 拍球。 공을 치다.
  pāi qiú

680
排列
[pái liè] 파이 리에

- 명 순열 동 배열하다, 정렬하다
- 顺次排列。 순번대로 줄을 서다.
  shùn cì pái liè

681
排球
[pái qiú] 파이 치우

- 명 배구, 배구공
- 排球选手。 배구 선수.
  pái qiú xuǎn shǒu

682
盼望
[pàn wàng] 판 왕

- 명 희망, 바램 동 간절히 바라다
- 盼望回音。 답장을 바라다.
  pàn wàng huí yīn

683
陪
[péi] 페이

- 동 모시다, 수행하다, 사죄하다
- 我陪过他好几次。
  wǒ péi guò tā hǎo jǐ cì
  나는 그를 여러 번 모셨었다.

684

□ 培养

[péi yǎng] 페이 양

명 양성 동 기르다, 양성하다

❖ 他培养了不少新手。
 tā péi yǎng le bù shǎo xīn shǒu
 그는 적지 않은 신인을 양성했다.

685

□ 佩服

[pèi fú] 페이 푸

동 탄복하다, 감탄하다

❖ 大家都佩服他的胆量。
 dà jiā dōu pèi fú tā de dǎn liàng
 모두가 그의 용기에 탄복한다.

686

□ 批准

[pī zhǔn] 피 준

명 허가, 비준 동 허가하다, 허가하다

❖ 批准方案。 방안을 비준하다.
 pī zhǔn fāng àn

687

□ 疲劳

[pí láo] 피 라오

동 지치다, 피로해지다

❖ 他这些天太疲劳了。
 tā zhè xiē tiān tài pí láo le
 그는 요 며칠 동안 매우 피로했다.

688

□ 匹

[pǐ] 피

수 필(말 세는 단위) 형 평범하다

❖ 一匹马。 한 마리의 말.
 yì pī mǎ

689

□ 片

[piàn] 피엔

명 영화 명 편, 조각, 구역

❖ 他是那部影片的主演。
 tā shì nà bù yǐng piàn de zhǔ yǎn
 그는 그 영화의 주연이다.

690
票
[piào] 피아오

® 표, 입장권 ® 무효가 되다

❖ 服务员收着门票。
fú wù yuán shōu zhe mén piào
종업원이 입장권을 받고 있다.

691
乒乓球
[pīng pāng qiú] 핑팡치우

® 탁구, 탁구공

❖ 我爱打乒乓球。 나는 탁구를 즐겨 친다.
wǒ ài dǎ pīng pāng qiú

692
瓶子
[píng zi] 핑즈

® 병(액체 등을 담는 큰 그릇)

❖ 我把瓶子盖严了。 나는 병을 꽉 닫았다.
wǒ bǎ píng zi gài yán le

693
评价
[píng jià] 핑 찌아

® 평가 ® 평가하다

❖ 高度评价她的业绩。
gāo dù píng jià tā de yè jì
그녀의 업적을 높이 평가하다.

694
迫切
[pò qiē] 포 치에

® 절실하다, 절박하다

❖ 迫切的要求。 절실한 요구.
pò qiē de yào qiú

695
破
[pò] 포

® 깨지다, 찢다, 부수다 ® 낡다

❖ 破罐子破摔。 낡은 항아리를 부수다.
pò guàn zī pò shuāi

696
普通话
[pǔ tōng huà] 푸 통화

® (현대 중국어의) 표준어

❖ 他的普通话很流利。
tā de pǔ tōng huà hěn liú lì
그의 표준어는 매우 유창하다.

697
期待
[qī dài] 치 따이

명 기대 동 기대하다

- 超出期待的效果。기대 이상의 효과.
  chāo chū qī dài de xiào guǒ

698
骑
[qí] 치

동 타다, 올라타다

- 骑自行车。자전거를 타다.
  qí zì xíng chē

699
气氛
[qì fēn] 치 펀

명 분위기

- 欢快的气氛。즐거운 분위기.
  huān kuài de qì fēn

700
千
[qiān] 치엔

수 천, 1000 형 매우 많다

- 千金。매우 큰돈.
  qiān jīn

701
铅笔
[qiān bǐ] 치엔 비

명 연필

- 铅笔钝了。연필이 뭉툭해졌다.
  qiān bǐ dùn le

702
谦虚
[qiān xū] 치엔 쒸

형 겸허하다 동 겸손의 말을 하다

- 她的态度很谦虚。
  tā de tai dù hěn qiān xū
  그녀의 태도는 매우 겸손하다.

703
浅
[qiǎn] 치엔

형 (물이) 얕다, (길·폭이) 좁다, 평이하다

- 池水浅。연못의 물이 얕다.
  shi shuǐ qiǎn

704
强调
[qiáng diào] 치앙 띠아오

(동) 강조하다 (명) 강조

❖ 强调重要内容。 요점을 강조하다.
qiáng diào zhòng yào nèi róng

705
强烈
[qiáng liè] 치앙 리에

(형) 강렬하다, 거세다, 선명하다, 뚜렷하다

❖ 遭到强烈反对。 강렬한 반대에 봉착하다.
zāo dào qiáng liè fǎn duì

706
墙
[qiáng] 치앙

(명) 벽, 담, 울타리, 기물의 칸막이

❖ 靠着墙。 벽에 기대다.
kào zhe qiáng

707
桥
[qiáo] 치아오

(명) 다리, 교각, 교량

❖ 用铁做的桥。 쇠로 된 다리.
yòng tiě zuò de qiáo

708
勤劳
[qín láo] 친 라오

(명) 근면 (형) 근면하다

❖ 勤劳的国民。 근면한 국민.
qín láo de guó mín

709
轻
[qīng] 칭

(형) 가볍다, 경미하다 (부) 가볍게

❖ 脚步很轻。 발걸음이 가볍다.
jiǎo bù hěn qīng

710
轻视
[qīng shì] 칭 쓰

(동) 경시하다, 업신여기다, 얕보다

❖ 你不要轻视她。 그녀를 업신여기지 말라.
nǐ bù yào qīng shì tā

711
□ **晴**
[qíng] 칭

(명) 맑음 (형) (날씨가) 개다

* 晴得光光的。활짝 갠 하늘.
  qíng dé guāng guāng de

712
□ **穷**
[qióng] 치웅

(형) 가난하다 (동) 끝나다, 막다르다 (부) 극히

* 她出生在穷苦的人家。
  tā chū shēng zài qióng kǔ de rén jiā
  그녀는 매우 가난한 집에서 태어났다.

713
□ **去年**
[qù nián] 취 니엔

(명) 작년, 지난해

* 去年他跟妻子离婚了。
  qù nián tā gēn qī zǐ lí hūn le
  작년에 그는 아내와 이혼했다.

714
□ **去世**
[qù shì] 취 쓰

(명) 사망 (동) 세상을 떠나다

* 他80岁时去世。
  tā bā shí suì qù shì
  그는 80세의 나이로 타계했다.

715
□ **权力**
[quán lì] 취엔 리

(명) 권력, 권한

* 赋予权力。권한을 주다.
  fù yǔ quán lì

716
□ **权利**
[quán lì] 취엔 리

(명) 권리, 권세, 재력

* 人民的权利。국민들의 권리.
  rén mín de quán lì

717
□ **全部**
[quán bù] 취엔 뿌

(명) 전부, 전체 (형) 전부의, 전체의, 총계의

* 全部利润。전체 이윤.
  quán bù lì rùn

718
□ **却**

[què] 취에

- 뷔 도리어, 뜻밖에, 도대체 동 물러서다
- 他**却**装作若无其事。
  tā què zhuāng zuò ruò wú qí shì
  그가 도리어 아무 일도 없었던 척하다.

719
□ **群**

[qún] 췬

- 수 떼, 무리, 대중, 군중 형 무리를 이룬
- 叛逆**群**。 반역의 무리.
  pàn nì qún

720
□ **让**

[ràng] 랑

- 동 허락하다, ~하게 하다
- **让**我仔细想一想。
  ràng wǒ zǎi xì xiǎng yī xiǎng
  나에게 꼼꼼히 생각해보게 하다.

721
□ **热闹**

[rè nào] 러 나오

- 형 왁자지껄하다, 번화하다 명 여흥, 구경거리
- 晚会开得很**热闹**。
  wǎn huì kāi dé hěn rè nào
  저녁 파티가 떠들썩하게 열리다.

722
□ **人类**

[rén lèi] 런 레이

- 명 인간, 인류
- **人类**的创造力是无限的。
  rén lèi de chuàng zào lì shì wú xiàn de
  인류의 창조력은 무한하다.

723
□ **人生**

[rén shēng] 런 셩

- 명 인생
- **人生**观。 인생관.
  rén shēng guān

필수단어 | **269**

724
□ 认为
[rèn wèi] 런 웨이

[동] 여기다, 간주하다, 생각하다

❖ 我认为你是对的。
wǒ rèn wéi nǐ shì duì de
나는 네가 맞다고 생각한다.

725
□ 认真
[rèn zhēn] 런 쩐

[명] 진지함, 성실 [형] 성실하다, 열심히 하다

❖ 他的态度是认真的。
tā de tai dù shì rèn zhēn de
그의 태도는 매우 진지하다.

726
□ 容易
[róng yì] 롱 이

[형] 쉽다, 간단하다 [부] 쉽게, 쉽사리

❖ 这道题很不容易。
zhè dào tí hěn bù róng yì
이 문제는 아주 쉽지 않다.

727
□ 入口
[rù kǒu] 루 코우

[명] 입구 [동] 입으로 들어가다, 수입하다

❖ 车站入口。 터미널 입구.
chē zhàn rù kǒu

728
□ 软
[ruǎn] 루안

[형] 부드럽다, 연약하다

❖ 海绵是很软的。
hǎi mián shì hěn ruǎn de
스펀지(sponge)는 매우 부드럽다.

729
□ 伞
[sǎn] 산

[명] 우산, 양산, 우산 모양의 물건

❖ 把雨伞撑起来。 우산을 펼치다.
bǎ yǔ sǎn chēng qǐ lái

730
□ 善良
[shàn liáng] 싼 리앙

[명] 선량 [형] 착하다, 선량하다

❖ 她很善良。 그녀는 매우 착하다.
tā hěn shàn liáng

731
□ 善于
[shàn yú] 싼 위
[동] ~에 뛰어나다, ~에 능숙하다 [부] 능숙하게
善于运动。운동에 능숙하다.
shàn yú yùn dòng

732
□ 舌头
[shé tou] 셔 토우
[명] 혀, 잡담
用舌头添上下唇。
yòng shé tou tiān shàng xià chún
혀로 아래위의 입술을 핥다.

733
□ 设施
[shè shī] 셔 쓰
[명] 시설, 시책 [동] 조치를 취하다
保育设施。육아시설.
bǎo yù shè shī

734
□ 射击
[shè jī] 셔 찌
[명] 사격, 발포 [동] 사격하다, 발포하다
向敌人射击。적을 향해 쏘다.
xiàng dí rén shè jī

735
□ 申请
[shēn qǐng] 션 칭
[명] 신청 [동] 신청하다
我申请了夜班补助。
wǒ shēn qǐng le yè bān bǔ zhù
나는 야근 수당을 신청했다.

736
□ 身材
[shēn cái] 션 차이
[명] 체격, 몸집, 몸매
身材矮小。체격이 작다.
shēn cái ǎi xiǎo

737
□ 身份
[shēn fèn] 션 펀
[명] 신분, 지위, 품위, 체면, (물건의) 품질
我觉得他的身份很尊贵。
wǒ jué de tā de shēn fèn hěn zūn guì
그의 신분은 매우 존귀하다.

738
□ 身体
[shēn tǐ] 션 티

(명) 신체, 몸, 건강

❖ 锻炼身体。 몸을 단련하다.
　duàn liàn shēn tǐ

739
□ 甚至
[shén zhì] 션 쯔

(부) 심지어 (접) 심지어, ～까지도, ～조차도

❖ 甚至要寻死。 심지어 죽으려고 하다.
　shèn zhì yào xún sǐ

740
□ 深
[shēn] 션

(명) 깊이, 심도 (형) 깊다, 오래되다

❖ 他们的友谊非常深厚。
　tā men de yǒu yì fēi cháng shēn hòu
　그들의 우정은 매우 깊다.

741
□ 神秘
[shén mì] 션 미

(명) 신비 (형) 신비하다, 불가사의하다

❖ 这位客人很神秘。
　zhè wèi kè rén hěn shén mì
　이 손님은 매우 신비하다.

742
□ 升
[shēng] 성

(동) 오르다, 올라가다 (명) 되, 됫박

❖ 股票升值20%。 주식이 20% 오르다.
　gǔ piào shēng zhí bǎi fēn zhī èr shí

743
□ 生气
[shēng qì] 성 치

(명) 생명력, 생기 (동) 화내다, 성내다

❖ 生气勃勃。 생기가 왕성하다.
　shēng qì bó bó

744
□ 声音
[shēng yīn] 성 인

(명) 음성, 소리, 목소리, 음악, 시가(詩歌), 의견

❖ 他的声音小得很。 그의 음성은 매우 작다.
　tā de shēng yīn xiǎo dé hěn

745
湿润
[shī rùn] 스룬
- 휑 습윤하다, 축축하다
- ❖ 今天空气很湿润。
  jīn tiān kōng qì hěn shī rùn
  오늘 공기는 매우 축축하다.

746
十分
[shí fēn] 스 펀
- 부 몹시, 매우, 대단히, 아주
- ❖ 十分高兴。매우 기쁘다.
  shí fēn gāo xīng

747
石头
[shí tóu] 스 토우
- 명 돌, 바위, 문제, 난관
- ❖ 我被石头跐倒了。돌에 걸려 넘어졌다.
  wǒ bèi shí tóu zhì dǎo le

748
时髦
[shí máo] 스 마오
- 명 유행, 현대적 동 유행을 따르다
- ❖ 她这个人很时髦。그녀는 매우 현대적이다.
  tā zhè gè rén hěn shí máo

749
实行
[shí xíng] 스 싱
- 동 실행하다, 이행하다
- ❖ 实行不同的工作标准。
  shí xíng bù tóng de gōng zuò biāo zhǔn
  다른 업무 기준을 실행하다.

750
使
[shǐ] 스
- 동 쓰다, ~시키다, ~하게 하다 명 외교관
- ❖ 使农药。농약을 사용하다.
  shǐ nóng yào

751
市场
[shì chǎng] 쓰 창
- 명 시장, 저자, 도시, 도회, 시, 영역
- ❖ 世界的烟草市场。세계의 담배 시장.
  shì jiè de yān cǎo shì chǎng

752
□ **世界**
[shì jiè] 쓰 찌에

몡 세계, 세상, 영역, 활동 범위

❖ 我要游历世界各地。
wǒ yào yóu lì shì jiè gè dì
나는 세계 각지를 돌아다니고 싶다.

753
□ **事情**
[shì qing] 쓰 칭

몡 사정, 일, 용무, 볼일

❖ 他有点儿事情。 그는 볼일이 조금 있습니다.
tā yǒu diǎn ér shì qing

754
□ **售货**
[shòu huò] 서우 훠

몡 상품, 파는 물건 동 상품을 팔다

❖ 自动售货机。 자동판매기.
zì dòng shòu huò jī

755
□ **收拾**
[shōu shí] 서우 스

몡 수습, 정리 동 정리하다, 수습하다

❖ 我把房间都给收拾好了。
wǒ bǎ fáng jiān dōu gěi shōu shí hǎo le
나는 방을 모두 정리하였다.

756
□ **手套**
[shǒu tào] 서우 타오

몡 장갑, 글러브(glove), 스틱(stick)

❖ 连指手套。 벙어리장갑.
lián zhī shǒu tào

757
□ **首都**
[shǒu dōu] 서우 뚜

몡 수도, 국도(國都)

❖ 中国的首都是北京。
zhōng guó de shǒu dōu shì běi jīng
중국의 수도는 베이징이다.

758
□ **寿命**
[shòu mìng] 서우 밍

몡 수명, 목숨, 생명

❖ 机器的寿命。 기계의 수명.
jī qì de shòu mìng

759
□ **叔叔**
[shū shū] 수 수

명 숙부, 아저씨, 시동생, 삼촌

❖ 父亲的弟弟叫叔叔。
fù qīn de dì di jiào shū shu
아버지의 남동생을 삼촌이라 부른다.

760
□ **舒服**
[shū fú] 수 푸

형 (육체·정신이) 편안하다, 상쾌하다

❖ 这张床很舒服。이 침대는 매우 편안하다.
zhè zhāng chuáng hěn shū fú

761
□ **输**
[shū] 수

동 나르다, 운반하다, 바치다

❖ 他们用船运输货物。
tā mén yòng chuán yùn shū huò wù
그들은 배로 화물을 운반한다.

762
□ **树**
[shù] 수

명 나무, 수목 동 심다, 재배하다, 수립하다

❖ 他从树上掉下来了。
tā cóng shù shàng diào xià lái le
그는 나무에서 떨어졌다.

763
□ **双**
[shuāng] 쑤앙

형 짝수의, 갑절의 명 쌍, 켤레

❖ 双方已经停火了。쌍방이 이미 휴전하였다.
shuāng fāng yǐ jīng tíng huǒ le

764
□ **顺序**
[shùn xù] 쒼 쉬

명 순서, 차례, 순서대로

❖ 顺序颠倒。순서가 뒤바뀌다.
shùn xù diān dǎo

765
□ **说服**
[shuō fú] 수어 푸

명 설득 동 설득하다, 설복하다

❖ 说服顾客。고객을 설득하다.
shuō fú gù kè

766
□ **丝毫**
[sī háo] 쓰 하오

(형) 조금, 극히 적은 수량(주로 부정문에 쓰임)

❖ 丝毫无损。 조금의 손상도 없다.
sī háo wú sǔn

767
□ **思考**
[sī kǎo] 쓰 카오

(동) 사고하다, 깊이 생각하다 (명) 사고, 사색

❖ 思考一番。 한 차례 생각하다.
sī kǎo yì fān

768
□ **死**
[sǐ] 스

(동) 죽다, 그만두다 (형) 죽은 (부) 한사코

❖ 这棵树死了。 이 나무는 죽었다.
zhè kē shù sǐ le

769
□ **送**
[sòng] 쑹

(동) 보내다, 선사하다, 배웅하다

❖ 给病人送束鲜花。
gěi bìng rén sòng shù xiān huā
환자에게 꽃다발을 보내다.

770
□ **算**
[suàn] 쏸

(동) 계산하다, 셈하다, 계획하다

❖ 算利率。 이자율을 계산하다.
suàn lì lǜ

771
□ **虽然**
[suī rán] 쑤이 란

(접) 비록 ~하더라도, 설령 ~일지라도

❖ 爷爷虽然年老，但身子硬朗。
yé ye suī rán nián lǎo, dàn shēn zi yìng lǎng
할아버지는 비록 나이가 많지만 정정하시다.

772
□ **随着**
[suí zháo] 쑤이 자오

(개) ~따라서, ~뒤이어, 즉시, 곧

❖ 随着这条路往南走。
suí zhe zhè tiáo lù wǎng nán zǒu
이 길을 따라 남쪽으로 가다.

773
随便

[suí biàn] 수이 삐엔

- 형 무책임하다 부 제멋대로 접 ~을 막론하고
- ❖ 这个人很随便。
  zhè gè rén hěn suí biàn
  이 사람은 매우 제멋대로이다.

774
缩短

[suō duǎn] 쑤오 두안

- 동 (거리·시간 등을) 단축하다, 줄이다
- ❖ 缩短工作时间。 업무시간을 줄이다.
  suō duǎn gōng zuò shí jiān

775
缩小

[suō xiǎo] 쑤오 시아오

- 명 축소 동 축소하다, (작게) 줄이다
- ❖ 缩小的面积。 축소한 면적.
  suō xiǎo de miàn jī

776
所以

[suǒ yǐ] 수오 이

- 접 그래서, 그러니까 명 원인, 까닭, 이유
- ❖ 因为叫去所以就走了。 나오래서 나갔다.
  yīn wéi jiào qù suǒ yǐ jiù zǒu le

777
所有

[suǒ yǒu] 수오 유

- 형 모든 명 소유, 소유물 동 소유하다
- ❖ 所有人员都到齐了。
  suǒ yǒu rén yuán dōu dào qí le
  모든 인원들이 다 도착하였다.

778
它

[tā] 타

- 대 그, 그것, 저것 등 사람 이외의 사물
- ❖ 它吃起来像巧克力。
  tā chī qǐ lái xiàng qiǎo kè lì
  그것은 초콜릿 맛이 난다.

779
□ 太太
[tài tai] 타이 타이

[명] 처, 아내, 부인, 마님

他太太今早分娩了。
tā tai tai jīn zǎo fēn miǎn le
그의 부인은 오늘 아침에 아기를 낳았다.

780
□ 太阳
[tài yáng] 타이 양

[명] 태양, 해, 햇볕, 햇빛, 햇살, 일광

太阳终于出来了。 해가 마침내 나왔다.
tài yang zhōng yú chū lai le

781
□ 糖
[táng] 탕

[명] 설탕, 사탕, 엿, 사탕과자

黄糖。 흑설탕.
huáng táng

782
□ 躺
[tǎng] 탕

[동] 눕다, 눕히다, (물건 등이) 쓰러지다

侧着躺。 옆으로 눕다.
cè zhe tǎng

783
□ 趟
[tàng] 탕

[수] 차례, 번, 행(行), 줄, 열(列) [명] 행렬, 줄

他又去了许多趟。 그는 또 여러 차례 갔다.
tā yòu qù le xǔ duō tàng

784
□ 讨论
[tǎo lùn] 타오 룬

[명] 토론, 의논 [동] 토론하다, 의논하다

讨论已经开始了。 토론이 이미 시작되었다.
tǎo lùn yǐ jīng kāi shǐ le

785
□ 特别
[tè bié] 터 비에

[형] 특별하다 [부] 특별히, 매우, 아주

这件缁衣很特别。
zhè jiàn zī yī hěn tè bié
이 검은 옷은 아주 특별하다.

786
□ 疼
[téng] 텅

[형] 아프다 [동] 몹시 사랑하다

❖ 浑身的骨头都疼。
hún shēn de gǔ tóu dōu téng
전신의 뼈가 모두 아프다.

787
□ 提问
[tí wèn] 티 원

[명] 질문, 문제 [동] 질문하다, 문제를 내다

❖ 回答领导的提问。
huí dá lǐng dǎo de tí wèn
지도자의 물음에 대답하다.

788
□ 体验
[tǐ yàn] 티 옌

[명] 체험 [동] 체험하다

❖ 切身体验。 몸소 체험하다.
qiē shēn tǐ yàn

789
□ 甜
[tián] 티엔

[형] 달다, 달콤하다

❖ 这些水果很甜。 이 과일들은 매우 달다.
zhè xiē shuǐ guǒ hěn tián

790
□ 条
[tiáo] 티아오

[명] 가늘고 긴 나뭇가지 [양] 줄기, 갈래, 마리

❖ 柳条。 버드나무 가지.
liǔ tiáo

791
□ 通常
[tōng cháng] 퉁 창

[명] 통상, 일반 [부] 일반적으로 [형] 보통이다

❖ 通常的情况。 일반적인 상황.
tōng cháng de qíng kuàng

792
□ 同事
[tóng shì] 퉁 쓰

[명] 동료, 동업자 [동] 함께 일하다

❖ 向同事询问。 동료에게 물어보다.
xiàng tóng shì xún wèn

793

□ **头发**

[tóu fǎ] 토우 파

명 머리털, 두발, 머리카락

❖ 她的头发很长。
tā de tóu fǎ hěn cháng
그녀의 머리카락은 매우 길다.

794

□ **图书馆**

[tú shū guǎn] 투 쑤 구안

명 도서관

❖ 图书馆在二楼。 도서관은 2층에 있다.
tú shū guǎn zài èr lóu

795

□ **推**

[tuī] 투이

동 밀다, 밀어내다, 추측하다

❖ 推门。 문을 밀다.
tuī mén

796

□ **推迟**

[tuī chí] 투이 츠

동 미루다, 지연시키다, 연기하다

❖ 今天推迟开市。 오늘은 영업 시작을 미룬다.
jīn tiān tuī chí kāi shì

797

□ **推辞**

[tuī cí] 투이 츠

명 사양 동 (임명·요청 등을) 거절하다

❖ 抵死推辞。 한사코 거절하다.
dǐ sǐ tuī cí

798

□ **腿**

[tuǐ] 투이

명 다리, 중국식 햄(ham)

❖ 腿瘸了。 다리를 절다.
tuǐ qué le

799

□ **退步**

[tuì bù] 투이 뿌

명 후퇴, 퇴각로 동 퇴보하다, 양보하다

❖ 日见退步。 하루하루 점점 퇴보하다.
rì jiàn tuì bù

2단계

800
□ **袜子**
[wà zi] 와 즈

명 양말, 버선

❖ 一双袜子。 양말 한 켤레.
yì shuāng wà zi

801
□ **外**
[wài] 와이

명 밖, 외, 외국 형 낯설다 부 또한

❖ 她正看着窗外。
tā zhèng kàn zhe chuāng wai
그녀는 지금 창밖을 보고 있다.

802
□ **完**
[wán] 완

동 끝내다, 완료하다 형 완전하다 명 끝

❖ 电影放完了。 영화 상영이 끝났다.
diàn yǐng fàng wán le

803
□ **完善**
[wán shàn] 완 샨

형 완전하다 동 완전해지게 하다

❖ 设备完善。 설비가 완전하다.
shè bèi wán shàn

804
□ **晚上**
[wǎn shàng] 완 샹

명 저녁, 밤

❖ 晚上八点前后下雪了。
wǎn shang bā diǎn qián hòu xià xuě le
저녁 8시쯤에 눈이 왔다.

805
□ **万**
[wàn] 완

수 만, 10000 형 대단히 많다 부 절대로

❖ 她丢了两万块钱。
tā diu le liǎng wàn kuài qián
그녀는 2만 위안을 잃어버렸다.

806
□ **万一**
[wàn yī] 완 이

수 만 분의 일, 매우 적은 것 접 만일, 만약

❖ 防止万一发生意外。
fáng zhǐ wàn yī fā shēng yì wai
만일에 발생할 의외의 일을 방지하다.

807
□ **网球** 명 테니스(tennis)

[wǎng qiú] 왕 치우
- 我们平时打网球打得多。
  wǒ men píng shí dǎ wǎng qiú dǎ dé duō
  우리는 평소에 테니스를 많이 친다.

808
□ **危险** 명 위험 형 위험하다

[wēi xiǎn] 웨이 시엔
- 濒临危险。위험에 접근하다.
  bīn lín wēi xiǎn

809
□ **围巾** 명 목도리, 스카프(scarf)

[wéi jīn] 웨이 찐
- 他给我买了条围巾。
  tā gěi wǒ mǎi le tiáo wéi jīn
  그는 나에게 스카프를 사줬다.

810
□ **委托** 명 위탁, 위임 동 위탁하다, 위임하다

[wěi tuō] 웨이 투오
- 我受人委托。내가 다른 사람의 위탁을 받다.
  wǒ shòu rén wěi tuō

811
□ **为什么** 대 왜, 무엇 때문에, 어째서

[wèi shén me] 웨이 tus 머
- 他为什么要相信你?
  tā wéi shí me yào xiāng xìn nǐ
  그는 왜 당신을 믿어야 합니까?

812
□ **位** 명 분, 어른 자리 양 분, 명, 비트(bit)

[wèi] 웨이
- 一位客人。손님 한 분.
  yí wèi kè rén

813
□ **文章** 명 문장, 글, 속뜻, 이유, 생각

[wén zhāng] 원 쨩
- 文章内容显豁。글의 내용이 분명하다.
  wén zhāng nèi róng xiǎn huō

2단계

814
问 [wèn] 원
- 몡 질문, 소식 동 묻다 개 ~에게
- ❖ 她一见面就问开了。
  tā yí jiàn miàn jiù wèn kāi le
  그녀는 보자마자 묻기 시작했다.

815
卧室 [wò shì] 워 쓰
- 몡 침실
- ❖ 主卧室大极了。 중앙 침실은 거대하다.
  zhǔ wò shì dà jí le

816
屋子 [wū zi] 우 즈
- 몡 방, 집
- ❖ 这屋子挺爽亮。 이 방은 제법 정갈하다.
  zhè wū zī tǐng shuǎng liàng

817
无聊 [wú liáo] 우 리아오
- 형 무료하다, 지루하다, 심심하다
- ❖ 这部电影很无聊。
  zhè bù diàn yǐng hěn wú liáo
  이 영화는 매우 지루하다.

818
西 [xī] 시
- 몡 서쪽, 서양 형 서양의
- ❖ 日落西山。 해가 서산에 지다.
  rì luò xī shān

819
希望 [xī wàng] 시 왕
- 몡 희망, 바람, 기대 동 희망하다, 바라다
- ❖ 抱有希望。 희망을 가지다.
  bào yǒu xī wàng

820
洗 [xǐ] 시
- 동 씻다, 제거하다
- ❖ 他又洗上脸了。 그는 또 얼굴을 씻었다.
  tā yòu xī shàng liǎn le

필수단어 **283**

821
洗衣机
[xǐ yī jī] 시 이 찌

명 세탁기

❖ 洗衣机是全自动的。 세탁기는 전자동이다.
xī yī jī shì quán zì dòng de

822
先
[xiān] 씨엔

명 앞, 선두 형 조상의 부 먼저, 우선

❖ 先交款。 돈을 먼저 치르다.
xiān jiāo kuǎn

823
咸
[xián] 시엔

형 (맛이) 짜다 부 전부, 모두

❖ 她做的菜太咸了。
tā zuò de cài tai xián le
그녀가 만든 음식은 매우 짜다.

824
显示
[xiǎn shì] 시엔 쓰

동 드러내 보이다, 분명히 나타내 보이다

❖ 显示本事。 솜씨를 보이다.
xiān shì běn shì

825
现金
[xiàn jīn] 씨엔 찐

명 현금, 은행 금고의 화폐

❖ 换取现金。 현금으로 바꾸다.
huàn qǔ xiàn jīn

826
相对
[xiāng duì] 씨앙 뚜이

동 서로 대립하다 형 상대적이다 부 비교적

❖ 罗盘上东与西是相对的。
luó pán shàng dōng yǔ xī shì xiāng duì de
나침반에서 동과 서는 서로 대립된다.

827
相信
[xiāng xìn] 씨앙 씬

동 믿다, 신임하다

❖ 盲目相信。 맹목적으로 믿다.
máng mù xiāng xìn

828
□ **香蕉**
[xiāng jiāo] 씨앙 찌아오

명 바나나

❖ 香蕉熟透了。 바나나가 무르익다.
xiāng jiāo shóu tòu le

829
□ **想像**
[xiǎng xiàng] 시앙 씨앙

명 상상 동 생각하다, 상상하다

❖ 他的想象力很丰富。
tā de xiǎng xiàng lì hěn fēng fù
그의 상상은 매우 풍부하다.

830
□ **向**
[xiàng] 씨앙

명 방향, 목표 동 향하다 개 ~에게

❖ 向前线去。 전선으로 향하다.
xiàng qián xiàn qù

831
□ **小心**
[xiǎo xīn] 시아오 씬

동 조심·주의하다 형 세심하다, 주의깊다

❖ 倒车要小心。 후진할 때 조심하시오.
dào chē yào xiǎo xīn

832
□ **笑**
[xiào] 씨아오

명 웃음, 조소 동 웃다, 비웃다

❖ 豪爽的笑。 호탕한 웃음.
háo shuǎng de xiào

833
□ **鞋**
[xié] 시에

명 신발, 구두

❖ 鞋都穿烂了。 신발이 너덜너덜해졌다.
xié dōu chuān làn le

834
□ **血**
[xiě] 시에

명 피, 혈액

❖ 蜱吸食人血。 진드기는 사람의 피를 먹는다.
pí xī shí rén xiè

필수단어 | **285**

835
□ **信任**
[xìn rèn] 씬 런

명 신임 동 신임하다

❖ 博得信任。신임을 얻다.
bó dé xìn rèn

836
□ **欣赏**
[xīn shǎng] 씬 샹

명 감상 동 감상하다, 즐기다

❖ 欣赏室内乐。실내악을 감상하다.
xīn shǎng shì nèi lè

837
□ **新**
[xīn] 씬

동 일신하다 형 새롭다, 참신하다 부 갓, 새로

❖ 新方法。새로운 방법.
xīn fāng fǎ

838
□ **新闻**
[xīn wén] 씬 원

명 뉴스, 기사, 새 소식

❖ 我刚才听了这条新闻。
wǒ gāng cái tīng le zhè tiáo xīn wén
나는 방금 이 소식을 들었다.

839
□ **信**
[xìn] 씬

명 신용, 신의, 편지 동 믿다 형 확실하다

❖ 守信。신용을 지키다.
shǒu xìn

840
□ **信息**
[xìn xī] 씬 씨

명 소식, 기별, 뉴스, 정보

❖ 我守候着亲人的信息。
wǒ shǒu hòu zhe qīn rén de xìn xī
나는 친척의 소식을 기다리고 있다.

841
□ **信用卡**
[xìn yòng kǎ] 씬 용 카

명 신용카드

❖ 他把我的信用卡弄丢了。
ā bā wǒ de xì yòg kǎ nòng diū le
그가 내 신용카드를 잃어버렸다.

842
行李
[xíng li] 싱 리

몡 짐, 행장, 내력, 행적

❖ 放下行李。 짐을 내려놓다.
fàng xià xíng li

843
行人
[xíng rén] 싱 런

몡 행인, 여행자, 통행인

❖ 街上行人稀少。 거리에 행인들이 적다.
jiē shàng xíng rén xī shǎo

844
雄伟
[xióng wěi] 시옹 웨이

톙 웅장하다, 훌륭하다, 우람하다

❖ 雄伟宅第。 훌륭한 저택.
xióng wěi zhái dì

845
修
[xiū] 씨우

몡 수정주의 동 수리하다, 건설하다

❖ 修公路。 도로를 건설하다.
xiū gōng lù

846
许多
[xǔ duō] 쉬 뚜오

톙 많다, 좋다, 상당하다

❖ 他们购买了许多产品。
tā men gòu mǎi le xǔ duō chǎn pǐn
그들은 매우 많은 제품을 구매했다.

847
选举
[xuǎn jǔ] 쉬엔 쥐

동 선출하다, 선거하다 몡 선출, 선거

❖ 选举的权利。 선거의 권리.
xuǎn jǔ de quán lì

848
询问
[xún wèn] 쉰 원

몡 문의 동 문의하다

❖ 电话询问。 전화 문의.
diàn huà xún wèn

849
压力
[yā lì] 야 리

명 압력, 스트레스
* 压力又加码了。 압력이 또 가중되었다.
  yā lì yòu jiā mǎ le

850
研究生
[yán jiū shēng] 옌 지우 성

명 연구생, 대학원생
* 招考研究生。 대학원생을 시험으로 모집하다.
  zhāo kǎo yán jiū shēng

851
盐
[yán] 옌

명 소금, 염
* 往食物里放盐。 음식에 소금을 치다.
  wǎng shí wù lǐ fàng yán

852
颜色
[yán sè] 옌 써

명 색깔, 용모, 얼굴빛
* 颜色素淡。 색깔이 수수하다.
  yán sè sù dàn

853
眼镜(儿)
[yǎn jìng(r)] 옌 찡

명 안경
* 摘掉眼镜。 안경을 벗다.
  zhāi diào yǎn jìng

854
眼睛
[yǎn jing] 옌 징

명 눈, 안목
* 眼睛亮。 눈이 맑다.
  yǎn jing liàng

855
养成
[yǎng chéng] 양 청

명 양성 동 양성하다, 키우다
* 养成好习惯。 좋은 습관을 기르다.
  yǎng chéng hǎo xí guàn

856
邀请
[yāo qǐng] 야오 칭

- 몡 초청, 초대 동 초청하다, 초대하다
- ❖ 她拒绝了他们的邀请。
  tā jù jué le tā men de yāo qǐng
  그녀는 그들의 초대를 거절했다.

857
药
[yào] 야오

- 몡 약, 화학 약품 동 독살하다
- ❖ 吃错药。 약을 잘못 먹다.
  chī cuò yào

858
要
[yào] 야오

- 형 중요하다 몡 요점 동 원하다
- ❖ 要闻。 중요한 기사.
  yào wén

859
要是
[yào shì] 야오 스

- 접 만일 ~한다면, 만약 ~하면
- ❖ 她要是不去，我就不去。
  tā yào shì bú qù, wǒ jiù bú qù
  그녀가 만약 가지 않는다면 나도 가지 않을 것이다.

860
钥匙
[yào shi] 야오 스

- 몡 열쇠, 키(key)
- ❖ 她已经把钥匙拿走了。
  tā yǐ jīng bǎ yào shi ná zǒu le
  그녀는 이미 열쇠를 가져갔다.

861
也
[yě] 예

- 부 ~도, 또한, 그리고 조동 판단·결정·의문의 어기를 나타낸다
- ❖ 我也有走运的时候。
  wǒ yě yǒu zǒu yùn de shí hòu
  나도 운이 좋을 때가 있다.

862
□ **也许**
[yě xǔ] 예 쉬

부 아마도, 혹시, 어쩌면

❖ **明天也许又下雪。**
míng tiān yě xǔ yòu xià xuě
내일 어쩌면 또 눈이 내릴 것이다.

863
□ **业余**
[yè yú] 예 위

형 과외의, 여가의, 아마추어의

❖ **她是个业余作家。** 그녀는 아마추어 작가다.
tā shì gè yè yú zuò jiā

864
□ **叶子**
[yè zi] 예즈

명 잎사귀, 트럼프, 찻잎

❖ **叶子黄了。** 이파리가 노랗게 되었다.
yè zī huáng le

865
□ **夜**
[yè] 예

명 밤, 밤중 저녁

❖ **他经常做工到深夜。**
tā jīng cháng zuò gōng dào shēn yè
그는 자주 늦은 밤까지 일한다.

866
□ **一定**
[yí dìng] 이 띵

형 고정된, 일정한 부 꼭, 반드시

❖ **他是按一定的程序工作的。**
tā shì àn yí dìng de chéng xù gōng zuò de
그는 일정한 순서에 따라 업무를 본다.

867
□ **一共**
[yí gòng] 이 꽁

부 전부, 다, 모두, 합해서

❖ **那本书一共有三十章。**
nà běn shū yí gòng yǒu sān shí zhāng
그 책은 모두 30장으로 되어 있다.

868
一会(儿)
[yí huì(r)] 이 후일

- 〔부〕 잠시, 잠깐, 짧은 시간에
- **请稍等一会儿。** 잠깐 기다려 주세요.
  qǐng shāo děng yí huì ér

869
一起
[yì qǐ] 이 치

- 〔명〕 한곳 〔부〕 함께, 모두
- **几个人凑在一起。**
  jǐ gè rén còu zài yī qǐ
  몇 사람이 한곳에 우연히 함께 하다.

870
一切
[yí qiè] 이 치에

- 〔명〕 일체, 모두 〔형〕 모든, 온갖
- **一切陋习都应摒弃。**
  yí qiè lòu xí dōu gāi bìng qì
  일체의 나쁜 습관은 모두 버려야 한다.

871
一样
[yí yàng] 이 양

- 〔형〕 똑같다, 동일하다, ~같다
- **他长得和父亲一样。**
  tā zhǎng de hé fù qīn yí yang
  그는 아버지와 닮았다.

872
依然
[yī rán] 이 란

- 〔형〕 의연하다, 여전하다 〔부〕 의연히, 여전히
- **她依然如故。** 그녀는 여전하다.
  tā yī rán rú gù

873
遗憾
[yí hàn] 이 한

- 〔명〕 유감, 유한 〔형〕 유감스럽다
- **这真是遗憾啊。** 이것은 정말 유감스럽다.
  zhè zhēn shì yí hàn ā

874

□ **已经**

[yǐ jīng] 이 징

㉡ 이미, 벌써

❖ 这件事已经解决了。
zhè jiàn shì yǐ jīng jiě jué le
이 일은 이미 해결되었다.

875

□ **以后**

[yǐ hòu] 이 호우

㈅ 이후, 금, 향후

❖ 那天以后。그날 이후.
nà tiān yǐ hòu

876

□ **以前**

[yǐ qián] 이 치엔

㈅ 이전

❖ 以前我来过这儿。
yǐ qián wǒ lái guò zhè ér
예전에 나는 여기에 온 적이 있다.

877

□ **以为**

[yǐ wèi] 이 웨이

㉢ ~라고 여기다, 알다, 인정하다

❖ 雅以为美。매우 아름답게 여기다.
yǎ yǐ wéi měi

878

□ **义务**

[yì wù] 이 우

㈅ 의무 ㈆ 무보수의 ㉢ 서비스하다

❖ 履行义务。의무를 이행하다.
lǚ xíng yì wù

879

□ **亿**

[yì] 이

㈄ 1억, 고대, 10만

❖ 地球上有五十亿人口。
dì qiú shàng yǒu wǔ shí yì rén kǒu
지구상에는 50억의 인구가 있다.

880

□ **议论**

[yì lùn] 이 룬

㈅ 의론, 논의 ㉢ 논의하다, 의견을 내다

❖ 议论纷纷。의론이 분분하다.
yì lùn fēn fēn

881
因此 [yīn cǐ] 인 츠
- 접 그러므로, (그) 때문에, 그래서
- ❖ 因此要刻苦学习。
  yīn cǐ yào kè kǔ xué xí
  그러므로 열심히 공부해야 한다.

882
因为 [yīn wèi] 인 웨이
- 접 ~ 때문에 개 ~으로 인하여
- ❖ 因为闷热睡不着。무더워 잠 못 자다.
  yīn wéi mèn rè shuì bù zháo

883
阴 [yīn] 인
- 명 음(陰), 그늘, 뒷면 형 흐리다, 그늘지다
- ❖ 天又阴了。 날씨가 또 흐려졌다.
  tiān yòu yīn le

884
银行 [yín háng] 인 항
- 명 은행
- ❖ 从银行贷款。 은행에서 돈을 대출하다.
  cóng yín háng dài kuǎn

885
引起 [yǐn qǐ] 인 치
- 동 야기하다, 일으키다, 주의를 끌다
- ❖ 引起一场风波。 한바탕 풍파를 일으키다.
  yǐn qǐ yì chǎng fēng bō

886
应该 [yīng gāi] 잉 까이
- 형 마땅하다 조동 마땅히 ~해야 한다
- ❖ 你应该向他说明。
  nǐ yīng gāi xiàng tā shuō míng
  너는 그에게 설명하는 것이 마땅하다.

887
赢 [yíng] 잉
- 동 이기다, 승리하다, 이익을 보다
- ❖ 比赛赢了。 경기에 이기다.
  bǐ sài yíng le

888
□ 应付
[yīng fù] 잉 푸

[명] 대처 [동] 대처하다, 얼버무리다

❖ 随便应付。 대충 얼버무리다.
suí biàn yìng fu

889
□ 硬
[yìng] 잉

[부] 무리하게, 억지로 [형] 단단하다, 강경하다

❖ 他把话说得太硬。
tā bǎ huà shuō dé tai yìng
그는 말을 매우 강경하게 한다.

890
□ 用
[yòng] 융

[명] 사용, 쓸모 [동] 사용하다, 필요하다

❖ 厕所暂停使用。
cè suǒ zàn tíng shǐ yòng
화장실 사용을 잠시 중지하다.

891
□ 由于
[yóu yú] 요우 위

[개] ~때문에, ~로 인해서 [접] ~때문에 ~하다

❖ 由于临时有事，他提前退席。
yóu yú lín shí yǒu shì, tā tí qián tuì xí
잠시 일이 있어 그가 먼저 자리를 떴다.

892
□ 邮局
[yóu jú] 요우 쥐

[명] 우체국

❖ 他的丈夫在邮局里工作。
tā de zhàng fū zài yóu jú lǐ gōng zuò
그녀의 남편은 우체국에서 일한다.

893
□ 犹豫
[yóu yù] 요우 위

[명] 유예 [동] 망설이다, 주저하다

❖ 他犹豫了一会儿才回答。
tā yóu yù le yí huì ér cái huí dá
그는 잠시 망설인 후에야 대답했다.

894
□ **游泳**
[yóu yǒng] 여우 융

명 수영, 헤엄 동 수영하다, 헤엄치다

❖ 他们游泳去了。 그들은 수영을 하러 갔다.
tā mén yóu yǒng qù le

895
□ **游戏**
[yóu xì] 요우 시

명 유희, 레크레이션, 오락 동 놀다

❖ 这个游戏很有乐趣。
zhè gè yóu xì hěn yǒu lè qù
이 게임은 매우 재미있다.

896
□ **幽默**
[yōu mò] 여우 무어

형 유머, 해학

❖ 你真幽默。 너 정말 재미있다.
nǐ zhēn yōu mò

897
□ **又**
[yòu] 여우

부 또, 또는, 한편, 그 위에, 게다가

❖ 他又做上市长了。 그는 또 시장이 되었다.
tā yòu zuò shang shì zhǎng le

898
□ **幼儿园**
[yòu ér yuán] 요우 얼 위엔

명 유아원, 유치원

❖ 我姐姐在幼儿园工作。
wǒ jiě jiě zài yòu ér yuán gōng zuò
나의 누나는 유아원에서 일한다.

899
□ **于是**
[yú shì] 위 쓰

접 그리하여, 그래서, 이리하여

❖ 天气阴了下来，于是马上下了雨。
tiān qì yīn le xià lái, yú shì mǎ shàng xià le yǔ
날씨가 흐려지더니 바로 비가 내리기 시작했다.

900
□ **鱼**
[yú] 위

명 생선, 물고기

❖ 水獭喜欢吃鱼。
shuǐ tǎ xǐ huān chī yú
수달은 물고기를 즐겨 먹는다.

901
□ 与其
[yǔ qí] 위 치

접 ~하기보다, ~하느니

* 与其我去，莫如你来。
  yǔ qí wǒ qù, mò rú nǐ lái
  내가 가는 것보다 네가 오는 것이 낫다.

902
□ 宇宙
[yǔ zhòu] 위 쪼우

명 우주

* 宇宙是无穷尽的。우주는 끝이 없다.
  yǔ zhòu shì wú qióng jìn de

903
□ 预订
[yù dìng] 위 띵

동 예약하다, 주문하다 명 예약, 주문

* 预订船票。배표를 예약하다.
  yù dìng chuán piào

904
□ 预防
[yù fáng] 위 팡

명 예방 동 예방하다

* 预防爱滋病。에이즈를 예방하다.
  yù fáng ài zī bìng

905
□ 原来
[yuán lái] 위엔 라이

명 원래, 본래 형 본래의 부 처음부터

* 原来这儿没有路。
  yuán lái zhè ér méi yǒu lù
  원래 이곳은 길이 없었다.

906
□ 缘故
[yuán gù] 위엔 꾸

명 연고, 원인, 이유, 까닭

* 查明缘故。연고를 밝히다.
  chá míng yuán gù

907
□ 远
[yuǎn] 위엔

형 (거리·시간상) 멀다, 차이가 크다

* 鸢远。까마득히 멀다.
  diào yuǎn

2단계

908
□ **愿望**
[yuàn wàng] 위엔 왕

명 소망, 염원, 바람

❖ 他违背了我们的愿望。
tā wéi bèi le wǒ men de yuàn wàng
그는 우리의 염원을 저버렸다.

909
□ **愿意**
[yuàn yì] 위엔 이

동 희망하다, 동의하다

❖ 我也愿意去。 나도 가고 싶다.
wǒ yě yuàn yì qù

910
□ **月亮**
[yuè liang] 위에 리앙

명 달, 달빛

❖ 月亮上来了。 달이 떴다.
yuè liang shàng lai le

911
□ **越**
[yuè] 위에

동 건너다   형 (감정이) 격앙되다   부 점점

❖ 越境。 국경을 넘다.
yuè jìng

912
□ **云**
[yún] 윈

명 구름

❖ 云在飘。 구름이 떠다니다.
yún zài piāo

913
□ **运动**
[yùn dòng] 윈 뚱

명 운동   동 운동하다

❖ 适量运动。 적당한 운동.
shì liàng yùn dòng

914
□ **运气**
[yùn qì] 윈 치

명 운명, 운세   형 운이 좋다, 행운이다

❖ 运气好。 운이 좋다.
yùn qì hǎo

915
杂志
[zá zhì] 자 쯔

명 잡지, 잡기(雜記)

❖ 医学杂志。의학 잡지.
  yī xué zá zhì

916
再
[zài] 짜이

부 다시, 또, 재차, 아무리 ~한다 해도

❖ 从头再来。새로 다시 하다.
  cóng tóu zài lái

917
赞美
[zàn měi] 짠 메이

동 찬미하다, 찬양하다

❖ 赞美人生。인생을 찬미하다.
  zàn měi rén shēng

918
早上
[zǎo shang] 자오 상

명 아침

❖ 早上七点整。아침 7시 정각.
  zǎo shang qī diǎn zhěng

919
造成
[zào chéng] 짜오 청

동 조성하다, 만들다, 형성하다

❖ 造成好的气氛。좋은 분위기를 만들다.
  zào chéng hǎo de qì fèn

920
责备
[zé bèi] 저 뻬이

동 꾸짖다, 비난하다, 탓하다

❖ 责备儿子的错误。아들의 잘못을 나무라다.
  zé bèi ér zǐ de cuò wù

921
责任
[zé rèn] 저 런

명 책임

❖ 承担责任。책임을 지다.
  chéng dān zé rèn

2단계

922
增加
[zēng jiā] 쩡 찌아

- (동) 증가하다, 보태다 (명) 증가(augment)
- ❖ 成倍增加。 배로 증가하다.
  chéng bèi zēng jiā

923
站
[zhàn] 짠

- (동) 서다, 일어나다 (명) 정거장, 역
- ❖ 站成单列。 한 줄로 서다.
  zhàn chéng dān liè

924
张
[zhāng] 짱

- (동) 펴다, 늘어놓다, 보다 (양) 장, 개
- ❖ 张开翅膀。 날개를 펼치다.
  zhāng kāi chì bǎng

925
着急
[zháo jí] 자오 지

- (동) 조급해하다, 초조해하다
- ❖ 他一听这话就着急了。
  tā yì tīng zhè huà jiù zháo jí le
  그는 이 말을 듣자마자 조급해졌다.

926
照片
[zhào piàn] 짜오 피엔

- (명) 사진
- ❖ 照片照的好。 사진이 잘 나오다.
  zhào piàn zhào de hǎo

927
招聘
[zhāo pìn] 자오 핀

- (명) 모집, 초빙 (동) 모집하다, 초빙하다
- ❖ 招聘广告。 모집 광고.
  zhāo pìn guǎng gào

928
着
[zhe] 저

- (조동) ~하고 있(는 중이)다, ~해 있다
- ❖ 他们谈着呢。
  tā mén tán zhe ne
  그들은 얘기를 하고 있는 중이다.

929
□ 珍惜
[zhēn xī] 쩐 씨

- 동 소중히 여기다, 귀중하게 여기다
- ❖ 倍加珍惜。 더욱더 소중히 여기다.
  bèi jiā zhēn xī

930
□ 真
[zhēn] 쩐

- 형 진실하다, 참되다 명 진면목 부 정말
- ❖ 真高兴。 참 기쁘다.
  zhēn gāo xīng

931
□ 阵
[zhèn] 쩐

- 명 진영, 진지 부 한때, 잠깐
- ❖ 冲锋陷阵。 앞장서서 적진으로 돌격하다.
  chōng fēng xiàn zhèn

932
□ 争论
[zhēng lùn] 쩡 룬

- 명 쟁론, 논쟁 동 쟁론하다, 논쟁하다
- ❖ 激烈地争论。 격렬히 논쟁하다.
  jī liè dì zhēng lùn

933
□ 征求
[zhēng qiú] 쩡 치우

- 동 널리 구하다, 모집하다
- ❖ 征求意见。 널리 의견을 구하다.
  zhēng qiú yì jiàn

934
□ 整理
[zhěng lǐ] 정 리

- 명 정리, 정돈 동 정리하다, 정돈하다
- ❖ 整理档案。 서류를 정리하다.
  zhěng lǐ dàng àn

935
□ 整体
[zhěng tǐ] 정 티

- 명 전체, 총체
- ❖ 整体利益。 전체 이익.
  zhěng tǐ lì yì

936
正
[zhèng] 쩡

ⓗ 똑바르다, 정면의 ⓓ 고치다 ⓟ 바로

❖ 姿势不正。 자세가 바르지 않다.
zī shì bù zhèng

937
证明
[zhèng míng] 쩡 밍

ⓜ 증명, 증명서, 소개장 ⓓ 증명하다

❖ 开证明。 증명서를 작성하다.
kāi zhèng míng

938
政府
[zhèng fǔ] 쩡 푸

ⓜ 정부, 관청

❖ 要挟政府。 정부를 압박하다.
yào jiā zhèng fǔ

939
只
[zhī] 쯔

ⓥ 마리, 척, 짝, 쪽, 개 ⓗ 단독의

❖ 一只鹅。 거위 한 마리.
yì zhī é

940
枝
[zhī] 쯔

ⓜ (초목의) 가지 ⓥ 가지, 자루, 대, 정

❖ 树枝。 나뭇가지.
shù zhī

941
知道
[zhī dào] 쯔 다오

ⓓ 알다, 이해하다, 깨닫다

❖ 才知道。 비로소 알았다.
cái zhī dào

942
只
[zhǐ] 즈

ⓟ 오직, 단지, 오직 ~밖에 없다 ⓒ 그러나

❖ 只相信你。 오로지 너만 믿는다.
zhǐ xiāng xìn nǐ

943
只要
[zhǐ yào] 즈 야오

㉥ 만약 ~라면, ~하기만 하면

❖ 只要学就会有所得。
  zhī yào xué jiù huì yǒu suǒ dé
  배우면 그만큼 득이 된다.

944
指
[zhǐ] 즈

㉢ 가리키다, 지적하다　㉤ 손가락 굵기

❖ 手指北方。손가락으로 북쪽을 가리키다.
  shǒu zhǐ běi fāng

945
至于
[zhì yú] 쯔 위

㉢ ~할 지경이다　㉙ ~로 말하면

❖ 乃至于此。결국 여기에 이르렀다.
  nǎi zhì yú cǐ

946
治疗
[zhì liáo] 쯔 리아오

㉤ 치료　㉢ 치료하다

❖ 治疗虫牙。충치를 치료하다.
  zhì liáo chóng yá

947
制作
[zhì zuò] 쯔 쭤

㉢ 제작하다, 만들다, 제조하다

❖ 精心制作。공들여 만들다.
  jīng xīn zhì zuò

948
终于
[zhōng yú] 쭝 위

㉨ 결국, 마침내, 드디어, 끝내

❖ 终于偿愿。마침내 소망을 실현하다.
  zhōng yú cháng yuàn

949
钟
[zhōng] 쭝

㉤ 종, 시계, 시, 시간

❖ 洪钟。큰 종.
  hóng zhōng

2단계

950
种
[zhòng] 중

- 몡 씨, 종 동 뿌리다, 기르다, 심다
- ❖ 种玉米。 옥수수를 심다.
  zhòng yù mǐ

951
重
[zhòng] 쭝

- 몡 중량, 무게 혱 무겁다, 심하다,
- ❖ 他的体重比我重很多。 그의 체중은 나보다 매우 무겁다.
  tā de tǐ zhòng bǐ wǒ zhòng hěn duō

952
猪
[zhū] 쭈

- 몡 돼지
- ❖ 他买了三头猪。 그는 돼지 세 마리를 샀다.
  tā mǎi le sān tóu zhū

953
主持
[zhǔ chí] 주 츠

- 동 주재하다, 주관하다
- ❖ 会议由主席主持。 회의는 주석이 주재한다.
  huì yì yóu zhǔ xí zhǔ chí

954
主人
[zhǔ rén] 주 런

- 몡 주인, 소유주, 임자
- ❖ 我们是国家的主人翁。
  wǒ mén shì guó jiā de zhǔ rén wēng
  우리는 국가의 주인이다.

955
煮
[zhǔ] 주

- 동 삶다, 익히다, 끓이다
- ❖ 鸡蛋煮老了。 계란을 너무 오래 삶았다.
  jī dàn zhǔ lǎo le

956
嘱咐
[zhǔ fù] 주 푸

- 동 분부하다, 당부하다
- ❖ 再三嘱咐。 신신 당부하다.
  zài sān zhǔ fù

957 注意
[zhù yì] 쭈 이
- 명 주의, 조심 동 주의하다, 조심하다
- ❖ 用户注意事项。사용자 주의사항.
  yòng hù zhù yì shì xiàng

958 装饰
[zhuāng shì] 쭈앙 쓰
- 명 장식, 장식품 동 장식하다, 치장하다
- ❖ 象牙制的装饰品。상아로 만든 장식품.
  xiàng yá zhì de zhuāng shì pǐn

959 撞
[zhuàng] 쭈앙
- 동 치다, 부딪히다, 속이다
- ❖ 他正好撞在那扇门上。
  tā zhèng hǎo zhuàng zài nà shàn mén shàng
  그가 그 문에 부딪쳤다.

960 准时
[zhǔn shí] 준 스
- 명 정확한 시간, 정시 형 시간이 정확하다
- ❖ 准时下班。정시에 퇴근하다.
  zhǔn shí xià bān

961 资料
[zī liào] 쯔 리아오
- 명 자료, 재료, (생산·생활 등의) 필수품
- ❖ 这些历史资料非常珍贵。
  zhè xiē lì shǐ zī liào fēi cháng zhēn guì
  이 역사 자료들은 매우 귀중하다.

962 字典
[zì diǎn] 쯔 디엔
- 명 자전, 사전
- ❖ 我需要一本字典。
  wǒ xū yào yì běn zì diǎn
  나는 사전 한 권이 필요하다.

963 自豪
[zì háo] 쯔 하오
- 형 자긍심을 갖다
- ❖ 自豪地讲。긍지를 가지고 말하다.
  zì háo de jiǎng

964
☐ **自己** [명] 자기, 자신, 자기에게 속한 것
[zì jǐ] 쯔 지
你先镇定一下自己。
nǐ xiān zhèn dìng yí xià zì jǐ
너는 우선 자신을 좀 진정시켜라.

965
☐ **自行车** [명] 자전거
[zì xíng chē] 쯔 싱 처
三轮自行车。세발자전거.
sān lún zì xíng chē

966
☐ **自愿** [명] 자원 [동] 자원하다, 스스로 원하다
[zì yuàn] 쯔 위엔
自愿参军。자원 입대.
zì yuàn cān jūn

967
☐ **总括** [명] 총괄, 개괄 [동] 총괄하다, 개괄하다
[zǒng kuò] 중 쿼
系统总括。시스템 총괄.
xì tǒng zǒng kuò

968
☐ **总是** [부] 반드시, 꼭, 절대로,
[zǒng shì] 중 쓰
他总是拣重活儿干。
tā zǒng shì jiān zhòng huó ér gàn
그는 언제나 힘든 일을 골라 한다.

969
☐ **总算** [부] 다행히, 간신히, 마침내
[zǒng suàn] 중 쏸
她总算是来了。그녀가 마침내 왔다.
tā zǒng suàn shì lái le

970
☐ **总之** [접] 결론적으로, 한마디로 말해, 즉
[zǒng zhī] 중 즈
总之他的生活很刻苦。
zǒng zhī tā de shēng huó hěn kè kǔ
한마디로 말하자면 그의 생활은 아주 검소하다.

971
走
[zǒu] 조우

동 걷다, 달아나다, 옮기다, 출발하다

❖ 走得快。 빨리 걷다.
　zǒu dé kuài

972
阻止
[zǔ zhǐ] 주 즈

동 막다, 가로막다, 저지하다

❖ 阻止发言。 발언을 가로막다.
　zǔ zhǐ fā yán

973
组成
[zǔ chéng] 주 청

동 조성하다, 구성하다

❖ 分子是由原子组成的。
　fēn zī shì yóu yuán zī zǔ chéng de
　분자는 원자로 이루어져 있다.

974
嘴
[zuǐ] 주이

명 입, 주둥이

❖ 闭嘴。 입을 다물다.
　bì zuǐ

975
最
[zuì] 쭈이

부 가장, 최고, 제일

❖ 这个最中意。 이것이 제일 마음에 든다.
　zhè gè zuì zhōng yì

976
尊重
[zūn zhòng] 쭌 쫑

동 존중하다 형 점잖다

❖ 尊重老人。 노인을 존중하다.
　zūn zhòng lǎo rén

306 | 3-Step 왕초보 중국어 단어 – 2단계

Part III

3-step

3단계

핵심단어

3-step 3단계

1

□ **阿**

[ā] 아

접두 항렬이나 아명(兒名)·친밀감을 나타냄

- 阿李。이씨.
  ā lǐ
- 阿毛。우리 마오.
  ā máo

2

□ **爱好**

[ài hǎo] 아이 하오

명 취미, 기호 동 좋아하다

- 她最大的爱好是看电影。
  tā zuì dà de ài hào shì kàn diàn yǐng
  그녀의 으뜸 취미는 영화 감상이다.
- 他从小就特别爱好文学。
  tā cóng xiǎo jiù tè bié ài hào wén xué
  그는 어려서부터 남달리 문학을 좋아하였다.

3

□ **爱护**

[ài hù] 아이 후

명 애호 동 보호하다

- 加倍爱护。배구의 애호, 특히 애호하다.
  jiā bèi ài hù
- 爱护花草。화초를 보호하다.
  ài hù huā cǎo

4

□ **安排**

[ān pái] 안 파이

명 준비, 배치 동 배정하다, 처리하다

- 安排今天的工作。오늘 작업을 배정하다.
  ān pái jīn tiān de gōng zuò
- 您随便安排安排就行了。
  nín suí biàn ān pái ān pái jiù xíng le
  당신 마음대로 처리하셔도 됩니다.

3단계

5
☐ **安全**
[ān quán] 안 취엔

명 안전 형 안전하다, 안심시키다

❖ 安全地带。 안전 지대.
ān quán dì dài

❖ 人身安全。 신변이 안전하다.
rén shēn ān quán

6
☐ **安慰**
[ān wèi] 안 웨이

동 위로하다, 안위하다 명 위로

❖ 安慰忠魂。 충혼을 위로하다.
ān wèi zhōng hún

❖ 莫大的安慰。 더없이 큰 위로.
mò dà de ān wèi

7
☐ **按**
[àn] 안

동 (손으로) 누르다, (감정을) 억누르다

❖ 按人下菜碟。 사람에 따라 반찬을 마련하다.
àn rén xià cài dié

❖ 按法律定案。
àn fǎ lǜ dìng àn
법률에 의거하여 사안을 판정하다.

8
☐ **暗**
[àn] 안

형 (빛이 부족하여) 어둡다(↔明)

❖ 卧室里的光线很暗。
wò shì lǐ de guāng xiàn hěn àn
침실 안의 빛이 매우 어둡다.

❖ 那个帘子的颜色有点暗。
nà gè lián zǐ de yán sè yǒu diǎn àn
그 커튼은 색깔이 좀 칙칙하다.

9
☐ **按时**
[àn shí] 안 스

부 제때에, 제시간에, 규정된 시간에

❖ 按时完成。 제때에 완성하다.
àn shí wán chéng

❖ 按时上课。 제시간에 수업하다.
àn shí shàng kè

핵심단어 | **309**

10
按照

[àn zhào] 안 짜오

⑦ ~에 따라, ~에 의거하여

- 按照大小挑。 대소에 따라 고르자.
  àn zhào dà xiǎo tiāo
- 按照字面意思。 문면에 의하면.
  àn zhào zì miàn yì sī

11
白菜

[bái cài] 바이 차이

명 배추, 김칫거리

- 把白菜炒一炒吧! 배추를 좀 볶아라.
  bǎ bái cài chǎo yì chǎo ba
- 用盐腌白菜。 배추를 소금에 절이다.
  yòng yán yān bái cài

12
帮忙

[bāng máng] 빵 망

동 일손을 돕다, 거들어주다 명 원조, 조력

- 你恰好来帮忙。 네가 때마침 도우러 왔다.
  nǐ qià hǎo lái bāng máng
- 你来正好可以帮忙。
  nǐ lái zhèng hǎo kě yǐ bāng máng
  네가 일을 거들 수 있게 마침 잘 왔다.

13
包括

[bāo kuò] 빠오 쿼

동 포함하다, 일괄하다

- 这次去华山的人也包括我。
  zhè cì qù huá shān de rén yě bāo kuò wǒ
  이번에 화산(華山)으로 가는 사람에 나도 포함한다.

14
包子

[bāo zi] 빠오 즈

명 빵, (소가 든) 만두

- 菜包子。 야채 찐빵.
  cài bāo zi
- 肉包子。 고기 찐빵.
  ròu bāo zi

15
□ 宝贵
[bǎo guì] 바오 꾸이

[형] 귀하다, 보배롭다, 소중하다

- 宝贵的典籍。 귀중한 전적(典籍).
  bǎo guì de diǎn jí
- 生命是宝贵的。 생명은 귀중한 것이다.
  shēng mìng shì bǎo guì de

16
□ 保持
[bǎo chí] 바오 츠

[명] 유지 [동] (어떤 상태를) 유지하다

- 保持原形。 원형을 유지하다.
  bǎo chí yuán xíng
- 保持心理健康。 심리적인 건강을 유지하다.
  bǎo chí xīn lǐ jiàn kāng

17
□ 保存
[bǎo cún] 바오 춘

[명] 보존, 저장 [동] 보존하다

- 保存地方文物。 지방 문화재의 보전.
  bǎo cún dì fāng wén wù
- 保存珍贵文物。 진귀한 문물을 보존하다.
  bǎo cún zhēn guì wén wù

18
□ 保护
[bǎo hù] 바오 후

[동] 보호하다 [명] 보호

- 保护覆被。 뒤덮인 초목을 보호하다.
  bǎo hù fù bèi
- 浪涌保护器。 써지 보호 장치(SPD).
  làng yǒng bǎo hù qì

19
□ 保留
[bǎo liú] 바오 리우

[명] 보존 [동] 보존하다, 간직하다

- 保留原态。 원형을 보존하다.
  bǎo liú yuán tài
- 保留原状 。 원래의 상태를 보존하다.
  bǎo liú yuán zhuàng

20
□ 保卫
[bǎo wèi] 바오 웨이

[동] 보위하다, 지키다

- 保卫国家。국가를 보위하다.
  bǎo wèi guó jiā
- 保卫领土。영토를 지키다.
  bǎo wèi lǐng tǔ

21
□ 报到
[bào dào] 빠오 따오

[명] 도착 신고 [동] 보고하다

- 新任还没报到。
  xīn rèn hái méi bào dào
  신임자가 아직 도착 보고[신고]를 하지 않았다.
- 学生们已经报到了。
  xué shēng mén yǐ jīng bào dào le
  학생들이 이미 도착을 보고하였다.

22
□ 报道
[bào dào] 빠오 따오

[동] 보도하다, 알리다, 전하다 [명] 보도

- 报道国际新闻。국제 뉴스를 보도하다.
  bào dào guó jì xīn wén
- 报道新闻要及时。
  bào dào xīn wén yào jí shí
  뉴스를 보도할 때는 적시에 해야 한다.

23
□ 报名
[bào míng] 빠오 밍

[명] 신청 [동] 신청하다, 등록하다

- 报名时间到本月底止。
  bào míng shí jiān dào běn yuè dǐ zhǐ
  신청 기간은 이번 달 말까지이다.
- 报名参加托福考试。
  bào míng cān jiā tuō fú kǎo shì
  토플(TOEFL) 시험 참가를 신청하다.

24
□ **抱歉**

[bào qiàn] 빠오 첸

(형) 죄송스럽게 생각하다, 미안한 마음을 가지다

- 我只能对这里的歌迷说抱歉。
  wǒ zhǐ néng duì zhè lǐ de gē mí shuō bào qiàn
  저는 이곳의 팬들께 단지 죄송스럽다는 말밖에 할 수가 없네요.

- 光说抱歉是没有什么意义的。
  guāng shuō bào qiàn shì méi yǒu shén me yì yì de
  단지 미안하게 생각한다고 말하는 것은 별 의의가 없다.

25
□ **悲痛**

[bēi tòng] 뻬이 통

(명) 비통 (형) 비통하다, 슬프다

- 化悲痛为力量。
  huà bēi tòng wéi lì liàng
  비통을 역량으로 승화시키다.

- 格外悲痛。 매우 비통해하다.
  gé wài bēi tòng

26
□ **背**

[bēi] 뻬이

(명) 등, 뒷면 (동) 등에 지다, 짊어지다

- 背粮食。 양식을 등에 지다.
  bēi liáng shi

- 背上背了背包。 등에 등짐을 지었다.
  bèi shàng bēi le bēi bāo

27
□ **被子**

[bèi zi] 뻬이 즈

(명) 이불, 담요

- 暖和的被子。 포근한 이불.
  nuǎn huo de bèi zi

- 用被子裹起来能保温。
  yòng bèi zi guǒ qǐ lái néng bǎo wēn
  이불로 말면 보온할 수 있다.

28
□ **杯子**

[bēi zi] 뻬이 즈

명 잔, 컵(cup)

- 把**杯子**放回原处。
  bǎ bēi zi fàng huí yuán chù
  컵을 제자리에 가져다 놓다.
- **杯子**里斟满了酒。 잔에 술을 가득 따르다.
  bēi zǐ lǐ zhēn mǎn le jiǔ

29
□ **本领**

[běn lǐng] 번 링

명 재능, 능력, 수완

- 你真有一套特别的**本领**。
  nǐ zhēn yǒu yí tào tè bié de běn lǐng
  너는 별 재간을 다 가졌군.
- **本领**不凡。 능력이 범상치 않다.
  běn lǐng bù fán

30
□ **本事**

[běn shì] 번스

명 재주, 능력, 수완, 능력, 기량

- 有没有真**本事**只有自己知道。
  yǒu mei yǒu běn shi zhǐ yǒu zì jǐ zhī dao
  재주가 있는지 없는지는 오직 자신만이 알 수 있다.
- 凭**本事**吃饭。 능력으로 먹고살다.
  píng běn shì chī fàn

31
□ **本质**

[běn zhì] 번 쯔

명 본질, (사람의) 성질

- 观念的**本质**。 관념의 본질.
  guān niàn de běn zhì
- **本质**好的少年。 바탕이 착한 소녀.
  běn zhì hǎo de shǎo nián

3단계

32
□ **本子**

[běn zi] 번즈

명 공책, 노트, 장부, 판본(版本)

- 给**本子**下面垫本书写东西。
  gěi běn zī xià miàn diàn běn shū xiě dōng xī
  공책에 책받침을 대고 쓰다.

- 你的**本子**不能给我匀一点吗?
  nǐ de běn zi bù néng gěi wǒ yún yì diǎn ma
  너의 노트를 나에게 좀 갈라 줄 수 없을까?

33
□ **笨**

[bèn] 뻔

형 둔하다, 서투르다, 거칠다, 육중하다

- 你怎么**笨**手笨脚的, 什么都不会干!
  nǐ zěn me bèn shǒu bèn jiǎo de, shén me dōu bù huì gàn
  너는 어떻게 손발이 둔하고 아무것도 할 줄 아는 게 없어!

- 他嘴比较**笨**, 不太会说话。
  tā zuǐ bǐ jiào bèn, bú tài huì shuō huà
  그는 말하는 것이 서툴러서 언변이 없다.

34
□ **笔记**

[bǐ jì] 비찌

명 필기, 노트

- 誊抄听课**笔记**。 필기를 옮겨 쓰다.
  téng chāo tīng kè bǐ jì

- 讲课**笔记**。 강의 노트.
  jiǎng kè bǐ jì

35
□ **比赛**

[bǐ sài] 비 싸이

동 경기하다 **명** 경기, 시합, 게임(game)

- 今天你跟谁**比赛**?
  jīn tiān nǐ gēn shuí bǐ sài
  오늘 너는 누구와 시합하느냐?

- 足球**比赛**。 축구 경기.
  zú qiú bǐ sài

핵심단어 | **315**

36

□ **必然** 　　　　　　(명) 필연 (부) 반드시, 꼭 (형) 필연적이다

[bì rán] 삐 란

* *必然*趋势。필연적 추세.
  bì rán qū shì

* 冬天*必然*冷, 夏天*必然*热。
  dōng tiān bì rán lěng, xià tiān bì rán rè
  겨울은 춥고 여름은 더운 법이다.

37

□ **必要** 　　　　　　(명) 필요 (형) 필요하다

[bì yào] 삐 야오

* 这样做根本没有*必要*。
  zhè yàng zuò gēn běn méi yǒu bì yào
  이렇게 할 필요가 전혀 없다.

* 没有*必要*道歉。
  méi yǒu bì yào dào qiàn
  당신이 사과할 필요는 없어요.

38

□ **避免** 　　　　　　(명) 방지, 모면 (동) 방지하다

[bì miǎn] 삐 미엔

* 怎么想*避免*也没用。
  zěn me xiǎng bì miǎn yě méi yòng
  아무리 모면하려고 애써도 소용없다.

* *避免*发生旱灾。가뭄 발생을 방지하다.
  bì miǎn fā shēng hàn zāi

39

□ **变成** 　　　　　　(동) ~으로 변하다, ~이 되다

[biàn chéng] 삐엔 청

* 由蛹*变成*蛾。번데기에서 나방으로 변하다.
  yóu yǒng biàn chéng é

* *变成*了另一种局面。딴판으로 변했다.
  biàn chéng le lìng yī zhǒng jú miàn

40

□ **变化** 　　　　　　(명) 변화 (동) 변하다

[biàn huà] 삐엔 화

* 物理*变化*。물리적인 변화.
  wù lǐ biàn huà

* 时时刻刻在*变化*。시시각각으로 변하다.
  shí shí kè kè zài biàn huà

41
□ **表达**

[biǎo dá] 비아오 다

명 표현 동 (생각·감정 등을) 표현하다

* 常见的**表达**形式。 상용되는 표현.
  cháng jiàn de biǎo dá xíng shì
* 书面**表达**能力。 글로 표현하는 능력.
  shū miàn biǎo dá néng lì

42
□ **表面**

[biǎo miàn] 비아오 미엔

명 (물체의) 표면, 겉, 외견, 외관

* **表面**温度低达零下183℃。
  biǎo miàn wēn dù dī dá líng xià 183℃
  표면 온도가 낮게는 영하 183도에 이른다.
* 这只是**表面**的现象。
  zhè zhǐ shì biǎo miàn de xiàn xiàng
  이것은 단지 표면적인 현상이다.

43
□ **表明**

[biǎo míng] 비아오 밍

명 표명 동 표명하다, 나타내다

* **表明**自己的态度。
  biǎo míng zì jǐ de tai dù
  자기의 태도를 표명하다.
* 这个路标**表明**这里不能通行。
  zhè gè lù biāo biǎo míng zhè lǐ bù néng tōng xíng
  이 도로 표지는 이곳을 통행할 수 없음을 나타낸다.

44
□ **表现**

[biǎo xiàn] 비아오 씨엔

동 표현하다, 나타내다 명 태도, 품행, 표현

* 他的行为**表现**出他的能力。
  tā de xíng wéi biǎo xiàn chū tā de néng lì
  그의 행위는 그의 능력을 나타낸다.
* 诗歌式的**表现**。 시적인 표현.
  shī gē shì de biǎo xiàn

45
□ **表演**

[biǎo yǎn] 비아오 옌

명 연기 동 연기하다

* 宣讲团的表演很精彩。
  xuān jiǎng tuán de biǎo yǎn hěn jīng cǎi
  강연단의 공연은 매우 훌륭하였다.
* 表演情况。공연 상황.
  biǎo yǎn qíng kuàng

46
□ **表扬**

[biǎo yáng] 비아오 양

명 표창, 칭송 동 표창하다, 칭송하다

* 表扬好人好事。
  biǎo yáng hǎo rén hǎo shì
  좋은 사람 좋은 일을 표창하다.
* 这种做法值得表扬。
  zhè zhǒng zuò fǎ zhí dé biǎo yáng
  이런 행동은 칭찬할 만하다.

47
□ **别人**

[bié rén] 삐에 런

대 남, 타인

* 害别人。남에게 피해를 주다.
  hài bié rén
* 听取别人的意见。
  tīng qǔ bié rén de yì jiàn
  다른 사람의 의견을 듣다.

48
□ **宾馆**

[bīn guǎn] 삔 구안

명 호텔, (시설이 좋고 큰) 여관

* 湖滨宾馆。호반의 호텔.
  hú bīn bīn guǎn
* 经营宾馆。호텔을 경영하다.
  jīng yíng bīn guǎn

49
□ **病房**

[bìng fáng] 삥 팡

® 병실, 입원실, 병동(病棟)

- 到病房转一圈。 병실을 한 바퀴 돌다.
  dào bìng fáng zhuàn yì quān
- 病房比想象的暖和。
  bìng fáng bǐ xiǎng xiàng de nuǎn hé
  병실은 생각보다 따뜻했다.

50
□ **饼干**

[bǐng gān] 빙 깐

® 비스켓, 과자

- 把饼干吃掉。 과자를 다 먹어치우다.
  bǎ bǐng gàn chī diào
- 咯嘣咯嘣地吃饼干。
  gē bēng gē bēng de chī bǐng gàn
  비스킷을 바작바작 씹어 먹는다.

51
□ **菠菜**

[bō cài] 뽀 차이

® 시금치

- 菠菜营养价值很高。
  bō cài yíng yǎng jià zhí hěn gāo
  시금치의 영양가가 매우 높다.
- 菠菜的味道很不错。
  bō cài de wèi dào hěn bù cuò
  시금치 맛이 꽤 괜찮군.

52
□ **脖子**

[bó zi] 보즈

® 목, (물건의) 목 부분

- 脖子发梗。 목이 뻣뻣해지다.
  bó zi fā gěng
- 梗着脖子瞧。 목을 꼿꼿이 세워서 쳐다보다.
  gěng zhe bó zi qiáo

핵심단어 **319**

53
不得不

[bù dé bù] 뿌 더 뿌

- 부 반드시 ~해야 한다, 하는 수 없이

- 不得不做。 불가불 안 할 수가 없다.
  bù dé bú zuò

- 不得不屈服于压力。
  bù dé bù qū fú yú yā lì
  어쩔 수 없이 압력에 굴복하다.

54
不管

[bù guǎn] 뿌 구안

- 동 상관하지 않다 접 ~에 관계없이

- 不管天气如何, 我们都要去旅游。
  bù guǎn tiān qì rú hé, wǒ mén dōu yào qù lǚ yóu
  날씨에 관계없이 우리는 모두 여행을 갈것이다.

- 不管什么事, 他都喜欢问个究竟。
  bú guǎn shén me shì, tā dōu xī huān wèn ge jiū jìng
  무슨 일이든 간에 그는 매번 자초지종을 캐묻기 좋아한다.

55
不仅

[bù jǐn] 뿌 진

- 부 (단지) ~뿐이 아니다 접 ~뿐만 아니라

- 他不仅是一个电影导演, 还是一个诗人。
  tā bù jǐn shì yí gè diàn yǐng dǎo yǎn, hái shì yí gè shī rén
  그는 영화 감독일 뿐만 아니라 시인이기도 하다.

- 他不仅多才, 而且动手能力强。
  tā bù jǐn duō cái, ér qiě dòng shǒu néng lì qiáng
  그는 재주가 많을 뿐 아니라 실행 능력도 강하다.

56
不然

[bù rán] 뿌 란

- 형 그렇지 않다 접 그렇지 않으면

- 你快起床！不然就要迟到了。
  nǐ kuài qǐ chuáng bù rán jiù yào chí dào le
  어서 일어나, 그렇지 않으면 지각하겠다.

- 我们要早点去, 不然就买不到票了。
  wǒ mén yào zǎo diǎn qù, bù rán jiù mǎi bù dào piào le
  우리는 좀 일찍 가야 한다. 그렇지 않으면 표를 사지 못할 것이다.

57
不要紧

[bú yào jǐn] 뿌 야오 진

형 중요치 않다, 별로다, 괜찮다

- 这点病**不要紧**, 休息几天就好了。
  zhè diǎn bìng bú yào jǐn, xiū xi jǐ tiān jiù hǎo le
  이런 병은 별것 아니니, 며칠 휴식하면 괜찮을 것이다.

- 只有点儿感冒, **不要紧**。
  zhǐ yǒu diǎn ér gǎn mào, bù yào jǐn
  감기가 조금 들었을 뿐이니, 괜찮아.

58
布置

[bù zhì] 뿌 쯔

명 배치, 열 **동** 배치하다, 할당하다

- 由你负责**布置**会场。
  yóu nǐ fù zé bù zhì huì chǎng
  회의장 배치는 네가 책임져라.

- 你好好**布置**一下。 당신이 잘 배치해 봐요.
  nǐ hǎo hǎo bù zhì yí xià

59
材料

[cái liào] 차이 리아오

명 재료, 재목, 자재, 자료, 데이터(data), 인재

- 建筑**材料**。 건축 자재, 건축재.
  jiàn zhù cái liào

- 人事档案**材料**。 인사 기록 자료.
  rén shì dàng àn cái liào

60
菜单

[cài dān] 차이 딴

명 메뉴(menu), 식단, (컴퓨터) 선택 항목

- 减肥**菜单**。 다이어트 식단.
  jiǎn féi cài dān

- 开始**菜单**。 시작 메뉴.
  kāi shǐ cài dān

핵심단어 | **321**

61
草原
[cǎo yuán] 차오 위엔

명 초원, 풀밭

- 中国的草原正面临着危机。
  zhōng guó de cǎo yuán zhèng miàn lín zhe wēi jī
  중국의 초원은 지금 위기를 맞고 있다.
- 这就是内蒙古大草原。
  zhè jiù shì nèi méng gǔ dà cǎo yuán
  여기가 바로 내몽고의 대초원이다.

62
测验
[cè yàn] 처 옌

명 측정, 테스트 동 시험하다

- 数学测验。수학 시험.
  shù xué cè yàn
- 我测验一下你的记忆力。
  wǒ cè yàn yī xià nǐ de jì yì lì
  제가 당신의 기억력을 한 번 테스트해 보겠습니다.

63
查
[chá] 차

동 검사하다, 검열하다, 조사하다

- 我不懂会计, 查不了账。
  wǒ bù dǒng kuài jì, chà bù liǎo zhàng
  나는 회계를 모르니 장부를 검사할 수 없다.
- 妈妈又查开孩子的作业本了。
  mā ma yòu chá kāi hái zǐ de zuò yè běn le
  엄마가 아이의 숙제장을 또 검사하기 시작했다.

64
差点儿
[chà diǎnr] 차 디얼

부 하마터면, 거의 형 조금 다르다

- 那事差点儿出了错。
  nà shì chà diǎn ér chū le cuò
  그 일은 하마터면 실수할 뻔하였다.
- 等着等着, 差点儿出了大事。
  děng zhe děng zhe, chà diǎn ér chū le dà shì
  하마터면 큰일 날 뻔했다.

3단계

65
□ **拆**

[chāi] 차이

(동) 헐다, 부수다, 뜯어내다

- **拆**旧房, 建新房。
  chāi jiù fáng, jiàn xīn fáng
  낡은 집을 헐고 새 집을 짓다.
- 快把信**拆**开, 看看写的什么。
  kuài bǎ xìn chāi kāi, kàn kàn xiě de shén me
  빨리 편지를 뜯어서 뭐라고 쓰였는지 좀 봐라.

66
□ **长期**

[cháng qī] 창 치

(명) 장기(長期), 장기간 (형) 장기적이다

- **长期**合作。 장기간 협조하다.
  cháng qī hé zuò
- **长期**计划。 장기 계획.
  cháng qī jì huá

67
□ **尝**

[cháng] 창

(동) 맛보다, 체험하다 (부) 일찍이, 이전에

- **尝**一**尝**味道。 한 번 맛보다.
  cháng yì cháng wèi dao
- 未**尝**一面。 한 번도 만난 적이 없다.
  wèi cháng yí miàn

68
□ **朝**

[cháo] 차오

(명) 조정, 조대(朝代) (개) ～을 향하여

- **朝**后转。 뒤로 돌다.
  cháo hòu zhuǎn
- 脸**朝**西。 얼굴이 서쪽을 향하다.
  liǎn cháo xī

핵심단어 | **323**

69
□ **超过**

[chāo guò] 차오 꿔

(동) 따라잡다, 추월하다

* 不得超过最高限价。
  bù dé chāo guò zuì gāo xiàn jià
  최고 제한 가격을 초과할 수 없다.
* 他的身高超过一米八。
  tā de shēn gāo chāo guo yì mǐ bā
  그의 신장은 180센티미터가 넘는다.

70
□ **彻底**

[chè dǐ] 처 디

(명) 철저함 (형) 철저히 하다

* 彻底解决。철저히 해결하다.
  chè dǐ jiě jué
* 彻底改变旧习。구습을 철저히 바꾸다.
  chè dǐ gǎi biàn jiù xí

71
□ **称赞**

[chēng zàn] 청 짠

(명) 칭찬 (동) 칭찬하다

* 称赞有点过分。과분한 칭찬이십니다.
  chēng zàn yǒu diǎn guò fèn
* 交口称赞。입을 모아 칭찬하다.
  jiāo kǒu chēng zàn

72
□ **成功**

[chéng gōng] 청 꽁

(명) 성공 (동) 성공하다, 완성하다

* 希望你成功。성공을 빈다.
  xī wàng nǐ chéng gōng
* 定会成功。반드시 성공할 것이다.
  dìng huì chéng gōng

73
□ **成果**

[chéng guǒ] 청 구오

(명) 성과, 결과

* 几乎没有成果。성과가 거의 없다.
  jī hū méi yǒu chéng guǒ
* 经过不懈努力取得的成果。
  jīng guò bù xiè nǔ lì qǔ dé de chéng guǒ
  꾸준한 노력을 통하여 얻은 성과.

74
□ 成绩
[chéng jì] 청 찌

(명) 성적, 성과, 기록

❖ 成绩下降。성적이 내려가다.
　chéng jì xià jiàng

❖ 成绩很可观。성과가 아주 볼 만하다.
　chéng jì hěn kě guān

75
□ 成就
[chéng jiù] 청 찌우

(명) 성취, 업적　(동) 성취하다, 이루다

❖ 获得更为杰出的成就。
　huò dé gèng wéi jié chū de chéng jiù
　더욱 걸출한 성과를 거두다.

❖ 他成就了大业。그는 대업을 이루었다.
　tā chéng jiù le dà yè

76
□ 成立
[chéng lì] 청 리

(명) 창립, 설치, 성립　(동) (이론·의견이) 성립하다

❖ 动物保护协会宣告成立。
　dòng wù bǎo hù xié huì xuān gào chéng lì
　동물보호 협회의 설립을 선포하다.

❖ 成立总工会。노동조합총연합회를 설립하다.
　chéng lì zǒng gōng huì

77
□ 成熟
[chéng shú] 청 슈

(형) 무르익다, 성숙하다　(동) (과일 등이) 익다

❖ 希望在政治上成熟。
　xī wàng zài zhèng zhì shàng chéng shú
　정치적 성숙이 요망된다.

❖ 我的想法还不成熟。
　wǒ de xiǎng fǎ hái bù chéng shú
　나의 생각은 아직도 미숙하다.

78
□ **成长**

[chéng zhǎng] 청 짱

(동) 성장하다, 자라다

❖ **成长**发育快。성장 발육이 빠르다.
  chéng zhǎng fā yù kuài
❖ 儿女茁壮**成长**。자식이 훌륭히 성장하다.
  nǚ ér zhuó zhuàng chéng zhǎng

79
□ **诚实**

[chéng shí] 청 스

(형) 성실하다, 언행이 일치하다, 진실하다

❖ 经理很欣赏他不虚虚假假的**诚实**劲儿。
  jīng lǐ hěn xīn shǎng tā bù xū xū jiǎ jiǎ de chéng shí jìn ér
  사장은 그의 거짓되지 않은 성실성을 좋게 평가한다.
❖ 为人**诚实**。사람 됨됨이가 성실하다.
  wéi rén chéng shí

80
□ **吃惊**

[chī jīng] 츠 찡

(형) 깜짝 놀라다

❖ 他**吃惊**得睁圆眼睛。
  tā chī jīng dé zhēng yuán yǎn jīng
  그는 놀라서 눈이 둥그레졌다.
❖ 特别**吃惊**的表情。사뭇 놀란 표정.
  tè bié chī jīng de biǎo qíng

81
□ **迟到**

[chí dào] 츠 따오

(동) 지각하다, 늦게 도착하다

❖ 大家都很准时, 独独他**迟到**了。
  dà jiā dōu hěn zhǔn shí, dú dú tā chí dào le
  사람들이 모두 제 시간에 왔는데, 유독 그만 늦게 도착했다.
❖ 他上学又**迟到**了。그는 또 지각하였다.
  tā shàng xué yòu chí dào le

● 3단계

82
□ **充分**

[chōng fèn] 총 펀

형 충분하다 부 충분히, 최대한

- 理由**充分**。 이유가 충분하다.
  lǐ yóu chōng fèn
- 我们的分析还不够**充分**。
  wǒ mén de fēn xī hái bù gòu chōng fēn
  우리의 분석은 아직도 충분하지 않다.

83
□ **充满**

[chōng mǎn] 총 만

동 충만하다, 가득 채우다

- **充满**着信心。 자신감이 충만하다.
  chōng mǎn zhe xìn xīn
- 我对未来**充满**了信心。
  wǒ duì wèi lái chōng mǎn le xìn xīn
  나는 미래에 대하여 자신감을 충분히 가졌다.

84
□ **充足**

[chōng zú] 총 주

형 충족하다, 충분하다

- 现货**充足**。 재고가 충분하다.
  xiàn huò chōng zú
- 货源**充足**。 물품 공급원이 충분하다.
  huò yuán chōng zú

85
□ **重叠**

[chóng dié] 총 디에

형 중첩되다, 중복되다, 겹치다

- 这些形容词不能**重叠**。
  zhè xiē xíng róng cí bú néng chóng dié
  이 형용사들은 중첩할 수 없다.
- 快把这些椅子**重叠**在一起。
  bǎ zhè xiē yǐ zi chóng dié zài yì qǐ
  어서 이 의자들을 한데 겹쳐라.

핵심단어 | **327**

86
□ **崇高** [chóng gāo] 총 까오

[형] 숭고하다, 고상하다

❖ 表示崇高的敬意。 숭고한 경의를 표하다.
biǎo shì chóng gāo de jìng yì

❖ 崇高的品格。 고상한 품격.
chóng gāo de pǐn gé

87
□ **出发** [chū fā] 추 파

[명] 출발 [동] 출발하다

❖ 出发点。 출발점.
chū fā diǎn

❖ 后天晚上七点出发。
hòu tiān wǎn shàng qī diǎn chū fā
모레 저녁 7시에 출발한다.

88
□ **出现** [chū xiàn] 추 씨엔

[명] 출현 [동] 나타나다

❖ 突然出现。 돌연 갑자기 나타나다.
tū rán chū xiàn

❖ 一同出现。 함께 나타나다.
yì tóng chū xiàn

89
□ **出租汽车** [chū zū qì chē] 추 쭈 치 처

[명] 택시(taxi)

❖ 来了一辆出租汽车。 택시 한 대가 왔다.
lái le yí liàng chū zū qì chē

❖ 他是个出租汽车司机。
tā shì gè chū zū qì chē sī jī
그는 택시 기사이다.

90
□ **春** [chūn] 춘

[명] 봄, 춘계(春季), 봄철, (남녀의) 욕정(欲情)

❖ 四季如春。 사계절이 봄 날씨 같다.
sì jì rú chūn

❖ 怀春。 연정을 품다.
huái chūn

91
词典
[cí diǎn] 츠 디엔

몡 (단어를 모은) 사전

* 分科词典。학문 분야별 사전.
  fēn kē cí diǎn
* 这本词典真厚。이 사전은 정말 두껍다.
  zhè běn cí diǎn zhēn hòu

92
错误
[cuò wù] 춰 우

혱 틀리다, 잘못되다 몡 잘못, 과오

* 书写上的错误。필기상의 잘못.
  shū xiě shàng de cuò wù
* 错误观念。잘못된 관념.
  cuò wù guān niàn

93
代表
[dài biǎo] 따이 뱌오

몡 대표 동 대표하다

* 人大代表。인민 대표 대회 대표.
  rén dà dài biǎo
* 代表选区发表演讲。
  dài biǎo xuǎn qū fā biǎo yǎn jiǎng
  선거구를 대표하여 강연문을 발표하다.

94
岛
[dǎo] 다오

몡 섬, ~도(島)

* 安全岛。안전지대.
  ān quán dǎo

95
道德
[dào dé] 따오 더

몡 도덕, 윤리 혱 도덕적이다

* 道德沦亡。도덕이 타락하다.
  dào dé lún wáng
* 不道德。비도덕적이다.
  bú dào dé

96
道理
[dào lǐ] 따오 리

명 도리, 이치, 법칙, 방법, 수단, 대책

- 体悟做人的道理。사람의 도리를 깨닫다.
  tǐ wù zuò rén de dào lǐ
- 阐明道理。이치를 명확하게 밝히다.
  chǎn míng dào lǐ

97
道歉
[dào qiàn] 따오 첸

명 사과 동 사죄하다, 잘못함을 표하다

- 道歉文。사과문.
  dào qiàn wén
- 公开道歉。공개 사과하다.
  gōng kāi dào qiàn

98
得到
[dé dào] 더 따오

동 손에 넣다, 되다, 얻다

- 传统美德得到发扬光大。
  chuán tǒng měi dé dé dào fā yáng guāng dà
  전통 미덕이 더욱 발전하게 되다.
- 让顾客得到实惠。
  ràng gù kè dé dào shí huì
  고객에게 실리를 얻게 하다.

99
登记
[dēng jì] 떵 찌

동 등기하다, 체크인하다, 등록하다 명 등록

- 登记房地产。부동산을 등기하다.
  dēng jì fáng dì chǎn
- 住户登记被取消。주민등록이 말소되다.
  zhù hù dēng jì bèi qǔ xiāo

100
等待
[děng dài] 덩 따이

동 (사람·상황 등을) 기다리다 명 대기

- 等待机会。기회를 기다리다.
  děng dài jī huì
- 等待雨停。비가 그치기를 기다리다.
  děng dài yǔ tíng

3단계

101
的确
[dí què] 디 취에

(부) 확실히, 정확히, 참으로, 정말, 실로

- 一级厨师做的菜的确好吃。
  yī jí chú shī zuò de cài dí què hǎo chī
  일급 요리사가 만든 음식은 확실히 맛있다.
- 事实的确如此。 사실이 정말 이렇다.
  shì qíng dí què rú cǐ

102
递
[dì] 띠

(동) 넘겨주다, 건네주다

- 那份名单你递给谁了?
  nà fèn míng dān nǐ dì gěi shuí le
  그 명단을 당신은 누구에게 전달했어요?
- 请把书递给我。 책을 제게 건네주세요.
  qǐng bǎ shū dì gěi wǒ

103
电灯
[diàn dēng] 띠엔 떵

(명) 전등, 백열등

- 新房子刚刚安上了电灯。
  xīn fáng zī gāng gāng ān shàng le diàn dēng
  새 집에 방금 전등을 달았다.
- 请按一下儿电灯开关。
  qǐng àn yī xià ér diàn dēng kāi guān
  전등 스위치를 누르세요.

104
调查
[diào chá] 띠아오 차

(명) 조사 (동) 조사하다

- 调查事故原因。 사고 원인을 조사하다.
  diào chá shì gù yuán yīn
- 调查社情民意。 사회상과 민심을 조사하다.
  diào chá shè qíng mín yì

105
冬
[dōng] 둥

명 겨울(winter), 동기

- 十冬腊月。 한겨울.
  shí dōng là yuè
- 冬奥。
  dōng ào
  동계올림픽. '冬季奥林匹克运动会'의 줄임말임.

106
懂得
[dǒng de] 둥 더

동 (뜻·방법 등을) 알다, 이해하다

- 懂得单词的意思。 낱말의 뜻을 알다.
  dǒng dé dān cí de yì sī
- 我不懂得这话里深藏的意思。
  wǒ bù dǒng dé zhè huà lǐ shēn cáng de yì sī
  나는 이 말 속에 들어 있는 깊은 뜻을 이해하지 못한다.

107
动人
[dòng rén] 뚱 런

동 감동시키다 형 감동적이다

- 一幕动人的景象。
  yī mù dòng rén de jǐng xiàng
  감동적인 한 장면.
- 她的表演非常动人。
  tā de biǎo yǎn fēi cháng dòng rén
  그녀의 연기는 매우 감동적이었다.

108
动身
[dòng shēn] 뚱 선

명 출발 동 출발하다

- 延后动身。 출발을 뒤로 미루다.
  yán hòu dòng shēn
- 旋即动身。 곧 출발하다.
  xuán jí dòng shēn

109
□ **动手**

[dòng shǒu] 똥 서우

- 명 착수 동 시작하다, 착수하다, 손보다

- ❖ 一齐动手。 모두 함께 시작하다.
  yī qí dòng shǒu
- ❖ 动手做生意。 장사에 손대다.
  dòng shǒu zuò shēng yì

110
□ **动员**

[dòng yuán] 똥 위엔

- 동 (군대·사람을) 동원하다 명 동원

- ❖ 动员职工义务献血。
  dòng yuán zhí gōng yì wù xiàn xuè
  직원들에게 의무 헌혈을 하게 (동원)하다.
- ❖ 动员同仁一起来完成这项工作。
  dòng yuán tóng rén yī qǐ lái wán chéng zhè xiàng gōng zuò
  동지들을 움직여 이 일을 성사시키다.

111
□ **动作**

[dòng zuò] 똥 쭤

- 명 동작, 활동, 행동 동 활동하다, 행동하다

- ❖ 动作协调。 동작이 조화롭다.
  dòng zuò xié diào
- ❖ 不知道他们将怎么动作。
  bù zhī dào tā mén jiāng zěn me dòng zuò
  그들이 어떻게 행동할지 모르겠다.

112
□ **斗争**

[dòu zhēng] 떠우 정

- 동 투쟁하다, 분투하다 명 투쟁

- ❖ 批判斗争。 비판·투쟁하다.
  pī pàn dòu zhēng
- ❖ 为世界和平而斗争。
  wéi shì jiè hé píng ér dòu zhēng
  세계 평화를 위하여 분투·노력하다.

113
独立

[dú lì] 두 리

- 명 독립 동 독립하다, 혼자 서다
- 建立独立纪念馆。독립 기념관을 건립하다.
  jiàn lì dú lì jì niàn guǎn
- 这是一个独立的小国家。
  zhè shì yí ge dú lì de xiǎo guó jiā
  이것은 독립한 작은 나라다.

114
读书

[dú shū] 두 슈

- 동 독서하다, 책을 읽다
- 秋天是读书的季节。
  qiū tiān shì dú shū de jì jié
  가을은 독서의 계절이다.
- 朗声读书。소리 내어 책을 읽다.
  lǎng shēng dú shū

115
堵

[dǔ] 두

- 동 막다, 틀어막다, 가로막다 명 담장, 울타리
- 快堵上他的嘴巴。그의 입을 빨리 막아라.
  kuài dǔ shàng tā de zuǐ bā
- 死死地堵在前面。앞을 딱 가로막다.
  sǐ sǐ de dǔ zài qián mian

116
短期

[duǎn qī] 두안 치

- 명 단기, 짧은 기간
- 短期训练班 / 短训班。단기 강습반.
  duǎn qī xùn liàn bān / duǎn xùn bān
- 短期内结束了工程。
  duǎn qī nèi jié shù le gōng chéng
  공사를 짧은 기간내에 완료하다.

117
断

[duàn] 뚜안

- 동 (가늘고 긴 물건을) 자르다, 끊다
- 和他断了交往。그와의 교제를 끊다.
  hé tā duàn le jiāo wǎng
- 断了音信。소식이 단절되다.
  duàn le yīn xìn

3단계

118 锻炼
[duàn liàn] 뚜안 리엔

- 몡 단련 동 (운동을 통해 신체를) 단련하다
- ❖ 经受基层工作的锻炼。
  jīng shòu jī céng gōng zuò de duàn liàn
  말단 업무로 단련을 받다.
- ❖ 锻炼身体。 신체를 단련하다.
  duàn liàn shēn tǐ

119 对待
[duì dài] 뚜이 따이

- 몡 접대, 대우 동 대하다, 대처하다
- ❖ 郑重对待。 정중하게 대하다.
  zhèng zhòng duì dài
- ❖ 一例对待。 일률적으로 대하다.
  yí lì duì dài

120 对话
[duì huà] 뚜이 화

- 몡 대화 동 대화하다
- ❖ 双方一起对话。 대화를 나누다.
  shuāng fāng yì qǐ duì huà
- ❖ 我不想和你这种冬烘先生对话。
  wǒ bù xiǎng hé nǐ zhè zhǒng dōng hōng xiān shēng duì huà
  너 같은 골생원하고는 상대하기도 싫다.

121 多数
[duō shù] 뚜어 쑤

- 몡 다수 뷔 대개, 대체로
- ❖ 占多数。 다수를 차지하다.
  zhàn duō shù
- ❖ 我们班里多数是日本人。
  wǒ mén bān lǐ duō shù shì rì běn rén
  우리 반의 다수는 일본인이다.

122 夺
[duó] 뚜어

- 동 강제로 빼앗다, 쟁취하다
- ❖ 夺取。 애써서 얻다, 쟁취하다.
  duó qǔ
- ❖ 夺取新的胜利。 새로운 승리를 쟁취하다.
  duó qǔ xīn de shèng lì

123
□ **躲**

[duǒ] 뚜어

(동) 숨다, 피하다, 은폐하다

- 你先找个地方躲起来,等没人了我再叫你出来。
  nǐ xiān zhǎo gè dì fāng duǒ qǐ lái, děng méi rén le wǒ zài jiào nǐ chū lái
  너는 우선 장소를 찾아 숨어라, 아무도 없게 되면 내가 다시 나오라고 할게.
- 他跑到乡下躲债。
  tā pǎo dao xiāng xià duǒ zhài
  그는 채무를 피해 시골로 도망갔다.

124
□ **儿童**

[ér tóng] 얼 퉁

(명) 어린이, 아동

- 儿童乐园。 어린이 유원지.
  ér tóng lè yuán
- 儿童是国家的未来。
  ér tóng shì guó jiā de wèi lái
  어린이는 나라의 미래다.

125
□ **发表**

[fā biǎo] 파 비아오

(명) 발표, 공표 (동) 발표하다, 발산시키다

- 正式发表。 공식 발표.
  zhèng shì fā biǎo
- 发表意见。 의견을 발표하다.
  fā biǎo yì jiàn

126
□ **发出**

[fā chū] 파 추

(동) (소리 등을) 내다, 보내다, 발표하다

- 发出声音。 소리를 내다.
  fā chū shēng yīn
- 发出信件。 편지를 보내다.
  fā chū xìn jiàn

127
发达
[fā dá] 파 다

- 명 발달 동 발달하다, 번성하다
  - ❖ 智商的发达。 인지의 발달.
    zhì shāng de fā dá
  - ❖ 嗅觉发达。 후각이 발달하다.
    xiù jué fā dá

128
发动
[fā dòng] 파 똥

- 동 동원하다, 일으키다, 개시하다
  - ❖ 发动群众。 군중들을 동원하다.
    fā dòng qún zhòng
  - ❖ 发动战争。 전쟁을 일으키다.
    fā dòng zhàn zhēng

129
发挥
[fā huī] 파 후이

- 명 발휘 동 (능력·작용을) 발휘하다
  - ❖ 发挥高超的技艺。 빼어난 기예를 발휘하다.
    fā huī gāo chāo de jì yì
  - ❖ 发挥了超群的实力。
    fā huī le chāo qún de shí lì
    발군의 실력을 발휘하다.

130
发明
[fā míng] 파 밍

- 명 발명, 발명품 동 발명하다, 설명하다
  - ❖ 这是一项了不起的发明。
    zhè shì yí xiàng liǎo bù qǐ de fā míng
    이것은 하나의 대단한 발명이다.
  - ❖ 爱迪生发明了电灯。
    ài dí shēng fā míng le diàn dēng
    에디슨이 전등을 발명하였다.

131
发烧
[fā shāo] 파 사오

- 명 발열 동 열이 나다, 붉어지다
  - ❖ 发烧药。 발열제.
    fā shāo yào
  - ❖ 身上发烧。 신열이 나다.
    shēn shàng fā shāo

132
发生
[fā shēng] 파 성

명 발생 동 발생하다

- 避免发生旱灾。 가뭄 발생을 방지하다.
  bì miǎn fā shēng hàn zāi
- 这种事经常发生。
  zhè zhǒng shì jīng cháng fā shēng
  이런 일은 흔히 발생한다.

133
发现
[fā xiàn] 파 씨엔

명 발견 동 발견하다, 찾다

- 发现新大陆。 신대륙의 발견.
  fā xiàn xīn dà lù
- 没被发现的人才。 숨은 인재.
  méi bèi fā xiàn de rén cái

134
发扬
[fā yáng] 파 양

동 발양하다, 발양시키다, 발휘하다

- 发扬成绩。 성적을 발양하다.
  fā yáng chéng jì
- 发扬优势。 우세한 점을 충분히 발휘하다.
  fā yáng yōu shì

135
发展
[fā zhǎn] 파 잔

명 발전 동 발전하다, 확충하다

- 发展很快。 발전이 빠르다.
  fā zhǎn hěn kuài
- 不断发展。 끊임없이 발전하다.
  bù duàn fā zhǎn

136
法律
[fǎ lǜ] 파 뤼

명 법률

- 触犯法律。 법률을 위반하다.
  chù fàn fǎ lǜ
- 修改后的法律。 개정된 법률.
  xiū gǎi hòu de fǎ lǜ

137
繁荣
[fán róng] 판롱

형 번영하다 동 번영시키다 명 번영

- 经济繁荣。 경제가 번영하다.
  jīng jì fán róng
- 繁荣市场。 시장을 번영시키다.
  fán róng shì chǎng

138
反对
[fǎn duì] 판뚜이

명 반대 동 반대하다

- 摧毁反对势力。 반대 세력을 괴멸시키다.
  cuī huǐ fǎn duì shì lì
- 反对战争。 전쟁을 반대하다.
  fǎn duì zhàn zhēng

139
反复
[fǎn fù] 판푸

형 반복하다 부 반복적 명 반복

- 反复撺掇。 반복하여 부추기다.
  fǎn fù cuān duō
- 颠过来倒过去, 反复无常。
  diān guò lái dǎo guò qù, fǎn fù wú cháng
  이랬다저랬다 자꾸 반복한다.

140
反抗
[fǎn kàng] 판캉

명 반항, 저항 동 반항하다

- 无理反抗。 이유 없는 반항.
  wú lǐ fǎn kàng
- 反抗压迫。 억압에 저항하다.
  fǎn kàng yā pò

141
反应
[fǎn yìng] 판잉

명 반응, 반향 동 반응하다

- 反应迟钝。 반응이 느리다.
  fǎn yīng chí dùn
- 他半天没反应过来。
  tā bàn tiān méi fǎn yīng guò lái
  그는 한참이 지나서도 반응하지 않았다.

142

□ **反映**

[fǎn yìng] 판 잉

명 반영 동 반영하다, 보고하다

- 把民意反映到政策上。
  bǎ mín yì fǎn yìng dào zhèng cè shàng
  정책에 민의를 반영하다.
- 反映情况。 상황을 보고하다.
  fǎn yìng qíng kuàng

143

□ **范围**

[fàn wéi] 판 웨이

명 범위, 한계 동 제한하다, 개괄하다

- 划定范围。 범위를 정하다.
  huá dìng fàn wéi
- 图书发行范围。 도서 발행 범위.
  tú shū fā xíng fàn wéi

144

□ **方便**

[fāng biàn] 팡 삐앤

형 편리하다, 넉넉하다

- 这座城市的交通非常方便。
  zhè zuò chéng shì de jiāo tōng fēi cháng fāng biàn
  이 도시의 교통이 매우 편리하다.
- 请你行个方便, 让我进去找个人。
  qǐng nǐ xíng gè fāng biàn, ràng wǒ jìn qù zhǎo gè rén
  사람을 찾으려고 하니 들어가도록 편의를 좀 봐주세요.

145

□ **方式**

[fāng shì] 팡 쓰

명 방식, 방법, 양식

- 处事方式。 일처리 방식.
  chǔ shì fāng shì
- 欧美式的思考方式。 구미식 사고방식.
  ōu měi shì de sī kǎo fāng shì

146
方针
[fāng zhēn] 팡쩐

(명) 방침

- 牢靠的经营**方针**。 견실한 경영 방침.
  láo kào de jīng yíng fāng zhēn
- 遵循公司的**方针**。 회사의 방침에 따르다.
  zūn xún gōng sī de fāng zhēn

147
防止
[fáng zhǐ] 팡즈

(명) 방지 (동) 방지하다

- **防止**火灾。 화재 방지.
  fáng zhǐ huǒ zāi
- **防止**乙肝病毒传染。
  fáng zhǐ yǐ gān bìng dú chuán rǎn
  B형 간염의 전염을 방지하다.

148
访问
[fǎng wèn] 팡원

(명) 방문 (동) 방문하다, 찾아보다

- **访问**团团长。 방문단 단장.
  fǎng wèn tuán tuán cháng
- **访问**酒厂。 양조장을 방문하다.
  fǎng wèn jiǔ chǎng

149
放弃
[fàng qì] 팡 치

(동) (권한, 주장 등을) 포기하다, 철회하다

- **放弃**继承权。 계승권을 포기하다.
  fàng qì jì chéng quán
- **放弃**一获千金的美梦吧。
  fàng qì yí huò qiān jīn de měi mèng ba
  일확천금의 꿈을 버려라.

150
分别
[fēn bié] 펀 비에

(동) 이별하다, 분별하다 (명) 구별 (부) 따로

- **分别**的时刻到了。 헤어질 시간이 왔다.
  fēn bié de shí kè dào le
- 暂时**分别**。 잠시 이별하다.
  zàn shí fēn bié

151
分配
[fēn pèi] 펀 페이

명 분배, 배치 동 분배하다, 배치하다

- 分配不平。 분배가 불공평하다.
  fēn pèi bù píng
- 分配宿舍。 기숙사를 분배하다.
  fēn pèi sù shè

152
分析
[fēn xī] 펀 시

명 분석 동 분석하다

- 分析精辟。 분석이 날카롭다.
  fēn xī jīng pì
- 分析股市行情。 주식 시장의 시세를 분석하다.
  fēn xī gǔ shì háng qíng

153
分钟
[fēn zhōng] 펀 쭝

명 분(minute)

- 已经过了五分钟。 이미 5분이 지났다.
  yǐ jīng guò le wǔ fēn zhōng
- 现在是差十分钟六点。
  xiàn zài shì chà shí fēn zhōng liù diǎn
  지금은 6시 10분 전이다.

154
吩咐
[fēn fù] 펀 푸

명 분부 동 분부하다, 명하다, 지시하다

- 我要按吩咐办。 분부대로 거행하겠습니다.
  wǒ yào àn fēn fù bàn
- 请吩咐。 어서 분부하여 주십시오.
  qǐng fēn fù

155
奋斗
[fèn dòu] 펀 떠우

동 분투하다, 싸우다, 노력하다

- 奋斗目标。 분투 목표.
  fèn dòu mù biāo
- 他们奋斗到了最后。
  tā mén fèn dòu dào le zuì hòu
  그들은 최후까지 분투했다.

156
□ 愤怒
[fèn nù] 펀 누

- 몡 분노, 격노, 노여움 동 분노하다
- ❖ 愤怒郁结于心。 분노가 가슴에 사무치다.
  fèn nù yù jié yú xīn
- ❖ 愤怒诋斥。 분노하며 질책하다.
  fèn nù dǐ chì

157
□ 丰富
[fēng fù] 펑 푸

- 형 풍부하다, 많다 동 풍부하게 하다
- ❖ 经验丰富。 경험이 풍부하다.
  jīng yàn fēng fù
- ❖ 这样更加丰富了手机功能。
  zhè yàng gèng jiā fēng fù le shǒu jī gōng néng
  이렇게 하여 휴대전화의 기능을 더욱 풍부하게 하였다.

158
□ 风俗
[fēng sú] 펑 쑤

- 몡 풍속, 풍습
- ❖ 民间风俗。 민간 풍속.
  mín jiān fēng sú
- ❖ 新风俗。 새 풍속.
  xīn fēng sú

159
□ 否定
[fǒu dìng] 포우 띵

- 몡 부정 형 부정적 동 부정하다
- ❖ 答案是否定的。 답은 부정적이다.
  dá àn shì fǒu dìng de
- ❖ 否定事实。 사실을 부정하다.
  fǒu dìng shì shí

160
□ **否则**

[fǒu zé] 포우 저

쩝 그렇지 않으면

- **否则**, 后果将不堪设想。
  fǒu zé, hòu guǒ jiāng bù kān shè xiǎng
  그렇지 않으면, 상상할 수도 없는 결과를 초래할 것이다.
- 肯定有人走风, **否则**他不会知道。
  kěn dìng yǒu rén zǒu fēng, fǒu zé tā bú huì zhī dào
  어떤 사람이 누설한 게 분명해, 그렇지 않다면 그가 알 리가 없지.

161
□ **夫人**

[fū rén] 푸 런

명 부인, 아주머니

- 总统暨**夫人**一行。 대통령과 부인 일행.
  zǒng tǒng jì fū rén yì xíng
- **夫人**好吗? 안댁은 안녕하신가?
  fū rén hǎo ma

162
□ **富**

[fù] 푸

형 부유하다, 재산이 많다

- 这一带的农民很**富**。
  zhè yí dài de nóng mín hěn fù
  이 일대의 농민들은 매우 부유하다.
- **富**于营养。 영양이 풍부하다.
  fù yú yíng yǎng

163
□ **服从**

[fú cóng] 푸 충

명 복종, 종속 동 복종하다, 종속하다

- 要求**服从**国法。 국법에는 복종이 요구된다.
  yào qiú fú cóng guó fǎ
- **服从**将令。 군령에 복종하다.
  fú cóng jiāng lìng

164
□ **符合**

[fú hé] 푸 허

(동) 부합하다, 일치하다, 따르다

❖ **符合**条件。 조건에 부합되다.
　fú hé tiáo jiàn

❖ **符合**事实。 사실에 맞다.
　fú hé shì shí

165
□ **复杂**

[fù zá] 푸 자

(형) 복잡하다

❖ 问题**复杂**。 문제가 복잡하다.
　wèn tí fù zá

❖ 他的社会关系很**复杂**。
　tā de shè huì guān xì hěn fù zá
　그의 사회 관계는 매우 복잡하다.

166
□ **负责**

[fù zé] 푸 저

(동) 책임지다, 담당하다 (명) 책임

❖ 分区**负责**。 작은 구역으로 나누어 책임지다.
　fēn qū fù zé

❖ 使**负责**。 책임을 맡기다.
　shǐ fù zé

167
□ **改变**

[gǎi biàn] 가이 삐엔

(동) 바꾸다, 변하다 (명) 변화

❖ **改变**态度。 태도를 바꾸다.
　gǎi biàn tài dù

❖ 他的生活观念无形中有了一些**改变**。
　tā de shēng huó guān niàn wú xíng zhōng yǒu le yī xiē gǎi biàn
　그의 생활 관념은 무형 중에 약간의 변화가 생겼다.

168
□ **改革**

[gǎi gé] 가이 거

(동) 개혁하다 (명) 개혁

❖ **改革**人事制度。 인사제도를 개혁하다.
　gǎi gé rén shì zhì dù

❖ **改革**是发展的保障。
　gǎi gé shì fā zhǎn de bǎo zhàng
　개혁은 발전을 보장한다.

169
改进 [gǎi jìn] 가이 찐

(명) 개선 (동) 개진하다, 개량하다

- 改进方案。 개선 방안.
  gǎi jìn fāng àn
- 改进工作方法。 업무 방식을 개진하다.
  gǎi jìn gōng zuò fāng fǎ

170
改善 [gǎi shàn] 가이 샨

(동) 개선하다 (명) 개선

- 改善居住环境。 거주 환경을 개선하다.
  gǎi shàn jū zhù huán jìng
- 建议上司改善劳动条件。
  jiàn yì shàng sī gǎi shàn láo dòng tiáo jiàn
  상부에 근무 조건의 개선을 건의하다.

171
改造 [gǎi zào] 가이 짜오

(동) 개조하다, 바꾸다 (명) 개조, 수정

- 改造老城区。 도시의 옛 구역을 개조하다.
  gǎi zào lǎo chéng qū
- 改造世界。 세계를 근본적으로 변화시키다.
  gǎi zào shì jiè

172
改正 [gǎi zhèng] 가이 쩡

(동) 개정하다, 시정하다 (명) 개정, 정정

- 改正错误。 잘못을 시정하다.
  gǎi zhèng cuò wù
- 要求改正缺点。 결함의 시정을 요구하다.
  yāo qiú gǎi zhèng quē diǎn

173
概括 [gài kuò] 까이 쿼

(명) 개괄 (동) 총괄하다 (형) 간단 명료하다

- 概括来说。 개략을 말하자면.
  gài kuò lái shuō
- 这章的要点概括起来有几点。
  zhè zhāng de yào diǎn gài kuò qǐ lái yǒu jǐ diǎn
  이 장의 요점을 개괄해 보면 몇 가지 점들이 있다.

3단계

174
□ **干杯**

[gān bēi] 깐 베이

몡 건배 동 건배하다

* 举杯干杯。 술잔을 들어 건배하다.
  jǔ bēi gàn bēi
* 为了我们的成功, 干杯!
  wèi le wǒ men de chéng gōng, gān bēi
  우리의 성공을 위하여, 건배!

175
□ **干脆**

[gān cuì] 깐 추이

혱 명쾌하다, 간단명료하다 튀 전혀, 아예

* 答得很干脆。 대답이 시원스럽다.
  dá de hěn gān cuì
* 干脆算了吧。 아예 그만두어라.
  gān cuì suàn le ba

176
□ **干燥**

[gān zào] 깐 짜오

혱 건조하다, 재미없다

* 气候干燥。 기후가 건조하다.
  qì hou gān zào
* 陈词滥调干燥乏味。
  chén cí làn diào gān zào fá wèi
  케케묵고 진부하여 딱딱하고 재미없다.

177
□ **感动**

[gǎn dòng] 간 뚱

동 감동시키다, 감동하다 명 감동

* 使人感动。 사람을 감동시키다.
  shǐ rén gǎn dòng
* 感动得心里一阵发热。 가슴 뭉클한 감동.
  gǎn dòng de xīn li yí zhèn fā rè

178
□ **感激**

[gǎn jī] 간 찌

명 감격 동 감격하다, 감사하다

* 十二分的感激。 대단한 감격.
  shí èr fēn de gǎn jī
* 感激涕零。 감격하여 눈물을 흘리다.
  gǎn jī tì líng

179

□ **感觉**

[gǎn jué] 간 쥐에

명 느낌, 감촉 동 느끼다

- **我对他的感觉不好。**
  wǒ duì tā de gǎn jué bù hǎo
  그 사람에 대한 나의 느낌이 좋지 않다.

- **我感觉到了自己的心跳。**
  wǒ gǎn jué dào le zì jǐ de xīn tiào
  나는 내 심장이 뛰는 것을 느꼈다.

180

□ **感冒**

[gǎn mào] 간 마오

명 감기 동 감기에 걸리다, 감지하다

- **重感冒常可并发肺炎。**
  zhòng gǎn mào cháng kě bìng fā fèi yán
  심한 감기는 폐렴을 일으킬 수 있다.

- **他这两天感冒了。**
  tā zhè liǎng tiān gǎn mào le
  그는 요 며칠 감기에 걸렸다.

181

□ **感情**

[gǎn qíng] 간 칭

명 감정, 애정, 친근감

- **感情激动。** 감정이 격해지다.
  gǎn qíng jī dòng

- **感情游戏玩儿不得。**
  gǎn qíng yóu xì wán ér bù dé
  애정 문제는 장난삼아 해서는 안 된다.

182

□ **感想**

[gǎn xiǎng] 간 시앙

명 감상, 소감

- **写感想。** 감상문을 쓰다.
  xiě gǎn xiǎng

- **问当选的感想。** 당선 소감을 묻다.
  wèn dāng xuǎn de gǎn xiǎng

183
□ 感谢
[gǎn xiè] 간 씨에

[명] 감사 [동] 감사하다

- 表示感谢。감사의 뜻을 표하다.
  biǎo shì gǎn xiè
- 万分感谢。대단히 감사하다.
  wàn fēn gǎn xiè

184
□ 刚刚
[gāng gāng] 깡 깡

[부] 막, 방금, 얼마 전에

- 会议刚刚结束。회의가 지금 막 끝났다.
  huì yì gāng gāng jié shù
- 我刚刚收到你的信。
  wǒ gāng gāng shōu dào nǐ de xìn
  나는 방금 너의 편지를 받았다.

185
□ 钢笔
[gāng bǐ] 깡 비

[명] 펜, 만년필, (등사용) 철필

- 钢笔帽。만년필 뚜껑.
  gāng bǐ mào
- 往钢笔里灌墨水。만년필에 잉크를 넣다.
  wǎng gāng bǐ lǐ guàn mò shuǐ

186
□ 高原
[gāo yuán] 까오 위엔

[명] 고원

- 青藏高原。칭짱(青藏) 고원.
  qīng zàng gāo yuán
- 帕米尔高原被称为世界屋脊。
  pà mǐ ěr gāo yuán bèi chēng wéi shì jiè wū jǐ
  파미르 고원은 세계의 지붕이라 일컬어진다.

187
□ 告别
[gào bié] 까오 비에

[동] 고별하다, 이별하다, 헤어지다

- 告别聚会。고별 파티.
  gào bié jù huì
- 告别体坛。체육계를 떠나다.
  gào bié tǐ tán

188
□ **个别**

[gè bié] 꺼 비에

(형) 개개의, 개별적, 극소수의

- 极**个别**。아주 개별적이다.
  jí gè bié
- 这种现象是极**个别**的。
  zhè zhǒng xiàn xiàng shì jí gè bié de
  이런 현상은 극히 특별한 것이다.

189
□ **个子**

[gè zi] 꺼 즈

(명) (물건의) 크기, (사람의) 체격, 키, 몸집

- 高挑挑的**个子**。늘씬한 체격.
  gāo tiāo tiāo de gè zī
- 他俩**个子**差不多。그 둘은 키가 비슷하다.
  tā liǎng gè zī chà bù duō

190
□ **根本**

[gēn běn] 껀 번

(명) 근본, 기초 (형) 중요하다 (부) 도무지

- 他没有改变事情的**根本**。
  tā méi yǒu gǎi biàn shì qíng de gēn běn
  그는 일의 근본을 바꾸지 않았다.
- 我**根本**不相信你说的。
  wǒ gēn běn bù xiāng xìn nǐ shuō de
  나는 네가 하는 말을 본래 믿지 않는다.

191
□ **根据**

[gēn jù] 껀 쮜

(동) 근거하다, 의거하다 (명) 근거

- **根据**当局指示。당국의 지시에 의거하다.
  gēn jù dāng jú zhǐ shì
- 科学**根据**。과학적 근거.
  kē xué gēn jù

192
□ **工资**

[gōng zī] 꿍 쯔

(명) 임금, 노임

- 发放**工资**。임금을 지급하다.
  fā fàng gōng zī
- 晚发**工资**。노임체불(滯拂).
  wǎn fā gōng zī

193
工具

[gōng jù] 꿍 쮜

명 기구(器具), 도구(道具), 공구(工具), 연장

❖ 精密工具。정밀 공구.
   jīng mì gōng jù
❖ 工具每个人自己准备。
   gōng jù měi gè rén zì jǐ zhǔn bèi
   도구는 각자 준비할 것.

194
供给

[gōng jǐ] 꿍 지

명 공급, 지급 동 공급하다, 지급하다

❖ 保障商品供给。상품의 공급을 보장하다.
   bǎo zhàng shāng pǐn gōng jǐ
❖ 供给动力。동력을 공급하다.
   gōng jǐ dòng lì

195
巩固

[gǒng gù] 공 꾸

형 견고하다, 튼튼하다 명 견고

❖ 基础巩固。기초가 튼튼하다.
   jī chǔ gǒng gù
❖ 各界领导人都在为政权巩固而努力。
   gè jiè lǐng dǎo rén dōu zài wèi zhèng quán gǒng gù
   ér nǔ lì
   각계 지도자들이 정권의 공고함을 위해 모두 노력하다.

196
共同

[gòng tóng] 꿍 퉁

형 공동의, 공통의 부 함께, 다같이

❖ 共同的愿望。공동의 소망.
   gòng tóng de yuàn wàng
❖ 共同努力。함께 노력하다.
   gòng tóng nǔ lì

197
□ **贡献**

[gòng xiàn] 꽁 씨엔

(명) 공헌, 기여 (동) 공헌하다, 기여하다

- 这都是他的贡献。
  zhè dōu shì tā de gòng xiàn
  이 모두가 그의 공헌입니다.
- 为社会作贡献。 사회에 공헌하다.
  wéi shè huì zuò gòng xiàn

198
□ **构成**

[gòu chéng] 꺼우 청

(명) 구성, 형성 (동) 구성하다, 형성하다

- 我们要注重组织的构成。
  wǒ men yào zhù zhòng zǔ zhī de gòu chéng
  우리는 조직의 구성을 중시해야 한다.
- 你的行为构成了犯罪。
  nǐ de xíng wéi gòu chéng le fàn zuì
  당신의 행위는 범죄를 구성하였소.

199
□ **姑姑**

[gū gu] 꾸 구

(명) 고모

- 参加了姑姑的婚礼。
  cān jiā le gū gu de hūn lǐ
  고모의 결혼식에 참가하다.
- 我有五个姑姑。
  wǒ yǒu wǔ ge gū gu
  나에게는 다섯 명의 고모가 있다.

200
□ **估计**

[gū jì] 꾸 찌

(명) 추측 (동) 예측(豫測)하다, 추측(推測)하다

- 根本无法估计。 도무지 어림이 서지 않는다.
  gēn běn wú fǎ gū jì
- 估计时间。 시간을 예측하다.
  gū jì shí jiān

201
姑娘
[gū niang] 꾸 니앙

몡 아가씨, 처녀, 미혼 여성

- 采花姑娘。꽃 따는 아가씨.
  cǎi huā gū niang
- 白肌肤的姑娘。살결이 흰 처녀.
  bái jī fū de gū niang

202
鼓掌
[gǔ zhǎng] 구 쨩

몡 박수 동 손뼉 치다

- 鼓掌欢迎。박수로 환영하다.
  gǔ zhǎng huān yíng
- 听众一齐鼓掌。
  tīng zhòng yì qí gǔ zhǎng
  청중들이 일제히 손뼉을 쳤다.

203
鼓励
[gǔ lì] 구 리

몡 격려 동 격려하다, 북돋(우)다

- 鼓励的话语。격려의 말씀.
  gǔ lì de huà yǔ
- 鼓励运动员要(继续)奋斗。
  gǔ lì yùn dòng yuán yào (jì xù) fèn dòu
  분투하도록 선수들을 격려하다.

204
鼓舞
[gǔ wǔ] 구 우

몡 격려 동 고무하다, 격려하다

- 鼓舞士气。사기를 고무하다.
  gǔ wǔ shì qì
- 经理的讲话大大鼓舞了公司员工的士气。
  jīng lǐ de jiǎng huà dà dà gǔ wǔ le gōng sī yuán gōng de shì qì
  사장의 연설은 회사 직원의 사기를 크게 북돋았다.

205
□ 故意

[gù yì] 꾸 이

몡 고의 튀 고의로, 일부러

- 故意捏造。 고의적인 조작.
  gù yì niē zào
- 故意刁难。 고의로 난처하게 하다.
  gù yì diāo nán

206
□ 顾客

[gù kè] 꾸 커

몡 고객, 손님

- 兜揽顾客。 고객을 끌어모으다.
  dōu lǎn gù kè
- 顾客陡增。 고객이 갑자기 늘어나다.
  gù kè dǒu zēng

207
□ 关键

[guān jiàn] 꾸안 찌엔

몡 관건 혱 매우 중요하다

- 关键在这两个方面。
  guān jiàn zài zhè liǎng gè fāng miàn
  관건은 이 두 방면에 있다.
- 她终于说了关键的一句话。
  tā zhōng yú shuō le guān jiàn de yí jù huà
  그녀가 마침내 가장 중요한 말을 했다.

208
□ 关心

[guān xīn] 꾸안 씬

몡 관심 통 관심을 가지다

- 给以关心和帮助。 관심과 도움을 주다.
  gěi yǐ guān xīn hé bāng zhù
- 关心群众的痛痒。
  guān xīn qún zhòng de tòng yǎng
  대중의 고통에 관심을 갖다.

209
关照

[guān zhào] 꾸안 짜오

몡 관심 · 됨 돌보다, 보살피다

- 他平时对自己的学生特别关照。
  tā píng shí duì zì jǐ de xué shēng tè bié guān zhào
  그는 평소에 자신의 학생에게 특별히 관심을 가지고 보살핀다.
- 随时给以关照。 수시로 돌보아 주다.
  suí shí gěi yǐ guān zhào

210
观察

[guān chá] 꾸안 차

몡 관찰 · 됨 관찰하다, 조사하다

- 细致的观察。 치밀한 관찰.
  xì zhì de guān chá
- 留心观察。 주의를 기울여 관찰하다.
  liú xīn guān chá

211
观点

[guān diǎn] 꾸안 디엔

몡 관념, 관점, 입장

- 学术观点。 학술적 관점.
  xué shù guān diǎn
- 阐述观点。 관점을 상세히 논술하다.
  chǎn shù guān diǎn

212
管理

[guǎn lǐ] 구안 리

몡 관리, 감독 · 됨 관리하다, 단속하다

- 管理粗放。 관리가 소홀하다.
  guǎn lǐ cū fàng
- 管理档案材料。 문서 자료를 관리하다.
  guǎn lǐ dàng àn cái liào

213

逛

[guàng] 꽝

동 놀러 다니다, (밖으로 나가) 산보하다

- 逛来逛去整个村庄。
  guàng lái guàng qù zhěng gè cūn zhuāng
  온 마을을 쏘다니다.
- 今天天气非常好, 很适合逛街。
  jīn tiān tiān qì fēi cháng hǎo, hěn shì hé guàng jiē
  오늘은 날씨가 매우 좋아서 거리를 거닐기에 알맞다.

214

光

[guāng] 꾸앙

명 빛, 풍경, 영광 동 빛내다 부 홀로, 오직

- 日光。 일광, 햇빛.
  rì guāng
- 光宗耀祖。 가문을 빛내다.
  guāng zōng yào zǔ

215

光辉

[guāng huī] 꾸앙 후이

형 찬란하다, 훌륭하다 명 찬란한 빛

- 霍元甲的一生是光辉的一生。
  huò yuán jiǎ de yì shēng shì guāng huī de yì shēng
  곽원갑의 일생은 찬란한 일생이었다.
- 朝阳的光辉撒满大地。
  cháo yáng de guāng huī sǎ mǎn dà dì
  아침의 찬란한 빛이 온 대지를 비추다.

216

光明

[guāng míng] 꾸앙 밍

형 밝다, 창창하다 명 광명, 빛

- 大放光明。 밝은 빛을 크게 발하다.
  dà fàng guāng míng
- 给生活以光明。 생활에 광명을 주다.
  gěi shēng huó yǐ guāng míng

3단계

217
广大
[guǎng dà] 구앙 따

- 형 (면적이) 넓다, 광범하다, (사람이) 많다
- 区域广大。 구역이 넓다.
  qū yù guǎng dà
- 神通广大的人。 그릇이 큰 사람.
  shén tōng guǎng dà de rén

218
广泛
[guǎng fàn] 구앙 판

- 형 광범위하다, 폭넓다
- 用途广泛。 용도가 광범하다.
  yòng tú guǎng fàn
- 广泛听取各方意见。
  guǎng fàn tīng qǔ gè fāng yì jiàn
  광범위하게 각 방면의 의견을 듣다.

219
广阔
[guǎng kuò] 구앙 쿼

- 형 넓다, 광활하다
- 发展前景非常广阔。
  fā zhǎn qián jǐng fēi cháng guǎng kuò
  발전 전망이 매우 넓다.
- 广阔的大草原。 광활한 대초원.
  guǎng kuò de dà cǎo yuán

220
规定
[guī dìng] 꾸이 띵

- 명 규정, 규칙 동 규정하다
- 严守规定。 규정을 엄수하다.
  yán shǒu guī dìng
- 依法令规定。 법령에 의하여 규정되어 있다.
  yī fǎ lìng guī dìng

221
规律
[guī lǜ] 꾸이 뤼

- 명 법칙, 규칙, 규율
- 客观规律。 객관 법칙.
  kè guān guī lǜ
- 遵循客观规律。 객관적인 규율을 따르다.
  zūn xún kè guān guī lǜ

222
规模

[guī mó] 꾸이 모

명 규모

- 规模宏大。 규모가 웅장하다.
  guī mó hóng dà
- 初具规模。 기본적으로 규모를 갖추다.
  chū jù guī mó

223
锅

[guō] 꾸오

명 냄비, 솥, (중국식) 프라이팬

- 我们买了水桶、锅、碟子等等。
  wǒ mén mǎi le shuǐ tǒng 、 guō 、 dié zǐ děng děng
  우리는 물통 · 냄비 · 접시 등을 샀다.
- 焊补锅上的孔。 구멍 난 솥을 땜하다.
  hàn bǔ guō shàng de kǒng

224
过程

[guò chéng] 꿔 청

명 과정(過程)

- 了解过程。 과정을 이해하다.
  le jiě guò chéng
- 制作过程。 제작 과정.
  zhì zuò guò chéng

225
过度

[guò dù] 꿔 뚜

동 넘다, 건너다, 과도하다 **명** 과도

- 那个人饮酒过度。 그 사람은 술이 과하다.
  nà gè rén yīn jiǔ guò dù
- 过度兴奋。 지나치게 흥분하다.
  guò dù xìng fèn

226
汗

[hàn] 한

명 땀

- 出汗。 땀을 흘리다.
  chū hàn
- 衣服全被汗水打湿了。
  yī fu quán bèi hàn shuǐ dǎ shī le
  옷이 땀에 흠뻑 젖었다.

227

□ **害怕**

[hài pà] 하이 파

(동) 두려워하다, 무서워하다

* 男子汉大丈夫害怕什么?
  nán zǐ hàn dà zhàng fu hái pà shén me
  사내대장부가 뭘 두려워하느냐?

* 害怕得打了个寒噤。
  hài pà de dǎ le ge hán jìn
  소스라치게 무서워하다.

228

□ **喊**

[hǎn] 한

(동) 부르다, 소리치다, 고함을 지르다

* 老板喊我。 주인이 나를 부른다.
  lǎo bǎn hǎn wǒ

* 不管发生什么事都不要喊。
  bú guǎn fā shēng shén me shì dōu bú yào hǎn
  어떤 일이 발생하든 소리치지 마라.

229

□ **好处**

[hǎo chù] 하오 추

(명) 장점, 이점, 좋은 점

* 好处还是非常之多。
  hǎo chū hái shì fēi cháng zhī duō
  장점이 여전히 매우 많다.

* 好处很多。 좋은 점은 많다.
  hǎo chū hěn duō

230

□ **好好儿**

[hǎo hǎo ér] 하오 하올

(형) 좋다, 괜찮다 (부) 잘, 충분히, 마음껏

* 这棵树至今仍长得好好儿的。
  zhè kē shù zhì jīn réng zhǎng de hǎo hǎo ér de
  이 나무는 지금까지도 여전히 양호하게 자라고 있다.

* 你好好儿休息。 너는 푹 쉬어라.
  nǐ hǎo hǎo ér xiū xī

231
☐ 号召

[hào zhāo] 하오 짜오

[명] 호소 [동] 호소하다

- 响应号召。호소에 응하다.
  xiǎng yìng hào zhāo
- 他同时号召全市各级要积极行动。
  tā tóng shí hào zhāo quán shì gè jí yào jī jí xíng dòng
  그는 동시에 시 전체 각급에 적극적으로 행동해야 한다고 호소하였다.

232
☐ 合理

[hé lǐ] 허 리

[명] 합리 [형] 합리적이다, 도리에 맞다

- 不合理的制度。불합리한 제도.
  bù hé lǐ de zhì dù
- 你说的话很合理。
  nǐ shuō de huà hěn hé lǐ
  네가 말한 것은 매우 합리적이다.

233
☐ 黑暗

[hēi àn] 헤이 안

[명] 어둠 [형] 깜깜하다, 암담하다

- 小孩子害怕黑暗。
  xiǎo hái zǐ hài pà hēi àn
  어린이는 어둠을 무서워한다.
- 现在是黎明前最黑暗的时刻。
  xiàn zài shì lí míng qián zuì hēi àn de shí kè
  지금은 여명 전의 가장 어두운 때이다.

234
☐ 厚

[hòu] 호우

[형] 두껍다, 너그럽다, 친절하다 [명] 두께

- 这本词典真厚。이 사전은 정말 두껍다.
  zhè běn cí diǎn zhēn hòu
- 雪足有一尺厚。눈이 족히 한 자는 쌓였다.
  xuě zú yǒu yì chǐ hòu

235
后悔
[hòu huǐ] 호우 후이

명 후회 동 후회하다

* 后悔得很。후회가 막심하다.
  hòu huǐ dé hěn
* 你现在后悔也来不及了。
  nǐ xiàn zài hòu huǐ yě lái bù jí le
  네가 이제 와서 후회해 봤자 늦었다.

236
后面
[hòu miàn] 호우 미엔

명 뒤, 뒤쪽

* 学校的后面有一座山。
  xué xiào de hòu miàn yǒu yí zuò shān
  학교 뒤쪽에는 산이 하나 있다.
* 我耳朵后面长了个疙瘩。
  wǒ ěr duō hòu miàn zhǎng le gè gē da
  내 귀 뒤쪽에 종기가 하나 생겼다.

237
猴子
[hóu zi] 호우 즈

명 원숭이

* 猴子的生活状态。원숭이의 생태.
  hóu zi de shēng huó zhuàng tai
* 在动物园看猴子。
  zài dòng wù yuán kàn hóu zi
  동물원에 원숭이를 보러 가다.

238
呼
[hū] 후

동 숨을 내쉬다, 크게 외치다, 부르다

* 大呼大喊。큰소리로 외치다.
  dà hū dà hǎn
* 直呼其名。그 이름을 직접 부르다.
  zhí hū qí míng

239
湖
[hú] 후

명 호수

* 湖泊。호수.
  hú bó
* 湖里鱼类非常丰富。
  hú lǐ yú lèi fēi cháng fēng fù
  호수 속에 어류가 매우 풍부하다.

핵심단어 | **361**

240

□ **互相**

[hù xiāng] 후 샹

🔖 서로, 상호(相互)

❖ 互相关心。서로 관심을 가지다.
　　hù xiāng guān xīn

❖ 大家都应该互相尊重，互相帮助。
　　dà jiā dōu yīng gāi hù xiāng zūn zhòng hù xiāng bāng zhù
　　모두 서로 존중하고 서로 도와야 한다.

241

□ **滑冰**

[huá bīng] 후아 삥

🔖 스케이트 🔖 스케이트를 타다

❖ 滑冰比赛。스케이트 경기.
　　huá bīng bǐ sài

❖ 在冰场上滑冰。
　　zài bīng chǎng shàng huá bīng
　　얼음판에서 스케이트를 타다.

242

□ **坏处**

[huài chù] 화이 추

🔖 나쁜 점, 단점, 해로운 점

❖ 它的坏处是污染大。
　　tā de huài chū shì wū rǎn dà
　　그것의 나쁜 점은 오염이 많다는 것이다.

❖ 多学知识只有好处没有坏处。
　　duō xué zhī shí zhǐ yǒu hǎo chù méi yǒu huài chù
　　지식을 많이 습득하는 것은 좋은 점만 있지 나쁜 점은 없다.

243

□ **环境**

[huán jìng] 환 찡

🔖 환경, 주위상황

❖ 环境清幽。환경이 아름답고 그윽하다.
　　huán jìng qīng yōu

❖ 工作环境很差。업무 환경이 매우 나쁘다.
　　gōng zuò huán jìng hěn chà

244
黄油
[huáng yóu] 후앙 요우

명 버터(butter)

- 你在面包上抹上点儿黄油。
  nǐ zài miàn bāo shàng mǒ shàng diǎn ér huáng yóu
  너는 빵에다 버터를 좀 발라라.

245
回头
[huí tóu] 후이 토우

부 조금 있다가, 잠시 후에

- 嗯, 回头见。응, 이따가 보자.
  èn, huí tóu jiàn
- 回头再给你打电话。
  huí tóu zài gěi nǐ dǎ diàn huà
  나중에 다시 전화할게요.

246
回忆
[huí yì] 후이 이

명 추억, 회고, 회상 동 추억하다, 돌이켜 보다

- 他沉浸在美好的回忆中。
  tā chén jìn zài měi hǎo de huí yì zhōng
  그는 아름다운 추억에 젖어 있다.
- 回忆过去。 과거를 회상하다.
  huí yì guò qù

247
会谈
[huì tán] 후이 탄

명 회담 동 회담하다

- 这也是会谈的主要议题。
  zhè yě shì huì tán de zhǔ yào yì tí
  이것도 역시 회담의 주요 의제다.
- 两国总统正在这里会谈。
  liǎng guó zǒng tǒng zhèng zài zhè lǐ huì tán
  양국의 대통령이 지금 이곳에서 회담하고 있다.

248
活泼
[huó pō] 후오 포

형 활발하다, 활성적이다

- 活泼可爱的小姑娘。
  huó pō kě ài de xiǎo gū niáng
  활발하고 귀여운 어린 아가씨.

249
活跃
[huó yuè] 후오 위에

〔형〕 활기를 띠다, 활동적이다 〔동〕 활약하다

- 经济活跃区域。 경제가 활기를 띠는 지역.
  jīng jì huó yuè qū yù
- 活跃地当着骑手。 기수로 활약하다.
  huó yuè de dāng zhe qí shǒu

250
获得
[huò dé] 훠 더

〔명〕 획득, 수상 〔동〕 얻다, 획득하다, 거두다

- 获得名次。 메달을 획득하다.
  huò dé míng cì
- 获得取水权。 용수권(用水權)을 얻다.
  huò dé qǔ shuǐ quán

251
几乎
[jī hū] 찌 후

〔부〕 거의, 하마터면

- 墙体上的颜色几乎褪尽。
  qiáng tǐ shàng de é yán sè jī hū tuì jìn
  벽 색깔이 거의 다 바랬다.
- 仿制品和原件几乎纤毫不差。
  fǎng zhì pǐn hé yuán jiàn jī hū xiān háo bú chà
  모조품과 진품이 거의 똑같다.

252
积极
[jī jí] 찌 지

〔형〕 적극적이다, 열성적이다

- 积极进取。 적극적이고 진취적이다.
  jī jí jìn qǔ
- 积极影响。 긍정적인 영향.
  jī jí yǐng xiǎng

253
季节
[jì jié] 찌 지에

〔명〕 계절(季節)

- 季节差价。 계절에 따른 가격 차이.
  jì jié chà jià
- 季节迭代。 계절이 바뀌다.
  jì jié dié dài

254
□ **基本**

[jī běn] 찌 번

명 기본 **부** 대체로, 거의 **형** 근본적이다

- 搞通基本原理。기본 원리를 이해하다.
  gǎo tōng jī běn yuán lǐ
- 食品的质量基本合格。
  shí pǐn de zhì liàng jī běn hé gé
  식품의 품질은 대체로 합격이다.

255
□ **基础**

[jī chǔ] 찌 추

명 기초, 토대, 기반

- 基础知识。기초 지식.
  jī chǔ zhī shí
- 房子的基础很牢固。
  fáng zǐ de jī chǔ hěn láo gù
  집의 토대가 아주 견고하다.

256
□ **激动**

[jī dòng] 찌 똥

동 격동하다, 흥분되다 **형** 흥분되다, 감격하다

- 他抑制住激动的心情。
  tā yì zhì zhù jī dòng de xīn qíng
  그는 격했던 마음을 누그러뜨렸다.
- 激动的心平静了下来。
  jī dòng de xīn píng jìng le xià lái
  흥분되었던 마음을 눅이다.

257
□ **激烈**

[jī liè] 찌 지에

동 격렬하다, 치열하다, 극렬하다

- 他的发言比谁都激烈。
  tā de fā yán bǐ shuí dōu jī liè
  그의 언론은 누구보다도 격렬하다.
- 这是一场激烈的战斗。
  zhè shì yì chǎng jī liè de zhàn dòu
  이것은 치열한 전투다.

258
□ **及格**

[jí gé] 지 거

명 합격 동 합격하다

- 把**及格**的消息告诉母亲。
  bǎ jí gé de xiāo xi gào su mǔ qīn
  어머니께 합격 소식을 알리다.
- 考试**及格**。시험에 합격하다.
  kǎo shì jí gé

259
□ **及时**

[jí shí] 지 스

형 시기적절하다, 때맞다 부 즉시, 제때에

- 他们采取的措施是非常**及时**的。
  tā men cǎi qǔ de cuò shī shì fēi cháng jí shí de
  그들이 취한 조치는 매우 시기적절한 것이다.
- 出现问题要**及时**解决。
  chū xiàn wèn tí yào jí shí jiě jué
  문제를 발견하면 즉시 해결해야 한다.

260
□ **技术**

[jì shù] 찌 슈

명 기술(技術)

- 科学**技术**。과학 기술.
  kē xué jì shù
- **技术**纯熟。기술이 숙련되다.
  jì shù chún shú

261
□ **急忙**

[jí máng] 지 망

부 급히, 바쁘게 형 급하다, 분주하다

- 抓了辆出租车**急忙**赶来了。
  zhuā le liàng chū zū chē jí máng gǎn lái le
  택시를 잡아 타고 급히 달려왔다.
- **急忙**向学校跑去
  jí máng xiàng xué xiào pǎo qù
  다급히 학교로 뛰어가다.

262
集合
[jí hé] 지 허

(동) 집합하다, 모이다, (의견 등을) 모으다

❖ 这个集合中有五个元素。
zhè gè jí hé zhōng yǒu wǔ gè yuán sù
이 집합에는 5개의 원소가 있다.

❖ 他们已经集合齐了。 그들은 이미 집합했다.
tā mén yǐ jīng jí hé qí le

263
集中
[jí zhōng] 지 쫑

(동) 집중하다, 모으다, 집결하다

❖ 集中注意力。 주의력을 집중하다.
jí zhōng zhù yì lì

❖ 集中人力。 인력을 모으다.
jí zhōng rén lì

264
挤
[jǐ] 지

(동) (물건 등이) 꽉 차다, 밀치다 (형) 붐비다

❖ 市场和商店里挤满了人。
shì chǎng hé shāng diàn lǐ jǐ mǎn le rén
시장과 상점 안이 사람으로 가득 찼다.

❖ 街道被人群挤塞得水泄不通。
jiē dào bèi rén qún jǐ sāi dé shuǐ xiè bù tōng
도로는 인파로 꽉 차서 물샐틈없다.

265
机会
[jī huì] 찌 후이

(명) 기회

❖ 等待机会。 기회를 기다리다.
děng dài jī huì

❖ 瞅准机会。 기회를 확실하게 엿보다.
chǒu zhǔn jī huì

266
记者
[jì zhě] 찌 저

(명) 기자

❖ 他干过记者。 그는 기자를 한 적이 있다.
tā gàn guò jì zhě

❖ 举行记者招待会。 기자 회견을 거행하다.
jǔ xíng jì zhě zhāo dài huì

267

□ **极其**

[jí qí] 지 치

(부) 극히, 매우, 아주, 몹시

- **极其**残忍。지극히 잔인하다.
  jí qí cán rěn
- **极其**艰难。매우 어렵다.
  jí qí jiān nán

268

□ **继续**

[jì xù] 찌 쒸

(부) 계속, 연속 (동) 계속하다, 끊어지지 않다

- **继续**帮忙费心。계속 애써주게.
  jì xù bāng máng fèi xīn
- **继续**深造。계속해서 깊이 연구하다.
  jì xù shēn zào

269

□ **家具**

[jiā jù] 찌아 쮜

(명) 가구(家具)

- 这种**家具**现在很多人不用了。
  zhè zhǒng jiā jù xiàn zài hěn duō rén bú yòng le
  이제 이런 가구는 대다수의 사람들이 사용하지 않는다.
- 一整套**家具**。가구 한 세트.
  yī zhěng tào jiā jù

270

□ **价格**

[jià gé] 찌아 거

(명) 가격

- **价格**昂贵。가격이 치솟다.
  jià gé áng guì
- **价格**浮动。가격이 오르락내리락하다.
  jià gé fú dòng

271

□ **坚持**

[jiān chí] 찌엔 츠

(명) 견지 (동) 고수하다, 견지하다

- **坚持**原则。원칙을 고수하다.
  jiān chí yuán zé
- **坚持**自己主张。자기 주장을 견지하다.
  jiān chí zì jǐ zhǔ zhāng

272
坚定
[jiān dìng] 찌엔 띵

⟨형⟩ (입장·의지 등이) 확고하다 ⟨동⟩ 굳히다

- 坚定的意志。 결연한 의지.
  jiān dìng de yì zhì
- 坚定信念。 신념을 확고히 하다.
  jiān dìng xìn niàn

273
坚决
[jiān jué] 찌엔 쥐에

⟨형⟩ 단호하다, 결연하다, 확고하다

- 他的态度很坚决。
  tā de tai dù hěn jiān jué
  그의 태도는 매우 단호하다.
- 作为一名军人，你应该坚决服从命令。
  zuò wéi yì míng jun rén, nǐ yīng gāi jiān jué fú cóng mìng ling
  한 사람의 군인으로서 너는 반드시 결연히 명령에 복종해야 한다.

274
艰巨
[jiān jù] 찌엔 쥐

⟨형⟩ 어렵고도 막중하다

- 任务艰巨。 임무가 어렵고 무겁다.
  rèn wù jiān jù
- 这是一项艰巨的任务。
  zhè shì yí xiàng jiān jù de rèn wù
  이것은 간고하고 막중한 임무다.

275
艰苦
[jiān kǔ] 찌엔 쿠

⟨명⟩ 고생 ⟨형⟩ 어렵고 고달프다

- 经过艰苦训练他摘取了金牌。
  jīng guò jiān kǔ xùn liàn tā zhāi qǔ le jīn pái
  고된 훈련 끝에 그는 금메달을 땄다.
- 条件艰苦。 조건이 어렵고 고생스럽다.
  tiáo jiàn jiān kǔ

276
□ 检查

[jiǎn chá] 지엔 차

(동) 검사하다, 반성하다 (명) 검사

- 检查产品质量。 품질을 검사하다.
  jiǎn chá chǎn pǐn zhì liàng
- 逐件检查。 한 건 한 건 조사하다.
  zhú jiàn jiǎn chá

277
□ 减轻

[jiǎn qīng] 지엔 칭

(명) 경감 (동) 감소시키다, 완화하다

- 减轻负担。 부담의 경감.
  jiǎn qīng fù dān
- 体重减轻。 몸무게를 줄이다.
  tǐ zhòng jiǎn qīng

278
□ 减少

[jiǎn shǎo] 지엔 사오

(명) 감소 (동) 줄이다, 감소하다

- 税收减少。 세수의 감소.
  shuì shōu jiǎn shǎo
- 减少花费。 경비를 줄이다.
  jiǎn shǎo huā fèi

279
□ 见面

[jiàn miàn] 찌엔 미엔

(명) 만남 (동) 만나다, 대면하다

- 前年夏天我们开始见面。
  qián nián xià tiān wǒ mén kāi shǐ jiàn miàn
  지지난해 여름, 우리의 만남이 시작되었다.
- 在指定时间和场所见面。
  zài zhǐ dìng shí jiān hé chǎng suǒ jiàn miàn
  지정된 시간과 장소에서 만나다.

280
□ 建立

[jiàn lì] 찌엔 리

(동) 세우다, 맺다 (명) 설립

- 建立勋业。 위업을 세우다.
  jiàn lì xūn yè
- 建立感情。 정을 맺다.
  jiàn lì gǎn qíng

281
□ **建议**

[jiàn yì] 찌엔 이

(동) 건의하다, 제안하다 (명) 건의, 제의

- **合理化建议**。 합리적인 건의.
  hé lǐ huà jiàn yì
- **建议上司改善劳动条件**。
  jiàn yì shàng sī gǎi shàn láo dòng tiáo jiàn
  상부에 근무 조건의 개선을 건의하다.

282
□ **建筑**

[jiàn zhù] 찌엔 쭈

(명) 건축, 건축물 (동) 건축하다

- **建筑用地**。 건축 용지.
  jiàn zhù yòng dì
- **这座大厦建筑得真漂亮**。
  zhè zuò dà shà jiàn zhù de zhēn piào liang
  이 빌딩은 정말 아름답게 지었다.

283
□ **奖学金**

[jiǎng xué jīn] 찌앙 쉬에 찐

(명) 장학금

- **向学校捐赠奖学金**。
  xiàng xué xiào juān zèng jiǎng xué jīn
  학교에 장학금을 기부하다.
- **借贷奖学金**。 장학금을 대여하다.
  jiè dài jiǎng xué jīn

284
□ **降低**

[jiàng dī] 찌앙 띠

(동) 낮추다, 버리다 (명) 강하

- **降低油耗**。 오일 소모량을 낮추다.
  jiàng dī yóu hào
- **我们降低了我们的要求**。
  wǒ men jiàng dī le wǒ men de yào qiú
  우리는 우리의 요구를 낮췄다.

285
交换

[jiāo huàn] 찌아오 환

동 교환하다, 바꾸다 명 교환

- **交换**礼物。 선물을 교환하다.
  jiāo huàn lǐ wù
- 物物**交换**。 물물 교환.
  wù wù jiāo huàn

286
交际

[jiāo jì] 찌아오 찌

동 교제하다, 사귀다 명 교제, 사교

- 在**交际**上保持距离。
  zài jiāo jì shàng bǎo chí jù lí
  거리를 두고 교제하다.
- 打开**交际**之门。 교제를 트다.
  dǎ kāi jiāo jì zhī mén

287
交流

[jiāo liú] 찌아오 리우

명 교류, 왕래 동 교류하다, 왕래하다

- 城际**交流**。 도시 간의 교류.
  chéng jì jiāo liú
- 中国和韩国进行文化**交流**。
  zhōng guó hé hán guó jìn xíng wén huà jiāo liú
  중국과 한국이 문화를 교류하다.

288
骄傲

[jiāo ào] 찌아오 아오

형 오만하다, 자만하다 명 교만, 거만, 자랑

- 过分的谦虚就是**骄傲**。
  guò fēn de qiān xū jiù shì jiāo ào
  지나친 겸손은 오만이다.
- **骄傲**自满。 거만하고 자만하다.
  jiāo ào zì mǎn

3단계

289

□ **角**

[jiǎo] 지아오

(수) 4분의 1 (명) 각, 모서리

❖ 把一张饼切成一角。
bǎ yì zhāng bǐng qiē chéng yì jiǎo
떡 하나를 4분의 1로 자르다.

❖ 桌子有几个角?
zhuō zī yōu jī gè jiǎo
책상은 몇 개의 모서리가 있습니까?

290

□ **教育**

[jiāo yù] 찌아오 위

(동) 교육하다, 가르치다 (명) 교육

❖ 我一定要把他教育好。
wǒ yī dìng yào bǎ tā jiào yù hǎo
나는 반드시 그를 잘 가르칠 것이다.

❖ 家长该如何教育自己的孩子?
jiā cháng gāi rú hé jiào yù zì jǐ de hái zǐ
학부모는 어떻게 자신의 아이를 교육해야 합니까?

291

□ **阶段**

[jiē duàn] 찌에 뚜안

(명) 계단, 단계

❖ 初级阶段。 초급 단계.
chū jí jiē duàn

❖ 总装调试阶段。
zǒng zhuāng diào shì jiē duàn
최종 조립하는 테스트 단계.

292

□ **接触**

[jiē chù] 찌에 추

(동) 닿다, 접촉하다, 관계를 갖다

❖ 接触群众。 대중과 접촉하다.
jiē chù qún zhòng

❖ 我的手接触到了各种化学物品。
wǒ de shǒu jiē chù dào le gè zhǒng huà xué wù pǐn
나의 손이 각종 화학 물품에 닿았다.

핵심단어 **373**

293
□ **接待**

[jiē dài] 찌에 따이

(동) 접대하다, 초대하다

* 此次接待来宾的规格相当高。
  cǐ cì jiē dài lái bīn de guī gé xiāng dāng gāo
  이번 손님 접대는 요구 조건이 상당히 높다.

* 热情接待。친절하게 접대하다.
  rè qíng jiē dài

294
□ **街道**

[jiē dào] 찌에 따오

(명) 큰길, 대로(大路), 거리, 가로(街路)

* 他在街道上走来走去。
  tā zài jiē dào shàng zǒu lái zǒu qù
  그는 큰길을 왔다갔다한다.

295
□ **接受**

[jiē shòu] 찌에 쇼우

(동) 접수하다, 받아들이다

* 接受礼品。선물을 받다.
  jiē shòu lǐ pǐn

* 接受邀请。초청을 받아들이다.
  jiē shòu yāo qǐng

296
□ **解释**

[jiě shì] 지에 쓰

(명) 해석, 변명 (동) 해석하다, 해명하다

* 狭义的解释。협의의 해석.
  xiá yì de jiě shì

* 解释误会。오해를 해명하다.
  jiě shì wù huì

297
□ **节目**

[jié mù] 지에 무

(명) 종목, 프로그램, 레퍼토리, 목록, 항목

* 节目预告。프로그램 예고.
  jié mù yù gào

* 他是答问节目的主持人。
  tā shì dá wèn jié mù de zhǔ chí rén
  그는 퀴즈 프로그램의 사회자다.

298
节约

[jié yuē] 지에 위에

(동) 절약하다, 아끼다

- 勤俭节约。근검 절약.
  qín jiǎn jié yuē
- 节约粮食。양식을 절약하다.
  jié yuē liáng shi

299
结果

[jié guǒ] 지에 구오

(명) 결실, 결과, 결국 (동) 열매 맺다

- 补报调查结果。
  bǔ bào diào chá jié guǒ
  조사 결과를 보충하여 보고하다.
- 结果被老师当场抓获, 挨了一顿批。
  jié guǒ bèi lǎo shī dāng chǎng zhuā huò, āi le yī dùn pī
  결국 선생님께 현장에서 붙잡혀 꾸지람을 들었다.

300
结合

[jié hé] 지에 허

(명) 결합 (동) 결합하다, 부부가 되다

- 劳逸结合。일과 휴식을 적절히 결합하다.
  láo yì jié hé
- 男女结合组成家庭。
  nán nǚ jié hé zǔ chéng jiā tíng
  남녀가 결합하여 가정을 이루다.

301
结婚

[jié hūn] 지에 훈

(명) 결혼 (동) 결혼하다

- 结婚纪念日。결혼 기념일.
  jié hūn jì niàn rì
- 在天主教堂结婚。성당에서 결혼하다.
  zài tiān zhǔ jiào táng jié hūn

302
结束

[jié shù] 지에 슈

(명) 종결, 마감 (동) 끝나다, 마치다

- 结束受理志愿书。지원서 접수 마감일.
  jié shù shòu lǐ zhì yuàn shū
- 电影快要结束了。영화는 곧 끝난다.
  diàn yǐng kuài yào jié shù le

303
□ **解放**
[jiě fàng] 지에 팡

몡 해방 동 해방하다

* **解放**运动。해방운동.
  jiě fàng yùn dòng
* 他们的思想也**解放**起来了。
  tā mén de sī xiǎng yě jiě fàng qǐ lái le
  그들의 사상도 해방되기 시작했다.

304
□ **仅**
[jǐn] 진

퇴 겨우, 가까스로

* 这点儿钱, **仅**够他一个人用。
  zhè diǎn ér qián, jǐn gòu tā yí gè rén yòng
  이 정도 돈은 겨우 그 사람 혼자 쓸 정도이다.
* 不**仅**如此。이러할 뿐만 아니라.
  bù jǐn rú cǐ

305
□ **尽量**
[jǐn liàng] 진 리앙

퇴 가능한 한, 되도록, 될 수 있는 대로

* 请**尽量**把内容详细地介绍。
  qǐng jìn liàng bǎ nèi róng xiáng xì dì jiè shào
  되도록 내용을 자세하게 소개해 주세요.
* 你**尽量**多睡一会儿。
  nǐ jìn liàng duō shuì yí huì ér
  너 가능한 한 좀 더 자라.

306
□ **进攻**
[jìn gōng] 찐 꽁

몡 진공, 공격, 공세 동 진공하다, 공격하다

* 指挥**进攻**。공격을 지휘하다.
  zhǐ huī jìn gōng
* **进攻**敌军要塞。적군의 요새를 공격하다.
  jìn gōng dí jūn yào sāi

307
□ **进行**

[jìn xíng] 찐 싱

동 (어떤 활동을) 하다, 진행하다

❖ **进行**科学实验。과학 실험을 진행하다.
  jìn xíng kē xué shí yàn

❖ 他正在高歌**进行**曲。
  tā zhèng zài gāo gē jìn xíng qǔ
  그는 행진곡을 큰소리로 부르고 있다.

308
□ **劲**

[jìn] 찐

명 힘, 의기, 원기, 표정, 재미

❖ 手**劲**儿。손의 힘.
  shǒu jìn ér

❖ 高兴**劲**儿。기쁜 모습.
  gāo xìng jìn ér

309
□ **禁止**

[jìn zhǐ] 찐 즈

명 금지 동 금지하다, 금하다

❖ **禁止**出入。출입 금지.
  jìn zhǐ chū rù

❖ **禁止**采伐树木。벌목을 금지하다.
  jìn zhǐ cǎi fá shù mù

310
□ **经常**

[jīng cháng] 찡 창

부 늘, 항상, 언제나 명 평상 형 일상의

❖ **经常**游泳。늘 수영을 한다.
  jīng cháng yóu yǒng

❖ **经常**性工作。평상 업무.
  jīng cháng xìng gōng zuò

311
□ **经过**

[jīng guò] 찡 꿔

명 과정, 경력 동 거치다, 경과하다

❖ 你给我们说说去泰国旅游的**经过**。
  nǐ gěi wǒ mén shuō shuō qù tai guó lǚ yóu de jīng guò
  우리한테 태국 여행의 과정을 이야기 좀 해 줘요.

❖ **经过**调解，一场争端平和了下来。
  jīng guò diào jiě, yī chǎng zhēng duān píng hé le xià lái
  중재를 거쳐 분쟁이 해결되었다.

312
经历
[jīng lì] 찡 리

- (동) 겪다, 체험하다 (명) 경험, 내력, 경위
- 经历艰难险阻。 온갖 역정을 겪다.
  jīng lì jiān nán xiǎn zǔ
- 危险的经历。 위험한 경험.
  wēi xiǎn de jīng lì

313
经理
[jīng lǐ] 찡 리

- (명) 매니저 (동) 경영 관리하다
- 销售经理。 판매 지배인.
  xiāo shòu jīng lǐ
- 经理商店。 상점을 경영 관리하다.
  jīng lǐ shāng diàn

314
经验
[jīng yàn] 찡 옌

- (명) 경험, 체험 (동) 경험하다, 체험하다
- 教学经验。 지도 경험.
  jiào xué jīng yàn
- 他经验过那次大地震。
  tā jīng yàn guò nà cì dà dì zhèn
  그는 그 대지진을 몸소 경험하였다.

315
精彩
[jīng cǎi] 찡 차이

- (형) 훌륭하다, 멋지다, 근사하다, 다채롭다
- 他的演出非常精彩。
  tā de yǎn chū fēi cháng jīng cǎi
  그의 공연은 매우 훌륭하다.
- 精彩的舞蹈。 멋진 춤.
  jīng cǎi de wǔ dǎo

316
精神
[jīng shén] 찡 선

- (명) 정신, 사상, 주된 의의, 요지
- 精神状态。 정신 상태.
  jīng shén zhuàng tai
- 他是具有献身精神的人。
  tā shì jù yǒu xiàn shēn jīng shén de rén
  그는 희생 정신을 가진 사람이다.

317

□ **警察**

[jǐng chá] 징 차

명 경찰, 경찰관

- 向警察举报。경찰에 신고하다.
  xiàng jǐng chá jǔ bào
- 接受警察的警护。경찰의 경호를 받다.
  jiē shòu jǐng chá de jǐng hù

318

□ **敬爱**

[jìng ài] 찡 아이

명 경애 동 경애하다

- 敬爱师长。스승님을 경애하다.
  jìng ài shī cháng
- 敬爱老人。노인을 경애하다.
  jìng ài lǎo rén

319

□ **镜子**

[jìng zi] 찡 즈

명 거울, 안경

- 镜子般的海面。거울 같은 해면.
  jìng zi bān de hǎi miàn
- 昨天去配了副镜子。
  zuó tiān qù pèi le fù jìng zǐ
  어제 가서 안경을 맞췄다.

320

□ **纠正**

[jiū zhèng] 찌우 쩡

명 교정 동 바로잡다

- 纠正错误。잘못을 바로잡다.
  jiū zhèng cuò wù
- 纠正不良风气。폐풍을 바로잡다.
  jiū zhèng bù liáng fēng qì

321

□ **究竟**

[jiū jìng] 찌우 찡

부 도대체 명 결말, 일의 귀착

- 问题究竟出在什么地方?
  wèn tí jiū jìng chū zài shí me dì fāng
  문제가 도대체 어디서 발생했는가?
- 谁也不知道究竟。
  shuí yě bù zhī dào jiū jìng
  누구도 결말을 알지 못한다.

322
□ **句子**

[jù zi] 쥐 즈

명 문장(文章), 구절(句節)

❖ 有力而凝炼的**句子**。
yǒu lì ér níng liàn de jù zǐ
유려하고 세련된 문장.

❖ 老套子**句子**。 상투적인 문구.
lǎo tào zi jù zi

323
□ **巨大**

[jù dà] 쥐 따

형 거대하다, 엄청나다

❖ 显示出**巨大**威力。
xiǎn shì chū jù dà wēi lì
거대한 위력을 나타내고 있다.

❖ **巨大**的历史变革。 거대한 역사적 변혁.
jù dà de lì shǐ biàn gé

324
□ **距离**

[jù lí] 쥐 리

명 거리 동 떨어지다, 사이를 두다

❖ 长**距离**运输。 장거리 운송.
cháng jù lí yùn shū

❖ 前面那幢公寓**距离**这幢足有二十米。
qián miàn nà zhuàng gōng yù jù lí zhè zhuàng zú yǒu èr shí mǐ
앞 동 아파트는 이 동으로부터 족히 20미터는 떨어져 있다.

325
□ **具备**

[jù bèi] 쥐 뻬이

동 갖추다, 구비하다 명 구비

❖ **具备**有利条件。 유리한 조건을 구비하다.
jù bèi yǒu lì tiáo jiàn

❖ 他充分**具备**了教师资格。
tā chōng fēn jù bèi le jiào shī zī gé
그는 교사의 자격을 충분히 구비하고 있다.

326
□ 具有
[jù yǒu] 쮜 요우

[동] 갖추다, 구비하다, 가지다

- 选拔要具有客观性和公正性。
  xuǎn bá yào jù yǒu kè guān xìng hé gōng zhèng xìng
  선발은 객관성과 공정성을 갖추어야 한다.
- 我具有良好的身体条件。
  wǒ jù yǒu liáng hǎo de shēn tǐ tiáo jiàn
  나는 양호한 신체적 조건을 가지고 있다.

327
□ 剧场
[jù chǎng] 쮜 창

[명] 극장

- 露天剧场。노천 극장.
  lù tiān jù chǎng
- 剧场满员。극장이 만원을 이루다.
  jù chǎng mǎn yuán

328
□ 决心
[jué xīn] 쥐에 씬

[명] 결심, 결의, 다짐 [동] 결심하다, 결의하다

- 坚强决心。굳은 결심.
  jiān qiáng jué xīn
- 下定决心。단단히 결심하다.
  xià dìng jué xīn

329
□ 觉悟
[jué wù] 쥐에 우

[명] 깨달음, 각오 [동] 깨닫다, 자각하다

- 我有殉国的觉悟。
  wǒ yǒu xùn guó de jué wù
  나는 순국할 각오가 되어 있다.
- 自我觉悟。스스로 깨닫다.
  zì wǒ jué wù

330
□ 卡车
[kǎ chē] 카 처

[명] 트럭(truck), 화물차

- 他是一名卡车司机。그는 트럭 기사다.
  tā shì yì míng kǎ chē sī jī
- 这是我们厂生产的卡车。
  zhè shì wǒ mén chǎng shēng chǎn de kǎ chē
  이것은 우리 공장에서 생산한 트럭이다.

331
开放

[kāi fàng] 카이 팡

- 명 개방 동 개방하다, (꽃이) 피다
- ❖ 实行改革开放。개혁 개방을 실행하다.
  shí xíng gǎi gé kāi fàng
- ❖ 开放港口。항구를 개방하다.
  kāi fàng gǎng kǒu

332
开明

[kāi míng] 카이 밍

- 동 (생각·사상 등이) 깨어 있다, 진보적이다
- ❖ 思想开明。생각이 깨어 있다.
  sī xiǎng kāi míng
- ❖ 你真是一个开明人士!
  nǐ zhēn shì yí gè kāi míng rén shì
  당신은 정말 사상이 깨어 있는 인사군요!

333
开辟

[kāi pì] 카이 피

- 명 개척 동 개척하다, 열다
- ❖ 开辟销售渠道。판매 루트를 개척하다.
  kāi pì xiāo shòu qú dào
- ❖ 开辟新纪元。신기원을 열다.
  kāi pì xīn jì yuán

334
开玩笑

[kāi wán xiào] 카이 완 샤오

- 동 (말이나 행동 등으로) 웃기다, 놀리다
- ❖ 他常爱开玩笑。그 사람은 늘 농담을 잘한다.
  tā cháng ài kāi wán xiào
- ❖ 他喜欢和人开玩笑。
  tā xǐ huān hé rén kāi wán xiào
  그는 사람들과 농담하기를 좋아한다.

335
开展

[kāi zhǎn] 카이 잔

- 명 전개, 발전 동 전개하다
- ❖ 开展工作。사업을 벌이다.
  kāi zhǎn gōng zuò
- ❖ 开展植树造林活动。
  kāi zhǎn zhí shù zào lín huó dòng
  식목 조림 활동을 전개하다.

336
□ 看不起
[kàn bu qǐ] 칸 부 치

[동] 경시하다, 깔보다, 멸시하다

- 我不知道他为什么看不起别人。
  wǒ bù zhī dào tā wèi shén me kàn bu qǐ bié rén
  나는 그가 왜 남을 경시하는지 모른다.
- 别因为是吃白饭的就看不起。
  bié yīn wèi shì chī bái fàn de jiù kàn bù qǐ
  군식구라고 무시 말라.

337
□ 看法
[kàn fǎ] 칸 파

[명] 생각, 의견, 견해

- 他对此提出了不同的看法。
  tā duì cǐ tí chū le bù tóng de kàn fǎ
  그는 이에 대해 다른 의견을 제기했다.
- 他的看法有点儿主观。
  tā de kàn fǎ yǒu diǎn ér zhǔ guān
  그의 견해는 약간 주관적이다.

338
□ 看见
[kàn jiàn] 칸 찌엔

[동] 보다, 눈에 띄다

- 昨天他看见了那场事故。
  zuó tiān tā kàn jiàn le nà chǎng shì gù
  어제 그는 그 사고를 보았다.
- 他去网吧的时候被老师看见了。
  tā qù wǎng bā de shí hòu bèi lǎo shī kàn jiàn le
  그가 PC방에 갔을 때 선생님 눈에 띄었다.

339
□ 考虑
[kǎo lǜ] 카오 뤼

[명] 고려 [동] 고려하다, 생각하다

- 考虑大我利益。 대아의 이익을 고려하다.
  kǎo lǜ dà wǒ lì yì
- 考虑家庭原因。 가정형편을 생각해!
  kǎo lǜ jiā tíng yuán yīn

340
咳嗽

[ké sòu] 커 소우

명 기침 **동** 기침하다

- **咳嗽**很厉害。 기침이 심하다.
  ké sòu hěn lì hài
- 怀孕会出现**咳嗽**的症状吗?
  huái yùn huì chū xiàn ké sòu de zhèng zhuàng ma
  임신하면 기침하는 증상이 나타날 수 있습니까?

341
可靠

[kě kào] 커 카오

형 믿을 만하다, 믿음직하다

- 绝对**可靠**。 완전히 믿을 만하다.
  jué duì kě kào
- 他为人妥实**可靠**。
  tā wéi rén tuǒ shí kě kào
  그는 사람됨이 착실하고 믿음직스럽다.

342
可怜

[kě lián] 커 리앤

형 가련하다, 볼품없다 **동** 동정하다 **명** 동정

- 瞧他那副**可怜**相。
  qiáo tā nà fù kě lián xiāng
  그의 저 가련한 꼴을 좀 봐!
- 他这是自作自受, 不必**可怜**。
  tā zhè shì zì zuò zì shòu, bù bì kě lián
  이것은 그의 자업자득이니, 동정할 필요 없다.

343
科学

[kē xué] 커 쉐

명 과학 **형** 과학적이다

- 昌明**科学**。 과학을 발전시키다.
  chāng míng kē xué
- 这种方法不**科学**。
  zhè zhǒng fāng fǎ bù kē xué
  이 방법은 과학적이지 않다.

3단계

344
□ **克服**

[kè fú] 커 푸

동 극복하다, 이겨내다

* **克服**困难。 곤란을 극복하다.
  kè fú kùn nán
* **克服**娇气。 나약한 성격을 극복하다.
  kè fú jiāo qì

345
□ **课本**

[kè běn] 커 번

명 교재, 교과서

* 新崭崭的**课本**。 참신한 교재.
  xīn zhǎn zhǎn de kè běn

346
□ **课程**

[kè chéng] 커 청

명 (교육)과정, 교과과정, 커리큘럼(curriculum)

* 安排**课程**。 커리큘럼을 안배하다.
  ān pái kè chéng
* 这个学期的**课程**不紧张。
  zhè gè xué qī de kè chéng bù jǐn zhāng
  이번 학기의 교과 과정은 빡빡하지 않다.

347
□ **肯定**

[kěn dìng] 컨 띵

형 확실하다 동 긍정하다 명 긍정 부 확실히

* 他的答案是**肯定**的。
  tā de dá àn shì kěn dìng de
  그의 대답은 긍정적이다.
* 他**肯定**了我们的做法。
  tā kěn dìng le wǒ men de zuò fǎ
  그는 우리의 방법을 긍정했다.

348
□ **空气**

[kōng qì] 쿵 치

명 공기(空氣), 분위기(雰圍氣)

* 新鲜**空气**。 신선한 공기.
  xīn xiān kōng qì
* 净化**空气**。 공기를 정화하다.
  jìng huà kōng qì

핵심단어 **385**

349
控制
[kòng zhì] 쿵 쯔

몡 통제, 제어 동 통제하다, 제어하다

- 摆开控制。 통제를 벗어나다.
  bǎi kāi kòng zhì
- 控制核武器。 핵무기를 제어하다.
  kòng zhì hé wǔ qì

350
快乐
[kuài lè] 콰이 러

형 즐겁다, 유쾌하다, 즐겁다, 행복하다

- 我们要快乐地度过每一天。
  wǒ mén yào kuài lè de dù guò měi yī tiān
  우리는 매일을 즐겁게 보내야 한다.
- 她脸上露出了快乐的笑容。
  tā liǎn shàng lù chū le kuài lè de xiào róng
  그녀의 얼굴에 유쾌한 웃음이 드러났다.

351
宽
[kuān] 쿠안

형 (폭, 범위, 면적, 등이) 넓다, 너그럽다

- 马路很宽。 길이 매우 넓다.
  mǎ lù hěn kuān
- 从宽处理。 관대하게 처벌하다.
  cóng kuān chǔ lǐ

352
捆
[kǔn] 쿤

명 묶음, 단 동 (끈 등으로) 묶다, 구속하다

- 把韭菜捆成捆儿。 부추를 단으로 묶다.
  bǎ jiǔ cài kǔn chéng kǔn ér
- 用绳子捆行李。 짐을 끈으로 묶다.
  yòng shéng zī kǔn xíng lī

353
困
[kùn] 쿤

형 곤란하다, 지치다 동 고생하다, 갇히다

- 人困马乏。 사람과 말이 모두 지치다.
  rén kùn mǎ fá
- 坐困孤城。 고립된 성에 갇혀 꼼짝 못하다.
  zuò kùn gū chéng

354
困难

[kùn nán] 쿤 난

- 몡 어려움, 궁핍 톙 곤란하다, 궁핍하다
- ❖ 卷入重重**困难**。 겹겹의 어려움에 말려들다.
  juǎn rù chóng chóng kùn nán
- ❖ 生活**困难**。 생활이 곤궁하다.
  shēng huó kùn nan

355
扩大

[kuò dà] 쿼 따

- 몡 확대 동 확대하다, 넓히다
- ❖ 谋求**扩大**商业圈。 상권의 확대를 꾀하다.
  móu qiú kuò dà shāng yè quān
- ❖ **扩大**面积。 면적을 확대하다.
  kuò dà miàn ji

356
垃圾

[lā jī] 라 지

- 몡 쓰레기, 오물, 노폐물
- ❖ **垃圾**桶。 쓰레기통.
  lā jī tǒng
- ❖ 精神**垃圾**。 정신(적) 쓰레기.
  jīng shén lā jī

357
来得及

[lái dé jí] 라이 더 지

- 동 (시간에) 미칠 수 있다, 늦지 않다
- ❖ 你现在报名还**来得及**。
  nǐ xiàn zài bào míng hái lái dé jí
  네가 지금 신청해도 늦지 않아.
- ❖ 现在你悔悟还**来得及**。
  xiàn zài nǐ huǐ wù hái lái dé jí
  지금 네가 뉘우쳐도 늦지 않아.

358
懒

[lǎn] 란

- 톙 게으르다(↔勤), 나른하다
- ❖ 好吃**懒**做。 먹기는 좋아하고 일에는 게으르다.
  hào chī lǎn zuò
- ❖ 春天容易犯**懒**。 봄에는 나른해지기 쉽다.
  chūn tiān róng yì fàn lǎn

359
□ 浪费
[làng fèi] 랑 페이

[동] 낭비하다 [형] 헛되다, 비경제적이다

- 浪费钱财。 재물을 낭비하다.
  làng fèi qián cái
- 补回浪费的时间。 허비한 시간을 메우다.
  bǔ huí làng fèi de shí jiān

360
□ 老人
[lǎo rén] 라오 런

[명] 늙은이, 노인, 조부모나 어버이

- 长寿老人。 장수 노인.
  cháng shòu lǎo rén
- 这次人事调整后，处里面没剩下几个老人。
  zhè cì rén shì diào zhěng hòu, chǔ lǐ miàn méi shèng xià jǐ gè lǎo rén
  이번 인사 조정 후 부처(部處)내에 고참이 몇 명 남지 않았다.

361
□ 乐观
[lè guān] 러 꾸안

[명] 낙관 [형] 낙관적이다, 선천적이다

- 盲目乐观。 무작정 낙관하다.
  máng mù lè guān
- 改革的趋势令人乐观。
  gǎi gé de qū shì lìng rén lè guān
  개혁의 추세가 낙관적이다.

362
□ 力量
[lì liàng] 리 리앙

[명] 힘, 능력, 세기, 세력, 작용

- 这小伙子的力量很大。
  zhè xiǎo zi de lì liàng hěn dà
  이 청년은 힘이 대단하다.
- 一个人的力量有限。
  yí ge rén de lì liàng yǒu xiàn
  한 사람의 능력으로는 한계가 있다.

363
礼貌
[lǐ mào] 리 마오

(명) 예의 (형) 예의 바르다

- 讲礼貌。 예의범절을 중시하다.
  jiǎng lǐ mào
- 大兴文明礼貌之风。
  dà xīng wén míng lǐ mào zhī fēng
  교양 있고 예의 바른 기풍을 크게 일으키다.

364
离开
[lí kāi] 리 카이

(명) 떠남, 헤어짐 (동) 떠나다, 헤어지다

- 鲸鱼离开了水就无法生活了。
  jīng yú lí kāi le shuǐ jiù wú fǎ shēng huó le
  고래는 물을 떠나면 살 수 없다.
- 我永远离不开你。
  wǒ yǒng yuǎn lí bù kāi nǐ
  나는 영원히 너를 떠날 수 없어.

365
例如
[lì rú] 리 루

(동) 예를 들다

- 家禽有许多种，例如鸡，鸭，羊等等。
  jiā qín yǒu xǔ duō zhǒng, lì rú jī, yā, yáng děng děng
  가축에는 많은 종류가 있는데, 예를 들면, 닭, 오리, 양 등등이다.

366
连忙
[lián máng] 리엔 망

(부) 바삐, 급히

- 我们恐怕要迟到，连忙加快了脚步。
  wǒ men kǒng pà yào chí dào, lián máng jiā kuài le jiǎo bù
  우리 두 사람이 아마도 늦게 도착할 것 같구나.
  서둘러 발걸음을 재촉하자.
- 有小朋友摔倒了，他连忙跑去扶起。
  yǒu xiǎo péng yǒu shuāi dǎo le, tā lián máng pǎo qù fú qǐ
  어린아이 하나가 넘어지자 그가 급히 달려가
  일으켜 세웠다.

367

☐ **连续**

[lián xù] 리앤 쒸

동 계속하다, 연속하다

❖ **连续**酷暑河水都干了。
lián xù kù shǔ hé shuǐ dōu gān le
계속되는 강더위에 강물이 말라 버렸다.

❖ **连续**受挫。 연속하여 좌절을 맛보다.
lián xù shòu cuò

368

☐ **联合**

[lián hé] 리앤 허

동 단결하다, 결합하다, 연합하다

❖ 全世界无产者**联合**起来。
quán shì jiè wú chǎn zhě lián hé qǐ lái
전세계 노동자들은 단결하라.

❖ 我们**联合**起来, 一定是最强的!
wǒ mén lián hé qǐ lái, yī dìng shì zuì qiáng de
우리가 연합하면 틀림없이 가장 강할 것이다.

369

☐ **联系**

[lián xì] 리앤 씨

명 연락, 연계 동 연락하다, 연계하다

❖ 间接**联系**。 간접 연계.
jiān jiē lián xì

❖ 多头**联系**。 다방면으로 연락하다.
duō tóu lián xì

370

☐ **量**

[liàng] 리앙

동 재다, 달다 명 되, 한도, 용량, 도량

❖ 我来**量量**体温。 제가 체온을 좀 잴게요.
wǒ lái liàng liàng tǐ wēn

❖ **量**体重。 몸무게를 달아보다.
liàng tǐ zhòng

371

☐ **临时**

[lín shí] 린스

명 임시 부 임시로 형 임시의 동 때에 이르다

❖ **临时**调车前往。 임시로 배차하여 가다.
lín shí diào chē qián wǎng

❖ **临时**措施。 임시 조치.
lín shí cuò shī

3단계

372

□ **灵活**

[líng huó] 링 후어

(형) 민첩하다, 융통성이 있다

- 手脚灵活。 손발이 날쌔다.
  shǒu jiǎo líng huó
- 处事灵活。 일하는 것이 융통성 있다.
  chǔ shì líng huó

373

□ **领导**

[lǐng dǎo] 링 다오

(명) 지도자 (동) 지도하다

- 领导指引的道路。 지도자가 가리키는 길.
  lǐng dǎo zhǐ yǐn de dào lù
- 各级政法机关必须加强领导。
  gè jí zhèng fǎ jī guān bì xū jiā qiáng lǐng dǎo
  각급 정부・사법기관들은 반드시 지도력을 강화해야 한다.

374

□ **流利**

[liú lì] 리우 리

(형) (말하는 것이) 빠르고 분명하다

- 一口流利的口才。 유창한 변설을 늘어놓다.
  yì kǒu liú lì de kǒu cái
- 笔法流利。 필치가 거침없다.
  bǐ fǎ liú lì

375

□ **楼梯**

[lóu tī] 로우 티

(명) 계단, 층계

- 爬楼梯。 계단을 뛰어오르다.
  pá lóu tī
- 从楼梯上失足。 계단에서 실족하다.
  cóng lóu tī shàng shī zú

376

□ **陆续**

[lù xù] 루 쉬

(부) 끊임없이, 연이어, 잇따라

- 观众陆续入场。 관중이 끊임없이 입장하다.
  guān zhòng lù xù rù chǎng
- 订单陆续来了。 주문이 속속 들어온다.
  dìng dān lù xù lái le

377
□ **旅游**   명 여행, 관광   동 여행하다, 관광하다

[lǚ yóu] 뤼 요우

- 旅游向导。 여행 가이드.
  lǚ yóu xiàng dǎo
- 拍摄旅游纪念照片。 여행 기념사진을 찍다.
  pāi shè lǚ yóu jì niàn zhào piàn

378
□ **乱**   형 어지럽다, 난잡하다, 난해하다

[luàn] 롼

- 家里很乱。 집안이 무척 어지럽다.
  jiā lǐ hěn luàn
- 上班的时候, 交通很乱。
  shàng bān de shí hou, jiāo tōng hěn luàn
  출근길은 교통이 매우 복잡하다.

379
□ **买卖**   명 매매, 장사   동 매매하다, 장사하다

[mǎi mai] 마이 마이

- 小宗买卖。 소량 매매, 적은 양의 거래.
  xiǎo zōng mǎi mai
- 搭伙做买卖。 동업해서 장사하다.
  dā huǒ zuò mǎi mai

380
□ **满足**   동 만족하다, 만족시키다   명 만족

[mǎn zú] 만 주

- 有那个我就满足了。
  yǒu nà gè wǒ jiù mǎn zú le
  나는 그것으로 만족하고 있다.
- 满足胃口。 미각을 만족시키다.
  mǎn zú wèi kǒu

381
□ **矛盾**   명 모순, 창과 방패   동 모순되다

[máo dùn] 마오 뚠

- 矛盾百出。 온통 모순투성이이다.
  máo dùn bǎi chū
- 自相矛盾。 자체적으로 모순되다.
  zì xiāng máo dùn

382
□ **贸易**
[mào yì] 마오 이

명 무역, 교역 동 무역하다

- 贸易代表处。무역 대표부.
  mào yì dài biǎo chù
- 双向贸易。서로 무역 거래를 하다.
  shuāng xiàng mào yì

383
□ **没关系**
[méi guān xì] 메이 꾸안 시

형 괜찮다, 문제없다, 염려없다

- 去晚一点没关系。좀 늦게 가도 괜찮다.
  qù wǎn yì diǎn méi guān xi
- 字写得差点也没关系。
  zì xiě dé chà diǎn yě méi guān xì
  글씨를 좀 못 써도 괜찮다.

384
□ **没事(儿)**
[méi shì(r)] 메이 셜

동 대수롭지 않다, 책임이 없다, 괜찮다

- 你只要把案件办好就没事儿了。
  nǐ zhī yào bǎ àn jiàn bàn hǎo jiù méi shì ér le
  네가 안건을 잘 처리하기만 한다면 아무일 없을 것이다.
- 昨天晚上冷得很, 我已经感冒了, 你没事儿吗?
  zuó tiān wǎn shàng lěng dé hěn, wǒ yǐ jīng gǎn mào le, nǐ méi shì ér ma
  어젯밤 엄청 추웠어, 난 벌써 감기에 걸렸지, 넌 괜찮아?

385
□ **美术**
[měi shù] 메이 슈

명 미술, 그림, 회화

- 他是个美术家。그는 미술가다.
  tā shì gè měi shù jiā
- 他是我们的美术老师。
  tā shì wǒ men de měi shù lǎo shī
  그는 우리의 회화 선생님이다.

386
□ 梦

[mèng] 멍

명 꿈, 환상   동 꿈꾸다

❖ 好梦成真。 꿈이 이루어지다.
　 hǎo mèng chéng zhēn
❖ 作了个龙的梦。 용꿈을 꾸다.
　 zuò le gè lóng de mèng

387
□ 秘密

[mì mì] 미 미

명 비밀   형 비밀스럽다

❖ 不能说的秘密。 말할 수 없는 비밀.
　 bù néng shuō de mì mì
❖ 秘密活动。 비밀 활동.
　 mì mì huó dòng

388
□ 密切

[mì qiè] 미 치에

형 밀접하다, 긴밀하다   동 밀접하게 하다

❖ 关系密切。 관계가 밀접하다.
　 guān xì mì qiè
❖ 密切两国关系。 양국 관계를 밀접하게 하다.
　 mì qiè liǎng guó guān xi

389
□ 面条儿

[miàn tiáo ér] 미엔 탸오얼

명 국수, 면발, 흘러내린 콧물

❖ 荞面条儿。 메밀 국수.
　 qiáo miàn tiáo ér
❖ 我平时爱吃面条儿, 但不会做。
　 wǒ píng shí ài chī miàn tiáo ér, dàn bù huì zuò
　 난 평소에 면을 먹는걸 좋아하지만, 만들지는 못해.

390
□ 名胜

[míng shèng] 밍 성

명 명승지, 명소

❖ 游览名胜。 명승지를 유람하다.
　 yóu lǎn míng shèng
❖ 我们故乡的名胜。 내 고장의 명소.
　 wǒ mén gù xiāng de míng shèng

391
□ **明亮**
[míng liàng] 밍 리앙

(형) 밝다, 빛나다, 명백하다

* **明亮**展厅。환하고 밝은 전람회장
  míng liàng zhǎn tīng
* 曙光**明亮**。서광이 빛나다.
  shǔ guāng míng liàng

392
□ **明确**
[míng què] 밍 취에

(형) 명확하다 (동) 명확히 하다, 분명히 하다

* 观点**明确**。관점이 명확하다.
  guān diǎn míng què
* **明确**工作目标。업무 목표를 명확하게 하다.
  míng què gōng zuò mù biāo

393
□ **明显**
[míng xiǎn] 밍 시엔

(형) 뚜렷하다, 분명하게 드러나다

* 差距**明显**。격차가 뚜렷하다.
  chà jù míng xiǎn
* 这种病初期的症状不**明显**。
  zhè zhǒng bìng chū qī de zhèng zhuàng bù míng xiǎn
  이 병의 초기 증상은 분명히 드러나지 않는다.

394
□ **命令**
[mìng lìng] 밍 링

(명) 명령 (동) 명령을 내리다

* 服从**命令**。명령에 복종하다.
  fú cóng mìng lìng
* 以**命令**的口吻说。명령조로 말하다.
  yǐ mìng lìng de kǒu wěn shuō

395
□ **命运**
[mìng yùn] 밍 윈

(명) 운명, 숙명

* **命运**悲惨。운명이 비참하다.
  mìng yùn bēi cǎn
* 开拓**命运**。운명을 개척하다.
  kāi tuò mìng yùn

396
□ **模仿**　　　　　명 모방　동 모방하다, 본받다, 흉내내다

[mó fǎng] 모 팡
- 会**模仿**。모방을 잘한다.
  huì mó fǎng
- **模仿**别人的东西。남의 것을 모방하다.
  mó fǎng bié rén de dōng xī

397
□ **目标**　　　　　명 목표, 목표물, 목적

[mù biāo] 무 삐아오
- 设定**目标**。목표를 세우다.
  shè dìng mù biāo
- 打中**目标**。목표를 명중시키다.
  dǎ zhòng mù biāo

398
□ **目的**　　　　　명 목적, 목적물

[mù dì] 무 띠
- 漫无**目的**。아무런 목적이 없다.
  màn wú mù dì
- 达到**目的**。목적을 달성하다.
  dá dào mù dì

399
□ **拿手**　　　　　명 (성공에 대한) 자신, 믿음　형 자신 있다

[ná shǒu] 나 쇼우
- **拿手**节目。가장 자신 있는 종목.
  ná shǒu jié mù
- 这件事我绝对**拿手**。
  zhè jiàn shì wǒ jué duì ná shǒu
  이 일은 내가 절대적으로 자신이 있다.

400
□ **耐心**　　　　　명 끈기, 참을성, 인내심　형 끊기가 있다

[nài xīn] 나이 씬
- **耐心**很大。참을성이 많다.
  nai xīn hěn dà
- 师又**耐心**地讲了几遍。
  shī yòu nai xīn dì jiǎng le jǐ biàn
  선생님은 또 끈기 있게 몇 번을 설명하셨다.

401
耐用 [nài yòng] 나이 용

- 형 오래 쓸 수 있다, 내구성의
- ❖ 耐用家电。오래가는 가전제품.
  nai yòng jiā diàn
- ❖ 这种杯子比玻璃杯子更加耐用。
  zhè zhǒng bēi zi bǐ bō li bēi zi gèng jiā nài yòng
  이 컵은 유리컵보다 더욱 내구성이 좋습니다.

402
难过 [nán guò] 난 꿔

- 형 괴롭다, 슬프다
- ❖ 你别太难过了。너는 너무 괴로워하지 마라.
  nǐ bié tai nán guò le
- ❖ 她非常难过,说着说着就哽塞了。
  tā fēi cháng nán guò, shuō zhe shuō zhe jiù gěng sāi le
  그녀는 너무 슬퍼서 말하면서 목이 메었다.

403
难看 [nán kàn] 난 칸

- 형 보기 싫다, 밉다
- ❖ 我刚买的衣服怎么样？ 难看吗?
  wǒ gāng mǎi de yī fú zěn me yàng nán kàn ma
  내가 방금 산 옷 어떠니? 보기 싫어?
- ❖ 脸难看。얼굴이 밉다.
  liǎn nán kàn

404
脑袋 [nǎo dài] 나오 따이

- 명 머리, 뇌, 골
- ❖ 脑袋飞灵。머리가 대단히 좋다.
  nǎo dài fēi líng
- ❖ 脑袋瓜转得快。두뇌 회전이 빠르다.
  nǎo dài guā zhuǎn dé kuài

405
内容 [nèi róng] 네이 롱

- 명 내용(内容)
- ❖ 主要内容。주요 내용.
  zhū yào nèi róng
- ❖ 内容笃实。내용이 알차다.
  nèi róng dū shí

406
能干
[néng gān] 넝 깐

형 유능하다, 솜씨 있다

- 他真能干。 그는 정말 유능하다.
  tā zhēn néng gàn
- 听说他女人很能干。
  tīng shuō tā nǚ rén hěn néng gàn
  그의 처가 유능하다고 들었다.

407
能力
[néng lì] 넝 리

명 능력, 역량

- 生产能力。 생산 능력.
  shēng chǎn néng lì
- 书面表达能力。 글로 표현하는 능력.
  shū miàn biǎo dá néng lì

408
年龄
[nián líng] 니엔 링

명 (사람과 동식물의) 연령(年齡), 나이

- 放宽年龄限制。 연령 제한을 완화하다.
  fàng kuān nián líng xiàn zhì
- 年龄尚小。 나이가 아직 어리다.
  nián líng shàng xiǎo

409
年轻
[nián qīng] 니엔 칭

형 (나이나 용모가) 젊다 명 젊음

- 你比我年轻得多。 너는 나보다 한참 젊다.
  nǐ bǐ wǒ nián qīng dé duō
- 年轻是个宝。 젊음이 보배로다.
  nián qīng shì gè bǎo

410
浓
[nóng] 농

형 진하다, 짙다, 강렬하다

- 一杯浓茶。 진한 차 한 잔.
  yì bēi nóng chá
- 眉毛浓。 눈썹이 진하다.
  méi máo nóng

411
农村
[nóng cūn] 농 춘

명 농촌

- 某一个农村乡曲。 어느 농촌 구석.
  mǒu yí ge nóng cūn xiāng qū
- 把农村风光融进画儿里。
  bǎ nóng cūn fēng guāng róng jìn huà ér lǐ
  농촌 풍경을 화폭에 담다.

412
暖气
[nuǎn qì] 누안 치

명 방열기, 스팀, 온기, 증기난방장치

- 暖气为什么装在窗户下面?
  nuǎn qì wèi shén me zhuāng zài chuāng hu xià miàn
  스팀은 왜 창 아래에 설치하나요?
- 每个房子中都装有暖气。
  měi gè fáng zǐ zhōng dōu zhuāng yǒu nuǎn qì
  집집마다 모두 증기 난방 장치를 설치하고 있다.

413
盘子
[pán zi] 판 즈

명 쟁반, 시장가, 팁(tip), 매매 가격,

- 盘子打了。 쟁반이 깨지다.
  pán zī dǎ le
- 盘子被洗得锃光。
  pán zī bèi xǐ dé zèng guāng
  쟁반이 반짝거리도록 씻었다.

414
判断
[pàn duàn] 프안 똰

명 판단 동 판단하다

- 正确的判断。 정확한 판단.
  zhèng què de pàn duàn
- 我判断不了谁对谁错。
  wǒ pàn duàn bú liǎo shuí duì shuí cuò
  나는 누가 맞고 틀린지 판단할 수 없다.

415
旁边(儿)

[páng biān(r)] 팡삐앤

(명) 옆, 곁, 측면, 부근, 근처

* 他坐在我旁边。 그는 내 옆에 앉았다.
  tā zuò zài wǒ páng biān
* 她旁边的女人是谁?
  tā páng biān de nǚ rén shì shuí
  그녀 곁의 여자는 누구니?

416
配合

[pèi hé] 페이 허

(명) 협력 (동) 협력하다, 조화되다

* 配合作战。 협력 작전.
  pèi hé zuò zhàn
* 配合默契。 서로 조화를 잘 이루다.
  pèi hé mò qì

417
捧

[pěng] 펑

(동) 받들다, 후원하다, 떠받들다, 아첨하다

* 玻璃制品, 从底下捧着。
  bō lí zhì pǐn, cóng dǐ xià pěng zhe
  유리 제품이니 밑에서 잘 받들어라.
* 她又捧上你了。
  tā yòu pěng shàng nǐ le
  그녀는 또 당신을 떠받들었어요.

418
批判

[pī pàn] 피 판

(동) 비판하다, 반박하다 (명) 비판

* 批判错误言论。 잘못된 언론을 비판하다.
  pī pàn cuò wù yán lùn
* 他终于受到了公开批判。
  tā zhōng yú shòu dào le gōng kāi pī pàn
  그는 마침내 공개 비판을 받았다.

419
□ 批评
[pī píng] 피 핑

[명] 비평, 비판 [동] 비평하다, 꾸짖다, 야단치다

❖ 指名批评。 이름을 대고 비평하다.
zhǐ míng pī píng

❖ 无辜地受了批评。 애꿎게 꾸중을 듣다.
wú gū dì shòu le pī píng

420
□ 皮肤
[pí fū] 피 푸

[명] 피부, 살갗

❖ 皮肤移植。 피부 이식.
pí fū yí zhí

❖ 她的皮肤是油性的。
tā de pí fū shì yóu xìng de
그녀의 피부는 지성이다.

421
□ 脾气
[pí qì] 피 치

[명] 성격, 기질, 성질, 조바심

❖ 脾气暴躁。 성격이 조급하다.
pí qì bào zào

❖ 火暴脾气。 불같은 성질.
huǒ bào pí qì

422
□ 骗
[piàn] 피엔

[동] 속이다, 기만하다, 뛰어오르다

❖ 他是不会骗我们的。
tā shì bù huì piàn wǒ mén de
그는 우리를 속일 리 없다.

❖ 双手把紫缰轻挽，骗上马。
shuāng shǒu bǎ zǐ jiāng qīng wǎn, piàn shàng mǎ
양손으로 자색의 고삐를 살짝 잡아당겨 말에 뛰어오르다.

423
□ **拼命**

[pīn mìng] 핀 밍

명 사투, 목숨을 거는것 동 목숨을 걸다

* **拼命**厮打。 목숨을 걸고 서로 때리며 싸우다.
  pīn mìng sī dǎ
* **拼命**抵抗。 목숨을 걸고 저항하다.
  pīn mìng dǐ kàng

424
□ **平安**

[píng ān] 핑 안

명 평안 형 평안하다, 안일하다

* 祝您一路**平安**!
  zhù nín yí lù píng ān
  가시는 길이 평안하시길 바랍니다!

425
□ **平静**

[píng jìng] 핑 찡

명 평정, 안정 형 평온하다, 고요하다

* 心**平静**下来了。 마음의 안정을 얻다.
  xīn píng jìng xià lái le
* 局势**平静**。 정세가 평온하다.
  jú shì píng jìng

426
□ **平时**

[píng shí] 핑 스

명 평소, 보통 때, 여느 때

* 你**平时**参加社区活动吗?
  nǐ píng shí cān jiā shè qū huó dòng ma
  너는 평소에는 지역사회 활동에 참여하니?

427
□ **平原**

[píng yuán] 핑 위앤

명 평원, 벌판

* 辽阔的**平原**。 아득히 넓은 평원.
  liáo kuò de píng yuán
* 这里的**平原**非常广阔。
  zhè lǐ de píng yuán fēi cháng guǎng kuò
  이곳의 평원은 매우 광활하다.

3단계

428
□ 秋

[qiū] 치우

몡 가을, 농작물이 익을 때

* 秋高气爽。 가을 하늘은 높고 공기는 맑다.
  qiū gāo qì shuǎng
* 秋熟。 가을의 결실.
  qiū shú

429
□ 破坏

[pò huài] 포 화이

몡 파괴 통 파괴하다

* 他们破坏不了这座桥梁。
  tā men pò huài bú liǎo zhè zuò qiáo liáng
  그들은 이 다리를 파괴하지 못한다.

430
□ 扑

[pū] 푸

통 뛰어들다, 잡다, 몰두하다, 열중하다

* 飞蛾扑火。 나방이 불 속으로 날아든다.
  fēi é pū huǒ
* 他一心扑在工作上。
  tā yì xīn pū zài gōng zuò shang
  그는 전심전력으로 일에만 몰두한다.

431
□ 朴素

[pǔ sù] 푸 쑤

형 소박하다

* 穿着淡雅朴素。
  chuān zhe dàn yǎ pǔ sù
  옷차림이 단아하고 소박하다.
* 这间客厅陈设得简单朴素。
  zhè jiān kè tīng chén shè dé jiǎn dān pǔ sù
  이 거실의 장식은 심플하고 소박하다.

432
□ 普遍

[pǔ biàn] 푸 삐엔

형 보편적이다, 널리 퍼져 있다

* 普遍现象。 보편적인 현상.
  pǔ biàn xiàn xiàng
* 这种现象似乎普遍起来了。
  zhè zhǒng xiàn xiàng sì hū pǔ biàn qǐ lái le
  이런 현상은 널리 퍼지기 시작한 것 같다.

핵심단어

433

□ **普通**

[pǔ tōng] 푸 퉁

명 보통 형 일반적이다

- 普通人。 보통 사람.
  pǔ tōng rén
- 这不是一件普通的案子。
  zhè bú shì yí jiàn pǔ tōng de àn zi
  이것은 일반적인 사건이 아니다.

434

□ **欺骗**

[qī piàn] 치 피엔

동 속이다 명 기만

- 欺骗自己。 자신을 속이다.
  qī piàn zì jǐ
- 欺骗国民。 국민을 기만하다.
  qī piàn guó mín

435

□ **其他**

[qí tā] 치 타

대 기타, 그 밖, 그 외

- 被服和书籍, 其他项目。
  bèi fú hé shū jí, qí tā xiàng mù
  피복과 서적, 기타 품목.
- 用其他车来牵引我的车。
  yòng qí tā chē lái qiān yǐn wǒ de chē
  내 차를 다른 차로 견인하였다.

436

□ **其中**

[qí zhōng] 치 중

명 그 속, 그 중

- 人们并不知道其中的底细。
  rén mén bìng bù zhī dào qí zhōng de dǐ xì
  사람들은 절대 그 속의 내막을 알지 못한다.
- 他就是其中的一个。
  tā jiù shì qí zhōng de yī gè
  그는 그중의 한 사람이다.

437
□ **气象**

[qì xiàng] 치 씨앙

- 몡 기상, 날씨, 양상, 주위의 상황, 분위기
- ❖ 气象条件不好。기상 조건이 안 좋다.
  qì xiàng tiáo jiàn bù hǎo
- ❖ 社会上出现了一片新气象。
  shè huì shàng chū xiàn le yī piàn xīn qì xiàng
  사회에 새로운 현상이 나타났다.

438
□ **牵**

[qiān] 치엔

- 동 끌다, 연루되다
- ❖ 牵引。견인(牵引)하다, 끌어당기다.
  qiān yǐn
- ❖ 牵连获罪。죄에 연루되다.
  qiān lián huò zuì

439
□ **签订**

[qiān dìng] 치엔 띵

- 몡 체결 동 체결하다, 조인하다
- ❖ 签订合同。서명하여 계약을 맺다.
  qiān dìng hé tóng
- ❖ 签订购房合同。주택 구입 계약을 체결하다.
  qiān dìng gòu fáng hé tóng

440
□ **前进**

[qián jìn] 치엔 찐

- 몡 전진 동 전진하다, 앞으로 나아가다
- ❖ 匍匐前进。포복 전진.
  pú fú qián jìn
- ❖ 慢悠悠地前进。서서히 전진하다.
  màn yōu yōu dì qián jìn

441
□ **前途**

[qián tú] 치엔 투

- 몡 앞길, 전도, 전망, 〈격식〉 상대방
- ❖ 年轻人前途远大啊!
  nián qīng rén qián tú yuǎn dà ā
  젊은이들의 앞길이 원대하구나.
- ❖ 这份工作很有前途。이 일은 전망이 있다.
  zhè fèn gōng zuò hěn yǒu qián tú

442

□ **抢**

[qiǎng] 치앙

(동) 빼앗다, 약탈하다, 앞다투어 ~하다 (부) 급히

* **抢**球。공을 빼앗다.
  qiǎng qiú
* **抢**掉锅底的油污。
  qiǎng diào guō dǐ de yóu wū
  솥 바닥의 기름때를 벗기다.

443

□ **敲**

[qiāo] 치아오

(동) 두드리다, 치다, 속여 빼앗다

* **敲**门。문을 두드리다.
  qiāo mén
* **敲**得胸口响。가슴을 치며 울다.
  qiāo dé xiōng kǒu xiǎng

444

□ **瞧**

[qiáo] 치아오

(동) 엿보다, 방문하다, 구경하다

* **瞧**风景。경치를 구경하다.
  qiáo fēng jǐng
* 医生登门为人**瞧**病。
  yī shēng dēng mén wéi rén qiáo bìng
  의사가 방문하여 환자의 병을 진료하다.

445

□ **巧妙**

[qiǎo miào] 치아오 미아오

(형) (수단 등이) 교묘하다

* **巧妙**的计策。교묘한 계책.
  qiǎo miào de jì cè
* **巧妙**地甩掉了尾随者。
  qiǎo miào dì shuǎi diào le wěi suí zhě
  미행자를 교묘히 따돌리다.

446

□ **切**

[qiē] 치에

(동) (칼로) 자르다, 썰다, 저미다

* **切**西瓜。수박을 자르다.
  qiē xī guā
* **切**成薄片。박편으로 쪼개다.
  qiē chéng báo piàn

447
亲切
[qīn qiè] 친 치에

- 명 친근감 형 친절하다, 친밀하다

- 亲切的教诲。 친절한 가르침.
  qīn qiè de jiào huì
- 一想到祖国, 他便倍感亲切。
  yì xiǎng dào zǔ guó, tā biàn bèi gǎn qīn qiè
  조국만 생각을 하면 그는 더욱더 친밀감을 느끼게 된다.

448
侵略
[qīn lüè] 친 뤼에

- 명 침략 동 침략하다

- 经济侵略。 경제적인 침략.
  jīng jì qīn lüè
- 他们又侵略起邻国来了。
  tā men yòu qīn lüè qǐ lín guó lái le
  그들은 또 이웃 나라를 침략하기 시작했다.

449
青年
[qīng nián] 칭 니엔

- 명 청년, 젊은이, 나이

- 青年人。 청년(青年), 젊은이.
  qīng nián rén
- 他是有志气的青年。
  tā shì yǒu zhì qì de qīng nián
  그는 기개가 있는 청년이다.

450
请假
[qǐng jià] 칭 찌아

- 명 휴가 신청 동 휴가를 신청하다

- 请假探亲。 휴가를 신청하여 친척을 방문하다.
  qǐng jià tàn qīn
- 今天他又请假了。
  jīn tiān tā yòu qǐng jià le
  오늘 그는 또 휴가를 신청했다.

451

□ **情景**

[qíng jǐng] 칭 징

- 뗑 정경, 광경, 상황, 장면

※ 到海边看日出的情景。
dào hǎi biān kàn rì chū de qíng jǐng
바닷가에 가서 일출 광경을 보다.

※ 日出情景。일출 광경.
rì chū qíng jǐng

452

□ **请求**

[qǐng qiú] 칭 치우

- 뗑 청구, 요구, 부탁 됭 바라다, 부탁하다

※ 你的请求被允准。너의 부탁은 승낙되었다.
nǐ de qǐng qiú bèi yǔn zhǔn

※ 他诚恳地请求我原谅他。
tā chéng kěn dì qǐng qiú wǒ yuán liàng tā
그는 간절하게 내가 그를 용서할 것을 부탁했다.

453

□ **区别**

[qū bié] 취 비에

- 뗑 차이, 구별 됭 나누다, 구별하다

※ 禽流感和非典有什么区别?
qín liú gǎn hé fēi diǎn yǒu shí me qū bié
조류독감과 사스는 어떤 차이가 있습니까?

※ 区别公与私。공과 사를 구별하다.
qū bié gōng yǔ sī

454

□ **取得**

[qǔ dé] 취 더

- 뗑 취득 됭 얻다, 취득하다

※ 取得权利。권리취득.
qǔ dé quán lì

※ 取得好成绩。좋은 성적을 거두다.
qǔ dé hǎo chéng jì

455

□ **取消**

[qǔ xiāo] 취 씨아오

- 뗑 취소 됭 취소하다, 없애다

※ 取消合同。계약을 취소하다.
qǔ xiāo hé tóng

※ 取消死刑制度。사형 제도를 철폐하다.
qǔ xiāo sǐ xíng zhì dù

456
□ **缺点**

[quē diǎn] 취에 디엔

- 몡 부족한 점, 결함, 유감
- ❖ 包容他人**缺点**。 남의 결점을 포용하다.
  bāo róng tā rén quē diǎn
- ❖ 改正**缺点**。 결함을 고치다.
  gǎi zhèng quē diǎn

457
□ **缺乏**

[quē fá] 취에 파

- 몡 결핍 혱 부족하다, 결핍되다
- ❖ 燃料**缺乏**。 연료의 결핍.
  rán liào quē fá
- ❖ **缺乏**胆量。 배짱이 부족하다.
  quē fá dǎn liàng

458
□ **缺少**

[quē shǎo] 취에 샤오

- 동 (사람·물건의 수량이) 모자라다, 결핍하다
- ❖ **缺少**设备。 설비가 부족하다.
  quē shǎo shè bèi
- ❖ **缺少**父母爱的孩子。
  quē shǎo fù mǔ ài de hái zǐ
  부모의 사랑이 결핍된 아이.

459
□ **确定**

[què dìng] 취에 띵

- 몡 확정 동 확정하다, 확인하다
- ❖ **确定**当选。 당선이 확정되다.
  què dìng dāng xuǎn
- ❖ 他们把计划已经**确定**下来了。
  tā mén bǎ jì huá yǐ jīng què dìng xià lái le
  그들은 계획을 이미 확정하였다.

460
□ **确实**

[què shí] 취에 스

- 혱 확실하다 동 확실하게 하다 부 확실히
- ❖ **确实**的证据。 확실한 증거.
  què shí de zhèng jù
- ❖ 那一点**确实**很难断言。
  nà yì diǎn què shí hěn nán duàn yán
  그 점은 확실히 확언하기 어렵다.

461
□ 然而

[rán ér] 란 얼

[접] 그러나, 그렇지만, 그런데

- 然而不然。 그러나 그렇다고만 할 수 없다.
  rán ér bù rán
- 啧然而不类。
  zé rán ér bù lèi
  떠들썩하지만 체계적이지 못하다.

462
□ 热爱

[rè ài] 러 아이

[명] 열애 [동] 열렬히 사랑하다

- 对国家的热爱。 나라에 대한 사랑.
  duì guó jiā de rè ài
- 热爱祖国。 모국을 열렬히 사랑하다.
  rè ài zǔ guó

463
□ 热烈

[rè liè] 러 리에

[형] 열렬하다, 열정적이다

- 会上的讨论很热烈。
  huì shàng de tǎo lùn hěn rè liè
  회의의 토론이 열렬하다.
- 报以热烈的掌声。 열렬한 박수를 보내다.
  bào yǐ rè liè de zhǎng shēng

464
□ 热情

[rè qíng] 러 칭

[명] 열정, 의욕 [형] 친절하다, 열정적이다

- 热情应接。 친절하게 접대하다.
  rè qíng yìng jiē
- 乘务员要做到热情服务。
  chéng wù yuán yào zuò dào rè qíng fú wù
  승무원은 열정적으로 서비스해야 한다.

465
□ 热心

[rè xīn] 러 씬

[명] 열심, 친절 [형] 열성적이다

- 热心肠儿。 열의(熱意), 열성(熱誠).
  rè xīn cháng ér
- 热心教育事业。 교육 사업에 적극적이다.
  rè xīn jiào yù shì yè

466
□ **人才**

[rén cái] 런 차이

명 인재, 요원, 인품, 도량

- 他是个难得的人才。
  tā shì gè nán dé de rén cái
  그는 얻기 힘든 인재다.
- 一表人才的年轻人。 의젓한 젊은이.
  yì biǎo rén cái de nián qīng rén

467
□ **任何**

[rèn hé] 런 허

대 어떠한, 어떤, 어떤 것이든지

- 任何个体离不开群体。
  rèn hé gè tǐ lí bù kāi qún tǐ
  어떠한 개체도 집단을 벗어날 수 없다.
- 甘愿接受任何非难。
  gān yuàn jiē shòu rèn hé fēi nán
  어떤 비난도 달갑게 받겠다.

468
□ **人物**

[rén wù] 런 우

명 인물, 사람과 물건

- 你可真是个人物！ 너는 정말 인물이야!
  nǐ kě zhēn shì gè rén wù
- 我们县长在省里也是个人物。
  wǒ men xiàn cháng zài shěng lǐ yě shì gè rén wù
  우리 현장은 성에서 중요한 인물이다.

469
□ **任务**

[rèn wù] 런 우

명 임무, 책무, 과업, 과제

- 推销任务。 판촉 임무.
  tuī xiāo rèn wù
- 他的任务是终审把关。
  tā de rèn wù shì zhōng shěn bǎ guān
  그의 책무는 최종 점검하는 것이다.

470
□ **扔**

[rēng] 렁

(동) 던지다, 부치다, 포기하다

- 刷地把石头**扔**了。 돌을 홱 던지다.
  shuā dì bǎ shí tóu rēng le
- **扔**荒头儿说假话。
  rēng huāng tóu ér shuō jiǎ huà
  허튼소리, 거짓말을 마구 지껄이다.

471
□ **仍然**

[réng rán] 렁 란

(부) 여전히, 아직도, 원래대로

- 他**仍然**住在那座小城。
  tā réng rán zhù zài nà zuò xiǎo chéng
  그는 여전히 그 마을에서 살고 있다.
- 虽是7旬老人但现在**仍然**是松身鹤骨。
  suī shì 7 xún lǎo rén dàn xiàn zài réng rán shì sōng shēn hè gǔ
  칠십 노인이지만 아직도 꼬장꼬장하다.

472
□ **日常**

[rì cháng] 르 창

(형) 평소, 일상 (형) 일상의, 평소의

- 注意**日常**行为。 평소 소행에 주의해라.
  zhù yì rì cháng xíng wéi
- **日常**消费。 일상 소비.
  rì cháng xiāo fèi

473
□ **如**

[rú] 루

(동) ~와 비슷하다 (개) ~에 따라 (접) 만약

- 坚**如**磐石。 군기가 반석 같다.
  jiān rú pán shí
- 日子一天好**如**一天。
  rì zi yì tiān hǎo rú yì tiān
  나날이 갈수록 좋아진다.

3단계

474
洒
[sǎ] 사

(동) 살포하다, 사방에 흩뜨리다

- 洒敌敌畏。디디비피(DDBP)를 살포하다.
  sǎ dí dí wèi
- 小孩不注意, 把饭洒了一地。
  xiǎo hái bù zhù yì, bǎ fàn sǎ le yī dì
  어린아이가 주의하지 않아 밥을 온 바닥에 흘렸다.

475
撒
[sǎ] 사

(동) 풀어주다, 펴다, 뿌리다, 마음대로 행동하다

- 撒网捕鱼。그물을 쳐서 고기를 잡다.
  sā wǎng bǔ yú
- 撒稻种。볍씨를 뿌리다.
  sā dào zhǒng

476
散步
[sàn bù] 싼 뿌

(동) 산보하다, 걷다, 산책하다

- 到郊外散步。교외를 산보하다.
  dào jiāo wai sàn bù
- 背着手散步。뒷짐을 지고 산책하다.
  bèi zhe shǒu sàn bù

477
森林
[sēn lín] 썬 린

(명) 나무숲, 삼림

- 森林悄寂。숲 속이 적막하다.
  sēn lín qiāo jì
- 保护森林。삼림 보호.
  bǎo hù sēn lín

478
沙漠
[shā mò] 샤 모

(명) 사막

- 茫茫延伸的沙漠。막막하게 펼쳐진 사막.
  máng máng yán shēn de shā mò
- 变沙漠为良田。사막을 옥토로 만들다.
  biàn shā mò wéi liáng tián

479

□ 傻

[shǎ] 샤

명 바보　형 어리석다, 멍청하다

* 明明自己傻，还要硬说别人傻。
  míng míng zì jǐ shǎ, hái yào yìng shuō bié rén shǎ
  제가 바보이면서 남을 바보라고 한다.
* 谁也不比你更傻。
  shuí yě bù bǐ nǐ gèng shǎ
  누구도 너보다 어리석지는 않다.

480

□ 伤心

[shāng xīn] 상 씬

동 슬퍼하다, 상심하다

* 伤心流泪。슬퍼서 눈물을 흘리다.
  shāng xīn liú lèi
* 伤心得噗噜噜直掉眼泪。
  shāng xīn dé pū lū lū zhí diào yǎn lèi
  상심하여 주르륵 눈물을 흘리다.

481

□ 商业

[shāng yè] 상 예

명 상업

* 商业发达。상업이 발달하다.
  shāng yè fā dá
* 繁华的商业中心。번화한 상업 중심지.
  fán huá de shāng yè zhōng xīn

482

□ 商品

[shāng pǐn] 상 핀

명 상품, 물품

* 商品交换。상품 교환.
  shāng pǐn jiāo huàn
* 该商品已进入市场销售。
  gāi shāng pǐn yǐ jìn rù shì chǎng xiāo shòu
  이 물건은 이미 시판되고 있다.

483
□ **上班**

[shàng bān] 샹 빤

명 출근, 근무 동 출근하다, 근무하다

❖ 上班许可证。 출근 허가서.
　shàng bān xǔ kě zhèng

484
□ **上当**

[shàng dāng] 샹 땅

명 사기, 속임수 동 속다, 속임수에 걸리다

❖ 受骗上当。 속임수에 빠지다.
　shòu piàn shàng dāng
❖ 哎呀, 又上当了。 아차, 또 속았군.
　āi ya, yòu shàng dāng le

485
□ **上去**

[shàng qù] 샹 취

동 올라가다, 오르다

❖ 顺着这条路上去。 이 길을 따라 올라가다.
　shùn zhe zhè tiáo lù shàng qù
❖ 顺着梯子爬上去。 사다리를 타고 올라가다.
　shùn zhe tī zī pá shàng qù

486
□ **上衣**

[shàng yī] 샹 이

명 상의, 저고리, 윗도리

❖ 褐色上衣。 갈색 상의.
　hè sè shàng yī
❖ 做5彩上衣。 까치저고리를 만들다.
　zuò wǔ cǎi shàng yī

487
□ **稍微**

[shāo wēi] 샤오 웨이

부 약간, 좀, 다소, 조금

❖ 她稍微抬了一下头。
　tā shāo wēi tái le yī xià tóu
　그녀는 약간 머리를 들어올렸다.
❖ 今天稍微热。 오늘은 좀 덥다.
　jīn tiān shāo wēi rè

488
□ **勺子**

[sháo zi] 샤오 즈

명 (조금 큰) 국자, 후두부

* 用**勺子**舀汤。국자로 국을 떠내다.
  yòng sháo zi yǎo tāng
* 脑**勺子**。후두부, 뒤통수.
  nǎo sháo zi

489
□ **少数**

[shǎo shù] 샤오 슈

명 소수, 적은 수

* **少数**民族。소수 민족.
  shǎo shù mín zú
* 用**少数**人来处理业务。
  yòng shǎo shù rén lái chǔ lǐ yè wù
  소수의 인원으로 업무를 처리하다.

490
□ **蛇**

[shé] 셔

명 뱀

* **蛇**盘着身子。뱀이 몸을 도사리고 있다.
  shé pán zhe shēn zī
* **蛇**有冬眠的习性。
  shé yǒu dōng mián de xí xìng
  뱀은 겨울잠을 자는 습성이 있다.

491
□ **设备**

[shè bèi] 셔 뻬이

명 설비, 시설, 동 갖추다, 설비하다

* 维修机器**设备**。기계 설비를 수리하다.
  wéi xiū jī qì shè bèi
* 暖房**设备**。난방 시설.
  nuǎn fáng shè bèi

492
□ **设法**

[shè fǎ] 셔 파

부 백방으로 동 방법을 세우다 명 방법

* 多方**设法**。여러모로 방법을 강구하다.
  duō fāng shè fǎ
* 想方**设法**让他跟她交往。
  xiǎng fāng shè fǎ ràng tā gēn tā jiāo wǎng
  그가 그녀와 만나게끔 방법을 생각해 내다.

493
□ 社会
[shè huì] 셔 후이

[명] 사회

❖ 封建社会。봉건사회.
fēng jiàn shè huì

❖ 经营社会保险业务。
jīng yíng shè huì bǎo xiǎn yè wù
사회 보험 업무를 하다.

494
□ 设计
[shè jì] 셔 찌

[명] 설계, 디자인, 설정 [동] 설계하다, 구상하다

❖ 他的设计比较新颖。
tā de shè jì bǐ jiào xīn yǐng
그의 디자인은 참신하다.

❖ 设计梦境般的未来。
shè jì mèng jìng bān de wèi lái
장밋빛 미래를 설계하다.

495
□ 深厚
[shēn hòu] 션 호우

[형] 깊고 두텁다, (기초가) 튼튼하다

❖ 感情深厚。감정이 깊고 두텁다.
gǎn qíng shēn hòu

❖ 功底深厚。기초가 튼튼하다.
gōng dǐ shēn hòu

496
□ 深刻
[shēn kè] 션 커

[형] 심각하다, (뜻 · 감정 등이) 깊다, 모질다

❖ 深刻的思想。심각한 사상.
shēn kè de sī xiǎng

❖ 论述深刻。논술이 깊이가 있다.
lùn shù shēn kè

497
□ 深入
[shēn rù] 션 루

[동] 깊이 파고들다, 몰입하다 [명] 심화, 심도

❖ 深入基层。기층으로 깊이 파고들다.
shēn rù jī céng

❖ 深入思考。깊은 사색에 잠기다.
shēn rù sī kǎo

498
□ 神经
[shén jīng] 션 찡

[명] 신경, 정신 이상

- 神经官能症。신경 기능 장애.
  shén jīng guān néng zhèng
- 神经过敏。신경이 과민하다.
  shén jīng guò mǐn

499
□ 生动
[shēng dòng] 셩 똥

[형] 생동감 있다, 생생하다, 생기발랄하다

- 描写生动。묘사가 생동감이 있다.
  miáo xiě shēng dòng
- 他们的童年生活都是很生动的。
  tā mén de tóng nián shēng huó dōu shì hěn shēng dòng de
  그들의 유년 생활은 모두 생기발랄하였다.

500
□ 生命
[shēng mìng] 셩 밍

[명] 생명, 목숨 [형] 생동감 있다

- 献上宝贵的生命。고귀한 생명을 바치다.
  xiàn shàng bǎo guì de shēng mìng
- 维持生命。생명을 유지하다.
  wéi chí shēng mìng

501
□ 生意
[shēng yì] 셩 이

[명] 장사, 작업, 거래

- 生意萧条。장사가 잘 되지 않는다.
  shēng yì xiāo tiáo
- 一票生意。한 건의 거래.
  yī piào shēng yì

502
□ 生长
[shēng zhǎng] 셩 창

[명] 성장, 생장 [동] 성장하다, 생장하다

- 影响生长发育和智力。
  yǐng xiǎng shēng zhǎng fā yù hé zhì lì
  성장 발육과 지적 능력에 영향을 끼치다.
- 我从小生长在釜山。
  wǒ cóng xiǎo shēng zhǎng zài fǔ shān
  나는 어렸을 때부터 부산에서 자랐다.

503
省
[shěng] 성

명 성 [중국의 지방 행정 단위] 동 아끼다

- 抵省[四川省]。 성도[쓰촨성]에 도착하다.
  dǐ shěng[sì chuān shěng]
- 节衣省食。 입고 먹는 것을 절약하다.
  jié yī shěng shí

504
胜利
[shèng lì] 성 리

명 승리, 성공 동 승리하다, 성공하다

- 取得了彻底的胜利。 확실한 승리를 거두다.
  qǔ dé le chè dǐ de shèng lì
- 苦斗的结果胜利了。 고투 끝에 승리하다.
  kǔ dòu de jié guǒ shèng lì le

505
失败
[shī bài] 쓰 빠이

명 실패, 패배 동 실패하다, 패배하다

- 记取失败的教训。 실패의 교훈을 명심하다.
  jì qǔ shī bài de jiào xùn
- 高考失败。 대학 입시에 실패하다.
  gāo kǎo shī bài

506
失去
[shī qù] 쓰 취

동 잃어버리다, 끊어지다

- 生活失去了节奏。 생활의 리듬을 잃다.
  shēng huó shī qù le jié zòu
- 他的四肢失去了活动能力。
  tā de sì zhī shī qù le huó dòng néng lì
  그의 사지는 활동 능력을 잃어버렸다.

507
失望
[shī wàng] 쓰 왕

명 실망, 낙담 동 실망하다, 낙담하다

- 她对儿子失望了。
  tā duì ér zǐ shī wàng le
  그녀는 아들에게 실망했다.
- 万分失望。 매우 실망하다.
  wàn fēn shī wàng

508
□ **时代**

[shí dài] 스 따이

명 시대, 시기, 시절, 당시

- 新石器时代。 신석기 시대.
  xīn shí qì shí dài
- 青年时代。 청년 시절.
  qīng nián shí dài

509
□ **时刻**

[shí kè] 스 커

명 순간, 때, 시각, 시간 부 언제나, 항상

- 希望各位严守时刻, 准时到会。
  xī wàng gè wèi yán shǒu shí kè, zhǔn shí dào huì
  시간을 엄수하여 제 시간에 회의에 나오시길 바랍니다.
- 时刻警惕。 항상 경계하다.
  shí kè jīng tì

510
□ **食品**

[shí pǐn] 스 핀

명 식료품

- 食品加工工业。 식료품공업.
  shí pǐn jiā gōng gōng yè
- 绿色食品。 녹색식품.
  lǜ sè shí pǐn

511
□ **时期**

[shí qī] 스 치

명 특정한 시기, 때

- 和平时期。 평화시기.
  hé píng shí qī
- 困难的时期总是要过去的。
  kùn nán de shí qī zǒng shì yào guò qù de
  어려운 시기는 결국 지나가게 마련이다.

512
□ **实际**

[shí jì] 스 찌

명 실제, 사실 동 실제에 적합하다

- 浮报实际产量。
  fú bào shí jì chǎn liàng
  실제 생산량을 부풀려 보고하다.
- 不切实际。 실제와 맞지 않다.
  bú qiè shí jì

3단계

513
实践
[shí jiàn] 스 찌엔

- 명 실천, 이행 동 실천하다, 실행하다
- ❖ 实践经验。 실천 경험.
  shí jiàn jīng yàn
- ❖ 反复实践。 반복적으로 실천하다.
  fǎn fù shí jiàn

514
实现
[shí xiàn] 스 씨엔

- 명 실현 동 실현하다, 이루다, 달성하다
- ❖ 有可能实现的事。 실현 가능한 일.
  yǒu kě néng shí xiàn de shì
- ❖ 实现梦想。 꿈을 실현하다.
  shí xiàn mèng xiǎng

515
实用
[shí yòng] 스 융

- 형 실제로 쓰다, 실용적이다
- ❖ 适合实用。 실제 사용하기에 적합하다.
  shì hé shí yòng
- ❖ 这款汽车既美观又实用。
  zhè kuǎn qì chē jì měi guān yòu shí yòng
  이 자동차는 멋있기도 하고 실용적이기도 하다.

516
食堂
[shí táng] 스 탕

- 명 식당, 구내 식당, 음식점
- ❖ 食堂车。 식당차.
  shí táng chē
- ❖ 简易食堂。 간이 식당.
  jiǎn yì shí táng

517
使用
[shǐ yòng] 스 융

- 동 사용하다, 이용하다 명 사용
- ❖ 使用计算机。 컴퓨터를 사용하다.
  shǐ yòng jì suàn jī
- ❖ 规规矩矩地使用机器。
  guī guī jǔ jū de shǐ yòng jī qì
  기계를 바로 이용하다.

핵심단어 | **421**

518
□ 始终
[shǐ zhōng] 스쭝

[명] 시종, 시말 [부] 언제나, 줄곧, 결국

❖ 始终如一。처음과 끝이 한결같다.
shǐ zhōng rú yī

❖ 我们俩的关系始终很好。
wǒ men liǎ de guān xi shǐ zhōng hěn hǎo
우리 둘의 관계는 언제나 매우 좋다.

519
□ 狮子
[shī zi] 스즈

[명] 사자

❖ 驯养狮子。사자를 기르며 길들이다.
xùn yǎng shī zǐ

❖ 狮子盯着獐子。사자가 노루를 노려보다.
shī zǐ dīng zhe zhāng zǐ

520
□ 世纪
[shì jì] 쓰찌

[명] 세기, 연대, 시대

❖ 世纪巨人。세기의 거인.
shì jì jù rén

❖ 新世纪的开始。신세기의 시작.
xīn shì jì de kāi shǐ

521
□ 事件
[shì jiàn] 쓰찌엔

[명] 사건, 일, 행사, 사항

❖ 事件的发端。사건의 발단.
shì jiàn de fā duān

❖ 公司内最大的事件。사내에서 가장 큰 일.
gōng sī nèi zuì dà de shì jiàn

522
□ 事实
[shì shí] 쓰스

[명] 사실

❖ 陈述事实。사실을 진술하다.
chén shù shì shí

❖ 查清事实。사실을 철저히 조사하다.
chá qīng shì shí

3단계

523
□ **事业**
[shì yè] 쓰 예

명 사업, 영업, 비영리적 사회활동

- 文化事业。문화 사업.
  wén huà shì yè
- 热心教育事业。교육 사업에 적극적이다.
  rè xīn jiào yù shì yè

524
□ **适当**
[shì dāng] 쓰 땅

동 적당하다, 알맞다, 적당하다

- 在括号内填入适当的话。
  zài kuò hào nèi tián rù shì dāng de huà
  괄호 안에 알맞은 말을 써넣다.
- 适当补充蔬菜。채소를 적당히 보충하다.
  shì dāng bǔ chōng shū cài

525
□ **适合**
[shì hé] 쓰 허

형 적절하다, 적합하다, 알맞다

- 适合实用。실제 사용하기에 적합하다.
  shì hé shí yòng
- 适合去野游的天气。
  shì hé qù yě yóu de tiān qì
  소풍 가기에 알맞은 날씨.

526
□ **适应**
[shì yìng] 쓰 잉

명 적응 동 적응하다, 맞추다

- 适应时差。시차에 적응하다.
  shì yìng shí chà
- 适应时代潮流。시대의 흐름에 적응하다.
  shì yìng shí dài cháo liú

527
□ 收获

[shōu huò] 쇼우 훠

명 수확, 성과, 소득 동 수확하다, 추수하다

* 目前, 投资项目进入收获期。
  mù qián, tóu zī xiàng mù jìn rù shōu huò qī
  지금 투자항목이 수확기에 접어들었다.

* 秋天是收获的季节。
  qiū tiān shì shōu huò de jì jié
  가을은 수확의 계절이다.

528
□ 手表

[shǒu biǎo] 쇼우 비아오

명 손목시계

* 看手表。 손목시계를 보다.
  kàn shǒu biǎo

* 电子手表。 전자 손목시계.
  diàn zǐ shǒu biǎo

529
□ 手段

[shǒu duàn] 쇼우 뚜안

명 수단, 방법, 수법, 솜씨, 수완

* 手段惨毒。 수단이 악독하다.
  shǒu duàn cǎn dú

* 卖弄手段。 솜씨를 과시하다.
  mài nòng shǒu duàn

530
□ 首先

[shǒu xiān] 쇼우 시엔

명 우선, 맨 먼저, 무엇보다, 먼저

* 首先在本职工作上下功夫。
  shǒu xiān zài běn zhí gōng zuò shàng xià gōng fū
  우선 본무에 힘쓰시오.

* 那位选手首先得了有效分。
  nà wèi xuǎn shǒu shǒu xiān dé le yǒu xiào fēn
  그 선수는 유효로 먼저 선취점을 땄다.

3단계

531
□ **收入**
[shōu rù] 쇼우 루

명 수입 동 받아들이다, 포함하다

- 年**收入**。 연수입.
  nián shōu rù
- 他的小说被**收入**《跨世纪文丛》。
  tā de xiǎo shuō bèi shōu rù 《kuà shì jì wén cóng》
  그의 소설은《두 세기 문총》에 수록되었다.

532
□ **瘦**
[shòu] 쇼우

형 마르다, 여위다, 빈곤하다, 옷이 꽉 끼다

- 消**瘦**。 빼빼 마르다.
  xiāo shòu
- 裤子改**瘦**了。 바지를 좁게 고쳤다.
  kù zī gǎi shòu le

533
□ **书包**
[shū bāo] 슈 빠오

명 책가방

- **书包**轻省。 책가방이 가뿐하다.
  shū bāo qīng shěng
- 把书从**书包**里掏出来。
  bǎ shū cóng shū bāo lǐ tāo chū lái
  책을 책가방에서 내놓다.

534
□ **舒适**
[shū shì] 슈 쓰

형 기분이 좋다, 편안하다

- **舒适**的工作环境。 쾌적한 작업 환경.
  shū shì de gōng zuò huán jìng
- **舒适**的穿着。 편안한 옷차림.
  shū shì de chuān zhuó

535
□ **熟练**
[shú liàn] 슈 리엔

명 숙련 형 능숙하다 동 숙련되게 하다

- 需要**熟练**的工作。 숙련을 요하는 일.
  xū yào shú liàn de gōng zuò
- 技术**熟练**。 기술이 능숙하다.
  jì shù shú liàn

핵심단어 **425**

536

□ **数量**

[shù liàng] 슈 량

명 수량, 양, 수효

❖ **数量**和质量并重。
shù liàng hé zhì liàng bìng zhòng
수량과 품질을 모두 중시하다.

❖ **数量**扩大。양적 확대.
shù liàng kuò dà

537

□ **熟悉**

[shú xī] 슈 시

동 숙지하다, 익히 알다, 충분히 알다

❖ **熟悉**一下这个。이것을 숙지해 주십시오.
shú xī yí xià zhè ge

❖ **熟悉**情况。상황을 익히 알다.
shú xī qíng kuàng

538

□ **数学**

[shù xué] 슈 쉐

명 수학

❖ **数学**能手帮帮忙啊。
shù xué néng shǒu bāng bāng máng ā
수학 고수께서 좀 도와주세요.

❖ 我喜欢**数学**课。나는 수학 과목을 좋아한다.
wǒ xǐ huān shù xué kè

539

□ **数字**

[shù zì] 슈 즈

명 숫자, 수량, 디지털형

❖ 阿拉伯**数字**。아라비아 숫자.
ā lā bó shù zì

❖ **数字**显示。디지털 디스플레이.
shù zì xiǎn shì

540

□ **水平**

[shuǐ píng] 슈이 핑

명 수준, 수준기(水準器), 능력

❖ 知识**水平**。지식 수준.
zhī shí shuǐ píng

❖ 超**水平**发挥。자신의 수준 이상으로 발휘하다.
chāo shuǐ píng fā huī

541

□ **顺便(儿)**

[shùn biàn(r)] 쑨 삐엔

㈜ ~하는 김에, 지나는 김에

- 我**顺便**问一下。 말 나온 김에 하나 여쭙시다.
  wǒ shùn biàn wèn yí xià
- 你进屋的话, **顺便**帮我带点儿喝的。
  nǐ jìn wū de huà, shùn biàn bāng wǒ dài diǎn ér hē de
  집으로 들어가는 김에 나에게 마실 것 좀 갖다 줘.

542

□ **顺利**

[shùn lì] 쑨 리

㈜ 순조롭다, 잘되다

- 诸事**顺利**。 만사가 순조롭다.
  zhū shì shùn lì
- 事情发展**顺利**。 일이 잘 되어 가다.
  shì qíng fā zhǎn shùn lì

543

□ **说明**

[shuō míng] 슈오 밍

㈁ 설명, 해설, 증명 ㈇ 설명하다, 증명하다

- 使用**说明**。 사용 설명.
  shǐ yòng shuō míng
- **说明**理由。 이유를 설명하다.
  shuō míng lǐ yóu

544

□ **司机**

[sī jī] 쓰 찌

㈁ 운전사, 기관사 ㈇ 기계를 취급하다

- 雇用**司机**。 운전사로 고용하다.
  gù yòng sī jī
- 铁路**司机**。 철도 기관사.
  tiě lù sī jī

545

□ **思想**

[sī xiǎng] 쓰 시앙

㈁ 사상, 생각, 이데올로기 ㈇ 사고하다

- 改造**思想**。 사상을 개조하다.
  gǎi zào sī xiǎng
- **思想**单纯。 생각이 단순하다.
  sī xiǎng dān chún

546
□ **送行**

[sòng xíng] 쏭 싱

명 배웅 동 배웅하다, 전별하다

* 给朋友送行。친구를 배웅하다.
  gěi péng yǒu sòng xíng
* 摆酒为客人送行。
  bǎi jiǔ wéi kè rén sòng xíng
  술상을 차려 손님을 전송하다.

547
□ **速度**

[sù dù] 쑤 뚜

명 속도, 템포

* 汽车的速度。자동차의 속도.
  qì chē de sù dù
* 加快讲课速度。강의의 속도를 빨리 하다.
  jiā kuài jiǎng kè sù dù

548
□ **损失**

[sǔn shī] 순 쓰

명 손해, 손실 동 손해보다, 손실하다

* 损失严重。손실이 심각하다.
  sǔn shī yán zhòng
* 损失财产。재산이 손실되다.
  sǔn shī cái chǎn

549
□ **抬**

[tái] 타이

동 (위를 향해) 쳐들다, 들어 올리다

* 抬胳膊。팔을 들다.
  tái gē bó
* 他一抬手一举足都十分文雅。
  tā yì tái shǒu yì jǔ zú dōu shí fèn wén yǎ
  그는 행동거지가 매우 점잖다.

550
□ **谈判**

[tán pàn] 탄 판

명 담판, 교섭 동 담판하다, 교섭하다

* 谈判不果。담판이 결렬되다.
  tán pàn bù guǒ
* 贸易纠纷谈判。무역 분쟁 협상.
  mào yì jiū fēn tán pàn

551
□ **烫**

[tàng] 탕

- 형 뜨겁다 동 화상을 입다, 데다, 다리다
- ❖ 这粥太烫了。 이 죽은 매우 뜨겁다.
  zhè zhōu tai tàng le
- ❖ 烫衣服。 옷을 다리다.
  tàng yī fú

552
□ **讨厌**

[tǎo yàn] 타오 옌

- 형 싫다, 밉살스럽다 동 싫어하다
- ❖ 讨厌至极。 몹시 밉살스럽다.
  tǎo yàn zhì jí
- ❖ 我很讨厌下雨。
  wǒ hěn tǎo yàn xià yǔ
  나는 비가 내리는 것을 싫어한다.

553
□ **特点**

[tè diǎn] 터 디엔

- 명 특색, 특징, 특성
- ❖ 他有哪些特点? 그는 어떤 특징이 있니?
  tā yǒu nǎ xiē tè diǎn
- ❖ 表现了乡土地方的特点。
  biǎo xiàn le xiāng tǔ dì fāng de tè diǎn
  향토의 지방적 특성을 나타내다.

554
□ **特殊**

[tè shū] 터 슈

- 형 특수하다, 특별하다 동 특별 대우하다
- ❖ 情况特殊。 상황이 특수하다.
  qíng kuàng tè shū
- ❖ 这种情况是很特殊的。
  zhè zhǒng qíng kuàng shì hěn tè shū de
  이런 상황은 매우 특별하다.

555
□ **提倡**

[tí chàng] 티 창

- 동 제창하다, 장려하다
- ❖ 提倡双休制。 주5일 근무제를 제창하다.
  tí chàng shuāng xiū zhì
- ❖ 提倡一年多了。 제창한 지 1년이 넘었다.
  tí chàng yì nián duō le

556
提供
[tí gōng] 티 꽁

(동) 제공하다, 공급하다, 제안하다

- 提供资料。자료 제공.
  tí gòng zī liào
- 会议提供食宿。회의는 숙식을 제공한다.
  huì yì tí gòng shí xiǔ

557
提前
[tí qián] 티 치엔

(동) 앞당기다

- 提前完成任务。임무를 앞당겨 완성하다.
  tí qián wán chéng rèn wù
- 提前跟她说一声会不会更好?
  tí qián gēn tā shuō yì shēng huì bú huì gèng hǎo
  그녀한테 미리 말하는 게 낫지 않을까?

558
体育
[tǐ yù] 티 위

(명) 체육, 스포츠(sports)

- 体育课。체육 수업.
  tǐ yù kè
- 全球性的体育盛会。전세계적인 체육 잔치.
  quán qiú xìng de tǐ yù shèng huì

559
体会
[tǐ huì] 티 후이

(명) 체득, 이해 (동) 체득하다, 이해하다

- 心得体会。체험 소감.
  xīn dé tǐ huì
- 个中甘苦只有自己能够体会。
  gè zhōng gān kǔ zhī yǒu zì jǐ néng gòu tǐ huì
  그 속의 고락은 자기 자신만이 느낄 수 있다.

560
天真
[tiān zhēn] 티엔 쩐

(명) 천진함, 순진함 (형) 천진하다, 순진하다

- 这里的孩子都天真。
  zhè lǐ de hái zī dōu tiān zhēn
  이곳의 아이들은 모두 천진난만하다.
- 像孩子一样天真。아이처럼 순진하다.
  xiàng hái zi yí yàng tiān zhēn

561

□ 调整

[tiáo zhěng] 티아오 정

[명] 조정, 조절 [동] 조정하다, 조절하다

- 调整时间。시간을 조정하다.
  diào zhěng shí jiān
- 法律调整起来极有难度。
  fă lǜ diào zhěng qĭ lái jí yŏu nán dù
  법률은 조정하기 극히 어렵다.

562

□ 听见

[tīng jiàn] 팅 찌엔

[동] 들리다, 듣다

- 只有他说没听见。
  zhĭ yŏu tā shuō méi tīng jiàn
  유독 그만 못 들었다고 한다.
- 只听见只言片语。
  zhī tīng jiàn zhī yán piàn yŭ
  단지 단편적인 말만 들었을 뿐이다.

563

□ 停止

[tíng zhǐ] 팅 즈

[동] 정지하다, 중지하다, 멈추다

- 停止演出。공연을 중지하다.
  tíng zhĭ yăn chū
- 笑声忽然停止了。
  xiào shēng hū rán tíng zhĭ le
  웃음소리가 갑자기 그쳤다.

564

□ 通过

[tōng guò] 통 꿔

[동] 통과하다, 지나가다 [개] ~을, ~을 통하여

- 一股暖流通过了全身。
  yì gŭ nuăn liú tōng guò le quán shēn
  한 줄기 따뜻한 기운이 전신을 지나갔다.
- 部队通过沙漠。부대가 사막을 통과하다.
  bù duì tōng guò shā mò

565
通讯

[tōng xùn] 퉁 쒼

몡 통신, 뉴스 동 통신하다

* 红外数据通讯技术。
  hóng wai shù jù tōng xùn jì shù
  적외선 디지털 통신기술.
* 无线电通讯。 무선 통신하다.
  wú xiàn diàn tōng xùn

566
通知

[tōng zhī] 퉁 쯔

몡 통지, 연락 동 통지하다, 알리다

* 口头通知。 구두 통지.
  kǒu tóu tōng zhī
* 通知全体员工明天开会。
  tōng zhī quán tǐ yuán gōng míng tiān kāi huì
  전체 직원에게 내일 회의가 열린다는 사실을 통지하다.

567
同意

[tóng yì] 퉁 이

몡 동의, 승인, 찬성 동 동의하다, 승인하다

* 他的提案得到一致同意。
  tā de tí àn dé dào yí zhì tóng yì
  그의 제안은 만장일치의 동의를 얻었다.
* 这次我同意你的意见。
  zhè cì wǒ tóng yì nǐ de yì jiàn
  이번에는 너의 의견에 동의해.

568
统一

[tǒng yī] 퉁 이

몡 통일 동 통일하다 형 일치되다

* 统一全国。 전국을 통일하다.
  tǒng yī quán guó
* 他们的意见很统一。
  tā mén de yì jiàn hěn tǒng yī
  그들의 의견은 매우 일치한다.

569
统治
[tǒng zhì] 통 쯔

명 통치, 지배 동 통치하다, 지배하다

- 集权统治。중앙 집권 통치.
  jí quán tǒng zhì
- 统治阶级。통치 계급.
  tǒng zhì jiē jí

570
痛苦
[tòng kǔ] 통 쿠

명 고통, 아픔 형 고통스럽다, 괴롭다

- 痛苦的表情。고통스러운 표정.
  tòng kǔ de biǎo qíng
- 感到痛苦。고통을 느끼다.
  gǎn dào tòng kǔ

571
同情
[tóng qíng] 통 칭

명 동정, 찬성 동 동정하다, 찬성하다

- 博取同情。동정을 얻다.
  bó qǔ tóng qíng
- 同情受害者。피해자를 동정하다.
  tóng qíng shòu hài zhě

572
投入
[tóu rù] 토우 루

동 넣다, 뛰어들다, 참가하다, 투입하다

- 他投入了火热的斗争。
  tā tóu rù le huǒ rè de dòu zhēng
  그는 격렬한 투쟁에 뛰어들었다.
- 政府为国民投入了大量的资金。
  zhèng fǔ wéi guó mín tóu rù le dà liàng de zī jīn
  정부는 국민을 위해 대량의 자금을 투입했다.

573
突然
[tū rán] 투 란

부 돌연, 갑자기 형 갑작스럽다, 의외다

- 他突然改变了主意。
  tā tū rán gǎi biàn le zhǔ yì
  그는 갑자기 생각을 바꾸었다.
- 雨下得太突然了。비가 느닷없이 내리다.
  yǔ xià dé tai tū rán le

574
□ **土豆(儿)**

[tǔ dòu(r)] 투 또우

명 감자

- 我喜欢吃土豆。 나는 감자 먹는걸 좋아한다.
  wǒ xǐ huān chī tǔ dòu
- 他把土豆切得太厚。
  tā bǎ tǔ dòu qiē dé tai hòu
  그가 감자를 매우 두껍게 자른다.

575
□ **团结**

[tuán jié] 투안 지에

동 단결하다, 연대하다 형 사이가 좋다

- 团结对外。 단결하여 대처하다.
  tuán jié duì wai
- 团结互助。 단결하고 서로 돕다.
  tuán jié hù zhù

576
□ **推动**

[tuī dòng] 투이 똥

명 추진 동 추진하다, 촉진하다

- 推动力。 추진력.
  tuī dòng lì
- 正在推动的工作告一段落。
  zhèng zài tuī dòng de gōng zuò gào yī duàn luò
  추진하던 일이 일단락되었다.

577
□ **推广**

[tuī guǎng] 투이 구앙

명 보급 동 널리 보급하다, 확충하다

- 推广新技术。 새로운 기술을 널리 보급하다.
  tuī guǎng xīn jì shù

578
□ **拖**

[tuō] 투오

동 (시간을) 끌다, 닦다, 지연시키다

- 拖人家的后腿。 남의 뒷다리를 잡아당기다.
  tuō rén jiā de hòu tuǐ
- 拖地板。 (마룻) 바닥을 닦다.
  tuō dì bǎn

579

脱离

[tuō lí] 투오 리

(동) 이탈하다, 떠나다, 관계를 끊다

* 脱离危险。 위험을 벗어나다.
  tuō lí wēi xiǎn
* 父母可以和子女脱离关系吗?
  fù mǔ kě yǐ hé zǐ nǚ tuō lí guān xì ma
  부모는 자녀와 관계를 끊어도 됩니까?

580

完成

[wán chéng] 완 청

(명) 완성 (동) 완성하다, 끝내다

* 独力完成。 혼자 힘으로 완성하다.
  dú lì wán chéng
* 这件事到明天一定要完成。
  zhè jiàn shì dào míng tiān yí dìng yào wán chéng
  이 일은 내일까지 끝내야 한다.

581

完全

[wán quán] 완 취엔

(부) 완전히, 전혀 (형) 완전하다, 충분하다

* 两人性格完全不同。
  liǎng rén xìng gé wán quán bù tóng
  두 사람은 성격이 완전히 다르다.
* 有些技术问题还没有完全。
  yǒu xiē jì shù wèn tí hái méi yǒu wán quán
  일부 기술 문제는 아직 완전하지 않다.

582

完整

[wán zhěng] 완 정

(명) 완전 (형) 완전하다 (동) 보전하다

* 没有一个完整的。
  méi yǒu yí gè wán zhěng de
  온전한 것이라고는 하나도 없다.
* 器皿没有破, 完整无缺。
  qì mǐn méi yǒu pò, wán zhěng wú quē
  그릇이 깨지지 않고 고스란하다.

583
往往
[wǎng wǎng] 왕 왕

(부) 왕왕, 늘, 항상, 때때로

- 事故往往会使人警觉起来。
  shì gù wǎng wǎng huì shǐ rén jīng jué qǐ lái
  사고는 왕왕 사람들을 각성하게 한다.

- 他往往走访其他国家。
  tā wǎng wǎng zǒu fǎng qí tā guó jiā
  그는 때때로 다른 국가를 방문한다.

584
忘记
[wàng jì] 왕 찌

(동) 잊다, 소홀히 하다

- 切切不可忘记。 절대로 잊지 마라.
  qiē qiē bù kě wàng jì

- 忘记约定。 약속을 저버리다.
  wàng jì yuē dìng

585
望
[wàng] 왕

(명) 명성, 보름달 (동) 바라보다, 원망하다

- 德高望重。 덕성이 높고 명망이 크다.
  dé gāo wàng zhòng

586
危害
[wēi hài] 웨이 하이

(명) 해, 해독 (동) 해치다, 해를 입히다

- 防治农业病虫的危害。
  fáng zhì nóng yè bìng chóng de wēi hài
  농업 병충해를 예방 퇴치하다.

- 危害身心健康。 몸과 마음의 건강을 해치다.
  wēi hài shēn xīn jiàn kāng

587
危机
[wēi jī] 웨이 찌

(명) 위기, 경제 위기, 공황

- 经济危机。 경제 위기.
  jīng jì wēi jī

- 危机重现。 위기가 또 닥쳐오다.
  wēi jī chóng xiàn

588

违反

[wéi fǎn] 웨이 판

동 위반하다, 어기다

* 违反和约。화약을 위반하다.
  wéi fǎn hé yuē
* 你怎么又违反起公司规定来了?
  nǐ zěn me yòu wéi fǎn qǐ gōng sī guī dìng lái le
  당신은 왜 또 회사의 규정을 위반했습니까?

589

维护

[wéi hù] 웨이 후

명 보수, 수리, 수호 동 보호하다, 지키다

* 维护纲纪。기강을 유지하다.
  wéi hù gāng jì
* 维护国家利益。국가 이익을 지키다.
  wéi hù guó jiā lì yì

590

伟大

[wěi dà] 웨이 따

명 위대, 위대함 형 위대하다

* 伟大与渺小。위대함과 미미함.
  wěi dà yǔ miǎo xiǎo
* 他的成就非常伟大。
  tā de chéng jiù fēi cháng wěi dà
  그의 성과는 매우 위대하다.

591

未来

[wèi lái] 웨이 라이

명 미래, 조만간, 이제 곧

* 展望未来。미래를 전망하다.
  zhǎn wàng wèi lái
* 未来的几年内, 日本肯定会成为另一威胁。
  wèi lái de jǐ nián nèi, rì běn kěn dìng huì chéng wéi lìng yī wēi xié
  앞으로 몇 년 내에 일본은 틀림없이 또 다른 위협이 될 것이다.

592
□ 为了
[wèi le] 웨이 러

[개] ~하기 위해, ~때문에

❖ 为了验血没吃早饭。
wèi le yàn xuě méi chī zǎo fàn
피검사를 하기 위해 아침을 굶다.

593
□ 味道
[wèi dào] 웨이 다오

[명] 맛, 느낌, 흥취

❖ 尝一尝味道。 한 번 맛보다.
cháng yī cháng wèi dào

❖ 心里有一股说不上来的味道。
xīn lǐ yǒu yī gǔ shuō bù shàng lái de wèi dào
마음속에 말할 수 없는 어떤 느낌이 있다.

594
□ 胃
[wèi] 웨이

[명] 위, 위장

❖ 胃液。 위액.
wèi yè

❖ 胃病。 위장병.
wèi bìng

595
□ 温度
[wēn dù] 원 뚜

[명] 온도

❖ 温度高。 온도가 높다.
wēn dù gāo

❖ 沸腾温度。 비등 온도.
fèi téng wēn dù

596
温暖
[wēn nuǎn] 원 누안

- 형 따뜻하다, 온난하다 동 따뜻하게 하다

❖ 冬日的太阳很温暖。
dōng rì de tai yáng hěn wēn nuǎn
겨울철의 태양이 매우 따사롭다.

❖ 他的话温暖了大家的心。
tā de huà wēn nuǎn le dà jiā de xīn
그의 말은 모두의 가슴을 포근하게 하였다.

597
文件
[wén jiàn] 원 찌안

- 명 공문서, 서류, 문장, 문헌

❖ 发送文件。서류를 발송하다.
fā sòng wén jiàn

❖ 纲领性文件。지도 원칙적인 문헌.
gāng lǐng xìng wén jiàn

598
文明
[wén míng] 원 밍

- 명 문명, 문화 형 현대적인, 신식의

❖ 物质文明。물질 문명.
wù zhì wén míng

❖ 文明结婚。신식 결혼.
wén míng jié hūn

599
稳定
[wěn dìng] 원 띵

- 동 안정시키다 형 안정되다, 가라앉다

❖ 生活稳定。생활이 안정되다.
shēng huó wěn dìng

❖ 他已经稳定了情绪。
tā yǐ jīng wěn dìng le qíng xù
그는 이미 기분을 가라앉혔다.

600
□ **握手**

[wò shǒu] 워 쇼우

몡 악수 동 악수하다, 손잡다

- **握手**辞别。 악수하고 이별하다.
  wò shǒu cí bié
- 我不想跟他**握手**。
  wǒ bù xiǎng gēn tā wò shǒu
  나는 그의 손을 잡고 싶지 않다.

601
□ **无论**

[wú lùn] 우 룬

접 ~을 막론하고, 어쨌든

- **无论**价钱贵贱我都买。
  wú lùn jià qián guì jiàn wǒ dōu mǎi
  값의 고하를 막론하고 내가 사겠다.
- **无论**身份高低。 신분의 고하를 막론하다.
  wú lùn shēn fèn gāo dī

602
□ **污染**

[wū rǎn] 우 란

동 오염되다, 더러운 것에 물들다

- **污染**水源。 수원을 오염시키다.
  wū rǎn shuǐ yuán
- 大气**污染**。 대기가 오염되다.
  dà qì wū rǎn

603
□ **无**

[wú] 우

동 없다, ~이 아니다 접 ~을 논의할 것도 없이

- 这是毫**无**疑问的。
  zhè shì háo wú yí wèn de
  이것은 조금도 의심하지 않는다.
- **无**记录可按。 대조할 기록이 없다.
  wú jì lù kě àn

604
□ **误会**

[wù huì] 우 후이

명 오해 동 오해하다

- 这纯粹是一场**误会**。 이것은 순전한 오해야.
  zhè chún cuì shì yì chǎng wù huì
- 你们可别**误会**了。 너희 나를 오해하지 마.
  nǐ mén kě bié wù huì le

605
西瓜
[xī guā] 씨 꾸아

명 수박

- 西瓜对半儿分。 수박을 반으로 나누다.
  xī guā duì bàn ér fēn
- 贩运西瓜。 수박을 수매하여 운반하다.
  fàn yùn xī guā

606
西红柿
[xī hóng shì] 씨 훙쓰

명 토마토

- 西红柿过了旺季。 토마토는 한물 지났다.
  xī hóng shì guò le wàng jì
- 我喜欢吃西红柿。
  wǒ xǐ huān chī xī hóng shì
  나는 토마토를 즐겨 먹는다.

607
吸
[xī] 씨

동 빨다, 흡수하다, 당기다, 끌다, 피우다

- 吮吸橙子汁。 오렌지 즙을 빨다.
  shǔn xī chéng zī zhī
- 吸水力。 흡수력.
  xī shuǐ lì

608
吸收
[xī shōu] 씨 쇼우

명 흡수 동 흡수하다, 받아들이다

- 吸收水分。 수분을 흡수하다.
  xī shōu shuǐ fēn
- 吸收反动思想。 반동사상을 받아들이다.
  xī shōu fǎn dòng sī xiǎng

609
牺牲
[xī shēng] 씨 셩

명 희생, 제물용 동 희생하다, 희생시키다

- 牺牲精神很强。 희생 정신이 강하다.
  xī shēng jīng shén hěn qiáng
- 牺牲自我。 자기 자신을 희생하다.
  xī shēng zì wǒ

610

吸引
[xī yǐn] 시 인

- 몡 흡인 통 끌어들이다, 흡인하다
- ❖ **吸引**疗法。 흡인요법.
  xī yǐn liáo fǎ
- ❖ **吸引**人们的注意力。 사람들의 이목을 끌다.
  xī yǐn rén men de zhù yì lì

611

细心
[xì xīn] 씨 씬

- 몡 세심 형 세심하다, 찬찬하다
- ❖ **细心**照看。 세심하게 돌보다.
  xì xīn zhào kàn
- ❖ **细心**刻花。 세심하게 무늬를 새기다.
  xì xīn kè huā

612

夏
[xià] 씨아

- 몡 여름
- ❖ 初**夏**。 초여름.
  chū xià
- ❖ 冬暖**夏**凉。
  dōng nuǎn xià liáng
  겨울에는 따뜻하고 여름에는 시원하다.

613

下班
[xià bān] 씨아 빤

- 통 퇴근하다, 다음 교대하다 몡 다음 조(組)
- ❖ 准时**下班**。 시간에 맞춰 퇴근하다.
  zhǔn shí xià bān

614

下课
[xià kè] 씨아 커

- 통 수업이 끝나다, 수업을 마치다
- ❖ 他还没有**下课**。
  tā hái méi yǒu xià kè
  그는 아직 수업을 마치지 않았다.
- ❖ 还有十分钟就**下课**了。
  hái yǒu shí fēn zhōng jiù xià kè le
  이제 10분만 있으면 수업이 끝난다.

615
下来
[xià lái] 씨아 라이

(동) 내려오다, 수확하다

- 他们从山顶上下来了。
  tā mén cóng shān dǐng shàng xià lái le
  그들은 산 정상에서 내려왔다.
- 他马上从楼上下来。
  tā mǎ shàng cóng lóu shàng xià lái
  그는 금방 위층에서 내려올 것이다.

616
下去
[xià qù] 씨아 취

(동) 내려가다, 계속하다, 끝나다

- 他们从这儿下去了。
  tā mén cóng zhè ér xià qù le
  그들은 여기서부터 내려갔다.
- 你快下去拿包裹。
  nǐ kuài xià qù ná bāo guǒ
  너 빨리 내려가서 소포를 가지고 와.

617
先进
[xiān jìn] 씨엔 찐

(명) 선구자, 선진적인 모범 (형) 선진적이다

- 评选先进。
  píng xuǎn xiān jìn
  선진적인 인물을 심사하여 선발하다.
- 先进技术。 선진[적] 기술.
  xiān jìn jì shù

618
显得
[xiǎn dé] 시엔 더

(동) 나타나다, ~하게 보이다, ~인 것 같다

- 屋子里显得很乱。
  wū zǐ lǐ xiǎn dé hěn luàn
  방안이 매우 어지러워 보인다.
- 他显得太不懂道理。
  tā xiān dé tai bù dǒng dào lǐ
  그는 도리를 너무 모르는 것 같아 보인다.

619
□ **显然**

[xiǎn rán] 시엔 란

(부) 명백하게, 뚜렷하게 (형) 분명하다

❖ 他的发言显然是针对我的。
tā de fā yán xiǎn rán shì zhēn duì wǒ de
그의 발언은 확연하게 나를 겨냥한 것이다.

❖ 这显然不是一个好消息。
zhè xiǎn rán bú shì yí ge hǎo xiāo xi
이것은 분명히 좋은 소식이 아니다.

620
□ **显著**

[xiǎn zhù] 시엔 쭈

(형) 두드러지다, 뚜렷하다, 현저하다

❖ 绩效显著。 업적과 성과가 두드러지다.
jì xiào xiǎn zhù

❖ 成效显著。 효과가 현저하다.
chéng xiào xiǎn zhù

621
□ **现实**

[xiàn shí] 씨엔 스

(명) 현실 (형) 현실적이다

❖ 实在是现实就是这样。
shí zài shì xiàn shí jiù shì zhè yàng
실제로 현실은 이렇다.

❖ 这个想法不太现实。
zhè gè xiǎng fǎ bù tai xiàn shí
이런 생각은 그다지 현실적이지 못하다.

622
□ **限制**

[xiàn zhì] 씨엔 쯔

(명) 제한, 제약 (동) 제한하다, 제약하다

❖ 受限制。 제한을 받다.
shòu xiàn zhì

❖ 他们限制了邀请的人数。
tā mén xiàn zhì le yāo qǐng de rén shù
그들은 초청 인원수를 제한했다.

623
羡慕
[xiàn mù] 씨엔 무

(동) 부러워하다, 탐내다

* 不值得羡慕。 그리 부러워할 것 없다.
  bù zhí dé xiàn mù
* 你不用羡慕我。
  nǐ bù yòng xiàn mù wǒ
  당신은 저를 부러워할 필요가 없습니다.

624
相当
[xiāng dāng] 씨앙 땅

(형) (수량·조건) 같다 (부) 상당히, 무척

* 实力相当。 실력이 대등하다.
  shí lì xiāng dāng
* 相当漂亮。 무척 예쁘다.
  xiāng dāng piào liàng

625
相互
[xiāng hù] 씨앙 후

(부) 서로 (형) 상호, 서로의

* 相互关心。 서로 관심을 갖다.
  xiāng hù guān xīn
* 城市跟建筑是一个相互的关系。
  chéng shì gēn jiàn zhù shì yī gè xiāng hù de guān xì
  도시와 건축은 상호적인 관계이다.

626
相似
[xiāng sì] 씨앙 쓰

(명) 비슷한 점 (형) 닮다, 비슷하다

* 手法相似的犯罪。 수법이 비슷한 범죄.
  shǒu fǎ xiāng sì de fàn zuì
* 哥哥和弟弟的脸形大体相似。
  gē ge hé dì di de liǎn xíng dà tǐ xiāng sì
  형과 동생의 얼굴이 비슷하다.

627

☐ **相同**　　　　　명 같음　형 같다, 똑같다, 상동(相同)하다

[xiāng tóng] 씨앙 통

- **住处和上面所写的相同。**
  zhù chǔ hé shàng miàn suǒ xiě de xiāng tóng
  주소는 위에 기재한 것과 상동.

- **想法相同。** 생각이 서로 같다.
  xiǎng fǎ xiāng tóng

628

☐ **详细**　　　　　형 상세하다, 자세하다

[xiáng xì] 시앙 씨

- **详细说明计划。** 계획을 자세히 설명하다.
  xiáng xì shuō míng jì huá

- **详细说明具体情况。**
  xiáng xì shuō míng jù tǐ qíng kuàng
  구체적인 상황을 자세하게 설명하다.

629

☐ **响应**　　　　　명 호응, 응답, 공명　동 호응하다, 응답하다

[xiǎng yìng] 시앙 잉

- **我们立即响应了他们的倡议。**
  wǒ men lì jí xiǎng yìng le tā men de chàng yì
  우리는 즉각 그들의 주장에 호응했다.

- **千百万人响应了政府的呼吁。**
  qiān bǎi wàn rén xiǎng yìng le zhèng fǔ de hū yù
  수많은 사람들은 정부의 호소에 응답했다.

630

☐ **响**　　　　　형 울리다, 소리내다, 우렁차다

[xiǎng] 시앙

- **钟响了。** 종이 울려 퍼졌다.
  zhōng xiǎng le

- **一声不响。** 찍소리도 나지 않는다.
  yì shēng bù xiǎng

631

□ **香**

[xiāng] 씨앙

(형) (냄새가) 좋다, 향기롭다

- 这朵鲜花真香。이 생화는 정말 향기롭다.
  zhè duǒ xiān huā zhēn xiāng
- 这些花闻起来很香。
  zhè xiē huā wén qǐ lái hěn xiāng
  이러한 꽃들은 냄새가 매우 향기롭다.

632

□ **想法**

[xiǎng fǎ] 시앙 파

(명) 생각, 견해, 의견

- 测探她的想法。그녀의 생각을 살피다.
  cè tàn tā de xiǎng fǎ
- 好,你这个想法不错!
  hǎo, nǐ zhè gè xiǎng fǎ bù cuò
  그래, 너의 이 의견이 참 괜찮구나!

633

□ **相反**

[xiāng fǎn] 씨앙 판

(부) 반대로 (동) 반대되다, 상반되다

- 他不但不支持我,相反,他还为难我了。
  tā bù dàn bù zhī chí wǒ, xiāng fǎn, tā hái wéi nán wǒ le
  그는 나를 지지하지는 못할 망정 반대로 나를 난처하게 만들었다.
- 方向相反。방향이 상반되다.
  fāng xiàng xiāng fǎn

634

□ **想念**

[xiǎng niàn] 시앙 니엔

(명) 그리움, 생각 (동) 그리워하다, 생각하다

- 沉浸在深深的想念之中。
  chén jìn zài shēn shēn de xiǎng niàn zhī zhōng
  그윽한 상념에 잠기다.
- 想念家乡的亲人。
  xiǎng niàn jiā xiāng de qīn rén
  고향의 친지를 그리워하다.

635
□ **消费**

[xiāo fèi] 씨아오 페이

명 소비 동 소비하다

* **大众**消费。대중 소비.
  dà zhòng xiāo fèi
* **合理**消费。합리적으로 소비하다.
  hé lǐ xiāo fèi

636
□ **消化**

[xiāo huà] 씨아오 화

명 소화 동 소화하다

* **帮助**消化。소화를 돕다.
  bāng zhù xiāo huà
* **把学的东西都**消化**了**。
  bǎ xué de dōng xī dōu xiāo huà le
  배운 것을 모두 소화하다.

637
□ **消灭**

[xiāo miè] 씨아오 미에

명 소멸 동 소멸하다, 멸망하다

* 消灭**松毛虫**。송충이 구제.
  xiāo miè sōng máo chóng
* **把害虫**消灭**干净**。해충을 철저히 소멸하다.
  bǎ hài chóng xiāo miè gàn jìng

638
□ **消失**

[xiāo shī] 씨아오 쓰

명 소실 동 사라지다, 소실되다

* **瞬息**消失。순식간에 사라지다.
  shùn xī xiāo shī
* **药性**消失。약성이 없어지다.
  yào xìng xiāo shī

639
□ **消息**

[xiāo xi] 씨아오 시

명 소식, 뉴스, 정보

* **断无**消息。전혀 소식이 없다.
  duàn wú xiāo xi
* **非官方**消息。비공식적인 소식.
  fēi guān fāng xiāo xi

· 3단계

640
□ **校长**
[xiào zhǎng] 씨아오 장

명 교장, 학교장

- 校长训话。 교장 선생님이 훈화하다.
  xiào cháng xùn huà
- 他适合当校长。 그는 교장으로 적임이다.
  tā shì hé dāng xiào cháng

641
□ **小说(儿)**
[xiǎo shuō(r)] 시아오 슈오

명 소설

- 小说的本质。 소설의 본질.
  xiāo shuō de běn zhì
- 小说该结尾了。
  xiāo shuō gāi jié wěi le
  소설은 결말이 있어야 한다.

642
□ **小学**
[xiǎo xué] 시아오 쉬에

명 초등학교, 소학

- 小学六年一贯制。 초등학교 6년 일관제.
  xiāo xué liù nián yí guàn zhì
- 给山区小学赠书。
  gěi shān qū xiǎo xué zèng shū
  산간 초등학교에 책을 증정하다.

643
□ **效果**
[xiào guǒ] 씨아오 구오

명 효능, 효과

- 效果不佳。 효능이 나쁘다.
  xiào guǒ bù jiā
- 效果并不见好。
  xiào guǒ bìng bù jiàn hǎo
  효과가 결코 좋은 것 같지 않다.

644

□ **笑话**

[xiào huà] 씨아오 후아

명 농담, 우스갯소리 동 비웃다

- 这个笑话很好笑。
  zhè gè xiào huà hěn hǎo xiào
  이 우스갯소리는 매우 웃긴다.
- 我们常常笑话他。
  wǒ mén cháng cháng xiào huà tā
  우리는 그를 자주 비웃는다.

645

□ **心情**

[xīn qíng] 씬 칭

명 기분, 마음, 심정

- 心情激动。 마음이 흥분된다.
  xīn qíng jī dòng
- 抑郁的心情。 울적한 심정.
  yì yù de xīn qíng

646

□ **心脏**

[xīn zàng] 씬 짱

명 심장, 중심부, 심장부

- 心脏的跳动声。 심장의 고동 소리.
  xīn zāng de tiào dòng shēng
- 国家行政的心脏部位。
  guó jiā xíng zhèng de xīn zāng bù wèi
  국가 행정의 심장부.

647

□ **信封(儿)**

[xìn fēng(r)] 씬 펑

명 편지봉투

- 把邮票贴在信封的右上角。
  bǎ yóu piào tiē zài xìn fēng de yòu shàng jiāo
  우표를 편지봉투의 우측 상단에 붙이다.
- 用饭粒封了信封。
  yòng fàn lì fēng le xìn fēng
  편지 봉투를 밥풀로 봉했다.

648
□ **信心**
[xìn xīn] 씬 씬

명 자신감, 확신, 신념

- 信心十足。 자신감이 넘쳐흐르다.
  xìn xīn shí zú
- 抱定必胜的信心。
  bào dìng bì shèng de xìn xīn
  필승의 신념을 끝까지 견지하다.

649
□ **兴奋**
[xīng fèn] 씽 펀

명 흥분, 자극 동 흥분하다, 감격하다

- 兴奋的语调。 흥분된 어조.
  xīng fèn de yǔ diào
- 兴奋得睡不着觉。
  xìng fèn dé shuì bú zhe jiào
  흥분해서 잠을 이루지 못하다.

650
□ **形成**
[xíng chéng] 싱 청

명 형성, 구성 동 형성하다, 구성하다

- 形成长蛇阵。 장사진을 치다.
  xíng chéng cháng shé zhèn
- 形成了风气。 기풍을 형성했다.
  xíng chéng le fēng qì

651
□ **形式**
[xíng shì] 싱 쓰

명 형식, 형태, 견적

- 形式多样。 형식이 다양하다.
  xíng shì duō yàng
- 形式各异。 형태가 각기 다르다.
  xíng shì gè yì

652
□ **形势**
[xíng shì] 싱 쓰

명 정세, 형세, 지세, 지형

- 国际形势。 국제정세.
  guó jì xíng shì
- 形势暖和。 형세가 완화되다.
  xíng shì nuǎn hé

핵심단어 | **451**

653
□ 形象

[xíng xiàng] 싱 씨앙

[명] 이미지(image), 형상 [형] 구체적이다

- 丑陋的形象。추한 이미지.
  chǒu lòu de xíng xiàng
- 如何形象地描绘场景?
  rú hé xíng xiàng dì miáo huì chǎng jǐng
  어떻게 구체적으로 장면을 묘사합니까?

655
□ 醒

[xǐng] 싱

[동] (잠에서) 깨다, 정신이 들다 [형] 분명하다

- 醒酒。술이 깨다.
  xǐng jiǔ
- 猛醒。갑자기 깨닫다.
  měng xǐng

654
□ 形状

[xíng zhuàng] 싱 쭈앙

[명] 형태, 겉모양, 형상

- 这样才能保持原来的形状。
  zhè yàng cái néng bǎo chí yuán lái de xíng zhuàng
  이렇게 해야만 원래의 형상을 유지할 수 있다.
- 形状美丽的山。모양이 아름다운 산.
  xíng zhuàng měi lì de shān

656
□ 兴趣

[xìng qù] 씽 취

[명] 흥미, 관심, 재미, 의향

- 有了兴趣。흥미를 붙이다.
  yǒu le xìng qù
- 引起人的兴趣。
  yǐn qǐ rén de xìng qù
  사람들의 흥미를 야기하다.

657
□ 性格

[xìng gé] 씽 거

[명] 성격, 천성, 개성

- 粗暴的性格。거친 성격.
  cū bào de xìng gé
- 他和我的性格很相似。
  tā hé wǒ de xìng gé hěn xiāng sì
  그와 나의 성격은 매우 비슷하다.

658
□ 性质

[xìng zhì] 씽 쯔

[명] 성질, 성격, 천성

- 物理性质。물리적 성질.
  wù lǐ xìng zhì
- 你认为这种声明具有什么性质?
  nǐ rèn wéi zhè zhǒng shēng míng jù yǒu shén me xìng zhì
  당신은 이런 성명은 어떤 성격을 가지고 있다고 생각합니까?

659
□ 熊猫

[xióng māo] 시옹 마오

[명] 팬더(panda)

- 可爱的熊猫。귀여운 판다.
  kě ài de xióng māo
- 熊猫吃什么呢? 판다는 무엇을 먹습니까?
  xióng māo chī shén me ne

660
□ 虚心

[xū xīn] 쒸 씬

[형] 겸허하다, 허심하다

- 虚心求教。겸허하게 가르침을 청하다.
  xū xīn qiú jiào
- 虚心地学习。허심하게 배우다.
  xū xīn dì xué xí

661
□ 宣布

[xuān bù] 쒸엔 뿌

[동] 선언하다, 선포하다, 발표하다

- 宣布开会。개회를 선언하다.
  xuān bù kāi huì
- 宣布议案通过。의안의 가결을 선포하다.
  xuān bù yì àn tōng guò

662
□ **宣传**

[xuān chuán] 쉬엔 추안

명 선전 동 선전하다, 널리 알리다

- 建立商业宣传中枢。
  jiàn lì shāng yè xuān chuán zhōng shū
  상업선전에 기축을 세우다.

- 宣传鼓动。 선전하고 부추기다.
  xuān chuán gǔ dòng

663
□ **选择**

[xuǎn zé] 쉬엔 저

동 고르다, 선택하다 명 선택

- 选择旅游地点。 여행지를 고르다.
  xuǎn zé lǚ yóu dì diǎn

- 事实证明他的选择是正确的。
  shì shí zhèng míng tā de xuǎn zé shì zhèng què de
  사실이 그의 선택이 정확했음을 증명해 준다.

664
□ **迅速**

[xùn sù] 쉰 쑤

형 매우 빠르다, 급속하다, 신속하다

- 小狗迅速地爬到我身边。
  xiǎo gǒu xùn sù dì pá dào wǒ shēn biān
  강아지가 재빨리 내 곁으로 기어왔다.

- 他的动作非常迅速。
  tā de dòng zuò fēi cháng xùn sù
  그의 동작이 매우 신속하다.

665
□ **压迫**

[yā pò] 야 포

명 억압 동 억압하다

- 反抗压迫。 억압에 반항하다.
  fǎn kàng yā pò

- 压迫穷人。 가난한 사람을 억압하다.
  yā pò qióng rén

666
牙刷
[yá shuā] 야 슈아

(명) 칫솔

* 你喜欢什么样的牙刷?
  nǐ xǐ huān shí me yàng de yá shuā
  당신은 어떤 칫솔을 좋아합니까?
* 用牙刷刷牙。 칫솔로 이를 닦다.
  yòng yá shuā shuā yá

667
延长
[yán cháng] 옌 창

(명) 연장 (동) 늘이다, 연장하다

* 延长时间。 시간 연장.
  yán cháng shí jiān
* 延长会议时间。 회의 시간을 연장하다.
  yán cháng huì yì shí jiān

668
演出
[yǎn chū] 옌 추

(동) 공연하다, 상연하다 (명) 공연

* 登台演出。 무대에 올라 공연하다.
  dēng tái yǎn chū
* 她下周有三场演出。
  tā xià zhōu yǒu sān chǎng yǎn chū
  그녀는 다음 주에 세 차례의 공연이 있다.

669
严格
[yán gé] 옌 거

(동) 엄격히 하다 (형) 엄격하다, 엄하다

* 老师很严格。 선생님이 매우 엄격하다.
  lǎo shī hěn yán gé
* 公司作息制度很严格。
  gōng sī zuò xī zhì dù hěn yán gé
  회사의 근무 제도가 아주 엄하다.

670
严肃
[yán sù] 옌 쑤

명 엄숙 동 엄숙하게 하다 형 엄숙하다

❖ 表情严肃。 표정이 엄숙하다.
 biāo qíng yán sù

❖ 那事应严肃处理。
 nà shì yīng yán sù chǔ lǐ
 그 일은 엄정히 처리해야 한다.

671
严重
[yán zhòng] 옌 쫑

형 심각하다, 중대하다, 엄중하다

❖ 火情严重。 화재 상황이 심각하다.
 huǒ qíng yán zhòng

❖ 事态严重。 사태가 엄중하다.
 shì tai yán zhòng

672
研究
[yán jiū] 옌 찌우

동 연구하다, 고려하다, 논의하다 명 연구

❖ 研究文学。 문학을 연구하다.
 yán jiū wén xué

❖ 学术研究。 학술 연구.
 xué shù yán jiū

673
演员
[yǎn yuán] 옌 위엔

명 배우, 출연자, 연기자

❖ 这男演员是谁呀? 이 남자 배우는 누구니?
 zhè nán yǎn yuán shì shuí ya

❖ 非一流演员。 일류 연기자에 속하지 않다.
 fēi yī liú yǎn yuán

674
阳光
[yáng guāng] 양 꽝

명 햇빛, 햇살

❖ 阳光灿烂。 햇빛 찬란하다.
 yáng guāng càn làn

❖ 早晨的阳光打窗户射进来。
 zǎo chén de yáng guāng dǎ chuāng hù shè jìn lái
 아침 햇살이 창문으로 들이친다.

3단계

675
□ **业务**
[yè wù] 예 우

명 실무, 업무, 일

❖ 现职<u>业务</u>是什么? 현업이 무엇인지요?
  xiàn zhí yè wù shì shí me

❖ 扩充<u>业务</u>。 업무를 확장하다.
  kuò chōng yè wù

676
□ **页**
[yè] 예

명 페이지(page), 한 면 양 페이지(page), 쪽

❖ 网<u>页</u>。 인터넷 홈페이지.
  wǎng yè

❖ <u>页</u>码。 쪽수, 페이지 수.
  yè mǎ

677
□ **一边**
[yì biān] 이 비엔

명 한쪽, 한편, 한 면

❖ 我们要站在正义的<u>一边</u>儿。
  wǒ mén yào zhàn zài zhèng yì de yī biān ér
  우리는 정의의 편에 서야 한다.

❖ 玻璃的<u>一边</u>儿有点儿脏。
  bō lí de yī biān ér yǒu diǎn ér zāng
  유리의 한 면이 좀 더럽다.

678
□ **一同**
[yì tóng] 이 씨옹

부 줄곧, 내내, 언제나 명 근래, 최근

❖ <u>一同</u>工作。 함께 일하다.
  yī tóng gōng zuò

❖ <u>一同</u>前往。 함께 앞으로 나아가다.
  yī tóng qián wǎng

679
□ **依靠**
[yī kào] 이 카오

명 의지 동 의지하다, 기대다

❖ 他是我唯一的<u>依靠</u>。
  tā shì wǒ wéi yī de yī kào
  그는 나의 유일한 후원자다.

❖ <u>依靠</u>佛的力量。 불력에 의지하다.
  yī kào fó de lì liàng

핵심단어 **457**

680

□ **仪器**

[yí qì] 이 치

명 실험이나 관찰, 측량기구의 총칭

- 整套**仪器**。완전한 세트의 기구.
  zhěng tào yí qì
- 校验**仪器**。측정 기구를 조정하고 검사하다.
  xiào yàn yí qì

681

□ **疑问**

[yí wèn] 이 원

명 의문

- **疑问**代词。의문대명사.
  yí wèn dài cí
- 这是毫无**疑问**的。
  zhè shì háo wú yí wèn de
  이것은 조금의 의문도 없다.

682

□ **艺术**

[yì shù] 이 쑤

명 예술, 기능 형 예술적이다

- **艺术**评论。예술 평론.
  yì shù píng lùn
- 这幅广告画挺**艺术**。
  zhè fú guǎng gào huà tǐng yì shù
  이 광고 그림은 매우 예술적이다.

683

□ **意外**

[yì wài] 이 와이

형 의외이다, 뜻밖이다 명 뜻밖의 사고

- 他的成功真是**意外**。
  tā de chéng gōng zhēn shì yì wai
  그의 성공은 참으로 뜻밖이다.
- 被**意外**事件搅了进去。
  bèi yì wai shì jiàn jiǎo le jìn qù
  뜻하지 않은 사건에 휘말리다.

684
因而
[yīn ér] 인 얼

(접) ~때문에, 그리하여, 따라서

- 他被判处有罪, **因而**被开除了。
  tā bèi pàn chū yǒu zuì, yīn ér bèi kāi chú le
  그는 유죄 판결을 선고 받아서 해고당했다.
- 我是无私的, **因而**也就无畏。
  wǒ shì wú sī de, yīn ér yě jiù wú wèi
  나는 사심이 없으므로 두렵지 않다.

685
音乐
[yīn yuè] 인 위에

(명) 음악

- 古典**音乐**。 고전 음악.
  gǔ diǎn yīn yuè
- 酷爱**音乐**。 음악을 매우 좋아하다.
  kù ài yīn yuè

686
英雄
[yīng xióng] 잉 시옹

(명) 영웅 (동) 훌륭하게 행동하다

- 盖世**英雄**。 절세의 영웅.
  gài shì yīng xióng
- 逞**英雄**。 영웅스러움을 과시하다.
  chěng yīng xióng

687
英勇
[yīng yǒng] 잉 융

(형) 영특하고 용맹하다, 용감하다

- 英们是非常**英勇**的。 그들은 매우 용감하다.
  yīng mén shì fēi cháng yīng yǒng de
- **英勇**果敢。 용맹하고 과감하다.
  yīng yǒng guǒ gǎn

688
迎接
[yíng jiē] 잉 찌에

(명) 영접 (동) 마중하다, 맞이하다

- 受到**迎接**。 영접을 받다.
  shòu dào yíng jiē
- **迎接**新时代。 신시대를 맞이하다.
  yíng jiē xīn shí dài

핵심단어 | **459**

689
□ 应用
[yīng yòng] 잉 융

[명] 응용, 사용 [동] 사용하다, 응용하다

- 应用科学。응용 과학.
  yīng yòng kē xué
- 应用技术。기술을 응용하다.
  yīng yòng jì shù

690
□ 拥护
[yōng hù] 용 후

[명] 옹호, 지지 [동] 지지하다, 옹호하다

- 对这项措施，我们抱着拥护的态度。
  duì zhè xiàng cuò shī, wǒ mén bào zhe yōng hù de tai dù
  이 조치에 대해 우리는 옹호의 태도를 가지고 있다.
- 拥护宪法。헌법을 옹호하다.
  yōng hù xiàn fǎ

691
□ 永远
[yǒng yuǎn] 융 위엔

[부] 영원히, 길이길이 [형] 영원한

- 祝你永远快乐。
  zhù nǐ yǒng yuǎn kuài lè
  당신이 영원히 즐겁길 빕니다.
- 永远的幸福。영원한 행복.
  yǒng yuǎn de xìng fú

692
□ 勇敢
[yǒng gǎn] 융 간

[명] 용기 [형] 용감하다

- 勇敢的兄弟。용감한 형제.
  yǒng gǎn de xiōng dì
- 他比我勇敢多了。그는 나보다 더 용감하다.
  tā bǐ wǒ yǒng gǎn duō le

693
□ 勇气
[yǒng qì] 융 치

[명] 용기

- 鼓足勇气。용기를 북돋우다.
  gǔ zú yǒng qì
- 产生勇气。용기가 나다.
  chǎn shēng yǒng qì

694

□ **优点**

[yōu diǎn] 요우 디엔

명 장점, 우수한 점

- 区分优点和缺点。장점과 단점을 구분하다.
  qū fēn yōu diǎn hé quē diǎn
- 特出的优点。특히 두드러진 장점.
  tè chū de yōu diǎn

695

□ **优良**

[yōu liáng] 요우 리앙

형 우수하다, 훌륭하다, 우량하다

- 品质优良。품질이 우수하다.
  pǐn zhì yōu liáng
- 林相优良。수목의 품질과 상태가 우량하다.
  lín xiāng yōu liáng

696

□ **优秀**

[yōu xiù] 요우 씨우

형 뛰어나다, 훌륭하다, 우수하다

- 他是一个成绩优秀的学生。
  tā shì yí gè chéng jì yōu xiù de xué sheng
  그는 성적이 뛰어난 학생이다.
- 优秀的文学作品。우수한 문학 작품.
  yōu xiù de wén xué zuò pǐn

697

□ **悠久**

[yōu jiǔ] 요우 지우

형 유구하다, 장구하다

- 悠久的历史。유구한 역사.
  yōu jiǔ de lì shǐ
- 这种东西的历史相当悠久。
  zhè zhǒng dōng xī de lì shǐ xiāng dāng yōu jiǔ
  이런 물건의 역사는 상당히 유구하다.

핵심단어 | 461

698
□ **尤其**

[yóu qí] 요우 치

(부) 특히, 더욱

- 爷爷奶奶尤其宠溺孙子。
  yé ye nǎi nai yóu qí chǒng nì sūn zi
  할아버지 할머니가 특히 손자를 총애한다.
- 人很漂亮，尤其心地善良。
  rén hěn piāo liàng, yóu qí xīn dì shàn liáng
  예쁘기도 하지만 더욱이 마음씨가 곱다.

699
□ **右边**

[yòu biān] 유 비엔

(명) 오른쪽, 우측

- 他站在我右边。그가 내 오른쪽에 서 있다.
  tā zhàn zài wǒ yòu biān
- 邮局在学校的右边。
  yóu jú zài xué xiào de yòu biān
  우체국은 학교 우측에 있다.

700
□ **友好**

[yǒu hǎo] 요우 하오

(형) 우호적이다 (명) 절친한 친구

- 和平友好。 평화적이고 우호적이다.
  hé píng yǒu hǎo
- 睦邻友好政策。 선린 우호 정책.
  mù lín yǒu hǎo zhèng cè

701
□ **有趣**

[yǒu qù] 요우 취

(형) 재미있다, 흥미진진하다, 사랑스럽다

- 他说的话真有趣。
  tā shuō de huà zhēn yǒu qù
  그가 하는 말은 정말 재미있다.
- 我对此并不感到有趣。
  wǒ duì cǐ bìng bù gǎn dào yǒu qù
  나는 이것에 대해 절대 흥미롭게 여기지 않는다.

702
□ 友谊

[yǒu yì] 요우 이

(명) 우의, 우정, 친선

- 深厚的友谊。두터운 우의.
  shēn hòu de yǒu yì
- 结下友谊。우정을 맺다.
  jié xià yǒu yì

703
□ 有力

[yǒu lì] 요우 리

(형) 유력하다, 힘이 있다, 강력하다

- 字体刚劲有力。글자체가 강하고 힘 있다.
  zì tǐ gāng jìn yǒu lì
- 我们缺乏有力的证据。
  wǒ mén quē fá yǒu lì de zhèng jù
  우리는 강력한 증거가 부족하다.

704
□ 有利

[yǒu lì] 요우 리

(형) 유리하다, 유익하다

- 有利的条件。유리한 조건.
  yǒu lì de tiáo jiàn
- 形势对我们相当有利。
  xíng shì duì wǒ mén xiāng dāng yǒu lì
  상황이 우리에게 상당히 유리하다.

705
□ 有名

[yǒu míng] 요우 밍

(형) 유명하다, 정당한 이유가 있다

- 悉尼的歌剧院很有名。
  xī ní de gē jù yuàn hěn yǒu míng
  시드니의 오페라하우스는 유명하다.
- 上海有什么有名的小吃?
  shàng hǎi yǒu shí me yǒu míng de xiǎo chī
  상하이는 어떤 간식이 유명합니까?

706
□ **有效**

[yǒu xiào] 요우 씨아오

(형) 유효하다, 효과가 있다

- **有效**成分。유효 성분.
  yǒu xiào chéng fèn
- **有效**措施。효과적인 조치.
  yǒu xiào cuò shī

707
□ **由**

[yóu] 요우

(개) ~때문에, ~로 말미암아, ~으로부터

- **由**此可知。이것으로부터 알 수 있다.
  yóu cǐ kě zhī
- **由**蛹变成蛾。번데기에서 나방으로 변하다.
  yóu yǒng biàn chéng é

708
□ **愉快**

[yú kuài] 위 콰이

(형) 유쾌하다, 기쁘다

- **愉快**的心情。즐거운 마음.
  yú kuài de xīn qíng
- 他的心情非常**愉快**。
  tā de xīn qíng fēi cháng yú kuài
  그의 마음은 매우 기쁘다.

709
□ **羽毛球**

[yǔ máo qiú] 위 마오 치우

(명) 배드민턴(badminton)

- **羽毛球**拍。배드민턴 라켓.
  yǔ máo qiú pāi
- **羽毛球**比赛。배드민턴 경기.
  yǔ máo qiú bǐ sài

710
□ **遇到**

[yù dào] 위 따오

(동) 만나다, 닥치다

- 我在街上**遇到**了他。
  wǒ zài jiē shàng yù dào le tā
  나는 길에서 그를 만났다.
- **遇到**难题。난제에 부닥치다.
  yù dào nán tí

711
与

[yǔ] 위

(동) 주다, 베풀다 (개) ~에게 (접) ~과[와]

- 画得与实物逼肖。
  huà de yǔ shí wù bī xiāo
  그림 그린 게 실물과 거의 똑같다.

- 与人方便, 自己方便。
  yǔ rén fāng biàn, zì jǐ fāng biàn
  남에게 편리를 제공하면, 자신도 편리하다.

712
玉米

[yù mǐ] 위 미

(명) 옥수수, 강냉이

- 玉米种子。 옥수수 종자.
  yù mǐ zhǒng zǐ

- 煮玉米吃。 강냉이를 삶아 먹다.
  zhǔ yù mǐ chī

713
预备

[yù bèi] 위 뻬이

(명) 예비, 준비 (동) 준비하다

- 预备轮胎。 예비 타이어.
  yù bèi lún tāi

- 我把酒菜都预备好了。
  wǒ bǎ jiǔ cài dōu yù bèi hǎo le
  나는 술과 요리를 모두 다 준비했다.

714
原谅

[yuán liàng] 위엔 리앙

(명) 용서, 양해 (동) 용서하다, 양해하다

- 这个错误不可原谅。
  zhè gè cuò wù bù kě yuán liàng
  이 잘못은 용서할 수 없다.

- 请多多原谅! 많은 양해 바랍니다.
  qǐng duō duō yuán liàng

715

□ **原料**

[yuán liào] 위엔 리아오

몡 원료, 소재

* 化工原料。 화학 공업 원료.
  huà gōng yuán liào

* 用上了原料。 원료가 들어가다.
  yòng shàng le yuán liào

716

□ **原因**

[yuán yīn] 위엔 인

몡 원인, 이유

* 间接原因。 간접적인 원인.
  jiān jiē yuán yīn

* 因什么原因(你)睨视我。
  yīn shén me yuán yīn (nǐ) nì shì wǒ
  무슨 이유로 나를 흘겨보니?

717

□ **阅读**

[yuè dú] 우에 두

동 열독하다, 읽다

* 阅读参考文献。 참고 문헌을 열독하다.
  yuè dú cān kǎo wén xiàn

* 挑好书阅读。 양서를 골라 읽다.
  tiāo hǎo shū yuè dú

718

□ **约会**

[yuē huì] 위에 후이

동 만날 약속을 하다 몡 만날 약속

* 他约会去了。 그는 약속에 나갔다.
  tā yuē huì qù le

* 我明天晚上有约会，来不了。
  wǒ míng tiān wǎn shang yǒu yuē huì, lái bú liǎo
  나는 내일 저녁에 약속이 있어 나갈 수가 없다.

719

□ **运动员**

[yùn dòng yuán] 윈똥 위엔

몡 운동선수, (선거)운동원

* 参赛运动员。 시합에 참가한 운동 선수.
  cān sài yùn dòng yuán

* 他是一名跳高运动员。
  tā shì yī míng tiào gāo yùn dòng yuán
  그는 높이뛰기 운동선수다.

3단계

720
□ **运输**
[yùn shū] 윈 쑤

- 명 운송, 수송 동 운수하다, 수송하다
- ❖ 长途运输。 장거리 운송.
  cháng tú yùn shū
- ❖ 运输货物。 화물을 수송하다.
  yùn shū huò wù

721
□ **允许**
[yǔn xǔ] 윈 쉬

- 명 허가 동 허가하다
- ❖ 得到经理允许。 지배인의 허락을 받다.
  dé dào jīng lǐ yǔn xǔ
- ❖ 心里允许。 마음을 허락하다.
  xīn lǐ yǔn xǔ

722
□ **运用**
[yùn yòng] 윈 융

- 명 운용, 활용 동 운용하다, 활용하다
- ❖ 运用基金。 운용 기금.
  yùn yòng jī jīn
- ❖ 有效运用。 효과적으로 운용하다.
  yǒu xiào yùn yòng

723
□ **灾害**
[zāi hài] 짜이 하이

- 명 재해, 피해
- ❖ 灾害种类。 재해의 종류.
  zāi hài zhǒng lèi
- ❖ 自然灾害。 자연재해.
  zì rán zāi hài

724
□ **暂时**
[zàn shí] 짠 스

- 형 일시적이다, 잠시적이다 부 잠시, 잠깐
- ❖ 在山中窝棚暂时避一下雨。
  zài shān zhōng wō péng zàn shí bì yī xià yǔ
  산막에서 잠시 비를 피하다.
- ❖ 暂时失陪了。 잠깐 실례.
  zàn shí shī péi le

725
□ **赞成**

[zàn chéng] 짠 청

(동) 찬성하다, 동의하다

* 得到半数以上与会者的赞成。
  dé dào bàn shù yǐ shàng yǔ huì zhě de zàn chéng
  출석자 과반수의 찬성을 얻다.
* 我不赞成他的提议。
  wǒ bù zàn chéng tā de tí yì
  나는 그의 제의에 찬성하지 않는다.

726
□ **造句**

[zào jù] 짜오 쥐

(동) 글을 짓다, 작문하다

* 请大家用这个词造句。
  qǐng dà jiā yòng zhè gè cí zào jù
  여러분, 이 단어로 글을 지어 보세요.

727
□ **增长**

[zēng zhǎng] 정 장

(동) 증가하다, 늘어나다, 신장되다

* 美国经济仍处于增长的趋势中。
  měi guó jīng jì réng chù yú zēng zhǎng de qū shì zhōng
  미국 경제는 여전히 성장하는 추세에 있다.
* 职工的工资有明显增长。
  zhí gōng de gōng zī yǒu míng xiǎn zēng zhǎng
  직원들의 급여가 뚜렷하게 증가됨이 있다.

728
□ **展开**

[zhǎn kāi] 잔 카이

(동) 펴다, 펼치다, 벌이다, 전개하다

* 展开画卷。 두루마리 그림을 펴다.
  zhǎn kāi huà juàn
* 展开地毯。 카페트를 펼치다.
  zhǎn kāi dì tǎn

729

展览会

[zhǎn lǎn huì] 잔 란 후이

(명) 전시회, 전람회

- 开全国农机具展览会。
  kāi quán guó nóng jī jù zhǎn lǎn huì
  전국 농기구 전람회를 열다.

- 掌管展览会的事务。
  zhǎng guǎn zhǎn lǎn huì de shì wù
  전람회의 사무를 다루다.

730

战斗

[zhàn dǒu] 짠 또우

(명) 전투, 투쟁 (동) 전투하다, 투쟁하다

- 大家做好战斗准备。
  dà jiā zuò hǎo zhàn dòu zhǔn bèi
  모두 전투 준비를 잘 하시오.

- 他不是一个人在战斗。
  tā bú shì yí gè rén zài zhàn dòu
  그는 혼자서 전투하고 있는 것이 아니다.

731

战胜

[zhàn shèng] 짠 성

(동) 싸워 이기다, 승리하다

- 一举战胜。 단번에 이기다.
  yì jǔ zhàn shèng

- 战胜(住)悲痛。 슬픔을 이겨내다.
  zhàn shèng(zhù) bēi tòng

732

战争

[zhàn zhēng] 짠 쩡

(명) 전쟁

- 惨烈的战争。 매우 장렬한 전쟁.
  cǎn liè de zhàn zhēng

- 发动战争。 전쟁을 일으키다.
  fā dòng zhàn zhēng

733

□ **掌握**

[zhǎng wò] 장 워

(동) 파악하다, 정통하다, 주관하다

* **掌握**政权。정권을 장악하다.
  zhǎng wò zhèng quán
* 他以自学为主, **掌握**了好几门外语。
  tā yǐ zì xué wéi zhǔ, zhǎng wò le hǎo jǐ mén wài yǔ
  그는 독학 위주로 몇 개의 외국어를 정복하였다.

734

□ **招待**

[zhāo dài] 짜오 따이

(명) 접대원, 초대 (동) 초대하여 접대하다

* 电影**招待**券。영화 초대권.
  diàn yǐng zhāo dài quàn
* 殷勤**招待**。정성을 다해 접대하다.
  yīn qín zhāo dài

735

□ **招呼**

[zhāo hu] 짜오 후

(명) 인사 (동) 부르다, 분부하다

* 他忙起来**招呼**。
  tā máng qǐ lái zhāo hu
  그는 얼른 일어나서 인사를 했다.
* 街对面有人打手势**招呼**你。
  jiē duì miàn yǒu rén dǎ shǒu shì zhāo hu nǐ
  길 맞은편에서 어떤 사람이 손짓으로 너를 부른다.

736

□ **照顾**

[zhào gù] 짜오 꾸

(동) 돌보다, 보살피다

* 酌予**照顾**。사정을 참작하여 돌봐 드리다.
  zhuó yǔ zhào gù
* **照顾**全局。전체적인 면을 고려하다.
  zhào gù quán jú

737
□ **真理**

[zhēn lǐ] 쩐 리

- 명 진리

❖ 追求<u>真理</u>。 진리를 추구하다.
　zhuī qiú zhēn lǐ
❖ 这个绝对是娱乐圈的<u>真理</u>。
　zhè gè jué duì shì yú lè quān de zhēn lǐ
　이것은 틀림없는 연예계의 진리다.

738
□ **真实**

[zhēn shí] 쩐 스

- 명 진실 형 진실하다

❖ 他所说的一切都是<u>真实</u>的。
　tā suǒ shuō de yí qiè dōu shì zhēn shí de
　그가 말한 것은 모두 진짜다.
❖ 诗中抒发的是诗人<u>真实</u>的感情。
　shī zhōng shū fā de shì shī rén zhēn shí de gǎn qíng
　시 가운데 토로한 것은 시인의 진실한 감정이다.

739
□ **争取**

[zhēng qǔ] 쩡 취

- 동 쟁취하다, 얻다, 획득하다

❖ <u>争取</u>荣誉。 영예를 쟁취하다.
　zhēng qǔ róng yù
❖ <u>争取</u>提前竣工。 조기 준공하려고 힘쓰다.
　zhēng qǔ tí qián jùn gōng

740
□ **正好**

[zhèng hǎo] 쩡 하오

- 부 (때)마침, 공교롭게도 형 알맞다

❖ 你来<u>正好</u>可以帮忙。
　nǐ lái zhèng hǎo kě yǐ bāng máng
　네가 일을 거들 수 있게 마침 잘 왔다.
❖ 裤子的长短<u>正好</u>。 바지의 길이가 꼭 맞다.
　kù zǐ de cháng duǎn zhèng hǎo

741
□ **正式**
[zhèng shì] 쩡 쓰

(명) 정식, 공식 (형) 정식의, 공식의

❖ **正式**复函。정식으로 회신하다.
zhèng shì fù hán

❖ 他们是我们公司的**正式**职员。
tā mén shì wǒ mén gōng sī de zhèng shì zhí yuán
그들은 우리 회사의 정식 직원이다.

742
□ **支持**
[zhī chí] 쯔 츠

(동) 지지하다, 후원하다, 지탱하다, 견디다

❖ 得到群众的**支持**。대중의 지지를 얻다.
dé dào qún zhòng de zhī chí

❖ **支持**得住。지탱할 수 있다.
zhī chí de zhù

743
□ **支援**
[zhī yuán] 쯔 위엔

(명) 지원, 원조 (동) 지원하다, 원조하다

❖ 请求**支援**。지원을 요청하다.
qǐng qiú zhī yuán

❖ **支援**地震灾区。지진 재해 지역을 지원하다.
zhī yuán dì zhèn zāi qū

744
□ **值得**
[zhí dé] 즈 더

(동) 값이 맞다, 가치가 있다

❖ 这个很**值得**买啊。
zhè gè hěn zhí dé mǎi ā
이것은 정말 살 만한 가치가 있다.

❖ 这块地皮**值得**投资。
zhè kuài dì pí zhí dé tóu zī
이 부지는 투자할 만하다.

745
□ **执行**
[zhí xíng] 즈 싱

(동) 집행하다, 실행하다 (명) 실행(execute)

❖ 缓期**执行**。집행을 연기하다.
huǎn qī zhí xíng

❖ 一切按原计划**执行**。
yí qiè àn yuán jì huà zhí xíng
모든 것은 원래 계획대로 집행한다.

746
指导
[zhǐ dǎo] 즈 다오

- 명 지도, 교도 동 지도하다, 교도하다
- 接受**指导**。 지도를 받다.
  jiē shòu zhǐ dǎo
- 这门课由黄老师**指导**。
  zhè mén kè yóu huáng lǎo shī zhǐ dǎo
  이 수업은 황 선생님께서 지도하신다.

747
植物
[zhí wù] 즈 우

- 명 식물
- 草本**植物**。 초본 식물.
  cǎo běn zhí wù
- 采集**植物**标本。 식물 표본을 채집하다.
  cǎi jí zhí wù biāo běn

748
制定
[zhì dìng] 쯔 띵

- 동 (법규·계획 등을) 만들다, 제정하다
- **制定**宪法。 헌법 제정.
  zhì dìng xiàn fǎ
- **制定**法律。 법률을 제정하다.
  zhì dìng fǎ lǜ

749
制造
[zhì zào] 쯔 짜오

- 동 제조하다, 만들다, 제작하다
- **制造**业。 제조업.
  zhì zào yè
- **制造**突破口。 돌파구를 만들다.
  zhì zào tū pò kǒu

750
重大
[zhòng dà] 쫑 따

- 형 중대하다, (매우) 크다
- 发生了**重大**事件。 큰 사건이 일어났다.
  fā shēng le zhòng dà shì jiàn
- 责任**重大**。 책임이 중대하다.
  zé rèn zhòng dà

751
□ 重视

[zhòng shì] 쭝 쓰

명 중시, 중요시 동 중시하다, 중요시하다

❖ 重视改革。 개혁을 중시하다.
zhòng shì gǎi gé

❖ 重视教育。 교육을 중시하다.
zhòng shì jiào yù

752
□ 周到

[zhōu dào] 쪼우 따오

형 꼼꼼하다, 세심하다, 주도면밀하다

❖ 他总是为我周到地着想。
tā zǒng shì wèi wǒ zhōu dào de zhuó xiǎng
그는 늘 나를 위해 주도면밀하게 고려한다.

❖ 他的服务热情又周到, 真是没说的。
tā de fú wù rè qíng yòu zhōu dào, zhēn shì méi shuō de
그의 서비스는 친절하고 꼼꼼한 것이, 정말 나무랄 데 없다.

753
□ 主观

[zhǔ guān] 주 꾸안

명 주관 형 주관적이다

❖ 他的看法有点儿主观。
tā de kàn fǎ yǒu diǎn ér zhǔ guān
그의 견해는 약간 주관적이다.

❖ 主观愿望。 주관적인 욕구.
zhǔ guān yuàn wàng

754
□ 主要

[zhǔ yào] 주 야오

형 주요하다, 주되다 부 주로, 대부분

❖ 这件事主要由你来做。
zhè jiàn shì zhǔ yào yóu nǐ lái zuò
이 일은 대부분 당신이 해야 한다.

❖ 他是公司的主要管理者。
tā shì gōng sī de zhǔ yào guǎn lǐ zhě
그는 회사의 주요 관리자다.

755
主意
[zhǔ yì] 주 이

명 (일정한) 생각, 의견, 방법

- 这是个好主意。 이것은 좋은 생각이다.
  zhè shì gè hǎo zhǔ yì
- 他到现在还拿不准主意。
  tā dào xiàn zài hái ná bù zhǔn zhǔ yì
  그는 지금까지도 올바른 의견을 내놓지 못하고 있다.

756
主张
[zhǔ zhāng] 주 짱

명 주장, 견해, 의견 동 주장하다, 결정하다

- 这是我们的一贯主张。
  zhè shì wǒ men yí guàn zhǔ zhāng
  이것은 우리의 일관된 주장이다.
- 他主张公开招标。
  tā zhǔ zhāng gōng kāi zhāo biāo
  그는 공개 입찰을 주장한다.

757
祝贺
[zhù hè] 쭈 허

명 축하 동 축하하다

- 我代他们向你表示祝贺。
  wǒ dài tā mén xiàng nǐ biǎo shì zhù hè
  제가 그들을 대신해서 당신께 축하를 전합니다.
- 祝贺, 祝贺! 축하한다, 축하해!
  zhù hè, zhù hè

758
逐渐
[zhú jiàn] 주 찌엔

부 점차 형 점진적인, 점차적인

- 天气逐渐热起来了。
  tiān qì zhú jiàn rè qǐ lái le
  날씨가 점차 더워진다.
- 这方面的技术正在逐渐发展进步。
  zhè fāng miàn de jì shù zhèng zài zhú jiàn fā zhǎn jìn bù
  이 방면의 기술은 점진적으로 발달하고 있다.

759

□ **著名**

[zhù míng] 쭈 밍

(형) 저명하다, 유명하다

❖ **著名**诗人给他写了祭文。
zhù míng shī rén gěi tā xiě le jì wén
유명한 시인이 그의 조문을 써 주었다.

❖ **著名**学者。 저명한 학자.
zhù míng xué zhě

760

□ **抓紧**

[zhuā jǐn] 쭈아 진

(동) 꽉 틀어쥐다, 힘을 들이다

❖ **抓紧**绳索,不要放手。
zhuā jǐn shéng suǒ, bù yào fàng shǒu
줄을 꽉 잡고 놓지 마세요.

❖ 这是要**抓紧**,不能松手。
zhè shì yào zhuā jǐn, bù néng sōng shǒu
이 일은 다그쳐야지 미적거려서는 안 된다.

761

□ **转变**

[zhuǎn biàn] 주안 삐엔

(명) 전환, 변환 (동) 전환하다, 변환하다

❖ 人生的**转变**。 인생의 전변.
rén shēng de zhuǎn biàn

❖ **转变**态度。 태도를 바꾸다.
zhuǎn biàn tai dù

762

□ **转告**

[zhuǎn gào] 주안 까오

(동) 전언(傳言)하다, 전하여 알리다

❖ 他托我**转告**你一件事。
tā tuō wǒ zhuǎn gào nǐ yí jiàn shì
그가 너에게 한가지 일을 전하라고 나에게 부탁했다.

❖ 你有什么话要我**转告**吗?
nǐ yǒu shén me huà yào wǒ zhuǎn gào ma
내가 전해야 할 말이라도 있니?

763
□ **庄严**

[zhuāng yán] 쭈앙 옌

(형) 장엄하다, 장중하다

- **庄严**宏伟。 장엄하고 웅장하다.
  zhuāng yán hóng wěi
- **庄严**肃穆。 장엄하고 엄숙하다.
  zhuāng yán sù mù

764
□ **状况**

[zhuàng kuàng] 쭈앙 쾅

(명) 형편, 상태, 처지, 상황

- 健康**状况**。 건강 상태.
  jiàn kāng zhuàng kuàng
- 社会**状况**。 사회 상황.
  shè huì zhuàng kuàng

765
□ **状态**

[zhuàng tài] 쭈앙 타이

(명) 상태(status)

- 昏迷**状态**。 혼미 상태.
  hūn mí zhuàng tai
- 固体**状态**。 고체 상태.
  gù tǐ zhuàng tai

766
□ **仔细**

[zǐ xì] 즈 씨

(형) 자세하다, 세밀하다, 꼼꼼하다 (동) 주의하다

- **仔细**盘考。 자세하게 따져 묻다.
  zǐ xì pán kǎo
- 过独木桥千万要**仔细**。
  guò dú mù qiáo qiān wàn yào zī xì
  외나무다리를 지날 때에는 절대 조심해야 한다.

767
□ **自由**

[zì yóu] 쯔 요우

(명) 자유 (형) 자유롭다

- 必然与**自由**。 필연과 자유.
  bì rán yǔ zì yóu
- **自由**选购。 자유롭게 골라 사다.
  zì yóu xuǎn gòu

핵심단어 | 477

768
综合

[zōng hé] 쫑 허

(명) 종합　(동) 종합하다

- 这是一所综合大学。 이것은 종합대학이다.
  zhè shì yì suǒ zōng hé dà xué
- 综合推理。 종합적으로 추리하다.
  zōng hé tuī lǐ

769
总结

[zǒng jié] 종 지에

(명) 총결산, 총괄　(동) 총괄하다, 총결산하다

- 工作总结。 업무 총화.
  gōng zuò zǒng jié
- 总结经验教训。 경험과 교훈을 총결산하다.
  zǒng jié jīng yàn jiào xùn

770
尊敬

[zūn jìng] 쭌 찡

(명) 존경　(동) 존경하다

- 尊敬的心情。 존경의 마음.
  zūn jìng de xīn qíng
- 受人尊敬。 존경받다.
  shòu rén zūn jìng

771
遵守

[zūn shǒu] 쭌 쇼우

(동) 준수하다, 지키다

- 他很遵守时间。 그는 시간을 잘 지킨다.
  tā hěn zūn shǒu shí jiān
- 遵守纪律。 법도를 준수하다.
  zūn shǒu jì lǜ

772
作业

[zuò yè] 쭤 예

(명) 숙제, 훈련　(동) 작업을 하다

- 作业设备。 작업 장비.
  zuò yè shè bèi
- 作业做完了。 숙제를 다했다.
  zuò yè zuò wán le

3단계

773
□ **座谈**
[zuò tán] 쭤 탄

명 좌담, 간담 동 좌담하다, 간담하다

❖ 就交通问题进行座谈。
jiù jiāo tōng wèn tí jìn xíng zuò tán
교통 문제에 대해 좌담을 나누다.

❖ 他请教师们前来座谈。
tā qǐng jiào shī men qián lái zuò tán
그가 교사들을 청하여 오게 해서 좌담하다.

774
□ **做法**
[zuò fǎ] 쭤 파

명 (만드는) 방법, (하는) 방식

❖ 你的这种做法对解决问题毫无助益。
nǐ de zhè zhǒng zuò fǎ duì jiě jué wèn tí háo wú zhù yì
너의 이런 방식은 문제를 해결하는 데 전혀 도움이 되지 않는다.

❖ 习惯做法。 습관적인 방법.
xí guàn zuò fǎ

775
□ **爱戴**
[ài dài] 아이 따이

명 존경, 추앙 동 존경하다, 추대하다

❖ 被爱戴的人物。 추대 받는 인물.
bèi ài dài de rén wù

776
□ **暗示**
[àn shì] 안 쓰

명 암시 동 암시하다

❖ 他们给我做了个暗示。
tā men gěi wǒ zuò le gè àn shì
그들은 나에게 암시를 하나 해 주었다.

777
□ **奥秘**
[ào mì] 아오 미

명 매우 깊은 뜻 형 깊고 신비하다

❖ 揭开宇宙的奥秘。
jiē kāi yǔ zhòu de ào mì
우주의 신비를 벗겨 내다.

778
摆脱
[bǎi tuō] 빠이 투오

(동) (속박·곤경에서) 벗어나다, 빠져나오다

❖ 摆脱学生身份。 학생 신분에 벗어나다.
bǎi tuō xué shēng shēn fèn

779
包袱
[bāo fu] 빠오 푸

(명) 보(자기), 꾸러미, 부담, 무거운 짐

❖ 这个包袱已经很旧了。
zhè ge bāo fu yǐ jīng hěn jiù le
이 보자기는 이미 매우 낡았다.

780
保管
[bào dá] 빠오 구안

(명) 관리인 (동) 보관하다 (부) 꼭, 확실히

❖ 老李是仓库的保管。
lǎo lǐ shì cāng kù de bǎo guǎn
이 씨는 창고 관리인이다.

781
保密
[bǎo mì] 빠오 미

(동) 비밀을 지키다, 기밀을 지키다

❖ 这事绝对保密。 이 일은 절대 비밀이다.
zhè shì jué duì bǎo mì

782
保障
[bǎo zhàng] 빠오 짱

(동) 보장하다, 보증하다 (명) 보장, 보증

❖ 保障生活。 생활을 보장하다.
bǎo zhàng shēng huó

783
报仇
[bào chóu] 빠오 초우

(명) 복수 (동) 원수를 갚다

❖ 报仇上次败北之仇。
bào chóu shàng cì bài běi zhī chóu
지난번의 패배를 복수하다.

784
报酬
[bào chou] 빠오 초우

(명) 보수, 사례금, 급여

❖ 给她的报酬。 이것은 그녀에게 줄 보수다.
gěi tā de bào chou

785
抱怨
[bào yuàn] 빠오 위엔

- 명 원망, 비난 동 원망하다, 탓하다
- 不能抱怨别人。 다른 사람을 원망할 수 없다.
  bù néng bào yuàn bié rén

786
暴露
[bào lù] 빠오 루

- 명 폭로 동 드러내다, 절개하다
- 暴露实情。 진실을 폭로하다.
  bào lù shí qíng

787
悲哀
[bēi āi] 뻬이 아이

- 형 슬프다, 비참하다 동 슬퍼하다 명 비애
- 对朋友的去世感到悲哀。
  duì péng yǒu de qù shì gǎn dào bēi āi
  친구의 죽음을 슬퍼하다.

788
悲惨
[bēi cǎn] 뻬이 찬

- 형 슬프다, 비참하다
- 悲惨身世。 비참한 신세.
  bēi cǎn shēn shì

789
被动
[bèi dòng] 뻬이 뚱

- 명 피동 형 피동적이다, 수동적이다
- 态度被动。 태도가 수동적이다.
  tài dù bèi dòng

790
本身
[běn shēn] 번 선

- 대 (사람이나 물건·일의) 그 자신, 그 자체
- 方法本身并不坏。
  fāng fǎ běn shēn bìng bú huài
  방법 그 자체는 결코 나쁘지 않다.

791
甭
[béng] 벙

- 부 ~할 필요가 없다, ~하지 마라
- 屋里不冷, 甭笼火了。
  wū lǐ bù lěng, béng lóng huǒ le
  방이 춥지 않으니, 불을 피울 필요가 없다.

792

□ **贬低**

[biǎn dī] 비엔 띠

- 동 낮게 평가하다, 얕잡아 보다
- ❖ 不要贬低自己的身份。
  bú yào biǎn dī zì jǐ de shēn fèn
  자신의 신분을 낮게 평가하지 마라.

793

□ **便利**

[biàn lì] 삐엔 리

- 형 편리하다   동 편리하게 하다
- ❖ 交通便利。교통이 편리하다.
  jiāo tōng biàn lì

794

□ **波浪**

[bō làng] 뽀 랑

- 명 파랑, 파도, 물결
- ❖ 波浪冲击着岩石。
  bō làng chōng jī zhe yán shí
  파도가 바위를 때리고 있다.

795

□ **薄弱**

[bó ruò] 보 뤄

- 형 박약하다, 부족하다
- ❖ 我们的技术相对薄弱。
  wǒ mén de jì shù xiāng duì bó ruò
  우리의 기술은 상대적으로 박약하다.

796

□ **不禁**

[bù jīn] 뿌 찐

- 동 금하지(참지) 못하다   부 자기도 모르게
- ❖ 他不禁感到惨然。
  tā bù jìn gǎn dào cǎn rán
  그는 슬픔을 참을 수 없었다.

797

□ **不止**

[bù zhǐ] 뿌 즈

- 동 그치지 않다, ~를 넘다   접 ~뿐만 아니라
- ❖ 争吵不止。말다툼이 그치지 않는다.
  zhēng chǎo bù zhǐ

798

□ **布告**

[bù gào] 뿌 까오

- 명 포고, 게시   동 포고하다, 게시하다
- ❖ 布告周知。포고하여 알게 하다.
  bù gào zhōu zhī

3단계

799
□ **布局**
[bù jú] 뿌 쥐
- 명 구성, 배치, 분포상태 동 구성하다
- ❖ 全新的布局。참신한 구성.
  quán xīn de bù jú

800
□ **部署**
[bù shǔ] 뿌 슈
- 명 배치 동 (인력·임무 등을) 배치하다
- ❖ 部署了一个团的兵力。
  bù shǔ le yī gè tuán de bīng lì
  한 사단의 병력을 배치했다.

801
□ **财富**
[cái fù] 차이 푸
- 명 부(富), 재산, 자원
- ❖ 知识分子是国家的财富。
  zhī shí fēn zǐ shì guó jiā de cái fù
  지식인은 국가의 재산이다.

802
□ **财政**
[cái zhèng] 차이 쩡
- 명 재정
- ❖ 财政上出现了一个大的窟窿。
  cái zhèng shàng chū xiàn le yī gè dà de kū lóng
  재정에 큰 손실이 발생했다.

803
□ **裁判**
[cái pàn] 차이 판
- 명 재판, 심판 동 재판하다
- ❖ 裁判已经作出判决。
  cái pàn yǐ jīng zuò chū pàn jué
  심판은 이미 판단을 내렸다.

804
□ **采购**
[cǎi gòu] 차이 꼬우
- 동 구매[구입]하다 명 구매원
- ❖ 采购办公用品。사무용품을 구입하다.
  cǎi gòu bàn gōng yòng pǐn

805
□ **操纵**
[cāo zòng] 차오 쭝
- 동 (기계 등을) 다루다, 조정[지배]하다
- ❖ 操纵机器。기계를 조종하다.
  cāo zòng jī qì

핵심단어 | **483**

806
□ **草率**

[cǎo shuài] 차오 쑤아이

- 헹 경솔하다, 거칠다, 조솔하다
- ❖ 你的这个决定太草率了。
  nǐ de zhè gè jué dìng tài cǎo shuài le
  너의 이 결정은 너무 경솔했다.

807
□ **策划**

[cè huà] 처 화

- 동 계략을 꾸미다, 획책하다 명 계략
- ❖ 他们正策划着阴谋。
  tā men zhèng cè huà zhe yīn móu
  그들은 지금 음모를 꾸미고 있다.

808
□ **产业**

[chǎn yè] 찬 예

- 명 산업, 부동산, 근대의 각종 노동 생산
- ❖ 连宇宙产业也插手。
  lián yǔ zhòu chǎn yè yě chā shǒu
  우주산업까지 손을 뻗치다.

809
□ **场合**

[chǎng hé] 창 허

- 명 장면, 장소, 경우, 형편, 상황
- ❖ 在公众场合不得吸烟。
  zài gōng zhòng chǎng hé bù dé xī yān
  공공장소에서는 담배를 피울 수 없다.

810
□ **场面**

[chǎng miàn] 창 미엔

- 명 (연극·소설 등의) 장면, 신(scene), 국면, 외모
- ❖ 惊心动魄的场面。 매우 놀라운 장면.
  jīng xīn dòng pò de chǎng miàn

811
□ **潮湿**

[cháo shī] 차오 쓰

- 형 습기가 많다, 축축하다, 눅눅하다
- ❖ 衣服有些潮湿。 옷이 좀 축축하다.
  yī fú yǒu xiē cháo shī

812
□ **撤销**

[chè xiāo] 처 씨아오

- 명 철회 동 철회하다, 취소하다
- ❖ 撤销合同。 계약을 취소하다.
  chè xiāo hé tóng

813
□ 沉闷
[chén mèn] 천 먼

[형] 음울하다, 찌무룩하다

天气沉闷得很。 날씨가 매우 찌무룩하다.
tiān qì chén mèn dé hěn

814
□ 沉思
[chén sī] 천 쓰

[명] 숙고 [동] 숙고하다, 깊이 생각하다

闭目沉思。 눈을 감고 깊이 생각하다.
bì mù chén sī

815
□ 沉重
[chén zhòng] 천 쫑

[명] 무거운 부담 [형] 무겁다, 심각하다

心情非常沉重。 마음이 매우 무겁다.
xīn qíng fēi cháng chén zhòng

816
□ 沉着
[chén zhuó] 천 주오

[명] 침착 [형] 침착하다, 차분하다

我越沉着镇静。 나는 더욱 침착해진다.
wǒ yuè chén zhuó zhèn jìng

817
□ 陈列
[chén liè] 천 리에

[동] 진열하다, 전시하다

陈列文物。 문물을 진열하다.
chén liè wén wù

818
□ 成天
[chéng tiān] 청 티엔

[부] 온종일, 하루 종일

成天价忙。 하루 종일 바쁘다.
chéng tiān jià máng

819
□ 惩罚
[chéng fá] 청 파

[명] 징벌, 처벌 [동] 징벌하다, 처벌하다

老师惩罚了那个学生。
lǎo shī chéng fá le nà gè xué shēng
선생님은 그 학생을 벌을 세웠다.

820
吃力
[chī lì] 츠 리

(형) 힘들다, 힘겹다, 피로하다

❖ 一个人做着有点吃力。
yí gè rén zuò zhe yǒu diǎn chī lì
한 사람이 하자니 좀 힘들다.

821
迟缓
[chí huǎn] 츠 후안

(형) 지연하다, 느리다, 완만하다

❖ 动作迟缓。 동작이 굼뜨다.
dòng zuò chí huǎn

822
持久
[chí jiǔ] 츠 지우

(동) 오래 지속되다, 오래 유지하다

❖ 诚实是最持久的。 정직함이 가장 오래간다.
chéng shí shì zuì chí jiǔ de

823
冲击
[chōng jī] 충 찌

(동) 심하게 부딪히다 (명) 충격, 쇼크

❖ 遭受猛烈冲击。 강한 쇼크를 받다.
zāo shòu měng liè chōng jī

824
充实
[chōng shí] 총 스

(명) 충실, 보강 (형) 충실하다 (동) 보강하다

❖ 这篇文章内容很充实。
zhè piān wén zhāng nèi róng hěn chōng shí
이 문장은 내용이 매우 충실하다.

825
出身
[chū shēn] 추 선

(명) 출신, 최초의 직업 (동) 출세하다

❖ 她出身于名门望族。 그녀는 명문 출신이다.
tā chū shēn yú míng mén wàng zú

826
出息
[chū xi] 추 시

(명) 미래, 장래성, 발전성 (동) 발전하다

❖ 两个孩子都有出息。
liǎng gè hái zǐ dōu yǒu chū xī
두 아이는 모두 발전성이 있다.

3단계

827
□ **出洋相**
[chū yáng xiàng] 추 양 씨앙
- 동 추태를 부리다, 웃음거리가 되다
- 一名教授醉酒出洋相。
  yī míng jiào shòu zuì jiǔ chū yáng xiāng
  교수 한 명이 술에 취해 추태를 부리다.

828
□ **处分**
[chǔ fèn] 추 펀
- 명 처분, 처벌 동 처분하다, 처리하다
- 处分荒地。 황무지를 처분하다.
  chǔ fèn huāng dì

829
□ **传达**
[chuán dá] 추안 다
- 동 전하다, 전달하다 명 전달
- 传达命令。 명령을 전달하다.
  chuán dá mìng lìng

830
□ **创立**
[chuàng lì] 추앙 리
- 명 창립, 창시 동 창립하다, 창시하다
- 创立新学派。 새로운 학과를 창립하다.
  chuàng lì xīn xué pai

831
□ **创作**
[chuàng zuò] 추앙 쮜
- 동 (문예 작품을) 창작하다 명 창작, 문예 작품
- 最近创作了新的歌词。
  zuì jìn chuàng zuò le xīn de gē cí
  최근 새 가사를 창작했다.

832
□ **纯粹**
[chún cuì] 춘 취
- 부 순전히 형 순수하다, 깨끗하다
- 这纯粹是谎言。 이것은 순전히 거짓말이다.
  zhè chún cuì shì huǎng yán

833
□ **纯洁**
[chún jié] 춘 지에
- 명 순결 형 순결하다 동 정화하다
- 思想纯洁。 사상이 순결하다.
  sī xiāng chún jié

834

□ **伺候**

[cì hou] 츠 호우

동 시중을 들다, 거들어주다, 돌보다

❖ 伺候病人。환자를 돌보다.
cì hou bìng rén

835

□ **刺**

[cì] 츠

명 가시, 바늘 동 찌르다, 자극하다

❖ 我的手被针刺伤了。
wǒ de shǒu bèi zhēn cì shāng le
나의 손이 바늘에 찔려 상처를 입었다.

836

□ **凑合**

[còu hé] 초우 허

동 한곳에 모이다, 가까이 가다 형 형편이 좋다

❖ 他们一下课就往一块儿凑合。
tā men yí xià kè jiù wǎng yí kuài ér còu he
그들은 수업만 마치면 함께 모인다.

837

□ **摧残**

[cuī cán] 추이 찬

명 파괴, 손상 동 파괴하다, 박해하다

❖ 严重的摧残。심각한 손상.
yán zhòng de cuī cán

838

□ **脆弱**

[cuì ruò] 추이 뤄

형 취약하다, 연약하다

❖ 脆弱的经济。취약한 경제.
cuì ruò de jīng jì

839

□ **答复**

[dá fù] 다 푸

동 회답하다, 대답하다 명 대답, 회답

❖ 即时答复。곧바로 대답하다.
jí shí dá fù

840

□ **打击**

[dǎ jī] 다 찌

동 치다, 때리다, 공격하다 명 타격, 공격

❖ 打击背后。뒤통수를 치다.
dǎ jī bèi hòu

841
□ 打架 [동] 싸움을 하다, 다투다
[dǎ jià] 다 찌아
❖ 抓住脖领打架。 멱살을 잡고 싸우다.
zhuā zhù bó lǐng dǎ jià

842
□ 打量 [동] 살펴보다, 가늠하다, 관찰하다
[dǎ liang] 다 리앙
❖ 打量一下他的样子。
dǎ liàng yī xià tā de yàng zǐ
그의 모습을 살펴보았다.

843
□ 打仗 [명] 싸움 [동] 싸우다, 경쟁을 하다
[dǎ zhàng] 다 짱
❖ 带兵打仗。 군대를 인솔하여 싸우다.
dài bīng dǎ zhàng

844
□ 大厦 [명] 큰 건물, 고층 건물, 빌딩
[dà shà] 따 싸
❖ 建了许多高楼大厦。 빌딩을 많이 지었다.
jiàn le xǔ duō gāo lóu dà shà

845
□ 大意 [명] 대의 [형] 소홀하다
[dà yì] 따 이
❖ 麻痹大意。 무감각해져 소홀하다.
má bì dà yì

846
□ 带领 [명] 인솔, 지휘 [동] 인솔하다, 안내하다
[dài lǐng] 따이 링
❖ 带领学生去旅行。
dài lǐng xué shēng qù lǚ xíng
학생들을 인솔하여 여행을 가다.

847
□ 诞生 [명] 탄생 [동] 탄생하다, 생기다
[dàn shēng] 딴 셩
❖ 孩子诞生了。 아기가 탄생하다.
hái zǐ dàn shēng le

848
当心
[dāng xīn] 땅 씬
- 명 한가운데 동 조심하다, 유의하다
- ❖ 一个人在国外处处都得当心。
  yí ge rén zài guó wài chù chù dōu děi dāng xīn
  혼자 외국에 있을 때는 곳곳을 모두 조심해야 한다.

849
抵达
[dǐ dá] 디 다
- 명 도달, 도착 동 도달하다, 도착하다
- ❖ 列车抵达终点。 열차가 종착역에 도착하다.
  liè chē dǐ dá zhōng diǎn

850
抵抗
[dǐ kàng] 디 캉
- 명 저항, 대항 동 저항하다, 대항하다
- ❖ 他们受到了强烈的抵抗。
  tā mén shòu dào le qiáng liè de dǐ kàng
  그들은 격렬한 저항을 받았다.

851
典型
[diǎn xíng] 디엔 싱
- 명 전형, 전형적인 인물 형 전형적이다
- ❖ 他选取了典型的事例。
  tā xuǎn qǔ le diǎn xíng de shì lì
  그는 전형적인 사례를 채택했다.

852
惦记
[diàn jì] 띠엔 찌
- 동 늘 생각하다, 염려하다
- ❖ 她总惦记着儿子。
  tā zǒng diàn jì zhe ér zǐ
  그녀는 늘 아들 걱정이다.

853
调动
[diào dòng] 띠아오 똥
- 동 (위치·인원 등을) 옮기다, 이동하다
- ❖ 她最近的平级调动。
  tā zuì jìn de píng jí diào dòng
  그녀가 최근 비슷한 위치로 이동했다.

854
动荡
[dòng dàng] 똥 땅

몡 불안정 혱 (정세·상황이) 불안정하다

❖ 目前世界形势动荡不安。
mù qián shì jiè xíng shì dòng dàng bù ān
현재 세계의 형세는 불안정하다.

855
动机
[dòng jī] 똥 찌

몡 동기, 의도

❖ 动机不纯。 동기가 불순하다.
dòng jī bù chún

856
动静
[dòng jing] 똥 징

몡 동정, 모습, 동태, 인기척

❖ 探望四周的动静。 사방의 동정을 살피다.
tàn wàng sì zhōu de dòng jìng

857
督促
[dū cù] 뚜 추

몡 독촉, 재촉, 감독 동 독촉하다

❖ 督促办理。 처리를 독촉하다.
dū cù bàn lǐ

858
对立
[duì lì] 뚜이 리

몡 대립, 반대 동 대립하다

❖ 两军对立。 양군이 대립하다.
liǎng jūn duì lì

859
顿时
[dùn shí] 뚠 스

뷔 바로, 갑자기, 별안간, 단번에

❖ 顿时语塞。 갑자기 말문이 막히다.
dùn shí yǔ sāi

860
额外
[é wài] 어 와이

몡 초과 혱 초과의, 과도한, 지나친

❖ 额外开支。 초과 지출.
é wai kāi zhī

861
耳环
[ěr huán] 얼 후안

명 귀고리, 귀걸이

❖ 一副耳环。귀걸이 한 세트.
　yí fù ěr huán

862
发觉
[fā jué] 파 쥐에

동 발견하다, 깨닫다, 눈치채다

❖ 发觉人才。인재를 발견하다.
　fā jué rén cái

863
发誓
[fā shì] 파 쓰

동 맹세하다

❖ 他发誓要做个好爸爸。
　tā fā shì yào zuò gè hǎo bà ba
　그는 좋은 아빠가 될 것을 맹세하였다.

864
防守
[fáng shǒu] 팡 소우

명 방어, 수비 동 방위하다, 수비하다

❖ 防守能力并不是很出色。
　fáng shǒu néng lì bìng bú shì hěn chū sè
　수비 능력이 결코 뛰어나지 않다.

865
防御
[fáng yù] 팡 위

명 방어 동 방어하다

❖ 敌人的防御牢不可破。
　dí rén de fáng yù láo bù kě pò
　적들의 방어가 견고하여 뚫을 수가 없다.

866
防治
[fáng zhì] 팡 쯔

명 예방치료 동 예방치료하다, 퇴치하다

❖ 防治高血压。고혈압을 예방치료하다.
　fáng zhì gāo xuè yā

867
放手
[fàng shǒu] 팡 쇼우

동 손을 놓다, 내버려 두다

❖ 事情做了半路就放手。
　shì qíng zuò le bàn lù jiù fàng shǒu
　일을 반쯤 하고 손을 놓았다.

3단계

868
□ **非法**
[fēi fǎ] 페이 파
명 불법 부 불법으로 형 불법의
* 非法压低售价。불법으로 판매가를 낮추다.
  fēi fǎ yā dī shòu jià

869
□ **诽谤**
[fěi bàng] 페이 빵
명 비방 동 비방하다, 헐뜯다
* 恶毒诽谤。악독하게 비방하다.
  è dú fěi bàng

870
□ **废除**
[fèi chú] 페이 추
명 취소 동 (법령·조약 등을) 취소하다
* 他们俩人废除了婚约。
  tā men liǎ rén fèi chú le hūn yuē
  그들 두 사람은 결혼 약속을 취소했다.

871
□ **分解**
[fēn jiě] 펀 지에
동 분해하다, 해설하다, 분열시키다 명 분해
* 分解水。물을 분해하다.
  fēn jiě shuǐ

872
□ **分裂**
[fēn liè] 펀 리에
명 분열, 결별 동 분열하다, 분열시키다
* 细胞分裂。세포 분열.
  xì bāo fēn liè

873
□ **分散**
[fēn sàn] 펀 싼
명 분산 동 분산하다, 널리 배부하다
* 人口分散政策。인구 분산 정책.
  rén kǒu fēn sàn zhèng cè

874
□ **粉碎**
[fěn suì] 펀 쑤이
명 분쇄 동 분쇄하다, 으깨다, 깨지다
* 粉碎矿石。광석을 분쇄하다.
  fěn suì kuàng shí

핵심단어 | **493**

875
□ **丰盛**

[fēng shèng] 펑 셩

(형) 풍성하다, 풍부하다, 성대하다, 호화롭다

❖ 丰盛的菜肴。 풍성한 반찬.
  fēng shèng de cài yáo

876
□ **丰收**

[fēng shōu] 펑 쇼우

(명) 풍작 (동) 풍작이 들다

❖ 我们期待来年的丰收。
  wǒ mén qī dài lái nián de fēng shōu
  우리는 내년의 풍작을 기대한다.

877
□ **风度**

[fēng dù] 펑 뚜

(명) 풍격, 훌륭한 태도

❖ 贵公子风度。 귀공자 같은 풍격.
  guì gōng zǐ fēng dù

878
□ **腐烂**

[fǔ làn] 푸 란

(동) 썩다, (제도·조직 등이) 부패하다

❖ 苹果已经腐烂了。 사과가 이미 썩었다.
  píng guǒ yǐ jīng fǔ làn le

879
□ **负担**

[fù dān] 푸 딴

(명) 부담 (동) 부담되다, 책임지다

❖ 减除负担。 부담을 줄이다.
  jiǎn chú fù dān

880
□ **改良**

[gǎi liáng] 가이 리앙

(동) 개량하다 (명) 개량

❖ 改良品种。 품종 개량.
  gǎi liáng pǐn zhǒng

881
□ **干扰**

[gān rǎo] 깐 라오

(동) 교란시키다, 방해하다 (명) 방해

❖ 噪声干扰。 소음 방해.
  zào shēng gàn rǎo

882
干涉
[gān shè] 깐 셔

(동) 간섭하다, 관계하다 (명) 간섭, 관계

❖ 干涉私生活。 사생활을 간섭하다.
gàn shè sī shēng huó

883
高尚
[gāo shàng] 까오 샹

(형) 고상하다

❖ 人格儿高尚。 인품이 고상하다.
rén gé ér gāo shàng

884
告辞
[gào cí] 까오 츠

(동) 작별을 고하다, 헤어지다

❖ 起身告辞。 일어서서 작별 인사를 하다.
qǐ shēn gào cí

885
歌颂
[gē sòng] 꺼 쏭

(동) 찬양하다, 찬미하다

❖ 歌颂祖国。 조국을 찬미하다.
gē sòng zǔ guó

886
根源
[gēn yuán] 껀 위엔

(명) 근원, 원천, 뿌리 (동) 비롯되다

❖ 努力是一切成功的根源。
nǔ lì shì yí qiè chéng gōng de gēn yuán
노력은 모든 성공의 근원이다.

887
更正
[gēng zhèng] 껑 쩡

(명) 정정 (동) 정정하다

❖ 更正误报。 오보를 정정하다.
gèng zhèng wù bào

888
工夫
[gōng fu] 꿍 푸

(명) 틈, 여가, 재주

❖ 最近我太忙一点儿工夫也没有。
zuì jìn wǒ tai máng yī diǎn ér gōng fū yě méi yǒu
최근에 나는 너무 바빠서 약간의 틈도 없다.

핵심단어 | **495**

889
功课
[gōng kè] 꿍 커

명 학과목, 공부, 강의 학습

❖ 这个学期有八门**功课**。
zhè gè xué qī yǒu bā mén gōng kè
이번 학기에는 여덟 개 과목의 수업이 있다.

890
功劳
[gōng láo] 꿍 라오

명 공로, 공훈

❖ 祝贺他的**功劳**。그의 공로를 치하하다.
zhù hè tā de gōng láo

891
攻击
[gōng jī] 꿍 찌

동 공격하다, 공략하다 명 공격, 비난

❖ **攻击**敌人。적을 공격하다.
gōng jī dí rén

892
攻克
[gōng kè] 꿍 커

명 함락, 난관 동 함락시키다

❖ 我军**攻克**了敌人的阵地。
wǒ jūn gōng kè le dí rén de zhèn dì
아군이 적의 진지를 함락시켰다.

893
勾结
[gōu jié] 꼬우 지에

명 결탁, 공모 동 결탁하다, 공모하다

❖ 相互**勾结**。서로 결탁하다.
xiāng hù gōu jié

894
孤独
[gū dú] 꾸 두

명 고독 형 외롭다, 고독하다

❖ **孤独**的生活。고독한 생활을 하다.
gū dú de shēng huó

895
孤立
[gū lì] 꾸 리

형 고립되어 있다, 외롭다 동 고립하다

❖ 他被众人**孤立**了起来。
tā bèi zhòng rén gū lì le qǐ lái
그는 무리들에게 고립되었다.

896
鼓动
[gǔ dòng] 구 똥

- 명 선동 동 선동하다
- ❖ 鼓动要提高工资。 임금 인상을 선동하다.
  gǔ dòng yào tí gāo gōng zī

897
观光
[guān guāng] 꾸안 꾸앙

- 명 관광 동 관광하다, 참관하다
- ❖ 到各地观光。 여러 곳을 관광하다.
  dào gè dì guān guāng

898
光彩
[guāng cǎi] 꾸앙 차이

- 명 광채, 영예 형 영광스럽다
- ❖ 咱全村都很光彩。
  zán quán cūn dōu hěn guāng cǎi
  우리 온 마을이 영광스럽다.

899
规划
[guī huá] 꾸이 화

- 명 계획, 기획 동 기획하다
- ❖ 大家都承认这个规划。
  dà jiā dōu chéng rèn zhè ge guī huà
  모두들 그 계획에 동의한다.

900
过失
[guò shī] 꿔 쓰

- 명 잘못, 실수, 오류, 과실
- ❖ 这次失败全是因为我的过失。
  zhè cì shī bài quán shì yīn wéi wǒ de guò shī
  이번 실패는 전부 나의 과실 때문이다.

901
含糊
[hán hú] 한 후

- 형 애매하다 동 소홀히 하다, 두려워하다
- ❖ 他们回答极其含糊。
  tā men huí dá jí qí hán hú
  그들의 대답은 아주 애매하다.

902
□ **航行**
[háng xíng] 항 싱

명 항해 동 항해하다

❖ 在海上航行了几个月。
zài hǎi shàng háng xíng le jǐ gè yuè
바다 위에서 몇 달 동안 항행하였다.

903
□ **合算**
[hé suàn] 허 쑤안

형 수지가 맞다 동 계산하다

❖ 合算的生意。수지 맞는 장사.
hé suàn de shēng yì

904
□ **吼**
[hǒu] 호우

동 울부짖다, 고함치다, 크게 울리다

❖ 一只狮子在吼。
yì zhī shī zi zài hǒu
사자 한 마리가 울부짖고 있다.

905
□ **化验**
[huà yàn] 화 옌

명 화학실험 동 화학실험하다

❖ 昨天的化验结果都出来了。
zuó tiān de huà yàn jié guǒ dōu chū lái le
어제 한 화학실험 결과가 모두 나왔다.

906
□ **怀孕**
[huái yùn] 후아이 윈

명 임신 동 임신하다

❖ 她怀孕三个月。그녀는 임신 3개월이다.
tā huái yùn sān gè yuè

907
□ **欢乐**
[huān lè] 후안 러

형 즐겁다, 유쾌하다

❖ 欢乐旅程。즐거운 여정.
huān lè lǚ chéng

908
□ **缓和**
[huǎn hé] 후안 허

명 완화 동 (태도·성격이) 완화하다, 늦추다

❖ 局势缓和。정세가 완화되었다.
jú shì huǎn hé

909
慌忙
[huāng máng] 후앙 망

- 부 황망히, 급하게 형 황망하다, 황급하다
- 慌忙逃跑。 황망히 도망을 가다.
  huāng máng táo pǎo

910
辉煌
[huī huáng] 후이 후앙

- 형 휘황찬란하다, 눈부시다
- 灯火辉煌。 등불이 휘황찬란하다.
  dēng huǒ huī huáng

911
回报
[huí bào] 후이 빠오

- 동 보고하다, 보답하다, 보복하다, 복수하다
- 重重回报了他一拳。
  zhòng zhòng huí bào le tā yī quán
  그에게 호되게 한 방 먹여 보복했다.

912
回顾
[huí gù] 후이 꾸

- 명 회고 동 돌이켜보다, 회고하다
- 回顾历史。 역사를 회고하다.
  huí gù lì shǐ

913
毁灭
[huǐ miè] 후이 미에

- 명 파괴 동 훼멸하다, 섬멸하다
- 三年的战争毁灭了这座美丽的城市。
  sān nián de zhàn zhēng huǐ miè le zhè zuò měi lì de chéng shì
  3년 동안의 전쟁은 이 아름다운 도시를 파괴하였다.

914
汇报
[huì bào] 후이 빠오

- 동 종합보고하다 명 종합보고
- 所有的事要俱向他汇报。
  suǒ yǒu de shì yào jù xiàng tā huì bào
  모든 일을 그에게 보고해야 한다.

915
混合
[hùn hé] 훈 허

- 명 혼합 동 혼합하다
- 混合威士忌。 위스키를 혼합하다.
  hún hé wēi shì jì

916
□ **混乱**
[hùn luàn] 훈 란

형 혼란하다, 문란하다

❖ 混乱的现代生活。혼잡한 현대의 생활.
hún luàn de xiàn dài shēng huó

917
□ **混淆**
[hùn xiáo] 훈 시아오

동 뒤섞이다, 모호하게 하다

❖ 真伪混淆。진위가 뒤섞이다.
zhēn wěi hún xiáo

918
□ **火箭**
[huǒ jiàn] 후오 찌엔

명 로켓(rocket), 불화살

❖ 我们发射了一枚火箭。
wǒ mén fā shè le yī méi huǒ jiàn
우리는 로켓 한 발을 발사하였다.

919
□ **激情**
[jī qíng] 찌 칭

명 격정, 열정, 정열

❖ 激情澎湃。격정이 넘치다.
jī qíng péng pai

920
□ **急躁**
[jí zào] 지 짜오

형 조바심하다, 초조해하다, 서두르다

❖ 他的脾气很急躁。
tā de pí qì hěn jí zào
그의 성격이 매우 조급하다.

921
□ **疾病**
[jí bìng] 지 삥

명 질병, 병

❖ 疾病缠身。질병에 시달리다.
jí bìng chán shēn

922
□ **嫉妒**
[jí dù] 지 뚜

동 질투하다, 샘내다

❖ 他并不嫉妒别人的才华。
tā bìng bù jí dù bié rén de cái huá
그는 결코 남을 질투하지 않는다.

923
坚固
[jiān gù] 찌엔 꾸

형 견고하다, 튼튼하다　동 견고하게 하다

❖ **人的牙很坚固。** 사람의 이는 매우 견고하다.
rén de yá hěn jiān gù

924
坚硬
[jiān yìng] 찌엔 잉

형 굳다, 단단하다

❖ **槭的材质坚硬。**
qì de cái zhì jiān yìng
단풍나무는 재질이 단단하다.

925
艰难
[jiān nán] 찌엔 난

명 어려움　형 어렵다

❖ **我们不畏艰难。**
wǒ mén bù wèi jiān nán
우리는 어려움을 두려워하지 않는다.

926
监督
[jiān dū] 찌엔 뚜

명 감독　동 감독하다

❖ **监督别人。** 다른 사람을 감독하다.
jiān dū bié rén

927
监视
[jiān shì] 찌엔 쓰

명 감시　동 감시하다

❖ **严密监视。** 엄중히 감시하다.
yán mì jiān shì

928
检讨
[jiǎn tǎo] 지엔 타오

명 반성, 검토　동 검토하다, 반성하다

❖ **工作检讨。** 일에 대한 반성.
gōng zuò jiǎn tǎo

929
检验
[jiǎn yàn] 지엔 옌

명 검사, 검증　동 검사하다, 검증하다

❖ **检验手机性能。**
jiǎn yàn shǒu jī xìng néng
휴대전화의 성능을 검증하다.

930
□ **简陋**

[jiǎn lòu] 지엔 로우

⟨형⟩ 초라하다, 빈약하다, 누추하다

❖ 简陋的衣着。 누추한 옷차림.
 jiǎn lòu de yī zhuó

931
□ **见解**

[jiàn jiě] 찌엔 지에

⟨명⟩ 견해, 의견

❖ 表述自己的见解。 자신의 견해를 설명하다.
 biǎo shù zì jǐ de jiàn jiě

932
□ **溅**

[jiàn] 찌엔

⟨동⟩ (물방울·흙탕물 등이) 튀다, 튀기다

❖ 焊花四溅。 불꽃이 사방으로 튀다.
 hàn huā sì jiàn

933
□ **践踏**

[jiàn tà] 찌엔 타

⟨동⟩ (짓)밟다, 디디다, 유린하다

❖ 践踏个人自由。 개인의 자유를 유린하다.
 jiàn tà gè rén zì yóu

934
□ **鉴定**

[jiàn dìng] 찌엔 띵

⟨명⟩ 감정 ⟨동⟩ 감정하다

❖ 鉴定宝石。 보석을 감정하다.
 jiàn dìng bǎo shí

935
□ **奖励**

[jiǎng lì] 지앙 리

⟨명⟩ 장려, 표창, 칭찬 ⟨동⟩ 장려하다, 표창하다

❖ 奖励储蓄。 저축을 장려하다.
 jiǎng lì chǔ xù

936
□ **交代**

[jiāo dài] 찌아오 따이

⟨동⟩ 교대하다, 분부하다 ⟨명⟩ 교대

❖ 交代任务。 임무를 교대하다.
 jiāo dài rèn wù

937
交往
[jiāo wǎng] 찌아오 왕

명 왕래, 교제 동 왕래하다, 교류하다

❖ 我和他交往十年了。
wǒ hé tā jiāo wǎng shí nián le
나는 그와 십 년을 왕래했다.

938
交易
[jiāo yì] 찌아오 이

명 거래, 무역 동 교역하다, 거래하다

❖ 公平交易。공정하게 거래하다.
gōng píng jiāo yì

939
焦急
[jiāo jí] 찌아오 지

형 초초하다, 애타다, 안달하다

❖ 心里非常焦急。마음이 아주 초조하다.
xīn lǐ fēi cháng jiāo jí

940
揭露
[jiē lù] 찌에 루

동 폭로하다

❖ 揭露真面目。진상을 폭로하다.
jiē lù zhēn miàn mù

941
节奏
[jié zòu] 지에 쪼우

명 리듬, 박자, 장단, 템포, 일정한 규칙

❖ 这首歌的节奏有点慢。
zhè shǒu gē de jié zòu yǒu diǎn màn
이 노래의 박자가 좀 느리다.

942
解散
[jiě sàn] 지에 싼

명 해산, 해체 동 해산하다, 흩어지다

❖ 任意解散。임의로 해산하다.
rèn yì jiě sàn

943
紧密
[jǐn mì] 진 미

형 긴밀하다, 잦다 동 긴밀히 하다

❖ 紧密关系。긴밀한 관계.
jǐn mì guān xì

핵심단어 | 503

944

□ 茎

[jīng] 찡

양 길고 가는 것을 세는 양사 명 줄기, 올

❖ 蔬菜茎长硬了。 채소의 줄기가 억세다.
shū cài jīng zhǎng yìng le

945

□ 惊奇

[jīng qí] 찡 치

형 놀랍고도 이상하다, 이상히 여기다

❖ 以惊奇的眼光看我。
yǐ jīng qí de yǎn guāng kàn wǒ
놀랍고도 이상한 눈길로 나를 본다.

946

□ 惊讶

[jīng yà] 찡 야

형 놀라다, 의아해 하다

❖ 惊讶的一件事。매우 놀랄만한 일.
jīng yà de yí jiàn shì

947

□ 精致

[jīng zhì] 찡 쯔

형 세밀하다, 정교하다

❖ 精致的玩具。 정교한 장난감.
jīng zhì de wán jù

948

□ 警告

[jǐng gào] 징 까오

동 경고하다 명 경고

❖ 他受到了严重警告。
tā shòu dào le yán zhòng jǐng gào
그는 엄중한 경고를 받았다.

949

□ 警惕

[jǐng tì] 징 티

명 경계, 경계심 형 조심성 있는 동 경계하다

❖ 我们必须要提高警惕。
wǒ mén bì xū yào tí gāo jǐng tì
우리는 반드시 경계심을 높여야 한다.

950

□ 拘束

[jū shù] 쥐 슈

동 구속하다, 속박하다 형 어색하다 명 구속

❖ 不要拘束孩子的想法。
bù yào jū shù hái zǐ de xiǎng fǎ
아이들의 생각을 구속하지 마시오.

951
居住 [jū zhù] 쥐 쭈
- 동 거주하다 명 거주지
- 他一直居住在杭州。
  tā yì zhí jū zhù zài háng zhōu
  그는 줄곧 항저우(杭州)에 거주하고 있다.

952
局部 [jú bù] 쥐 뿌
- 명 국부, 일부분
- 她只了解局部情况。
  tā zhǐ liǎo jiě jú bù qíng kuàng
  그녀는 일부 상황만 이해한다.

953
局面 [jú miàn] 쥐 미엔
- 명 국면, 형세, 상태
- 局面已经紗了。 국면이 이미 전환되었다.
  jú miàn yī jīng 紗 le

954
局限 [jú xiàn] 쥐 씨엔
- 동 한정하다 명 한정
- 学习不能只局限在书本知识。
  xué xí bù néng zhī jú xiàn zài shū běn zhī shi
  공부는 책 속에 있는 지식에만 국한되어서는 안 된다.

955
剧本 [jù běn] 쥐 번
- 명 극본, 대본, 시나리오
- 我把剧本弄丢了。 나는 대본을 잃어버렸다.
  wǒ bǎ jù běn nòng diū l le

956
剧烈 [jù liè] 쥐 리에
- 형 격렬하다, 심하다, 치열하다
- 剧烈运动。 격렬한 운동.
  jù liè yùn dòng

957

□ **决策**   명 방법, 대책   동 결정하다

[jué cè] 쥐에 처

❖ 这个决策是我让他做的。
zhè gè jué cè shì wǒ ràng tā zuò de
이 결정은 내가 그에게 시킨 것이다.

958

□ **绝望**   명 절망   동 절망하다

[jué wàng] 쥐에 왕

❖ 我对这个人感到了绝望。
wǒ duì zhè gè rén gǎn dào le jué wàng
나는 이 사람에게 절망을 느꼈다.

959

□ **开采**   명 채굴, 개발   동 채굴하다, 개발하다

[kāi cǎi] 카이 차이

❖ 开采煤矿。 탄광을 개발하다.
kāi cǎi méi kuàng

960

□ **开水**   명 끓는 물, 끓인 물

[kāi shuǐ] 카이 슈이

❖ 用开水消毒。 끓는 물로 소독하다.
yòng kāi shuǐ xiāo dú

961

□ **考察**   명 시찰, 고찰   동 시찰하다, 고찰하다

[kǎo chá] 카오 차

❖ 考察大员。 시찰 나온 고관.
kǎo chá dà yuán

962

□ **考验**   명 시험   동 시험하다

[kǎo yàn] 카오 옌

❖ 考验胆量。 담력을 시험하다.
kǎo yàn dǎn liàng

963

□ **渴望**   동 갈망하다, 바라다   명 갈망

[kě wàng] 커 왕

❖ 渴望成功。 성공을 갈망하다.
kě wàng chéng gōng

3단계

964
空虚
[kōng xū] 콩 쒸
- 형 공허하다, 불충실하다, 허전하다
- ❖ 无尽空虚。 끝이 없이 공허하다.
  wú jìn kōng xū

965
恐惧
[kǒng jù] 콩 쮜
- 명 공포 동 겁먹다, 두려워하다
- ❖ 你无所恐惧。 너는 두려워할 것이 없다.
  nǐ wú suǒ kǒng jù

966
快活
[kuài huó] 콰이 후오
- 형 즐겁다, 유쾌하다
- ❖ 快活一辈子。 일생을 유쾌하게 지내다.
  kuài huó yī bèi zī

967
款待
[kuǎn dài] 쿠안 따이
- 명 환대 동 환대하다
- ❖ 客人们受到了主人的热情款待。
  kè rén men shòu dào le zhǔ rén de rè qíng kuǎn dài
  손님들이 주인의 따뜻한 환대를 받았다.

968
况且
[kuàng qiě] 쾅 치에
- 접 하물며, 게다가, 더구나
- ❖ 这本书的内容很好况且也不贵。
  zhè běn shū de nèi róng hěn hǎo kuàng qiě yě bú guì
  이 책은 내용도 아주 좋고 게다가 값도 매우 싸다.

969
旷课
[kuàng kè] 쾅 커
- 명 결석 동 수업에 빠지다, 결석하다
- ❖ 动不动就旷课。 툭하면 무단 결석한다.
  dòng bù dòng jiù kuàng kè

핵심단어 | **507**

970
昆虫
[kūn chóng] 쿤 총

명 곤충

❖ 鹀吃种子和昆虫。
wú chī zhǒng zi hé kūn chóng
멧새는 씨앗과 곤충을 먹는다.

971
扩散
[kuò sàn] 쿼 싼

명 확산 동 확산되다, 퍼뜨리다

❖ 瘟疫已经扩散到整个大陆了。
wēn yì yǐ jīng kuò sàn dào zhěng gè dà lù le
전염병은 이미 대륙 전체로 확산되었다.

972
来历
[lái lì] 라이 리

명 내력, 경력, 이유

❖ 这个人来历不明。
zhè gè rén lái lì bù míng
이 사람은 내력이 의심스럽다.

973
来源
[lái yuán] 라이 위엔

명 근원, 출처, 원산지

❖ 植物是所有食物的最终来源。
zhí wù shì suǒ yǒu shí wù de zuì zhōng lái yuán
식물은 모든 식료품의 근원이다.

974
懒惰
[lǎn duò] 란 뚸

명 나태 형 나태하다, 게으른

❖ 她是一个懒惰的人。
tā shì yí gè lǎn duò de rén
그녀는 게으른 사람이다.

975
牢固
[láo gù] 라오 꾸

명 견고 형 견고하다

❖ 这座桥的基础很牢固。
zhè zuò qiáo de jī chǔ hěn láo gù
이 다리의 기초가 매우 튼튼하다.

976
乐趣
[lè qù] 러 취

- 명 즐거움, 기쁨, 재미
- 这就是读书的乐趣。
  zhè jiù shì dú shū de lè qù
  이것이 바로 독서의 즐거움이다.

977
冷淡
[lěng dàn] 렁 딴

- 명 냉담 형 쓸쓸하다 동 푸대접하다
- 气氛冷淡。 분위기가 쓸쓸하다.
  qì fèn lěng dàn

978
冷却
[lěng què] 렁 취에

- 명 냉각 동 냉각하다
- 钢水渐渐冷却。 쇳물이 점점 냉각되다.
  gāng shuǐ jiàn jiàn lěng què

979
力争
[lì zhēng] 리 쩡

- 동 매우 노력하다, 애쓰다, 힘쓰다
- 他力争做一个好医生。
  tā lì zhēng zuò yí gè hǎo yī shēng
  그는 훌륭한 의사가 되려고 힘쓴다.

980
立场
[lì chǎng] 리 창

- 명 입장, 견지, 관념
- 我们所站的立场不一样。
  wǒ men suǒ zhàn de lì chǎng bù yí yang
  우리가 처한 입장이 같지 않다.

981
联络
[lián luò] 리엔 뤄

- 명 연락, 연계, 접촉 동 연락하다
- 用内部电话联络。 인터폰으로 연락하다.
  yòng nèi bù diàn huà lián luò

982
联盟
[lián méng] 리엔 멍

- 명 연맹, 동맹
- 世界跆拳道联盟。 세계 태권도 연맹.
  shì jiè tái quán dào lián méng

983
领会
[lǐng huì] 링 후이
- 동 이해하다, 파악하다, 납득하다
- ❖ 领会电影的内容。 영화의 내용을 이해하다.
  lǐng huì diàn yǐng de nèi róng

984
留神
[liú shén] 리우 션
- 명 조심 동 주의하다, 조심하다
- ❖ 各自留神。 각자 주의하다.
  gè zì liú shén

985
垄断
[lǒng duàn] 롱 뚜안
- 명 독점, 독차지 동 독점하다, 마음대로 다루다
- ❖ 垄断集团垄断市场。
  lǒng duàn jí tuán lǒng duàn shì chǎng
  독점기업이 시장을 독점하다.

986
落实
[luò shí] 뤄 스
- 동 실행하다, 안심하다, 확정하다
- ❖ 资金落实后立即动工。
  zī jīn luò shí hòu lì jí dòng gōng
  자금 문제가 확정된 후에 바로 공사를 시작했다.

987
埋没
[mái mò] 마이 모
- 동 매몰하다
- ❖ 路被大雪埋没了。 길이 큰 눈에 매몰됐다.
  lù bèi dà xuě mái mò le

988
美妙
[měi miào] 메이 미아오
- 명 미묘함 형 미묘하다, 멋지다
- ❖ 他的歌声是很美妙的。
  tā de gē shēng shì hěn měi miào de
  그의 노랫소리는 매우 미묘하다.

989
猛烈
[měng liè] 멍 리에
- 형 맹렬하다, 세차다
- ❖ 遭受猛烈轰炸。 맹렬한 폭격을 받다.
  zāo shòu měng liè hōng zhà

3단계

990
□ **梦想**
[mèng xiǎng] 멍 시앙
- 몡 꿈, 몽상 동 몽상하다
- ❖ **梦想**暴发。 벼락부자를 꿈꾸다.
  mèng xiǎng bào fā

991
□ **迷信**
[mí xìn] 미 씬
- 몡 미신 동 맹신하다, 덮어놓고 믿다
- ❖ 用科学来破除**迷信**。
  yòng kē xué lái pò chú mí xìn
  과학으로 미신을 타파하다.

992
□ **勉强**
[miǎn qiáng] 미엔 치앙
- 형 마지못하다 부 간신히 동 강요하다
- ❖ 他**勉强**戢怒。 그가 마지못해 화를 풀다.
  tā miǎn qiáng jí nù

993
□ **面子**
[miàn zi] 미엔즈
- 몡 체면, 낯, 명예, 의리
- ❖ 顾惜**面子**。 체면을 소중히 여기다.
  gù xī miàn zǐ

994
□ **灭亡**
[miè wáng] 미에 왕
- 몡 멸망 동 사라지다, 멸망하다
- ❖ 招致**灭亡**。 멸망을 초래하다.
  zhāo zhì miè wáng

995
□ **敏捷**
[mǐn jié] 민 지에
- 형 민첩하다, 재빠르다
- ❖ 他行动**敏捷**。 그는 행동이 민첩하다.
  tā xíng dòng mǐn jié

996
□ **墨水(儿)**
[mò shuǐ(r)] 모 슈이
- 몡 먹물, 잉크, 학문, 지식
- ❖ 用笔和**墨水**写。 펜과 잉크로 쓰다.
  yòng bǐ hé mò shuǐ xiě

핵심단어 | **511**

997

□ **扭转**

[niǔ zhuǎn] 니우 주안

명 반전, 전환, 비틀림 동 돌리다

❖ **扭转**身子。 몸을 돌리다.
niǔ zhuǎn shēn zī

998

□ **哦**

[ó] 오

감 (놀람 혹은 감탄) 아!

❖ **哦**, 我想起来了。 아, 생각났다.
ò, wǒ xiǎng qǐ lái le

999

□ **殴打**

[ōu dǎ] 오우 다

명 구타 동 구타하다

❖ **殴打**诱发者。 구타유발자.
ōu dǎ yòu fā zhě

1000

□ **呕吐**

[ǒu tǔ] 오우 투

명 구토 동 토하다

❖ 今天我**呕吐**了两次。
jīn tiān wǒ ǒu tǔ le liǎng cì
오늘 나는 두 번 토했다.

1001

□ **派遣**

[pài qiǎn] 파이 치엔

명 파견 동 파견하다, 보내다

❖ **派遣**援军。 원군을 파견하다.
pai qiǎn yuán jūn

1002

□ **培育**

[péi yù] 페이 위

동 기르다, 재배하다

❖ **培育**幼苗。 새싹을 기르다.
péi yù yòu miáo

1003

□ **疲倦**

[pí juàn] 피 쮜엔

명 피곤 형 지치다, 나른해지다

❖ **疲倦**袭来。 피곤이 몰려오다.
pí juàn xí lái

1004
屁股
[pì gǔ] 피 구

명 엉덩이, 둔부, 꽁무니

* 在屁股上扎针。엉덩이에 주사를 놓다.
  zài pì gǔ shàng zhā zhēn

1005
偏偏(儿)
[piān piān(r)] 피엔 피엔

부 기어코, 굳이, 뜻밖에

* 他偏偏不听。그는 기어코 듣지 않았다.
  tā piān piān bù tīng

1006
贫困
[pín kùn] 핀 쿤

명 빈곤, 곤궁   형 가난하다, 빈곤하다

* 他生活很贫困。그의 생활은 매우 빈곤하다.
  tā shēng huó hěn pín kùn

1007
品德
[pǐn dé] 핀 더

명 인품과 덕성

* 他的品德有问题。
  tā de pǐn dé yǒu wèn tí
  그의 인품과 덕성은 문제가 있다.

1008
品质
[pǐn zhì] 핀 쯔

명 품질, 인품, 품성, 소질

* 这个产品质量上乘。이 상품의 질이 좋다.
  zhè gè chǎn pǐn zhì liàng shàng chéng

1009
平凡
[píng fán] 핑 판

명 평범   형 평범하다

* 平凡的故事。평범한 이야기.
  píng fán de gù shì

1010
评论
[píng lùn] 핑 룬

명 논평, 평론   동 논평하다, 평론하다

* 评论作品。작품을 논평하다.
  píng lùn zuò pǐn

1011
□ **泼**
[pō] 포

동 뿌리다　형 무지막지하다, 밉살스럽다

❖ 他从楼上泼下一盆冷水。
tā cóng lóu shàng pō xià yī pén lěng shuǐ
그가 위층에서 차가운 물 한 바가지를 뿌린다.

1012
□ **迫害**
[pò hài] 포 하이

명 박해　동 박해하다

❖ 迫害老百姓。 백성을 박해하다.
pò hài lǎo bǎi xìng

1013
□ **普及**
[pǔ jí] 푸 지

명 보급　동 보급하다, 대중화하다

❖ 广泛普及跆拳道。 태권도를 널리 보급하다.
guǎng fàn pǔ jí tái quán dào

1014
□ **瀑布**
[pù bù] 푸 뿌

명 폭포

❖ 巨大的瀑布。 거대한 폭포.
jù dà de bào bù

1015
□ **欺负**
[qī fù] 치 푸

동 모욕하다, 괴롭히다

❖ 你不该欺负人。 사람을 괴롭히면 안 된다.
nǐ bù gāi qī fù rén

1016
□ **奇妙**
[qí miào] 치 미아오

형 기묘하다, 신기하다

❖ 这种方法很奇妙。
zhè zhǒng fāng fǎ hěn qí miào
이런 방법은 매우 기묘하다.

1017
□ **起初**
[qǐ chū] 치 추

명 처음, 애당초　부 처음에, 최초에

❖ 起初不肯后来才答应了。
qǐ chū bù kěn hòu lái cái dá yīng le
처음에는 응하지 않았으나, 나중에는 들어주었다.

1018
□ 起源 [명] 기원 [동] 기원하다
[qǐ yuán] 치 위엔
❖ 探索生命的起源。생명의 기원을 찾다.
tàn suǒ shēng mìng de qǐ yuán

1019
□ 气味 [명] 냄새, 기품, 성미
[qì wèi] 치 웨이
❖ 难闻的气味。고약한 냄새.
nán wén de qì wèi

1020
□ 恰当 [형] 알맞다, 적합하다, 적절하다
[qià dāng] 치아 땅
❖ 恰当的判断。적절한 판단.
qià dāng de pàn duàn

1021
□ 切实 [형] 실질적이다, 확실하다, 착실하다
[qiē shí] 치에 스
❖ 切实的保证。확실한 보증.
qiē shí de bǎo zhèng

1022
□ 亲热 [형] 친절하다, 친근하다
[qīn rè] 친 러
❖ 我们俩很亲热。우리 둘은 매우 다정하다.
wǒ men liǎ hěn qīn rè

1023
□ 侵犯 [명] 침범 [동] 침범하다
[qīn fàn] 친 판
❖ 侵犯国境。국경을 침범하다.
qīn fàn guó jìng

1024
□ 清除 [동] 청소하다, 완전히 없애다 [명] 〈전자〉 클리어
[qīng chú] 칭 추
❖ 清除杂念。잡념을 깨끗이 없애다.
qīng chú zá niàn

1025
清理
[qīng lǐ] 칭 리

(동) 깨끗이 정리하다, 가다듬다

❖ 清理仓库。창고를 깨끗이 정리하다.
qīng lǐ cāng kù

1026
清晰
[qīng xī] 칭 씨

(형) 또렷하다, 똑똑하다, 명석하다

❖ 电视画面很清晰。
diàn shì huà miàn hěn qīng xī
텔레비전 화면이 아주 또렷하다.

1027
清醒
[qīng xǐng] 칭 싱

(형) 깨끗하다 (동) 정신을 차리다, 깨닫다

❖ 我呆怔了好一会才清醒过来。
wǒ dāi zhēng le hǎo yí huì cái qīng xǐng guò lái
나는 한참 멍해 있다가 차차 정신이 들었다.

1028
情形
[qíng xíng] 칭 싱

(명) 일의 상황, 형세, 실상, 형편

❖ 当日情形历历在目。
dāng rì qíng xíng lì lì zài mù
그 때의 상황이 눈에 선하다.

1029
请教
[qǐng jiào] 칭 찌아오

(동) 지도를 바라다, 가르침을 받다, 물어보다

❖ 向前辈请教。선배에게 가르침을 청하다.
xiàng qián bèi qǐng jiào

1030
请示
[qǐng shì] 칭 쓰

(명) 지시 (동) 지시를 바라다

❖ 请示尚没有得到答复。
qǐng shì shàng méi yǒu dé dào dá fù
상부에 지시해 줄 것을 청하였으나 아직 회답을 받지 못했다.

1031
□ **区域**
[qū yù] 취 위

- 명 지역, 구역, 지구
- ❖ 划分行政区域。 행정 구역을 구분하다.
  huá fēn xíng zhèng qū yù

1032
□ **曲折**
[qǔ zhé] 취 저

- 명 곡절, 복잡하게 뒤얽힌 사정 형 복잡하다
- ❖ 人们喜欢曲折的故事。
  rén mén xǐ huān qǔ shé de gù shì
  사람들은 곡절이 많은 이야기를 좋아한다.

1033
□ **趣味**
[qù wèi] 취 웨이

- 명 흥취, 흥미, 취미, 기호, 관심
- ❖ 低级趣味。 질 낮은 취미.
  dī jí qù wèi

1034
□ **权益**
[quán yì] 취엔 이

- 명 권익, 권리와 이익
- ❖ 他们侵犯了他人的权益。
  tā mén qīn fàn le tā rén de quán yì
  그들은 타인의 권익을 침범했다.

1035
□ **人家**
[rén jiā] 런 지아

- 대 남, 다른 사람, 그 사람, 그, 사람
- ❖ 我去找了人家, 可人家不在家。
  wǒ qù zhǎo le rén jiā, kě rén jiā bú zài jiā
  내가 그 사람을 찾으러 갔는데, 그 사람이 집에 없었다.

1036
□ **忍耐**
[rěn nài] 런 나이

- 명 인내 동 인내하다, 참아내다
- ❖ 我不能再忍耐下去了。
  wǒ bù néng zài rěn nai xià qù le
  나는 더 이상 인내할 수 없다.

1037
忍受
[rěn shòu] 런 쇼우

(동) 견디어내다, 참다, 이겨내다

❖ 忍受辱骂。 모욕을 이겨내다.
 rěn shòu rǔ mà

1038
任性
[rèn xìng] 런 씽

(명) 방종 (형) 제멋대로 하다, 제 마음대로 하다

❖ 任性胡为。 제멋대로 행동하다.
 rèn xìng hú wéi

1039
任意
[rèn yì] 런 이

(명) 임의 (부) 임의로 (동) 임의대로 하다

❖ 他们在乡里任意胡来。
 tā mén zài xiāng lǐ rèn yì hú lái
 그들이 마을에서 제멋대로 날뛰다.

1040
容忍
[róng rěn] 롱 런

(명) 용인 (동) 용인하다, 참고 용서하다

❖ 你这种态度我是不能容忍的。
 nǐ zhè zhǒng tai dù wǒ shì bù néng róng rěn de
 너의 이런 태도를 나는 용인할 수 없다.

1041
柔和
[róu hé] 로우 허

(형) 연하고 부드럽다, 맛이 순하다

❖ 这灯光很柔和。 조명은 부드러웠다.
 zhè dēng guāng hěn róu hé

1042
丧失
[sāng shī] 쌍 쓰

(동) 잃어버리다

❖ 丧失竞争力。 경쟁력을 잃다.
 sàng shī jìng zhēng lì

1043
擅长
[shàn cháng] 산 창

(명) 재간, 재간 (동) 뛰어나다, 재주가 있다

❖ 她擅长针黹。 그녀는 재봉질을 잘 한다.
 tā shàn cháng zhēn zhǐ

3단계

1044
捎
[shāo] 샤오

- 동 인편에 전하다
- ❖ 捎东西。 물건을 인편에 보내다.
  shāo dōng xī

1045
设想
[shè xiǎng] 션 시앙

- 명 구상, 생각, 배려 동 상상하다, 구상하다
- ❖ 设想大型核电站。
  shè xiǎng dà xíng hé diàn zhàn
  대형 핵발전소의 건설을 구상하다.

1046
神气
[shén qì] 션 치

- 명 표정, 기분 형 기운차다, 의기양양하다
- ❖ 司令的神气很严肃。
  sī lìng de shén qì hěn yán sù
  사령관의 표정은 매우 엄숙하다.

1047
神情
[shén qíng] 션 칭

- 명 안색, 표정, 기색
- ❖ 他的神情很茫然。
  tā de shén qíng hěn máng rán
  그의 표정은 매우 모호하다.

1048
神色
[shén sè] 션 써

- 명 안색, 얼굴빛, 기색, 표정
- ❖ 焦急的神色。 초조한 안색.
  jiāo jí de shén sè

1049
神圣
[shén shèng] 션 셩

- 형 신성하다, 성스럽다
- ❖ 神圣的权利。 신성한 권리.
  shén shèng de quán lì

1050
审查
[shěn chá] 션 차

- 동 자세히 살펴보다, 구체적으로 살펴보다
- ❖ 审查作品。 작품을 심사하다.
  shěn chá zuò pǐn

핵심단어 **519**

1051
□ **慎重**

[shèn zhòng] 션 쫑

- 형 신중하다, 엄숙하다　동 신중히 하다
- ❖ **慎重**的判断。 신중한 판단.
  shèn zhòng de pàn duàn

1052
□ **声明**

[shēng míng] 셩 밍

- 명 성명, 성명서, 선언　동 성명하다, 선언하다
- ❖ 公开**声明**。 공개 성명하다.
  gōng kāi shēng míng

1053
□ **盛开**

[shèng kāi] 셩 카이

- 동 꽃이 만발하다, 활짝 피다
- ❖ 玫瑰花**盛开**。 장미가 활짝 피다.
  méi guī huā shèng kāi

1054
□ **施展**

[shī zhǎn] 쓰 잔

- 동 (재능·수완 따위를) 발휘하다, 나타내다
- ❖ 他已经**施展**出自己的才华。
  tā yǐ jīng shī zhǎn chū zì jǐ de cái huá
  그는 이미 자신의 뛰어난 재능을 펼쳤다.

1055
□ **时常**

[shí cháng] 스 창

- 부 자주, 늘, 항상
- ❖ 那条高速公路**时常**堵车。
  nà tiáo gāo sù gōng lù shí cháng dǔ chē
  그 고속도로는 늘 차가 막힌다.

1056
□ **时机**

[shí jī] 스 찌

- 명 시기, 기회
- ❖ 把握好**时机**。 기회를 잘 포착하다.
  bǎ wò hǎo shí jī

1057
□ **实施**

[shí shī] 스 쓰

- 명 실시, 실행　동 실시하다, 실행하다
- ❖ **实施**计划。 계획을 실시하다.
  shí shī jì huà

1058
实质
[shí zhì] 스 쯔

명 본질, 실질　형 실질적이다

❖ 歪曲了问题的实质。
wāi qū le wèn tí de shí zhì
문제의 본질을 왜곡하다.

1059
事故
[shì gù] 쓰 꾸

명 사고, 의외의 손실이나 재화

❖ 造成事故。사고를 저지르다.
zào chéng shì gù

1060
事迹
[shì jī] 쓰 찌

명 사적, 유적, 성과, 업적

❖ 他的事迹被大家颂扬。
tā de shì jī bèi dà jiā sòng yáng
그의 업적은 모두에게 찬양되었다.

1061
适宜
[shì yí] 쓰 이

형 적당하다, 적합하다, 적절하다

❖ 温度适宜。온도가 적합하다.
wēn dù shì yí

1062
逝世
[shì shì] 쓰 쓰

명 서거　동 서거하다

❖ 先生他逝世了。선생님께서 서거하셨다.
xiān shēng tā shì shì le

1063
释放
[shì fàng] 쓰 팡

명 석방, 배포　동 석방하다, 방출하다

❖ 他被无罪释放了。그는 무죄로 석방되었다.
tā bèi wú zuì shì fàng le

1064
收缩
[shōu suō] 쇼우 쑤오

명 수축　동 줄어들다, 수축하다

❖ 肌肉收缩。근육이 수축하다.
jī ròu shōu suō

1065
收音机
[shōu yīn jī] 쇼우 인 찌

명 라디오(radio)

❖ 收音机正在播放音乐。
shōu yīn jī zhèng zài bō fàng yīn yuè
라디오에서 음악을 방송하고 있다.

1066
舒畅
[shū chàng] 슈 창

형 기분이 상쾌하다, 시원하다, 쾌적하다

❖ 心情舒畅。 기분이 상쾌하다.
xīn qíng shū chàng

1067
数
[shǔ] 슈

동 세다, 헤아리다, (~로) 꼽히다

❖ 他的儿子又数上数儿了。
tā de ér zi yòu shǔ shàng shù ér le
그의 아들은 또 숫자를 세기 시작했다.

1068
束缚
[shù fù] 슈 푸

명 속박, 제한 동 속박하다, 제한하다

❖ 束缚手脚。 손발을 속박하다.
shù fù shǒu jiǎo

1069
树立
[shù lì] 슈 리

명 수립 동 수립하다, 확립하다

❖ 树立榜样。 본보기를 확립하다.
shù lì bǎng yàng

1070
率领
[shuài lǐng] 쑤아이 링

동 거느리다, 이끌다, 인솔하다

❖ 率领代表团。 대표단을 거느리다.
lǜ lǐng dài biǎo tuán

1071
思念
[sī niàn] 쓰 니엔

동 그리워하다, 애타게 바라다

❖ 思念家乡。 고향을 그리워하다.
sī niàn jiā xiāng

3단계

1072
□ **思索**
[sī suǒ] 쓰 수오
- 동 사색하다, 깊이 생각하다 명 사색, 생각
- ❖ 静心思索。 마음을 가라앉히고 사색하다.
  jìng xīn sī suǒ

1073
□ **死亡**
[sǐ wáng] 스 왕
- 명 사망, 멸망 동 사망하다, 멸망하다
- ❖ 病人因为医治无效死亡。
  bìng rén yīn wéi yī zhì wú xiào sǐ wáng
  환자가 치료 효과가 없어서 사망하다.

1074
□ **探索**
[tàn suǒ] 탄 수오
- 명 탐색 동 탐색하다, 찾다, 조사하다
- ❖ 探索宇宙奥秘。 우주의 신비를 탐색하다.
  tàn suǒ yǔ zhòu ào mì

1075
□ **倘若**
[tǎng ruò] 탕 뤄
- 접 만약 ~한다면, 가령 ~이라면
- ❖ 倘若你不守诺, 就不会有人再相信你。
  tǎng ruò nǐ bù shǒu nuò, jiù bù huì yǒu rén zài xiāng xìn nǐ
  만일 네가 약속을 지키지 않으면, 그 누구도 다시는 너를 믿지 않을 것이다.

1076
□ **特长**
[tè cháng] 터 창
- 명 특기, 장기, 특색, 장점
- ❖ 看来他没有什么特长。
  kàn lái tā méi yǒu shén me tè cháng
  보아하니 그는 아무런 특기가 없다.

1077
□ **提示**
[tí shì] 티 쓰
- 동 제시하다, 제기하다 명 힌트
- ❖ 依靠语音提示进行驾驶。
  yī kào yǔ yīn tí shì jìn xíng jià shǐ
  말소리가 제시하는 것에 따라 운전을 하다.

핵심단어 **523**

1078

□ **提议**

[tí yì] 티 이

명 제의, 제안 동 제의하다, 제안하다

❖ 你的这个提议不错。
nǐ de zhè gè tí yì bù cuò
네가 낸 이 제의는 괜찮다.

1079

□ **天才**

[tiān cái] 티엔 차이

명 특출한 재능, 천부적 자질, 천재

❖ 他的孩子有文学天才。
tā de hái zi yǒu wén xué tiān cái
그의 아이는 문학적 재능이 있다.

1080

□ **调剂**

[tiáo jì] 티아오 찌

동 (약을) 조제하다, 조정하다, (맛을) 조미하다

❖ 按处方调剂。처방대로 조제하다.
àn chǔ fāng diào jì

1081

□ **调节**

[tiáo jié] 티아오 지에

명 조절, 조정 동 조절하다, 조정하다

❖ 调节音量。음량을 조절하다.
diào jié yīn liàng

1082

□ **统统**

[tǒng tǒng] 통 통

부 모두, 전부, 함께

❖ 将斑白的胡须统统拔光。
jiāng bān bái de hú xū tǒng tǒng bá guāng
희끗희끗한 수염을 모두 다 뽑다.

1083

□ **投机**

[tóu jī] 토우 찌

형 배짱이 맞다, 의기투합하다

❖ 两人一见面就谈得很投机。
liǎng ge rén yí jiàn miàn jiù tán de hěn tóu jī
두 사람은 만나자마자 의기투합하였다.

1084

□ **投降**

[tóu xiáng] 토우 시앙

명 항복 동 항복하다

❖ 敌人投降了。적이 투항하였다.
dí rén tóu jiàng le

1085
□ **突破**
[tū pò] 투 포

圐 돌파, 진전 됭 돌파하다, 이겨내다

❖ 突破防线。 방어선을 돌파하다.
  tū pò fáng xiàn

1086
□ **途径**
[tú jìng] 투 찡

圐 길, 도로, 경로, 절차, 순서, 수단

❖ 进口途径。 수입 루트.
  jìn kǒu tú jìng

1087
□ **推翻**
[tuī fān] 투이 판

圐 전복, 번복 됭 뒤집다, 번복하다

❖ 推翻决议。 결정을 뒤집다.
  tuī fān jué yì

1088
□ **妥当**
[tuǒ dāng] 투오 땅

휑 알맞다, 타당하다, 적당하다

❖ 这并不是一个妥当的办法。
  zhè bìng bú shì yí gè tuǒ dàng de bàn fǎ
  이것은 결코 알맞은 방법이 아니다.

1089
□ **妥协**
[tuǒ xié] 투오 시에

圐 타협 됭 타협하다, 단합되다

❖ 还有可能妥协。 아직 타협할 여지가 있다.
  hái yǒu kě néng tuǒ xié

1090
□ **歪曲**
[wāi qǔ] 와이 취

됭 왜곡하다, 얽히다 휑 비뚤다

❖ 歪曲事实。 사실을 왜곡하다.
  wāi qǔ shì shí

1091
□ **外行**
[wài háng] 와이 항

圐 비전문가 휑 문외한이다, 서투르다

❖ 一看安装就是外行干的。
  yí kàn ān zhuāng jiù shì wài háng gàn de
  딱 보니 설치를 비전문가가 한 것이다.

1092
□ 完备
[wán bèi] 완 뻬이

- 형 완비되어 있다, 모두 갖추다
- ❖ 物质准备完备。 물질적 준비가 갖추어지다.
  wù zhì zhǔn bèi wán bèi

1093
□ 顽固
[wán gù] 완 꾸

- 형 완고하다, 견고하다
- ❖ 他的态度顽固。 그의 태도는 완강하다.
  tā de tai dù wán gù

1094
□ 为难
[wèi nán] 웨이 난

- 동 난처하게 만들다 형 곤란하다
- ❖ 这是一件很为难的事情。
  zhè shì yī jiàn hěn wéi nán de shì qíng
  이것은 매우 곤란한 일이다.

1095
□ 违背
[wéi bèi] 웨이 뻬이

- 동 어기다, 위배하다, 거스르다
- ❖ 违背誓言。 맹세를 위반하다.
  wéi bèi shì yán

1096
□ 维持
[wéi chí] 웨이 츠

- 동 유지하다, 책임을 떠맡다
- ❖ 做挑夫维持生计。
  zuò tiāo fū wéi chí shēng jì
  짐꾼으로 생계를 유지하다.

1097
□ 慰问
[wèi wèn] 웨이 원

- 명 위문 동 위문하다
- ❖ 慰问灾民。 이재민을 위문하다.
  wèi wèn zāi mín

1098
□ 温和
[wēn hé] 원 허

- 형 온화하다, (기후가) 따뜻하다
- ❖ 气候温和。 기후가 따뜻하다.
  qì hòu wēn hé

1099
吸取
[xī qǔ] 씨 취

명 흡수 동 흡수하다, 받아들이다

❖ 植物从地里吸取所需要的养分。
zhí wù cóng dì lǐ xī qǔ suǒ xū yào de yǎng fēn
식물은 땅속에서 필요한 양분을 흡수한다.

1100
袭击
[xí jī] 시 찌

동 습격하다, 기습하다 명 습격, 기습

❖ 从背后袭击敌人。 배후에서 적을 습격하다.
cóng bèi hòu xí jī dí rén

1101
喜悦
[xǐ yuè] 시 위에

형 즐겁다, 기쁘다 명 희열

❖ 无比喜悦。 매우 기쁘다.
wú bǐ xǐ yuè

1102
细致
[xì zhì] 씨 쯔

형 섬세하고 치밀하다, 꼼꼼하다

❖ 心理描写细致。 심리 묘사가 섬세하다.
xīn lǐ miáo xiě xì zhì

1103
鲜明
[xiān míng] 씨엔 밍

형 선명하다, 산뜻하다

❖ 鲜明的色彩。 선명한 빛깔.
xiān míng de sè cǎi

1104
向导
[xiàng dǎo] 씨앙 다오

명 가이드, 안내 동 길을 안내하다

❖ 她是我们的向导。
tā shì wǒ mén de xiàng dǎo
그녀는 우리의 가이드다.

1105
向来
[xiàng lái] 씨앙 라이

부 본래부터, 여태까지, 늘, 언제나

❖ 他向来谦虚。 그는 본래부터 겸손하다.
tā xiàng lái qiān xū

1106
消除
[xiāo chú] 씨아오 추
(명) 해소 (동) 제거하다, 해소하다
- 消除疲劳。피로를 제거하다.
  xiāo chú pí láo

1107
消耗
[xiāo hào] 씨아오 하오
(명) 소모, 소비 (동) 소모하다, 소비하다
- 消耗能量。에너지를 소모하다.
  xiāo hào néng liàng

1108
消极
[xiāo jí] 씨아오 지
(형) 소극적이다, 부정적이다
- 他的态度很消极。
  tā de tài dù hěn xiāo jí
  그의 태도는 매우 소극적이다.

1109
协商
[xié shāng] 시에 상
(명) 협상, 협의 (동) 협상하다, 협의하다
- 协商未果。협상이 이루어지지 않았다.
  xié shāng wèi guǒ

1110
协助
[xié zhù] 시에 쭈
(명) 협조, 도움 (동) 협조하다, 원조하다
- 鼎力协助。전적으로 협조하다.
  dǐng lì xié zhù

1111
谢绝
[xiè jué] 씨에 쮜에
(동) 사절하다, 정중히 거절하다
- 绝对谢绝赊账。외상은 일절 사절합니다.
  jué duì xiè jué shē zhàng

1112
心疼
[xīn téng] 씬 텅
(동) 몹시 아끼다, 사랑하다, 아까워하다
- 康老板很心疼我。
  kāng lǎo bǎn hěn xīn téng wǒ
  강 사장님은 나를 매우 아낀다.

1113

辛勤

[xīn qín] 씬 친

- 형 부지런하다, 근면하다

❖ 辛勤的园丁。근면한 교육자.
  xīn qín de yuán dīng

1114

信赖

[xìn lài] 씬 라이

- 명 신뢰, 신용 동 신뢰하다, 믿다

❖ 妈妈信赖我。어머니는 나를 신뢰한다.
  mā ma xìn lài wǒ

1115

信念

[xìn niàn] 씬 니엔

- 명 신념, 믿음, 신조

❖ 每个人都有自己的信念。
  měi gè rén dōu yǒu zì jǐ de xìn niàn
  모든 사람은 다 자신의 신념이 있다.

1116

信仰

[xìn yǎng] 씬 양

- 명 신앙, 믿음 동 믿다, 신봉하다

❖ 他坚守自己的信仰。
  tā jiān shǒu zì jǐ de xìn yǎng
  그가 자신의 신앙을 굳게 지키다.

1117

形态

[xíng tài] 싱 타이

- 명 형태, 모양

❖ 事物的形态。사물의 형태.
  shì wù de xíng tai

1118

性命

[xìng mìng] 씽 밍

- 명 생명, 목숨

❖ 医生保全了他的性命。
  yī shēng bǎo quán le tā de xìng mìng
  의사는 그의 생명을 지켜냈다.

1119

虚假

[xū jiǎ] 쉬 지아

- 명 허위, 거짓 형 허위의, 거짓의

❖ 他提供了虚假资料。
  tā tí gòng le xū jiǎ zī liào
  그는 허위 자료를 제공했다.

1120

□ **虚伪**

[xū wěi] 쉬 웨이

명 허위, 거짓, 위선　형 거짓이다, 위선적이다

❖ 他的话有些虚伪。
tā de huà yǒu xiē xū wěi
그의 말은 다소 위선적이다.

1121

□ **需求**

[xū qiú] 쉬 치우

명 수요, 요구　동 요구되다, 필요로 하다

❖ 这个产品的需求很大。
zhè gè chǎn pǐn de xū qiú hěn dà
이 제품은 수요가 대단히 많습니다.

1122

□ **压缩**

[yā suō] 야 쑤오

명 압축　동 압축하다, 줄이다

❖ 把成本压缩下来。원가를 줄였다.
bǎ chéng běn yā suō xià lái

1123

□ **压制**

[yā zhì] 야 쯔

명 압제, 억압, 억제　동 압제하다

❖ 压制民主。민주주의를 압제하다.
yā zhì mín zhǔ

1124

□ **严禁**

[yán jìn] 옌 찐

동 엄금하다

❖ 严禁外人进入。외부인의 출입을 엄금하다.
yán jìn wai rén jìn rù

1125

□ **严厉**

[yán lì] 옌 리

형 호되다, 준엄하다, 매섭다

❖ 语调严厉。어조가 매섭다.
yǔ diào yán lì

1126

□ **严密**

[yán mì] 옌 미

형 엄밀하다, 치밀하다, 빈틈 없다

❖ 城防严密。도시 방어가 빈틈없다.
chéng fáng yán mì

1127
掩盖
[yǎn gài] 옌 까이

ⓢ 덮어 씌우다, 숨기다

❖ 掩盖缺点。 결점을 감추다.
 yǎn gài quē diǎn

1128
掩护
[yǎn hù] 옌 후

ⓜ 엄호, 보호 ⓢ 엄호하다, 보호하다

❖ 为主力部队打掩护。 주력 부대를 엄호하다.
 wèi zhǔ lì bù duì dǎ yǎn hù

1129
掩饰
[yǎn shì] 옌 쓰

ⓜ 은폐 ⓢ (잘못·결점) 숨기다

❖ 他掩饰了真相。 그는 진상을 감추었다.
 tā yǎn shì le zhēn xiāng

1130
厌恶
[yàn wù] 옌 우

ⓜ 혐오 ⓢ 혐오하다, 싫어하다

❖ 我厌恶他的为人。
 wǒ yàn è tā de wéi rén
 나는 그의 사람 됨됨이를 싫어한다.

1131
遥远
[yáo yuǎn] 야오 위엔

ⓗ 아득히 멀다, 요원하다

❖ 路途遥远。 길이 아득히 멀다.
 lù tú yáo yuǎn

1132
依旧
[yī jiù] 이 찌우

ⓕ 여전히, 의연히 ⓗ 여전하다, 변함없다

❖ 房间里的陈设依旧。
 fáng jiān lǐ de chén shè yī jiù
 방 안의 배치가 여전하다.

1133
依据
[yī jù] 이 쮜

ⓜ 근거, 바탕 ⓢ 의거하다, 증거하다

❖ 他的话没有依据。 그의 말은 근거가 없다.
 tā de huà méi yǒu yī jù

1134
遗产 [yí chǎn] 이 찬

명 유산, 유물

❖ 我们不能破坏文化遗产。
wǒ mén bù néng pò huài wén huà yí chǎn
우리는 문화 유산을 파괴해선 안 된다.

1135
遗留 [yí liú] 이 리우

명 잔존 동 남기다, 남겨놓다

❖ 这是历史遗留的问题。
zhè shì lì shǐ yí liú de wèn tí
이것은 역사가 남겨 놓은 문제다.

1136
抑制 [yì zhì] 이 쯔

명 억제, 억압 동 억제하다, 억누르다

❖ 抑制敌人。 적을 억누르다.
yì zhì dí rén

1137
引导 [yǐn dǎo] 인 다오

명 인도 동 안내하다, 유도하다

❖ 正确引导孩子。
zhèng què yǐn dǎo hái zi
어린이를 정확하게 안내하다.

1138
隐约 [yǐn yuē] 인 위에

형 희미하다, 어렴풋하다, 은은하다

❖ 海岸线隐约可见。
hǎi àn xiàn yǐn yuē kě jiàn
흐릿하게나마 해안선이 보였다.

1139
婴儿 [yīng ér] 잉 얼

명 영아, 갓난애, 젖먹이

❖ 抚育婴儿。 영아를 돌보아 기르다.
fǔ yù yīng ér

1140
应酬 [yīng chóu] 잉 초우

명 접대, 교제 동 접대하다, 교제하다

❖ 他讲究应酬。 그는 교제를 중히 여긴다.
tā jiǎng jiū yīng chóu

3단계

1141
应邀
[yīng yāo] 잉 야오

동 초대에 응하다, 초청을 받아들이다

❖ **应邀**赴会。 초청에 응해 연회에 참석하다.
yīng yāo fù huì

1142
拥有
[yōng yǒu] 용 요우

동 보유하다, 가지다

❖ 他**拥有**独特的眼光。
tā yōng yǒu dú tè de yǎn guāng
그는 독특한 식견을 가지고 있다.

1143
踊跃
[yǒng yuè] 용 위에

동 펄쩍 뛰어오르다 형 활기차다, 열렬하다

❖ **踊跃**欢呼。 껑충껑충 뛰면서 환성을 지르다.
yǒng yuè huān hū

1144
用功
[yòng gōng] 용 꽁

동 힘써 배우다, 열심히 공부하다

❖ 他的孩子读书很**用功**。
tā de hái zǐ dú shū hěn yòng gōng
그의 아이는 매우 열심히 공부한다.

1145
优越
[yōu yuè] 요우 위에

형 우월하다, 뛰어나다

❖ 条件**优越**。 조건이 우월하다.
tiáo jiàn yōu yuè

1146
幼稚
[yòu zhì] 요우 쯔

형 나이가 어리다, 유치하다

❖ 想法**幼稚**。 생각이 유치하다.
xiǎng fǎ yòu zhì

1147
愚蠢
[yú chǔn] 위 춘

형 미련하다, 어리석다, 우둔하다

❖ 他比谁都**愚蠢**。 그는 누구보다도 어리석다.
tā bǐ shuí dōu yú chǔn

핵심단어 **533**

1148
□ **原理** 　　　　　 몡 원리

[yuán lǐ] 위엔 리
* 这个原理我也能解释出来。
zhè gè yuán lǐ wǒ yě néng jiě shì chū lái
이 원리는 나도 설명할 수 있다.

1149
□ **原先** 　　　　　 몡 본래　혱 원래, 이전, 본래

[yuán xiān] 위엔 씨엔
* 这里的景物跟原先一个样子。
zhè li de jǐng wù gēn yuán xiān yí gè yàng zi
이곳의 경치는 이전과 같다.

1150
□ **约束** 　　　　　 몡 구속, 단속　통 제약하다, 얽매다

[yuē shù] 위에 슈
* 受到约束。구속 받다.
shòu dào yuē shù

1151
□ **运行** 　　　　　 몡 운행　통 (천체나 배·차량) 운행하다

[yùn xíng] 윈 싱
* 列车夜间运行。야간 열차를 운행하다.
liè chē yè jiān yùn xíng

1152
□ **扎** 　　　　　 통 묶다, 매다, 동이다

[zhā] 짜
* 窗帘用流苏扎了起来。
chuāng lián yòng liú sū zhā le qǐ lái
커튼은 장식용 술로 묶여 있었다.

1153
□ **栽培** 　　　　　 통 재배하다, 심어 가꾸다, 배양하다

[zāi péi] 짜이 페이
* 栽培梨树。배나무를 재배하다.
zāi péi lí shù

1154
□ **赞扬** 　　　　　 몡 찬양, 상찬(賞贊)　통 찬양하다, 칭찬하다

[zàn yáng] 짠 양
* 大家赞扬她的才能。
dà jiā zàn yáng tā de cái néng
사람들이 그녀의 재능을 찬양하다.

3단계

1155
□ **增添**
[zēng tiān] 쩡 티엔

(동) 더하다, 보태다, 첨가하다

* **增添**办公设备。사무기기를 늘리다.
zēng tiān bàn gōng shè bèi

1156
□ **沾光**
[zhān guāng] 짠 꾸앙

(동) 덕을 보다, 은혜를 입다

* 连我也**沾光**不少。
lián wǒ yě zhān guāng bú shǎo
저까지도 적지 않게 덕을 보았습니다.

1157
□ **展望**
[zhǎn wàng] 잔 왕

(동) (먼 곳·미래를) 내다보다 (명) 전망

* 这种**展望**是悲观的。
zhè zhǒng zhǎn wàng shì bēi guān de
이런 전망은 비관적인 것이다.

1158
□ **崭新**
[zhǎn xīn] 잔 씬

(형) 참신하다, 아주 새롭다

* **崭新**的技术。새로운 기술.
zhǎn xīn de jì shù

1159
□ **占据**
[zhàn jù] 짠 쮜

(동) (지역·장소를) 점거하다, 강점하다

* 此产品在全国**占据**了广阔的市场。
cǐ chǎn pǐn zài quán guó zhàn jù le guǎng kuò de shì chǎng
이 제품은 전국에서 넓은 시장을 점거하였다.

1160
□ **占领**
[zhàn lǐng] 짠 링

(동) 점령하다, 점유하다

* 他们**占领**我国的领土。
tā mén zhàn lǐng wǒ guó de lǐng tǔ
그들은 우리나라의 영토를 점령하였다.

1161
□ **占有**
[zhàn yǒu] 짠 요우

(동) 점유하다, 점거하다, 보유하다

* **占有**市场。시장을 점유하다.
zhàn yǒu shì chǎng

1162
□ **战略**

[zhàn lüè] 짠 뤼에

명 전략, 전략

❖ 要有目标才能有战略。
yào yǒu mù biāo cái néng yǒu zhàn lüè
목표가 있어야 전략이 있는 거다.

1163
□ **战术**

[zhàn shù] 짠 슈

명 전술

❖ 战术很厉害。 전술이 뛰어나다.
zhàn shù hěn lì hài

1164
□ **障碍**

[zhàng ài] 짱 아이

명 장애, 방해 동 방해하다

❖ 有时引起障碍。 간간히 장애를 일으키다.
yǒu shí yǐn qǐ zhàng ài

1165
□ **珍贵**

[zhēn guì] 쩐 꾸이

형 진귀하다, 보배롭고 귀중하다

❖ 珍贵资料。 진귀한 자료.
zhēn guì zī liào

1166
□ **镇静**

[zhèn jìng] 쩐 찡

동 진정하다 형 냉정하다, 침착하다

❖ 他临场镇静。 그는 시험 볼 때 침착하다.
tā lín chǎng zhèn jìng

1167
□ **镇压**

[zhèn yā] 쩐 야

동 진압하다, 탄압하다

❖ 镇压叛乱。 반란을 진압하다.
zhèn yā pàn luàn

1168
□ **争夺**

[zhēng duó] 쩡 두오

동 쟁탈하다, 다투다, 싸워서 빼앗다

❖ 争夺地盘。 근거지를 쟁탈하다.
zhēng duó dì pán

3단계

1169
□ **整顿**
[zhěng dùn] 정 뚠
- 몡 정돈, 정비 동 정돈하다, 정비하다
- ❖ 整顿构造。구조를 정돈하다.
  zhěng dùn gòu zào

1170
□ **正当**
[zhèng dāng] 쪙 땅
- 형 정당하다, 적절하다, (인품이) 바르고 곧다
- ❖ 他终于得到了正当待遇。
  tā zhōng yú dé dào le zhèng dāng dài yù
  그는 마침내 정당한 대우를 받았다.

1171
□ **支配**
[zhī pèi] 쯔 페이
- 몡 지배, 지도, 안배 동 지배하다
- ❖ 思想支配行动。생각은 행동을 지배한다.
  sī xiǎng zhī pèi xíng dòng

1172
□ **治理**
[zhì lǐ] 쯔 리
- 몡 관리 동 통치하다, 다스리다
- ❖ 治理国政。국정을 다스리다.
  zhì lǐ guó zhèng

1173
□ **制止**
[zhì zhǐ] 쯔 즈
- 동 제지하다, 저지하다, 강력하게 막다
- ❖ 他用眼神制止了我。
  tā yòng yǎn shén zhì zhǐ le wǒ
  그가 눈빛으로 나를 제지하였다.

1174
□ **中断**
[zhōng duàn] 쫑 뚜안
- 동 중단하다, 끊다, 끊기다
- ❖ 中断治疗。치료를 중단하다.
  zhōng duàn zhì liáo

1175
□ **忠诚**
[zhōng chéng] 쫑 청
- 몡 충성 동 충성하다, 충성스럽다
- ❖ 这条狗对主人十分忠诚。
  zhè tiáo gǒu duì zhǔ rén shí fēn zhōng chéng
  이 개는 주인에게 매우 충성스럽다.

1176
忠实
[zhōng shí] 쫑 스

(형) 충실하다, 진실하다, 참되다

❖ 他是我们忠实的朋友。
  tā shì wǒ men zhōng shí de péng yǒu
  그는 우리의 충실한 친구다.

1177
周密
[zhōu mì] 쪼우 미

(형) 주도면밀하다, 세밀하다, 빈틈없다

❖ 他事事做得很周密。
  tā shì shì zuò dé hěn zhōu mì
  그는 매사에 빈틈이 없다.

1178
转达
[zhuǎn dá] 쭈안 다

(동) (말을) 전하다, 전달하다

❖ 转达好消息。 희소식을 전하다.
  zhuǎn dá hǎo xiāo xī

1179
装备
[zhuāng bèi] 쭈앙 뻬이

(명) 설비, 설치 (동) 장치하다, 설치하다

❖ 撤回陈旧的装备。 낡은 설비를 철거하다.
  chè huí chén jiù de zhuāng bèi

1180
壮丽
[zhuàng lì] 쭈앙 리

(형) 장려하다, 웅장하고 아름답다

❖ 山川壮丽。 자연의 경치가 웅장하고 아름답다.
  shān chuān zhuàng lì

1181
自满
[zì mǎn] 쯔 만

(명) 자만, 자신만만 (형) 자만하다, 오만하다

❖ 骄傲自满。 거만하고 자만하다.
  jiāo ào zì mǎn

1182
阻碍
[zǔ ài] 주 아이

(명) 방해, 장애 (동) 가로막다, 방해하다

❖ 天气阻碍了救助行动。
  tiān qì zǔ ài le jiù zhù xíng dòng
  날씨가 구조 작업을 방해했다.

1183
□ **钻研**
[zuàn yán] 쭈안 옌

동 파고들다, 깊이 연구하다

❖ **钻研**蔬菜栽培技术。
zuàn yán shū cài zāi péi jì shù
채소 재배 기술을 깊이 연구하다.

1184
□ **尊严**
[zūn yán] 쭌 옌

명 존엄, 존엄성 형 존엄하다

❖ 他放弃了**尊严**。 그는 존엄성을 포기하였다.
tā fàng qì le zūn yán

1185
□ **作风**
[zuò fēng] 쭤 펑

명 (일·생활 등의) 태도, 기풍

❖ 工作**作风**生硬。 일하는 태도가 딱딱하다.
gōng zuò zuò fēng shēng yìng

1186
□ **做主**
[zuò zhǔ] 쭤 주

동 (자신의) 생각대로 처리하다

❖ 有些事情我**做不了主**。
yǒu xiē shì qing wǒ zuò bù liǎo zhǔ
어떤 일은 내가 책임지고 결정할 수 없다.

"有些事情我做不了主。
어떤 일은 내가 책임지고 결정할 수 없다."

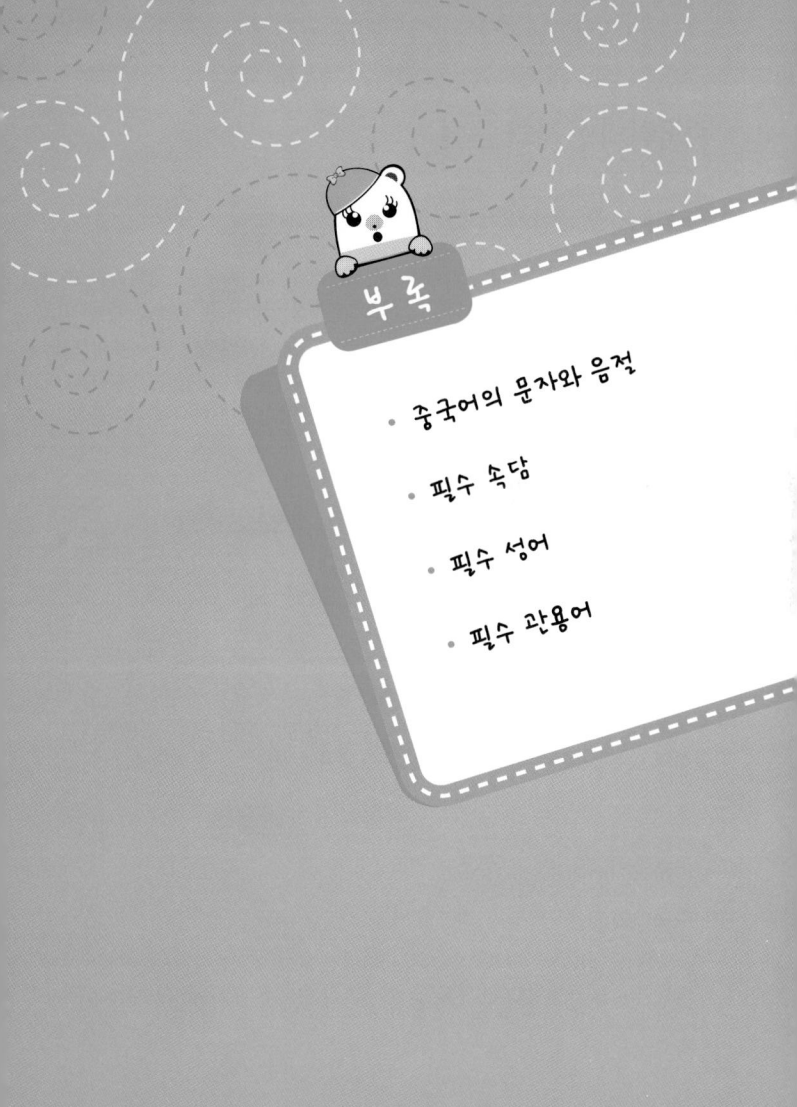

중국어의 문자와 음절

중국의 한자에 대하여

중국어는 한자(漢字)로 표기하며, 글자 형태도 복잡하고 각 글자마다 다른 발음을 갖고 있다. 그래서 중국어를 배울 때 가장 어려운 것 중 하나가 한자이지만 현대 중국어에서 일상적으로 자주 사용되는 글자인 상용한자(常用漢字)의 수효는 약 3,000자정도다. 중국에서는 사용 빈도에 따라 상용자 2,500자와 차상용자 1,000자로 모두 3,500자가 현대 중국어의 절대 다수를 차지하고 이 정도면 실생활에서 중국어를 쓰는 데 충분하다.

그리고 우리가 알고 있고 흔히 쓰는 한자를 번체자(繁体字)라 하고, 이것을 간략하게 줄여 만든 한자를 약자(略字)라 하며 간체자(簡体字)라고 하는데, 현재 중국에서는 번체자를 쓰지 않고 이 간체자를 쓰고 있다.

중국은 전체 인구의 94%를 차지하고 있는 한족(漢族)과 그 나머지를 차지하는 55개 소수민족으로 구성된 다민족 국가다. 흔히 '중국어'라고 하면 한족의 언어뿐만 아니라, 소수민족의 언어까지도 포함하는 말이 되므로, 중국에서는 한족의 언어를 '한어(漢語)'라고 부르고 표준어의 개념으로 흔히 사용한다.

중국어의 발음과 성조

1. 중국어의 발음

중국어는 한자로 쓰여진 뜻글자로 눈으로 보고 의미를 알기에는 편리하지만, 소리를 내지 못한다. 그러므로 한자의 발음을 표시하기 위하여 알파벳

로마자로 표기하였는데 이를 '한어병음자모(汉语椪音字母)'이라고 한다. 이는 대부분 영어발음과 전혀 다르기 때문에 처음부터 제대로 익혀야 한다.
중국어는 성모(聲母), 운모(韻母), 성조(声调)로 구성되어 있다.

1) 성모(聲母) : 음의 시작인 자음으로 모두 21개이다.

❶ 발음 기호에 의한 분류
 b p m f d t n l
 g k h j q
 x zh ch sh r z c s

❷ 발음 체계에 의한 분류
 쌍순음(b, p, m) : 상하의 입술에 의한 음이다.
 순치음(f, (v)) : 앞쪽 윗니와 아랫입술에 의한 음이다.
 설첨음(d, t, n, l) : 혀끝으로 내는 음이다.
 설근음(g, k, (ng), h) : 혀뿌리와 경구개에 의한 음이다.
 설면음(j, q, (gn), x) : 혀 앞쪽과 경구개의 의한 음이다.
 권설음(zh, ch, sh, r) : 말아 올린 혀끝과 경구개에 의한 음이다.
 설치음(z, c, s) : 혀끝과 앞니에 의한 음이다.

2) 운모(韻母) : 성모를 제외한 나머지 부분으로 모두 38개이며, 또한 이들의 운모는 단독 또는 성모와 결합되어 중국어의 음절을 이루며, 한어병음식으로 표시하면 아래와 같다.

❶ 단운모 : i(yi), u(wu), u, ù(yu), a, o, e, è(8종)

❷ 복운모 : ai, ei, ao, ou(4종)

❸ 부성운모 : an, en, ang, eng (4종)

❹ 성화운모 : er (1종)

❺ 결합운모(i류) : ia(ya), iu(yo), ie(ye), ia(ya), iao(yao), iu(you), ian(yan), in(yin), iang(yang), ing(ying) (10종)

❻ 결합운모(u류) : ua(wa), uo(wo), uai(wai), ui(wei), uan(wan), un(wen), uang(wang), ueng(weng) (8종)

❼ 결합음모(ü류) : ue · üe(yue), uan · üan(yuan), un · ün(yun), iong(yong) (4종)

◈ 중국어 발음 부호

성 모			
쌍순음	bo(뽀, 보)	po(포)	mo(모)
순치음	fo(˚포)		
설첨음	de(떠, 더)	te(터)	ne(너)	le(러)
설근음	ge(꺼, 거)	ke(커)	he(허)
설면음	ji(찌, 지)	qi(치)	xi(씨, 시)
권설음	zhi(˚쯔, ˚즈)	chi(˚츠)	shi(˚쓰, ˚스)	ri(˚르)
설치음	zi(쯔, 즈)	ci(츠)	si(쓰, 스)
일반 운모			
단운모 : i(이, 으), u(우), ü(위), a(아), o(오), e(어), e(에)			
복운모 : ai(아이), ei(에이), ao(아오), ou(오우)			
부성운모 : an(안), en(언), ang(앙), eng(엉)			
성화운모 : er(얼)			

결합 운모	
i와 결합된 것	ia(이아), ie(이에), iao(이아오), iu(이우), ian(이앤), in(인), iang(이앙), ing(잉), iong(이옹)
u와 결합된 것	ua(우아), uo(우오), uai(우아이), ui(우이), uan(완), un(운), uang(왕)
üi와 결합된 것	üe(위에), üan(위앤), ün(윈)

2. 성조(声调)

중국어의 성조는 주로 소리의 높낮이(高低)에 따라 4단계로 나뉘는데 이것을 '4성(四声)'이라고 한다.

제1성 : 높고 평온한 음으로 발음하고 높은 음으로 그대로 지속하며 'ˉ'로 표시한다.

제2성 : 비교적 낮은 음에서 높은 음으로 단숨에 짧게 끌어올려 발음하며 '/'로 표시한다.

제3성 : 2성보다 더 낮은 음에서 시작해서 가장 낮은 음으로 내려갔다가 끌어올려 발음하며 'ˇ'로 표시한다.

제4성 : 가장 높은 음에서 가장 낮은 음으로 단숨에 떨어뜨려 짧고 세게 발음하며 '\'로 표시한다.

1) 성조표기법
❶ 성조는 자음 뒤에 모음이 하나일 때는 무조건 모음 위에 표기한다.
❷ i뒤에 표기할 때는 [i]위의 [ㆍ]을 빼고 표기한다

❸ 모음이 두개 이상일 경우 a, e, o, i, u, u 순서로 표기한다.
❹ i와 u가 결합한 경우, 무조건 뒷모음에 표기한다.
❺ 어떤 음절 뒤에 a, o, e가 와서 앞의 음절과 구분이 분명치 않을 때 격음부호(')를 써서 음절을 구분한다.

2) 경성(輕聲)

중국어의 각 음절은 원칙적으로 일정한 성조가 있다. 그런데 본래의 성조를 잃고 짧고 가볍게 발음되는 음이 있는데 이것을 경성이라고 한다. 성조부호는 표기하지 않고 경성의 높이는 앞 성조에 의해 변화된다.

1성 + 경성 : 앞 1성 음절 보다 낮게 발음한다.
2성 + 경성 : 앞 2성 음절보다 낮게 발음한다.
3성 + 경성 : 앞 3성음절보다 높게 발음한다.
4성 + 경성 : 4성이 끝나는 음절수준으로 낮게 발음한다.

3) 권설모음과 얼화운(儿化韵)

[er]은 권설모음으로 영어의 [r] 음과 비슷하고 한국어로는 [얼] 음과 비슷하다. 儿[er]은 본래 [아이]라는 의미로 자주 접미사로 쓰이며 이때 음절의 끝을 [권설화(권설음화, r화)]라고 한다. 이것은 독립한 음절로 여기지 않고 [r화]에 의한 변음(变音)으로 본다.

4) 한어병음 표기법
❶ 한어병음은 알파벳 소문자로 표기한다.
❷ 하나의 단어는 모두 붙여 표기한다.
❸ 문장 첫음절이나 고유명사의 첫음절은 알파벳 대문자로 표기한다.
❹ 이름을 적을 경우 성과 이름을 띄어쓰고 각각의 첫음절은 대문자로 표기한다.

◈ 숫자 읽는 법

중국어의 숫자	
기수 세는 법	
1(一)	[yī] 이
2(二)	[èr] 얼
3(三)	[sān] 싼
4(四)	[sì] 쓰
5(五)	[wǔ] 우
6(六)	[liù] 리우
7(七)	[qī] 치
8(八)	[bā] 빠
9(九)	[jiǔ] 지우
10(十)	[shí] 스
11(十一)	[shí yī] 스 이
12(十二)	[shí èr] 스 얼
13(十三)	[shí sān] 스 싼
14(十四)	[shí sì] 스 쓰
15(十五)	[shí wǔ] 스 우
16(十六)	[shí liù] 스 리우
17(十七)	[shí qī] 스 치

18(十八)	[shí bā] 스 빠
19(十九)	[shí jiǔ] 스 지우
20(二十)	[èr shí] 얼 스
21(二十一)	[èr shí yī] 얼 스 이
22(二十二)	[èr shí èr] 얼 스 얼
30(三十)	[sān shí] 싼 스
40 (四十)	[sì shí] 쓰 스
50 (五十)	[wǔ shí] 우 스
60 (六十)	[liù shí] 리우 스
70 (七十)	[qī shí] 치 스
80 (八十)	[bā shí] 빠 스
90 (九十)	[jiǔ shí] 지우 스
100 (一百)	[yī bǎi] 이 바이
300(三百)	[sān bǎi] 싼 바이
101(一百零一)	[yī bǎi líng yī] 이 바이 링 이
102(一百零二)	[yī bǎi líng èr] 이 바이 링 얼
110(一百一)	[yī bǎi yī] 이 바이 이
120(一百二)	[yī bǎi èr] 이 바이 얼
130(一百三)	[yī bǎi sān] 이 바이 싼
200(二百)	[èr bǎi] 얼 바이

1,000(一千)	[yī qiān] 이 치앤
1,001(一千零一)	[yī qiān líng yī] 이 치앤 링 이
1,010(一千一十)	[yī qiān yī shí] 이 치앤 이 스
10,000(一万)	[yī wàn] 이 완
100,000(十万)	[shí wàn] 스 완
1,000,000(一百万)	[yī bǎi wàn] 이 바이 완

서수 세는 법

첫째(第一)	[dì yī] 띠 이
둘째(第二)	[dì èr] 띠 얼
셋째(第三)	[dì sān] 띠 싼
넷째(第四)	[dì sì] 띠 쓰
다섯째(第五)	[dì wǔ] 띠 우
여섯째(第六)	[dì liù] 띠 리우
일곱째(第七)	[dì qī] 띠 치
여덟째(第八)	[dì bā] 띠 빠
아홉째(第九)	[dì jiǔ] 띠 지우
열 번째(第十)	[dì shí] 띠 스

필수 속담

喝凉水都塞牙	[hē liáng shuǐ dōu sāi yá]	뒤로 자빠져도 코가 깨진다.
隔墙有耳	[gé qiáng yǒu ěr]	낮 말은 새가 듣고 밤 말은 쥐가 듣는다.
苦尽甘来	[kǔ jìn gān lái]	고생 끝에 낙이 온다.
功亏一惯	[gōng kuī yī guàn]	다 된 밥에 코 빠뜨린다.
久病成良医	[jiǔ bìng chéng liáng yī]	서당개 삼 년이면 풍월을 읊는다.
金石爲开	[jīn shí wéi kāi]	지성이면 감천이다.
对牛弹琴	[duì niú tán qín]	소 귀에 경 읽기
挑雪填井	[tiāo xuě tián jǐng]	밑 빠진 독에 물 붓기.
无风不起浪	[wú fēng bù qǐ làng]	아니 땐 굴뚝에 연기날까.
美中不足	[měi zhōng bù zú]	옥의 티.
半斤八两	[bàn jīn bā liǎng]	도토리 키재기
百闻不如一见	[bǎiwén bùrú yī jiàn]	백문이 불여일견.
漕家路窄	[pū jiā lù zhǎi]	원수는 외나무다리에서 만난다.
不识一丁	[bù shí yī dīng]	낫 놓고 기역자도 모른다. 일자무식.
比登天还难	[bǐ dēng tiān hái nán]	낙타 바늘구멍 들어가기.
秀外惠中	[xiù wai huì zhōng]	보기 좋은 떡이 먹기도 좋다.
是猫变不得狗	[shì māo biàn bu de gǒu]	제 버릇 개 못 준다.
眼不见, 心不烦	[yǎn bù jiàn xīn bù fán]	모르는 게 약이다.
易如反掌	[yì rú fǎn zhǎng]	누워서 떡 먹기. 식은 죽 먹기.
玉不琢, 不成器	[yù bù zhuó, bù chéng qì]	구슬이 서 말이라도 꿰어야 보배.

五十步笑百步	[wǔ shí bù xiào bǎi bù]	똥 묻은 개가 겨 묻은 개를 나무란다.
爲人作嫁	[wèi rén zuò jià]	죽 쑤어 개 좋은 일 하다.
以卵击石	[yǐ luǎn jī shí]	계란으로 바위 치기.
因搏废食	[yīn bó fèi shí]	구더기 무서워 장 못 담그다.
因好致好	[yīn hǎo zhì hǎo]	가는 정이 있어야 오는 정이 있다.
一舉两得	[yī jǔ liǎng dé]	일거양득. 일석이조. 꿩 먹고 알 먹기.
一口吃个独子	[yī kǒu chī gě dú zǐ]	첫술에 배부르랴.
一知半解	[yī zhī bàn jiě]	수박 겉 핥기.
长痛不如短痛	[cháng tòng bù rú duǎn tòng]	매도 먼저 맞는 놈이 낫다.
积少成多	[jī shǎo chéng duō]	티끌 모아 태산.
坐井观天	[zuò jǐng guān tiān]	우물 안 개구리.
做贼心虚	[zuò zéi xīn xū]	도둑이 제 발 저리다.
众擎易擧	[zhòng qíng yì jǔ]	백지장도 맞들면 낫다.
指手划脚	[zhǐ shǒu huà jiǎo]	감 놓아라 배 놓아라 한다.
快如闪电	[kuài rú shǎn diàn]	번갯불에 콩 볶아 먹는다.
打一巴掌揉三下儿	[dǎ yī bā zhang róu sān xiar]	병 주고 약 주다.
火上加油	[huǒ shàng jiā yóu]	불난 집에 부채질하다.
火烧眉毛	[huǒ shāo méi·máo]	발등에 불이 떨어지다.
华而不实	[huá ér bù shí]	빛 좋은 개살구.

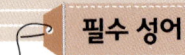

필수 성어

供过于求	[gōng guò yú qiú]	공급이 수요를 초과하다.
刮目相看	[guā mù xiāng kàn]	새로운 안목으로 대하다.
求之不得	[qiú zhī bù dé]	매우 얻기 어려운 기회.
杞人忧天	[qǐ rén yōu tiān]	쓸데없는 걱정.
大失所望	[dà shī suǒ wàng]	크게 실망하다.
大势所趋	[dà shì suǒ qū]	대세의 흐름.
掉以轻心	[diào yǐ qīng xīn]	소홀히 하다.
得不偿失	[dé bù cháng]	얻는 것보다 잃는 것이 많다.
两全其美	[liǎng quán qí měi]	쌍방이 모두가 좋게 하다.
了若指掌	[le ruò zhǐ zhǎng]	잘 알고 있다.
名副其实	[míng fù qí shí]	명실상부하다.
无稽之谈	[wú jī zhī tán]	터무니없는 말.
无一例外	[wú yī lì wai]	예외없이 모두.
半途而废	[bàn tú ér]	중도에 그만두다.
半信半疑	[bàn xìn bàn yí]	반신반의하다.
防患未然	[fáng huàn wèi rán]	미연에 방지하다.
别有用心	[bié yǒu yòngxīn]	다른 꿍꿍이 속셈이 있다.
步人后尘	[bù rén hòu chén]	남의 걸음을 따라 걷다.
付诸东流	[fù zhū dōng liú]	헛수고하다.
不管三七二十一	[bù guǎn sān qī èr shí yī]	앞뒤를 가리지 않고 무턱대고.

不了了之	[bù liǎo liǎo zhī]	중간에 흐지부지 그만두다.
不识时务	[bù shí shí wù]	세상물정에 어둡다.
不切实际	[bùqiè shíjì]	실제와 맞지 않다.
比比皆是	[bǐ bǐ jiē shì]	흔하다, 수두룩하다.
史无前例	[shǐ wú qián lì]	역사상 전례가 없다.
师出无名	[shī chū wú míng]	정당한 이유 없이 전쟁을 하다.
山穷水尽	[shān qióng shuǐ jìn]	궁지에 빠지다.
小题大做	[xiǎo tí dà zuò]	사소한 일을 떠들썩하게 하다.
水落石出	[shuǐ luò shí chū]	일의 진상이 밝혀지다.
袖手旁观	[xiù shǒu páng guān]	수수방관하다.
瞬息万变	[shùn xī wàn biàn]	변화가 아주 빠르다.
视而不见	[shì ér bù jiàn]	보고도 못 본 척하다.
拭目以待	[shì mù yǐ dài]	기대하다.
深思熟虑	[shēn sī shú lǜ]	심사숙고하다.
十拿九稳	[shí ná jiǔ wěn]	따 놓은 당상이다.
按手山芋	[àn shǒu shān yù]	난제. 힘든 일. 뜨거운 감자.
言过其实	[yán guò qí shí]	말이 과장되어 사실과 맞지 않다.
如鱼得水	[rú yú dé shuǐ]	마음 맞는 사람을 얻다.
如愿以偿	[rú yuàn yǐ cháng]	소원 성취하다.
如坐针毡	[rú zuò zhēn zhān]	바늘방석에 앉은 것 같다.

欲速不达	[yù sù bù dá]	급히 먹는 밥이 체한다.
爲时过早	[wéi shí guò zǎo]	시기상조
有名无实	[yǒu míng wú shí]	유명무실하다.
有备无患	[yǒu bèi wú huàn]	유비무환
引以爲鉴	[yǐn yǐ wéi jiàn]	본보기로 삼다.
一毛不拔	[yī máo bù bá]	매우 인색하다.
一朝一夕	[yī zhāo yī xī]	매우 짧은 시간.
一针见血	[yī zhēn jiàn xuè]	급소를 찌르다.
啼笑皆非	[tí xiào jiē fēi]	이러지도 저러지도 못하다.
重蹈覆辙	[chóng dǎo fù zhé]	실패를 다시 되풀이하다.
寸步难行	[cùn bù nán xíng]	조금도 움직일 수 없다.
丛林法则	[cóng lín fǎ zé]	정글의 법칙.
出尔反尔	[chū ěr fǎn ěr]	이랬다 저랬다 하다.
饱尝世味	[bǎo cháng shì wèi]	세상의 쓴 맛 단 맛을 다 보다.
风光不再	[fēng guāng bù zài]	예전과 같지 않다.
行之有效	[xíng zhī yǒu xiào]	효과적이다.
祸不单行	[huò bù dān xíng]	설상가상. 엎친 데 덮친 격.
换骨脱胎	[huàn gǔ tuō tāi]	환골탈태하다.
挥金如土	[huī jīn rú tǔ]	돈을 물 쓰듯 하다.

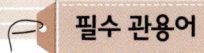

필수 관용어

脚时当	[jiǎo shí dāng]	유행을 따르다.
看概色	[kàn guàn sè]	남의 눈치를 살피다.
开倒车	[kāi dào chē]	시대의 흐름에 역행하다.
挂羊头卖狗肉	[guà yáng tóu mài gǒu ròu]	속과 겉이 다르다.
绞脑汁	[jiǎo nǎo zhī]	온갖 지혜를 짜내다.
狗咬狗	[gǒu yǎo gǒu]	같은 패끼리 서로 싸우다.
口头禅	[kǒu tóu chán	실속 없는 말.
给面子	[gěi miàn zi]	체면을 살려주다.
当左右手	[dāng zuǒ yòu shǒu]	유능한 조수가 되다.
大锅饭	[dà guō fàn]	한솥밥. 대중식사. 공동취사.
对胃口	[duì wèi kou]	자신의 흥미나 기호(구미)에 맞다.
潼白眼	[tóng bái yǎn]	곤란해하다.
拉汲子	[lā jí zǐ]	배탈이 나다.
露马脚	[lòu mǎ jiǎo]	탄로나다.
露一手	[lòu yī shǒu(r)]	솜씨를 보이다.
没门儿	[méi mén r]	방법이 없다.
拔舌头	[bá shé tóu]	입을 막다. 말을 못하게 하다.

拔尖儿	[bá jiān(r) ní]	남들보다 뛰어나다.
拔虎须	[bá hǔxū]	큰 모험을 하다.
放狗骊	[fàng gǒu lí]	아무런 근거도 없는 말을 지껄이다.
帮倒忙	[bāng dǎo máng]	돕는다는 것이 오히려 방해가 되다.
背黑锅	[bēi hēi guō]	억울하게 누명을 쓰다.
百事通	[bǎi shì tōng]	모든 일에 능한 사람. 척척박사.
白吃饱	[bá ichī chī]	무능한 사람(욕하는 말).
藩钉子	[fān dīng zǐ]	난관에 부딪치다.
劈冷水	[pī lěng shuǐ]	찬물을 끼얹다.
不要概	[bù yào guàn]	뻔뻔스럽다. 파렴치하다.
使眼色	[shǐ yǎn sè]	눈짓하다. 곁눈을 주다.
上眼药	[shàng yǎnyào]	망신을 주다. 창피를 주다.
翅膀硬	[chì bǎng yìng]	제 구실을 할 수 있게 되다.
心肠软	[xīn cháng ruǎn]	마음이 약하다.
爱面子	[ài miàn·zi]	체면 차리다.
摇钱树	[yáo qián shù]	돈이 되는 것.
项饭碗	[xū fàn wǎn]	밥그릇을 깨다. 실직하다.

肉中刺	[ròu zhōng cì]	눈엣가시
装大头蒜	[zhuāng dà tóu suàn]	시치미를 떼다.
做手脚	[zuò shǒu jiǎo]	몰래 간계를 꾸미다.
走后门	[zǒu hòu mén(r)]	뒷거래를 하다.
擦骊股	[cā lí gǔ]	남의 뒤치다꺼리를 하다.
妻管严	[qī guǎn yán]	공처가.
炒冷饭	[chǎo lěng fàn]	재탕하다.
炒暎鱼	[chǎo yìng yú]	해고하다. 파면하다.
丑八怪	[chǒu bā guài]	못생긴 사람. 흉하게 생긴 사람.
吹牛皮	[chuī niú pí]	허풍을 떨다.
打牙祭	[dǎ yá jì]	실컷 배불리 먹다.
摆架子	[bǎi jià zi]	잘난척하다.
摆龙门阵	[bǎi lóng mén zhèn]	잡담하다.
板面孔	[bǎn miàn kǒng]	기분 나쁜 얼굴을 하다.
八九不离十(儿)	[bā jiǔ bù lí shí(r)]	대체로. 거의. 십중팔구.
败家精	[bài jiā jīng]	가산을 탕진하는 자식.
抱佛脚	[bào fójiǎo]	급하면 부처 다리라도 안는다.

饱眼福	[bǎo yǎn fú]	눈을 즐겁게 하다. 눈요기를 하다.
包圆儿	[bāo yuán r]	전부 책임지다. 전부 담당하다(맡다).
避风头	[bì fēng·tou]	공격을 피하다.
合不来	[hé bu lái]	성격·흥미·마음 등이 맞지 않다.
黑名单	[hēi míng dān]	블랙리스트.
吃忘性蛋	[chī wàng xìng dàn]	건망증이 생기다. 건망증이 심하다.
吃白眼	[chī bái yǎn]	남에게 무시를 당하다.
吃醋	[chīcù]	질투하다.
吃闲饭	[chī xián fàn]	빈둥빈둥 놀고 먹다.
吃香	[chī xiāng]	환영받다. 평판이 좋다. 인기가 좋다.

A

阿姨 [ā yí] 144
啊 [a] 8
啊 [a] 203
阿 [ā] 308
爱戴 [ài dài] 479
爱好 [ài hào] 308
爱护 [ài hù] 308
爱惜 [ài xī] 203
爱 [ài] 8
矮 [ǎi] 8
矮 [ǎi] 203
安静 [ān jìng] 144
安排 [ān pái] 308
安全 [ān quán] 309
按时 [àn shí] 309
暗示 [àn shì] 479
安慰 [ān wèi] 309
按照 [àn zhào] 310
安装 [ān zhuāng] 203
按 [àn] 309
暗 [àn] 309
奥秘 [ào mì] 479

B

爸爸 [bà ba] 9
把握 [bǎ wò] 203
吧 [ba] 9
吧 [ba] 204
把 [bǎ] 203
把 [bǎ] 9
八 [bā] 8
白菜 [bái cài] 310
白天 [bái tiān] 9
摆脱 [bǎi tuō] 480
白 [bái] 9
白 [bái] 204
百 [bǎi] 10
班 [bān] 204
办法 [bàn fǎ] 145
办公室 [bàn gōng shì] 145
办理 [bàn lǐ] 204
办 [bàn] 10

半 [bàn] 10
搬 [bān] 10
搬 [bān] 204
班 [bān] 144
帮忙 [bāng máng] 310
棒球 [bàng qiú] 11
帮助 [bāng zhù] 145
帮 [bāng] 10
保持 [bǎo chí] 311
报仇 [bào chóu] 480
报酬 [bào chóu] 480
保存 [bǎo cún] 311
保管 [bǎo guǎn] 480
报答 [bào dá] 480
报到 [bào dào] 312
报道 [bào dào] 312
包袱 [bāo fú] 480
报告 [bào gào] 11
报告 [bào gào] 205
宝贵 [bǎo guì] 311
包裹 [bāo guǒ] 204
包含 [bāo hán] 205
保护 [bǎo hù] 311
包括 [bāo kuò] 310
保留 [bǎo liú] 311
暴露 [bào lù] 481
保密 [bǎo mì] 480
报名 [bào míng] 312
抱歉 [bào qiàn] 313
保卫 [bǎo wèi] 311
保险 [bǎo xiǎn] 145
抱怨 [bào yuàn] 481
保障 [bǎo zhàng] 480
保证 [bǎo zhèng] 205
报纸 [bào zhǐ] 146
包子 [bāo zi] 310
报 [bào] 11
抱 [bào] 146
饱 [bǎo] 11
饱 [bǎo] 205
包 [bāo] 204
包 [bāo] 11
悲哀 [bēi āi] 481
悲惨 [bēi cǎn] 481

被动 [bèi dòng] 481
北方 [běi fāng] 146
悲观 [bēi guān] 205
悲痛 [bēi tòng] 313
被子 [bèi zi] 313
杯子 [bēi zi] 314
倍 [bèi] 12
被 [bèi] 12
背 [bèi] 313
被 [bèi] 205
倍 [bèi] 205
北 [běi] 11
杯 [bēi] 146
本来 [běn lái] 147
本领 [běn lǐng] 314
本身 [běn shēn] 481
本事 [běn shì] 314
本月 [běn yuè] 12
本质 [běn zhì] 314
本子 [běn zi] 315
笨 [bèn] 315
本 [běn] 12
甭 [béng] 481
笔记 [bǐ jì] 315
比较 [bǐ jiào] 206
比较 [bǐ jiào] 13
毕竟 [bì jìng] 206
避免 [bì miǎn] 316
必然 [bì rán] 316
比赛 [bǐ sài] 315
必须 [bì xū] 206
必须 [bì xū] 13
必要 [bì yào] 316
毕业 [bì yè] 206
毕业 [bì yè] 13
鼻子 [bí zi] 314
鼻子 [bí zi] 206
闭 [bì] 13
比 [bǐ] 13
比 [bǐ] 206
变成 [biàn chéng] 316
贬低 [biǎn dī] 482
变化 [biàn huà] 316

编辑 [biān jí] 206
便利 [biàn lì] 482
辩论 [biàn lùn] 207
便宜 [biàn yí] 177
遍 [biàn] 207
遍 [biàn] 14
变 [biàn] 14
边 [biān] 147
表达 [biǎo dá] 317
表面 [biǎo miàn] 317
表明 [biǎo míng] 317
表示 [biǎo shì] 147
表现 [biǎo xiàn] 317
表演 [biǎo yǎn] 318
表扬 [biǎo yáng] 318
标准 [biāo zhǔn] 207
表 [biǎo] 14
别人 [bié rén] 318
别 [bié] 14
宾馆 [bīn guǎn] 318
病毒 [bìng dú] 207
病房 [bìng fáng] 319
饼干 [bǐng gān] 319
并且 [bìng qiě] 207
并且 [bìng qiě] 15
病人 [bìng rén] 147
冰箱 [bīng xiāng] 207
并 [bìng] 15
病 [bìng] 15
菠菜 [bō cài] 319
波浪 [bō làng] 482
玻璃 [bō lí] 15
玻璃 [bō lí] 207
薄弱 [bó ruò] 482
博士 [bó shì] 208
脖子 [bó zi] 319
拨 [bō] 15
不必 [bú bì] 208
不必 [bú bì] 15
补充 [bǔ chōng] 208
不错 [bú cuò] 16
不但 [bú dàn] 208
不但 [bú dàn] 16

不得不 [bù dé bù] 320
部分 [bù fēn] 208
部分 [bù fēn] 17
布告 [bù gào] 482
不管 [bù guǎn] 320
不过 [bú guò] 148
不好意思 [bù hǎo yì si] 148
不禁 [bú jīn] 482
不仅 [bù jǐn] 210
布局 [bù jú] 483
不免 [bù miǎn] 208
不然 [bù rán] 320
部署 [bù shǔ] 483
不要紧 [bú yào jǐn] 321
不要 [bú yào] 17
布置 [bù zhì] 321
不止 [bù zhǐ] 482
不足 [bù zú] 208
不 [bù] 16
布 [bù] 148
补 [bǔ] 16

C

擦 [cā] 148
财产 [cái chǎn] 209
菜单 [cài dān] 321
采访 [cǎi fǎng] 209
财富 [cái fù] 483
采购 [cǎi gòu] 483
材料 [cái liào] 321
裁判 [cái pàn] 483
采取 [cǎi qǔ] 209
财政 [cái zhèng] 483
才 [cái] 209
才 [cái] 17
菜 [cài] 17
猜 [cāi] 209
参观 [cān guān] 149
参加 [cān jiā] 17
参加 [cān jiā] 209
餐厅 [cān tīng] 18
餐厅 [cān tīng] 209
草率 [cǎo shuài] 484

操心 [cāo xīn] 209
草原 [cǎo yuán] 322
操纵 [cāo zòng] 483
操作 [cāo zuò] 210
草 [cǎo] 18
草 [cǎo] 210
策划 [cè huà] 484
测验 [cè yàn] 322
曾经 [céng jīng] 210
层 [céng] 210
层 [céng] 18
曾经 [céngjīng] 18
差别 [chā bié] 210
差不多 [chà bu duō] 149
差点儿 [chà diǎnr] 322
茶 [chá] 18
查 [chá] 322
拆 [chāi] 323
产生 [chǎn shēng] 210
产业 [chǎn yè] 484
常常 [cháng cháng] 149
场合 [chǎng hé] 484
场面 [chǎng miàn] 484
长期 [cháng qī] 323
长 [cháng] 210
常 [cháng] 19
长 [cháng] 19
尝 [cháng] 323
唱 [chàng] 19
场 [chǎng] 149
超过 [chāo guò] 324
吵架 [chǎo jià] 211
潮湿 [cháo shī] 484
朝 [cháo] 323
炒 [chǎo] 211
吵 [chǎo] 150
吵 [chǎo] 19
彻底 [chè dǐ] 324
撤销 [chè xiāo] 484
车站 [chē zhàn] 19
车 [chē] 150
陈列 [chén liè] 485
沉闷 [chén mèn] 485

衬衫 [chèn shān] 150
沉思 [chén sī] 485
沉重 [chén zhòng] 485
沉着 [chén zhuó] 485
承担 [chéng dān] 211
惩罚 [chéng fá] 486
成功 [chéng gōng] 324
成果 [chéng guǒ] 324
成绩 [chéng jì] 325
成就 [chéng jiù] 325
成立 [chéng lì] 325
诚实 [chéng shí] 326
城市 [chéng shì] 211
成熟 [chéng shú] 325
成天 [chéng tiān] 485
成为 [chéng wéi] 211
称赞 [chēng zàn] 324
成长 [chéng zhǎng] 326
成 [chéng] 150
迟到 [chí dào] 326
迟缓 [chí huǎn] 486
吃惊 [chī jīng] 326
持久 [chí jiǔ] 486
吃亏 [chī kuī] 211
吃力 [chī lì] 486
持续 [chí xù] 211
尺子 [chǐ zi] 212
尺 [chǐ] 20
吃 [chī] 20
重叠 [chóng dié] 327
充分 [chōng fèn] 327
重复 [chóng fù] 212
崇高 [chóng gāo] 328
冲击486
充满 [chōng mǎn] 327
充实 [chōng shí] 486
充足 [chōng zú] 327
重 [chóng] 151
冲 [chòng] 212
抽象 [chōu xiàng] 212
抽 [chōu] 20
出版 [chū bǎn] 212

出差 [chū chāi] 212
出发 [chū fā] 328
厨房 [chú fáng] 21
厨房 [chú fáng] 213
除非 [chú fēi] 213
处分 [chǔ fèn] 487
出来 [chū lái] 151
处理 [chǔ lǐ] 213
出门 [chū mén] 151
出去 [chū qù] 151
出身 [chū shēn] 486
出生 [chū shēng] 213
出息 [chū xi] 486
出现 [chū xiàn] 328
出洋相 [chū yáng xiàng] 487
出租车 [chū zū chē] 21
出租汽车 [chū zū qì chē] 328
出 [chū] 212
出 [chū] 20
传播 [chuán bō] 213
传达 [chuán dá] 487
传统 [chuán tǒng] 214
传真 [chuán zhēn] 214
船 [chuán] 214
船 [chuán] 21
穿 [chuān] 213
穿 [chuān] 21
窗户 [chuāng hu] 214
窗户 [chuāng hu] 21
创立 [chuàng lì] 487
窗帘 [chuāng lián] 214
创造 [chuàng zào] 214
创作 [chuàng zuò] 487
床 [chuáng] 151
闯 [chuǎng] 214
吹 [chuī] 215
吹 [chuī] 22
纯粹 [chún cuì] 487
纯洁 [chún jié] 487
春天 [chūn tiān] 22
春 [chūn] 328
词典 [cí diǎn] 329
伺候 [cì hou] 488

561

次要 [cì yào] 215
次 [cì] 22 刺 [cì] 488
从来 [cóng lái] 23
从来 [cóng lái] 215
聪明 [cōng míng] 22
聪明 [cōng míng] 215
从前 [cóng qián] 23
从前 [cóng qián] 215
从 [cóng] 215
从 [cóng] 22
凑合 [còu hé] 488
促进 [cù jìn] 216
促使 [cù shǐ] 216
粗心 [cū xīn] 216
粗 [cū] 23
粗 [cū] 215
摧残 [cuī cán] 488
脆弱 [cuì ruò] 488
存在 [cún zài] 216
寸 [cùn] 23
措施 [cuò shī] 216
错误 [cuò wù] 329
错 [cuò] 216
错 [cuò] 23

D

答案 [dá àn] 217
打扮 [dǎ bàn] 217
达到 [dá dào] 216
大方 [dà fang] 218
答复 [dá fù] 488
大概 [dà gài] 24
大概 [dà gài] 218
打火机 [dǎ huǒ jī] 24
打击 [dǎ jī] 488
大家 [dà jiā] 25
大家 [dà jiā] 218
打架 [dǎ jià] 489
打交道 [dǎ jiāo dào] 217
打量 [dǎ liang] 489
打扰 [dǎ rǎo] 217
打扫 [dǎ sǎo] 152
大厦 [dà shà] 489

大使馆 [dà shǐ guǎn] 218
打算 [dǎ suàn] 24
打算 [dǎ suàn] 217
打听 [dǎ tīng] 217
大小 [dà xiǎo] 152
大学 [dà xué] 153
大意 [dà yì] 489
大衣 [dà yī] 25
答应 [dā yìng] 152
大约 [dà yuē] 218
打仗 [dǎ zhàng] 489
打招呼 [dǎ zhāo hu] 217
打针 [dǎ zhēn] 152
大 [dà] 24
打 [dǎ] 24
代表 [dài biǎo] 329
大夫 [dài fu] 153
带领 [dài lǐng] 489
代替 [dài tì] 219
待遇 [dài yù] 219
带 [dài] 25
戴 [dài] 153
带 [dài] 218
呆 [dāi] 218
单纯 [dān chún] 219
蛋糕 [dàn gāo] 154
担任 [dān rèn] 219
诞生 [dàn shēng] 489
但是 [dàn shì] 219
但是 [dàn shì] 25
耽误 [dān wu] 219
担心 [dān xīn] 153
弹 [dàn] 189
淡 [dàn] 154
单 [dān] 153
当地 [dāng dì] 220
当然 [dāng rán] 26
当然 [dāng rán] 220
当时 [dāng shí] 220
当心 [dāng xīn] 490
当 [dāng] 25
当 [dàng] 219
到处 [dào chù] 221

到达 [dào dá] 221
道德 [dào dé] 329
到底 [dào dǐ] 26
到底 [dào dǐ] 221
道理 [dào lǐ] 330
道歉 [dào qiàn] 330
导演 [dǎo yǎn] 220
导游 [dǎo yóu] 220
到 [dào] 26
到 [dào] 220
道 [dào] 26
倒 [dǎo] 220
倒 [dào] 26
岛 [dǎo] 329
得到 [dé dào] 330
得意 [dé yì] 221
得 [de] 221
得 [de] 221
地 [de] 154
得 [de] 27
的 [de] 26
得 [děi] 221
等待 [děng dài] 330
等候 [děng hòu] 222
登记 [dēng jì] 330
等 [děng] 27
等 [děng] 222
灯 [dēng] 27
抵达 [dǐ dá] 490
地道 [dì dào] 222
弟弟 [dì di] 28
弟弟 [dì di] 222
地方 [dì fang] 28
地方 [dì fāng] 222
抵抗 [dǐ kàng] 490
地球 [dì qiú] 154
的确 [dí què] 331
地毯 [dì tǎn] 222
地铁 [dì tiě] 155
地下铁 [dì xià tiě] 27
弟兄 [dì xiōng] 28
第 [dì] 28
递 [dì] 331

低 [dī] 27
电报 [diàn bào] 29
电冰箱 [diàn bīng xiāng] 29
电灯 [diàn dēng] 331
惦记 [diàn jì] 490
电脑 [diàn nǎo] 29
电扇 [diàn shàn] 29
电视 [diàn shì] 30
电梯 [diàn tī] 29
电梯 [diàn tī] 223
点心 [diǎn xīn] 28
点心 [diǎn xīn] 222
典型 [diǎn xíng] 490
电影 [diàn yǐng] 30
点钟 [diǎn zhōng] 28
点 [diǎn] 28
电话 [diàn huà] 29
调查 [diào chá] 331
调动 [diào dòng] 490
掉 [diào] 30
掉 [diào] 223
顶 [dǐng] 30
顶 [dǐng] 155
丢 [diū] 31
丢 [diū] 223
动荡 [dòng dàng] 491
懂得 [dǒng de] 332
动机 [dòng jī] 491
动静 [dòng jing] 491
动人 [dòng rén] 332
动身 [dòng shēn] 332
动手 [dòng shǒu] 333
冬天 [dōng tiān] 31
动物 [dòng wù] 155
东西 [dōng xi] 31
动员 [dòng yuán] 333
动作 [dòng zuò] 333
动 [dòng] 155
懂 [dǒng] 223
懂 [dǒng] 31
冬 [dōng] 332
东 [dōng] 31
东 [dōng] 223

斗争 [dòu zhēng] 333
都 [dōu] 31
督促 [dū cù] 491
独立 [dú lì] 334
读书 [dú shū] 334
独特 [dú tè] 223
肚子 [dù zi] 223
肚子 [dù zi] 32
读 [dú] 32
堵 [dǔ] 334
锻炼 [duàn liàn] 335
短期 [duǎn qī] 334
断 [duàn] 334
段 [duàn] 32
段 [duàn] 224
短 [duǎn] 32
短 [duǎn] 155
对不起 [duì bù qǐ] 156
对待 [duì dài] 335
对话 [duì huà] 335
对立 [duì lì] 491
对面 [duì miàn] 156
对于 [duì yú] 32
对于 [duì yú] 224
对 [duì] 32
对 [duì] 224
顿时 [dùn shí] 491
顿 [dùn] 224
顿 [dùn] 33
多么 [duō me] 156
多少 [duō shao] 33
多数 [duō shù] 335
夺 [duó] 335
朵 [duǒ] 33
朵 [duǒ] 224
躲 [duǒ] 336
多 [duō] 33

E

额外 [é wài] 491
饿 [è] 33
饿 [è] 224
耳朵 [ěr duo] 225

耳朵 [ěr duo] 34
耳环 [ěr huán] 492
而且 [ér qiě] 225
而且 [ér qiě] 34
儿童 [ér tóng] 336
儿子 [ér zi] 33
而 [ér] 224
儿 [ér] 156
而 [ér] 34
二 [èr] 34

F

发表 [fā biǎo] 336
发出 [fā chū] 336
发达 [fā dá] 337
发动 [fā dòng] 337
发挥 [fā huī] 337
发觉 [fā jué] 337
法律 [fǎ lǜ] 338
发明 [fā míng] 337
发烧 [fā shāo] 337
发生 [fā shēng] 338
发誓 [fā shì] 492
发现 [fā xiàn] 338
发扬 [fā yáng] 338
发展 [fā zhǎn] 338
法 [fǎ] 157
发 [fā] 225
发 [fā] 34
饭店 [fàn diàn] 35
反对 [fǎn duì] 339
反复 [fǎn fù] 339
反抗 [fǎn kàng] 339
烦恼 [fán nǎo] 225
繁荣 [fán róng] 339
凡是 [fán shì] 225
范围 [fàn wéi] 340
翻译 [fān yì] 225
翻译 [fān yì] 35
反应 [fǎn yìng] 339
反映 [fǎn yìng] 340
饭 [fàn] 35
妨碍 [fáng ài] 226

方便 [fāng biàn] 340
房东 [fáng dōng] 157
方法 [fāng fǎ] 35
方法 [fāng fǎ] 225
房间 [fáng jiān] 157
方面 [fāng miàn] 157
放弃 [fàng qì] 341
方式 [fāng shì] 340
防守 [fáng shǒu] 492
放手 [fàng shǒu] 492
放松 [fàng sōng] 226
访问 [fǎng wèn] 341
方向 [fāng xiàng] 35
方向 [fāng xiàng] 226
放心 [fàng xīn] 36
放心 [fàng xīn] 226
防御 [fáng yù] 492
方针 [fāng zhēn] 341
防治 [fáng zhì] 492
防止 [fáng zhǐ] 341
房子 [fáng zi] 35
放 [fàng] 36
放 [fàng] 226
诽谤 [fěi bàng] 493
非常 [fēi cháng] 158
废除 [fèi chú] 493
非法 [fēi fǎ] 493
飞机 [fēi jī] 36
费心 [fèi xīn] 226
费 [fèi] 158
飞 [fēi] 36
粉笔 [fěn bǐ] 36
分别 [fēn bié] 341
奋斗 [fèn dòu] 342
吩咐 [fēn fù] 342
分解 [fēn jiě] 493
分裂 [fēn liè] 493
分明 [fēn míng] 158
愤怒 [fèn nù] 343
分配 [fēn pèi] 342
分散 [fēn sàn] 493
粉碎 [fěn suì] 493
分析 [fēn xī] 342

分钟 [fēn zhōng] 342
分 [fēn] 226
分 [fēn] 36
风度 [fēng dù] 494
丰富 [fēng fù] 343
风格 [fēng gé] 227
风景 [fēng jǐng] 158
丰盛 [fēng shèng] 494
丰收 [fēng shōu] 494
风俗 [fēng sú] 343
封 [fēng] 37
风 [fēng] 37
否定 [fǒu dìng] 343
否则 [fǒu zé] 344
服从 [fú cóng] 344
负担 [fù dān] 494
符合 [fú hé] 345
附近 [fù jìn] 159
付款 [fù kuǎn] 227
腐烂 [fǔ làn] 494
父亲 [fù qīn] 227
父亲 [fù qīn] 37
夫人 [fū rén] 344
服务员 [fú wù yuán] 158
服务 [fú wù] 37
复印 [fù yìn] 227
复杂 [fù zá] 345
负责 [fù zé] 345
复制 [fù zhì] 227
富 [fù] 344

G

改变 [gǎi biàn] 345
改革 [gǎi gé] 345
改进 [gǎi jìn] 346
概括 [gài kuò] 346
改良 [gǎi liáng] 494
改善 [gǎi shàn] 346
改造 [gǎi zào] 346
改正 [gǎi zhèng] 346
盖 [gài] 37
盖 [gài] 227
改 [gǎi] 37

干杯 [gān bēi] 347
干脆 [gān cuì] 347
感动 [gǎn dòng] 347
感激 [gǎn jī] 347
干净 [gān jìng] 38
干净 [gān jìng] 227
感觉 [gǎn jué] 348
赶快 [gǎn kuài] 38
赶快 [gǎn kuài] 228
感冒 [gǎn mào] 348
感情 [gǎn qíng] 348
干扰 [gān rǎo] 494
干涉 [gān shè] 494
感受 [gǎn shòu] 228
感想 [gǎn xiǎng] 348
感谢 [gǎn xiè] 349
干燥 [gān zào] 347
赶 [gǎn] 38
敢 [gǎn] 38
敢 [gǎn] 228
干 [gān] 159
干 [gān] 38
钢笔 [gāng bǐ] 349
刚笔 [gāng bǐ] 38
刚才 [gāng cái] 39
刚才 [gāng cái] 228
刚刚 [gāng gāng] 349
刚 [gāng] 159
告别 [gào bié] 349
告辞 [gào cí] 495
高级 [gāo jí] 228
高尚 [gāo shàng] 495
告诉 [gào sù] 39
告诉 [gào sù] 229
高兴 [gāo xìng] 39
高原 [gāo yuán] 349
搞 [gǎo] 228
搞 [gǎo] 39
高 [gāo] 39
高 [gāo] 228
个别 [gè bié] 350
哥哥 [gē ge] 229
哥哥 [gē gē] 39

歌剧 [gē jù] 159
个人 [gè rén] 229
个人 [gè rén] 40
歌颂 [gē sòng] 495
个性 [gè xìng] 229
个子 [gè zi] 350
各 [gè] 40
个 [gè] 40
各 [gè] 229
给 [gěi] 40
给 [gěi] 229
根本 [gēn běn] 350
根据 [gēn jù] 350
根源 [gēn yuán] 495
根 [gēn] 229
根 [gēn] 40
跟 [gēn] 230
跟 [gēn] 41
更正 [gēng zhèng] 495
更 [gèng] 41
更 [gèng] 230
公布 [gōng bù] 230
工厂 [gōng chǎng] 230
工厂 [gōng chǎng] 41
工程 [gōng chéng] 41
工夫 [gōng fu] 495
功夫 [gōng fu] 231
工夫 [gōng fū] 41
公共汽车 [gōng gòng qì chē] 230
公共汽车 [gōng gòng qì chē] 42
巩固 [gǒng gù] 351
供给 [gōng jǐ] 351
攻击 [gōng jī] 496
公斤 [gōng jīn] 43
公斤 [gōng jīn] 231
工具 [gōng jù] 351
攻克 [gōng kè] 496
功课 [gōng kè] 496
功课 [gōng kè] 43
功劳 [gōng láo] 496
公里 [gōng lǐ] 231
公里 [gōng lǐ] 43
公司 [gōng sī] 42

公司 [gōng sī] 230
共同 [gòng tóng] 351
恭喜 [gōng xǐ] 42
贡献 [gòng xiàn] 352
公园 [gōng yuán] 42
公园 [gōng yuán] 230
工资 [gōng zī] 41
工资 [gōng zī] 350
工作 [gōng zuò] 41
构成 [gòu chéng] 352
勾结 [gōu jié] 496
够 [gòu] 231
够 [gòu] 43
狗 [gǒu] 43
孤单 [gū dān] 231
古典 [gǔ diǎn] 231
固定 [gù dìng] 232
鼓动 [gǔ dòng] 497
孤独 [gū dú] 496
姑姑 [gū gu] 352
估计 [gū jì] 352
顾客 [gù kè] 354
鼓励 [gǔ lì] 353
孤立 [gū lì] 496
姑娘 [gū niáng] 353
故事 [gù shì] 232
故事 [gù shì] 44
骨头 [gǔ tóu] 44
骨头 [gǔ tóu] 231
鼓舞 [gǔ wǔ] 353
故意 [gù yì] 354
鼓掌 [gǔ zhǎng] 353
古 [gǔ] 43
挂 [guà] 44
挂 [guà] 232
怪 [guài] 497
观察 [guān chá] 355
观点 [guān diǎn] 355
观光 [guān guāng] 497
关怀 [guān huái] 232
关键 [guān jiàn] 354
管理 [guān lǐ] 355
观念 [guān niàn] 232

关系 [guān xi] 159
关心 [guān xīn] 354
关于 [guān yú] 44
关照 [guān zhào] 355
观众 [guān zhòng] 233
关 [guān] 232
关 [guān] 44
广播 [guǎng bō] 233
广播 [guǎng bō] 45
光彩 [guāng cǎi] 497
广大 [guǎng dà] 357
广泛 [guǎng fàn] 357
广告 [guǎng gào] 160
光辉 [guāng huī] 356
广阔 [guǎng kuò] 357
光明 [guāng míng] 356
逛 [guàng] 356
光 [guāng] 356
规定 [guī dìng] 357
规划 [guī huá] 497
规范 [guī fàn] 233
规律 [guī lǜ] 357
规模 [guī mó] 358
规则 [guī zé] 233
贵 [guì] 233
贵 [guì] 45
过程 [guò chéng] 358
过度 [guò dù] 358
过分 [guò fēn] 234
国籍 [guó jí] 233
国际 [guó jì] 160
国家 [guó jiā] 45
国家 [guó jiā] 233
过去 [guò qù] 45
怪 [guài] 45
果然 [guǒ rán] 234
果然 [guǒ rán] 45
过失 [guò shī] 497
果实 [guǒ shí] 234
过 [guò] 234
过 [guò] 23
4过 [guò] 45

锅 [guō] 358

H

海岸 [hǎi àn] 235
害怕 [hài pà] 359
还是 [hái shì] 235
还是 [hái shì] 46
害羞 [hài xiū] 235
孩子 [hái zi] 46
孩子 [hái zi] 235
还 [hái] 234
还 [hái] 46
海 [hǎi] 46
含糊 [hán hú] 497
寒假 [hán jià] 46
寒假 [hán jià] 235
汗 [hàn] 358
喊 [hǎn] 359
航班 [háng bān] 235
航空 [háng kōng] 160
航行 [háng xíng] 498
好吃 [hǎo chī] 47
好吃 [hǎo chī] 235
好处 [hǎo chù] 359
好好儿地 [hǎo hǎo ér di] 47
好好儿 [hǎo hǎo er] 359
好看 [hǎo kàn] 47
号码 [hào mǎ] 160
好奇 [hǎo qí] 236
好像 [hǎo xiàng] 47
好像 [hǎo xiàng] 236
号召 [hào zhào] 360
号 [hào] 236
号 [hào] 47
好 [hǎo] 47
合格 [hé gé] 237
何况 [hé kuàng] 236
合理 [hé lǐ] 360
和平 [hé píng] 237
和平 [hé píng] 48
合适 [hé shì] 48
合适 [hé shì] 236
合算 [hé suàn] 498

合作 [hé zuò] 48
合作 [hé zuò] 236
河 [hé] 236
和 [hé] 48
河 [hé] 48
喝 [hē] 48
黑暗 [hēi àn] 360
黑板 [hēi bǎn] 49
黑板 [hēi bǎn] 237
黑 [hēi] 237
黑 [hēi] 49
很 [hěn] 49
红茶 [hóng chá] 160
红 [hóng] 237
红 [hóng] 49
后果 [hòu guǒ] 237
后悔 [hòu huǐ] 361
后来 [hòu lái] 161
后面 [hòu miàn] 361
后天 [hòu tiān] 49
猴子 [hóu zi] 361
后 [hòu] 49
厚 [hòu] 360
吼 [hǒu] 498
忽然 [hū rán] 50
忽然 [hū rán] 237
护士 [hù shì] 50
护士 [hù shì] 238
胡同 [hú tóng] 238
糊涂 [hú tu] 50
糊涂 [hú tú] 238
互相 [hù xiāng] 362
护照 [hù zhào] 161
壶 [hú] 161
湖 [hú] 361
呼 [hū] 361
滑冰 [huá bīng] 362
画儿 [huà ér] 50
花生 [huā shēng] 161
话题 [huà tí] 238
滑雪 [huá xuě] 162
化验 [huà yàn] 498
话 [huà] 51

画 [huà] 238
花 [huā] 50
花 [huā] 238
坏处 [huài chù] 362
怀疑 [huái yí] 238
怀孕 [huái yùn] 498
坏 [huài] 239
坏 [huài] 51
缓和 [huǎn hé] 498
环境 [huán jìng] 362
欢乐 [huān lè] 498
幻想 [huàn xiǎng] 239
欢迎 [huān yíng] 51
欢迎 [huān yíng] 239
慌忙 [huāng máng] 499
黄油 [huáng yóu] 363
慌张 [huāng zhāng] 239
黄 [huáng] 239
黄 [huáng] 51
回报 [huí bào] 499
汇报 [huì bào] 499
回答 [huí dá] 51
回答 [huí dá] 240
恢复 [huī fù] 239
回顾 [huí gù] 499
辉煌 [huī huáng] 499
回来 [huí lái] 162
毁灭 [huǐ miè] 499
会谈 [huì tán] 363
回头 [huí tóu] 363
灰心 [huī xīn] 239
回忆 [huí yì] 363
会议 [huì yì] 240
回 [huí] 51
会 [huì] 52
昏 [hūn hé] 499
混乱 [hùn luàn] 500
混淆 [hùn xiáo] 500
伙伴 [huǒ bàn] 240
火柴 [huǒ chái] 240
火柴 [huǒ chái] 52
火车 [huǒ chē] 52
获得 [huò dé] 364

活动 [huó dòng] 162
火箭 [huǒ jiàn] 500
活泼 [huó pō] 363
活跃 [huó yuè] 364
或者 [huò zhě] 240
或者 [huò zhě] 53
活 [huó] 52
火 [huǒ] 240
火 [huǒ] 52

J

基本 [jī běn] 365
疾病 [jí bìng] 500
机场 [jī chǎng] 162
基础 [jī chǔ] 365
鸡蛋 [jī dàn] 241
鸡蛋 [jī dàn] 53
记得 [jì de] 163
激动 [jī dòng] 365
嫉妒 [jí dù] 500
及格 [jí gé] 366
集合 [jí hé] 367
几乎 [jī hū] 364
计划 [jì huá] 163
机会 [jī huì] 367
积极 [jī jí] 364
季节 [jì jié] 364
积累 [jī lěi] 241
激烈 [jī liè] 365
急忙 [jí máng] 366
寂寞 [jì mò] 242
纪念 [jì niàn] 241
极其 [jí qí] 368
激情 [jī qíng] 500
既然 [jì rán] 241
既然 [jì rán] 54
肌肉 [jī ròu] 240
及时 [jí shí] 366
即使 [jí shǐ] 241
技术 [jì shù] 366
继续 [jì xù] 368
急躁 [jí zào] 500
记者 [jì zhě] 367

集中 [jí zhōng] 367	检讨 [jiǎn tǎo] 501	脚 [jiǎo] 57	今天 [jīn tiān] 59
极 [jí] 53	检验 [jiǎn yàn] 501	脚 [jiǎo] 244	进行 [jìn xíng] 501
极 [jí] 241	建议 [jiàn yì] 371	教 [jiāo] 57	紧张 [jǐn zhāng] 165
寄 [jì] 241	坚硬 [jiān yìng] 501	交 [jiāo] 164	禁止 [jìn zhǐ] 377
寄 [jì] 54	简直 [jiǎn zhí] 163	教 [jiāo] 244	近 [jìn] 246
记 [jì] 54	建筑 [jiàn zhù] 371	接触 [jiē chù] 373	近 [jìn] 59
挤 [jǐ] 367	件 [jiàn] 55	接待 [jiē dài] 374	进 [jìn] 246
几 [jǐ] 53	见 [jiàn] 55	街道 [jiē dào] 374	进 [jìn] 59
加班 [jiā bān] 242	件 [jiàn] 243	阶段 [jiē duàn] 373	劲 [jìn] 377
价格 [jià gé] 368	溅 [jiàn] 502	解放 [jiě fàng] 376	仅 [jǐn] 376
家具 [jiā jù] 368	间 [jiàn] 55	结果 [jié guǒ] 375	紧 [jǐn] 165
假期 [jià qī] 55	煎 [jiān] 242	结合 [jié hé] 375	斤 [jīn] 59
价钱 [jià qián] 55	降低 [jiàng dī] 371	结婚 [jié hūn] 375	敬爱 [jìng ài] 379
假如 [jiǎ rú] 242	讲究 [jiǎng jiū] 243	姐姐 [jiě jie] 58	精彩 [jīng cǎi] 378
驾驶 [jià shǐ] 242	将来 [jiāng lái] 56	姐姐 [jiě jie] 245	警察 [jǐng chá] 379
加油 [jiā yóu] 242	将来 [jiāng lái] 243	解决 [jiě jué] 164	经常 [jīng cháng] 377
假 [jiǎ] 163	奖励 [jiǎng lì] 502	揭露 [jiē lù] 502	警告 [jǐng gào] 503
假 [jiǎ] 54	奖学金 [jiǎng xué jīn] 371	节目 [jié mù] 374	经过 [jīng guò] 377
加 [jiā] 54	酱油 [jiàng yóu] 56	解散 [jiě sàn] 503	经济 [jīng jì] 166
家 [jiā] 54	酱油 [jiàng yóu] 243	介绍 [jiè shào] 164	京剧 [jīng jù] 246
检查 [jiǎn chá] 370	讲 [jiǎng] 243	节省 [jié shěng] 245	经历 [jīng lì] 378
坚持 [jiān chí] 368	讲 [jiǎng] 56	结实 [jié shí] 467	经理 [jīng lǐ] 378
简单 [jiǎn dān] 163	江 [jiāng] 56	结实 [jié shí] 58	惊奇 [jīng qí] 504
鉴定 [jiàn dìng] 502	骄傲 [jiāo ào] 372	解释 [jiě shì] 374	竟然 [jìng rán] 246
坚定 [jiān dìng] 369	交代 [jiāo dài] 502	接受 [jiē shòu] 374	精神 [jīng shén] 378
监督 [jiān dū] 501	狡猾 [jiǎo huá] 244	结束 [jié shù] 375	警惕 [jǐng tì] 504
坚固 [jiān gù] 501	交换 [jiāo huàn] 372	节约 [jié yuē] 375	惊讶 [jīng yà] 504
见解 [jiàn jiě] 502	焦急 [jiāo jí] 503	节奏 [jié zòu] 503	经验 [jīng yàn] 378
艰巨 [jiān jù] 369	交际 [jiāo jì] 372	借 [jiè] 245	竞争 [jìng zhēng] 246
坚决 [jiān jué] 369	交流 [jiāo liú] 372	借 [jiè] 58	精致 [jīng zhì] 504
健康 [jiàn kāng] 243	教室 [jiào shì] 56	街 [jiē] 58	镜子 [jìng zi] 379
健康 [jiàn kāng] 56	教室 [jiào shì] 57	接 [jiē] 245	茎 [jīng] 504
艰苦 [jiān kǔ] 369	教授 [jiào shòu] 244	接 [jiē] 58	究竟 [jiū jìng] 379
建立 [jiàn lì] 370	交通 [jiāo tōng] 244	进步 [jìn bù] 165	纠正 [jiū zhèng] 379
简陋 [jiǎn lòu] 502	交通 [jiāo tōng] 56	进攻 [jìn gōng] 376	旧 [jiù] 60
见面 [jiàn miàn] 370	交往 [jiāo wǎng] 503	紧急 [jǐn jí] 245	就 [jiù] 60
艰难 [jiān nán] 501	教训 [jiào xùn] 244	进来 [jìn lái] 165	就 [jiù] 247
键盘 [jiàn pán] 243	交易 [jiāo yì] 503	尽力 [jìn lì] 246	旧 [jiù] 247
坚强 [jiān qiáng] 242	教育 [jiào yù] 373	尽量 [jǐn liàng] 376	酒 [jiǔ] 166
减轻 [jiǎn qīng] 370	饺子 [jiǎo zi] 164	紧密 [jǐn mì] 503	九 [jiǔ] 60
减少 [jiǎn shǎo] 26	叫做 [jiào zuò] 57	今年 [jīn nián] 59	久 [jiǔ] 246
监视 [jiān shì] 501	叫 [jiào] 57	过去 [jìn qù] 165	久 [jiǔ] 60
践踏 [jiàn tà] 502	角 [jiǎo] 373	谨慎 [jǐn shèn] 245	举办 [jǔ bàn] 247

具备 [jù bèi] 380
剧本 [jù běn] 505
局部 [jú bù] 505
剧场 [jù chǎng] 381
巨大 [jù dà] 380
聚会 [jù huì] 248
拒绝 [jù jué] 247
距离 [jù lí] 380
剧烈 [jù liè] 505
局面 [jú miàn] 505
居然 [jū rán] 247
拘束 [jū shù] 504
局限 [jú xiàn] 505
举行 [jǔ xíng] 247
具有 [jù yǒu] 381
居住 [jū zhù] 505
橘子 [jú zi] 166
句子 [jù zi] 380
句 [jù] 61
举 [jǔ] 60
举 [jǔ] 247
决策 [jué cè] 506
觉得 [jué de] 248
觉得 [jué de] 61
决定 [jué dìng] 61
决定 [jué dìng] 248
绝对 [jué duì] 248
决赛 [jué sài] 248
绝望 [jué wàng] 506
觉悟 [jué wù] 381
决心 [jué xīn] 381

K

卡车 [kǎ chē] 381
咖啡 [kā fēi] 248
咖啡 [kā fēi] 61
开采 [kāi cǎi] 506
开发 [kāi fā] 248
开放 [kāi fàng] 382
开明 [kāi míng] 382
开辟 [kāi pì] 382
开始 [kāi shǐ] 166
开水 [kāi shuǐ] 62

开水 [kāi shuǐ] 506
开玩笑 [kāi wán xiào] 382
开心 [kāi xīn] 249
开展 [kāi zhǎn] 382
开 [kāi] 61
看病 [kàn bìng] 167
看不起 [kàn bu qǐ] 383
看法 [kàn fǎ] 383
看见 [kàn jiàn] 383
看 [kàn] 62
抗议 [kàng yì] 249
考察 [kǎo chá] 506
考虑 [kǎo lǜ] 383
考上 [kǎo shàng] 62
考试 [kǎo shì] 62
考试 [kǎo shì] 249
考验 [kǎo yàn] 506
烤 [kǎo] 62
可爱 [kě ài] 63
可爱 [kě ài] 249
课本 [kè běn] 385
课程 [kè chéng] 385
克服 [kè fú] 385
客观 [kè guān] 250
可靠 [kě kào] 384
可怜 [kě lián] 384
可能 [kě néng] 167
可怕 [kě pà] 249
可怕 [kě pà] 63
客气 [kè qi] 64
客人 [kè rén] 64
客人 [kè rén] 250
可是 [kě shì] 63
可是 [kě shì] 249
咳嗽 [ké sòu] 384
客厅 [kè tīng] 65
客厅 [kè tīng] 250
渴望 [kě wàng] 506
课文 [kè wén] 167
可惜 [kě xī] 250
科学 [kē xué] 384
可以 [kě yǐ] 250
可以 [kě yǐ] 64

课 [kè] 167
刻 [kè] 250
刻 [kè] 64
可 [kě] 63
渴 [kě] 250
渴 [kě] 64
棵 [kē] 63
棵 [kē] 249
肯定 [kěn dìng] 385
肯 [kěn] 65
恐怖 [kǒng bù] 251
空调 [kōng diào] 251
恐惧 [kǒng jù] 507
恐怕 [kǒng pà] 65
恐怕 [kǒng pà] 251
空气 [kōng qì] 385
空调 [kōng tiáo] 251
空虚 [kōng xū] 507
控制 [kòng zhì] 386
口袋 [kǒu dài] 65
口 [kǒu] 168
裤子 [kù zi] 251
裤子 [kù zi] 66
苦 [kǔ] 66
苦 [kǔ] 251
哭 [kū] 65
哭 [kū] 251
快活 [kuài huó] 507
快乐 [kuài lè] 386
筷子 [kuài zi] 66
筷子 [kuài zi] 252
块 [kuài] 66
快 [kuài] 66
快 [kuài] 251
款待 [kuǎn dài] 507
宽 [kuān] 386
旷课 [kuàng kè] 507
况且 [kuàng qiě] 507
昆虫 [kūn chóng] 508
困难 [kùn nán] 387
困 [kùn] 386
捆 [kǔn] 387
扩大 [kuò dà] 387

扩散 [kuò sàn] 508

L

垃圾 [lā jī] 387
辣 [là] 168
拉 [lā] 67
拉 [lā] 252
来不及 [lái bù jí] 168
来得及 [lái dé jí] 387
来历 [lái lì] 508
来源 [lái yuán] 508
来 [lái] 67
懒惰 [lǎn duò] 508
篮球 [lán qiú] 67
蓝 [lán] 252
懒 [lǎn] 387
浪费 [làng fèi] 388
浪漫 [làng màn] 252
牢固 [láo gù] 508
老虎 [lǎo hǔ] 67
老虎 [lǎo hǔ] 252
姥姥 [lǎo lao] 252
老婆 [lǎo pó] 168
老人 [lǎo rén] 388
老实 [lǎo shí] 169
老师 [lǎo shī] 68
老鼠 [lǎo shǔ] 68
老鼠 [lǎo shǔ] 252
老 [lǎo] 168
老人 [lǎorén] 68
乐观 [lè guān] 388
乐趣 [lè qù] 509
了 [le] 68
累 [lèi] 68
累 [lèi] 253
冷淡 [lěng dàn] 509
冷静 [lěng jìng] 253
冷却 [lěng què] 509
冷 [lěng] 169
立场 [lì chǎng] 509
理发 [lǐ fà] 253
厉害 [lì hài] 70

离婚 [lí hūn] 253
理解 [lǐ jiě] 253
离开 [lí kāi] 389
立刻 [lì kè] 69
立刻 [lì kè] 254
力量 [lì liàng] 388
礼貌 [lǐ mào] 389
力气 [lì qi] 170
例如 [lì rú] 389
利润 [lì rùn] 254
历史 [lì shǐ] 254
历史 [lì shǐ] 70
礼物 [lǐ wù] 169
理想 [lǐ xiǎng] 254
利用 [lì yòng] 254
理由 [lǐ yóu] 254
力争 [lì zhēng] 509
离 [lí] 253
梨 [lí] 253
离 [lí] 69
梨 [lí] 69
里 [lǐ] 69
理 [lǐ] 169
俩 [liǎ] 169
联合 [lián hé] 390
联络 [lián luò] 509
连忙 [lián máng] 389
联盟 [lián méng] 509
联系 [lián xì] 390
练习 [liàn xí] 170
连续 [lián xù] 390
连 [lián] 70
连 [lián] 254
脸 [liǎn] 255
脸 [liǎn] 70
凉快 [liáng kuài] 170
粮食 [liáng shí] 255
辆 [liàng] 255
辆 [liàng] 70
量 [liàng] 390
亮 [liàng] 170
两 [liǎng] 70
两 [liǎng] 255 了

解 [liǎo jiě] 170
邻居 [lín jū] 255
临时 [lín shí] 390
领导 [lǐng dǎo] 391
领会 [lǐng huì] 510
灵活 [líng huó] 391
另外 [lìng wài] 171
领域 [lǐng yù] 255
零 [líng] 71
领 [lǐng] 71
流传 [liú chuán] 255
流利 [liú lì] 71
留神 [liú shén] 510
流行 [liú xíng] 256
留学 [liú xué] 256
留 [liú] 71
留 [liú] 256
六 [liù] 71
垄断 [lǒng duàn] 510
楼梯 [lóu tī] 391
楼 [lóu] 171
樓 [lóu] 71
陆地 [lù dì] 256
律师 [lǜ shī] 171
旅行 [lǚ xíng] 72
旅行 [lǚ xíng] 171
陆续 [lù xù] 391
旅游 [lǚ yóu] 392
路 [lù] 72
路 [lù] 256
绿 [lǜ] 172
綠 [lǜ] 72
乱 [luàn] 392
轮流 [lún liú] 256
论文 [lùn wén] 256
落后 [luò hòu] 257
落实 [luò shí] 510

M

麻烦 [má fan] 257
麻烦 [má fan] 72
马虎 [mǎ hū] 257
妈妈 [mā ma] 72

马上 [mǎ shàng] 257
马上 [mǎ shàng] 73
吗 [ma] 73
骂 [mà] 257
骂 [mà] 73
马 [mǎ] 257
马 [mǎ] 73
买卖 [mǎi mài] 392
埋没 [mái mò] 510
卖 [mài] 74
卖 [mài] 257
慢慢地 [màn màn di] 74
满意 [mǎn yì] 172
满足 [mǎn zú] 392
满 [mǎn] 172
忙 [máng] 258
忙 [máng] 74
毛笔 [máo bǐ] 74
毛病 [máo bìng] 75
毛病 [máo bìng] 258
矛盾 [máo dùn] 392
毛巾 [máo jīn] 172
贸易 [mào yì] 393
帽子 [mào zi] 75
帽子 [mào zi] 258
毛 [máo] 258
毛 [máo] 75
猫 [māo] 74
没关系 [méi guān xi] 393
美丽 [měi lì] 172
美丽 [měi lì] 76
妹妹 [mèi mei] 258
妹妹 [mèi mèi] 76
美妙 [měi miào] 510
没事(儿) [méi shì(r)] 172
美术 [měi shù] 393
每天 [měi tiān] 76
没有 [méi yǒu] 75
每 [měi] 258
每 [měi] 75
门口(儿) [mén kǒu(r)] 173
门票 [mén piào] 76

门 [mén] 76
门 [mén] 259
猛烈 [měng liè] 510
梦想 [mèng xiǎng] 511
梦 [mèng] 394
米饭 [mǐ fàn] 173
秘密 [mì mì] 394
密切 [mì qiē] 394
迷信 [mí xìn] 511
米 [mǐ] 173
面包 [miàn bāo] 77
面包 [miàn bāo] 259
免费 [miǎn fèi] 259
勉强 [miǎn qiáng] 511
面条儿 [miàn tiáo ér] 394
面子 [miàn zi] 511
灭亡 [miè wáng] 511
敏捷 [mǐn jié] 511
民族 [mín zú] 259
明白 [míng bái] 77
明白 [míng bái] 259
明亮 [míng liàng] 395
命令 [mìng lìng] 395
明年 [míng nián] 77
名片(儿) [míng piàn(r)] 259
名片 [míng piàn] 77
明确 [míng què] 395
名胜 [míng shèng] 394
明天 [míng tiān] 78
明显 [míng xiǎn] 395
明信片 [míng xìn piàn] 78
明信片 [míng xìn piàn] 260
明星 [míng xīng] 260
命运 [mìng yùn] 395
名字 [míng zì] 77
模仿 [mó fǎng] 396
模糊 [mó hú] 260
陌生 [mò shēng] 260
墨水(儿) [mò shuǐ(r)] 511
目标 [mù biāo] 395
目的 [mù dì] 396
母亲 [mǔ qīn] 260
母亲 [mǔ qīn] 78

木头 [mù tóu] 260

N
那个 [nà gè] 79
那里 [nà lǐ] 79
那么 [nà me] 173
拿手 [ná shǒu] 396
拿 [ná] 261
拿 [ná] 78
那 [nà] 79
哪 [nǎ] 78
奶奶 [nǎi nai] 174
耐心 [nài xīn] 396
耐用 [nài yòng] 397
难道 [nán dào] 174
难怪 [nán guài] 261
难过 [nán guò] 397
难看 [nán kàn] 397
男人 [nán rén] 174
难受 [nán shòu] 174
难 [nán] 261
南 [nán] 261
难 [nán] 79
南 [nán] 79
脑袋 [nǎo dài] 397
哪儿 [nǎr] 79
呢 [ne] 80
内容 [nèi róng] 397
内 [nèi] 80
内 [nèi] 261
能干 [néng gàn] 398
能够 [néng gòu] 80
能力 [néng lì] 398
能 [néng] 80
你们 [nǐ men] 81
你 [nǐ] 80
年代 [nián dài] 261
年级 [nián jí] 261
年级 [nián jí] 81
年纪 [nián jì] 81
年纪 [nián jì] 262
年龄 [nián líng] 398
年轻人 [nián qīng rén] 81

年轻 [nián qīng] 398
年 [nián] 81
念 [niàn] 262
念 [niàn] 82
鸟 [niǎo] 82
鸟 [niǎo] 262
您 [nín] 82
您 [nín] 262
宁可 [nìng kě] 262
牛奶 [niú nǎi] 262
牛奶 [niú nǎi] 82
扭转 [niǔ zhuǎn] 512
牛 [niú] 82
农村 [nóng cūn] 399
浓 [nóng] 398
弄 [nòng] 175
女儿 [nǚ ér] 82
女儿 [nǚ ér] 175
努力 [nǔ lì] 83
努力 [nǔ lì] 262
女人 [nǚ rén] 175
暖和 [nuǎn he] 175
暖气 [nuǎn qì] 399

O
哦 [ó] 512
殴打 [ōu dǎ] 512
偶尔 [ǒu ěr] 263
偶然 [ǒu rán] 263
呕吐 [ǒu tù] 512
欧洲 [ōu zhōu] 176
欧 [ōu] 176

P
爬 [pá] 83 怕 [pà] 83
排列 [pái liè] 263
派遣 [pài qiǎn] 513
排球 [pái qiú] 83
排球 [pái qiú] 263
拍 [pāi] 263
拍 [pāi] 83
判断 [pàn duàn] 399
盼望 [pàn wàng] 263

盘子 [pán zi] 399
旁边(儿) [páng biān(r)] 400
胖 [pàng] 176
跑步 [pǎo bù] 176
跑 [pǎo] 84
佩服 [pèi fú] 264
配合 [pèi hé] 400
培养 [péi yǎng] 264
培育 [péi yù] 512
陪 [péi] 84
陪 [péi] 263
朋友 [péng you] 84
碰 [pèng] 84
捧 [pěng] 400
皮肤 [pí fū] 401
屁股 [pì gu] 513
啤酒 [pí jiǔ] 175
疲倦 [pí juàn] 512
疲劳 [pí láo] 264
批判 [pī pàn] 400
批评 [pī píng] 401
脾气 [pí qi] 401
批准 [pī zhǔn] 264
匹 [pǐ] 264
匹 [pǐ] 84
偏偏(儿) [piān piān(r)] 513
便宜 [pián yi] 14
片 [piàn] 84
骗 [piàn] 401
片 [piàn] 264
篇 [piān] 177
漂亮 [piào liàng] 177
票 [piào] 85
票 [piào] 265
品德 [pǐn dé] 513
贫困 [pín kùn] 513
拼命 [pīn mìng] 402
品质 [pǐn zhì] 513
平安 [píng ān] 402
平常 [píng cháng] 177
平凡 [píng fán] 513
苹果 [píng guǒ] 85
评价 [píng jià] 265

平静 [píng jìng] 402
评论 [píng lùn] 513
乒乓球 [pīng pāng qiú] 85
乒乓球 [pīng pāng qiú] 265
平时 [píng shí] 402
平原 [píng yuán] 402
瓶子 [píng zi] 265
迫害 [pò hài] 514
破坏 [pò huài] 403
迫切 [pò qiè] 265
朴素 [pǔ sù] 403
破 [pò] 265
破 [pò] 85
泼 [pō] 514
普遍 [pǔ biàn] 403
瀑布 [pù bù] 514
普及 [pǔ jí] 514
葡萄 [pú táo] 177
普通话 [pǔ tōng huà] 265
普通 [pǔ tōng] 404
扑 [pū] 403

Q
汽车 [qì chē] 86
起初 [qǐ chū] 514
起床 [qǐ chuáng] 178
期待 [qī dài] 266
起飞 [qǐ fēi] 178
气氛 [qì fēn] 266
欺负 [qī fù] 514
奇怪 [qí guài] 178
气候 [qì hòu] 179
起来 [qǐ lái] 179
奇妙 [qí miào] 514
欺骗 [qī piàn] 404
起身 [qǐ shēn] 86
其实 [qí shí] 179
其他 [qí tā] 404
气味 [qì wèi] 515
气象 [qì xiàng] 405
气源 [qì yuán] 515
其中 [qí zhōng] 404
妻子 [qī zi] 178

骑 [qí] 85
骑 [qí] 266
起 [qǐ] 86 七 [qī] 85
恰当 [qià dāng] 515
铅笔 [qiān bǐ] 266
铅笔 [qiān bǐ] 86
签订 [qiān dìng] 515
前进 [qián jìn] 405
前年 [qián nián] 87
前天 [qián tiān] 87
前途 [qián tú] 405
千万 [qiān wàn] 86
谦虚 [qiān xū] 266
签证 [qiān zhèng] 179
钱 [qián] 87
前 [qián] 87
浅 [qiǎn] 266
浅 [qiǎn] 87
千 [qiān] 86
牵 [qiān] 405
千 [qiān] 266
强调 [qiáng diào] 267
强烈 [qiáng liè] 267
墙 [qiáng] 267
墙 [qiáng] 88
抢 [qiǎng] 267
巧妙 [qiǎo miào] 406
桥 [qiáo] 88
瞧 [qiáo] 406
桥 [qiáo] 267
敲 [qiāo] 406
切实 [qiè shí] 515
切 [qiē] 406
侵犯 [qīn fàn] 515
勤劳 [qín láo] 267
侵略 [qīn lüè] 467
亲戚 [qīn qi] 180
亲切 [qīn qiè] 407
亲热 [qīn rè] 515
清除 [qīng chú] 515
清楚 [qīng chǔ] 180
清楚 [qīng chǔ] 89
请假 [qǐng jià] 407

请教 [qǐng jiāo] 516
情景 [qíng jǐng] 408
请客 [qǐng kè] 180
清理 [qīng lǐ] 516
青年 [qīng nián] 407
请求 [qǐng qiú] 408
请示 [qǐng shì] 516
轻视 [qīng shì] 267
清晰 [qīng xī] 516
情形 [qíng xíng] 516
清醒 [qīng xǐng] 516
庆祝 [qìng zhù] 180
晴 [qíng] 268
晴 [qíng] 88
请 [qǐng] 88
轻 [qīng] 267
轻 [qīng] 88
穷 [qióng] 268
穷 [qióng] 89
秋天 [qiū tiān] 89
秋 [qiū] 403
区别 [qū bié] 408
取得 [qǔ dé] 408
去年 [qù nián] 89
去年 [qù nián] 268
去世 [qù shì] 268
趣味 [qù wèi] 517
取消 [qǔ xiāo] 408
区域 [qū yù] 517
曲折 [qū zhé] 517
去 [qù] 89
取 [qǔ] 181
全部 [quán bù] 268
全部 [quán bù] 90
权利 [quán lì] 268
权力 [quán lì] 517
权益 [quán yì] 517
全 [quán] 181
缺点 [quē diǎn] 409
确定 [què dìng] 409
缺乏 [quē fá] 409
缺少 [quē shǎo] 409
确实 [què shí] 409

却 [què] 269
却 [què] 90
裙子 [qún zi] 181
群 [qún] 269
群 [qún] 90

R

然而 [rán ér] 410
然后 [rán hòu] 181
让 [ràng] 269
让 [ràng] 90
热爱 [rè ài] 410
热烈 [rè liè] 410
热闹 [rè nao] 90
热闹 [rè nào] 269
热情 [rè qíng] 410
热心 [rè xīn] 410
热 [rè] 182
人才 [rén cái] 411
任何 [rèn hé] 411
人家 [rén jiā] 91
人家 [rén jiā] 517
人类 [rén lèi] 269
人类 [rén lèi] 91
人民币 [rén mín bì] 182
忍耐 [rěn nài] 517
人生 [rén shēng] 269
认识 [rèn shi] 91
忍受 [rěn shòu] 518
认为 [rèn wéi] 270
人物 [rén wù] 411
任务 [rèn wù] 411
任性 [rèn xìng] 518
任意 [rèn yì] 518
认真 [rèn zhēn] 91
认真 [rèn zhēn] 270
人 [rén] 90
仍然 [réng rán] 412
扔 [rēng] 412
日常 [rì cháng] 412
日记 [rì jì] 182
日子 [rì zi] 91
容忍 [róng rěn] 518

容易 [róng yì] 92
容易 [róng yì] 270
柔和 [róu hé] 518
肉 [ròu] 92
如果 [rú guǒ] 182
入口 [rù kǒu] 270
如 [rú] 412
软件 [ruǎn jiàn] 183
软 [ruǎn] 270
软 [ruǎn] 92

S

洒 [sǎ] 413
撒 [sǎ] 413
赛 [sài] 183
散步 [sàn bù] 413
伞 [sǎn] 270
伞 [sǎn] 92
三 [sān] 92
丧失 [sàng shī] 518
扫 [sǎo] 513
森林 [sēn lín] 413
沙发 [shā fā] 183
沙漠 [shā mò] 413
傻 [shǎ] 414
擅长 [shàn cháng] 518
善良 [shàn liáng] 270
善于 [shàn yú] 271
山 [shān] 93
上班 [shàng bān] 415
上当 [shàng dàng] 415
商店 [shàng diàn] 183
上个月 [shàng gè yuè] 93
上课 [shàng kè] 184
商量 [shāng liàng] 183
商品 [shāng pǐn] 414
上去 [shàng qù] 415
上午 [shàng wǔ] 93
伤心 [shāng xīn] 414
商业 [shāng yè] 414
上衣 [shàng yī] 415
上 [shàng] 93
少年 [shào nián] 94

少数 [shǎo shù] 416	声明 [shēng míng] 520	逝世 [shì shì] 521	收 [shōu] 186
稍微 [shāo wēi] 415	生命 [shēng mìng] 418	食堂 [shí táng] 421	书包 [shū bāo] 425
勺子 [sháo zi] 416	生气 [shēng qì] 272	石头 [shí tóu] 273	蔬菜 [shū cài] 187
少 [shǎo] 94	生气 [shēng qì] 96	石头 [shí tóu] 98	舒畅 [shū chàng] 522
烧 [shāo] 94	生日 [shēng rì] 184	失望 [shī wàng] 419	书店 [shū diàn] 186
捎 [shāo] 519	生意 [shēng yì] 418	实现 [shí xiàn] 421	束缚 [shù fù] 522
设备 [shè bèi] 416	声音 [shēng yīn] 272	实行 [shí xíng] 273	舒服 [shū fú] 99
设法 [shè fǎ] 416	声音 [shēng yīn] 96	事业 [shì yè] 423	舒服 [shū fú] 275
社会 [shè huì] 417	剩 [shèng] 185	适宜 [shì yí] 521	暑假 [shǔ jià] 100
设计 [shè jì] 417	省 [shěng] 419	适应 [shì yīng] 423	树立 [shù lì] 522
射击 [shè jī] 271	生 [shēng] 95	实用 [shí yòng] 421	熟练 [shú liàn] 425
设施 [shè shī] 271	升 [shēng] 95	使用 [shǐ yòng] 186	数量 [shù liàng] 426
舌头 [shé tóu] 94	升 [shēng] 272	实在 [shí zài] 185	输入 [shū rù] 187
舌头 [shé tóu] 271	失败 [shī bài] 419	施展 [shī zhǎn] 520	舒适 [shū shì] 425
设想 [shè xiǎng] 519	时常 [shí cháng] 520	实质 [shí zhì] 521	叔叔 [shū shu] 99
蛇 [shé] 416	市场 [shì chǎng] 273	始终 [shǐ zhōng] 422	叔叔 [shū shu] 275
谁 [shéi] 94	市场 [shì chǎng] 519	狮子 [shī zi] 422	熟悉 [shú xī] 426
身材 [shēn cái] 271	时代 [shí dài] 420	十 [shí] 96	数学 [shù xué] 99
审查 [shěn chá] 519	适当 [shì dàng] 423	试 [shì] 185	数字 [shù zì] 426
身份 [shēn fèn] 271	释放 [shì fàng] 521	是 [shì] 97	树 [shù] 100
深厚 [shēn hòu] 417	十分 [shí fēn] 520	使 [shǐ] 273	树 [shù] 275
神经 [shén jīng] 418	事故 [shì gù] 521	手表 [shǒu biǎo] 424	数 [shǔ] 100
深刻 [shēn kè] 417	适合 [shì hé] 423	首都 [shǒu dōu] 274	数 [shǔ] 522
什么 [shén me] 95	时候 [shí hòu] 96	首都 [shǒu dōu] 98	输 [shū] 275
神秘 [shén mì] 272	实际 [shí jì] 420	手段 [shǒu duàn] 424	输 [shū] 99
神气 [shén qì] 519	时机 [shí jī] 422	售货 [shòu huò] 274	书 [shū] 99
神情 [shén qíng] 519	世纪 [shì jì] 422	收获 [shōu huò] 425	率领 [shuài lǐng] 522
申请 [shēn qǐng] 271	事迹 [shì jì] 521	手巾 [shǒu jīn] 98	帅 [shuài] 187
深入 [shēn rù] 417	实践 [shí jiàn] 421	寿命 [shòu mìng] 274	双 [shuāng] 100
神色 [shén sè] 519	时间 [shí jiān] 185	收入 [shōu rù] 425	双 [shuāng] 275
神圣 [shén shèng] 519	事件 [shì jiàn] 421	受伤 [shòu shāng] 186	水果 [shuǐ guǒ] 101
身体 [shēn tǐ] 95	世界 [shì jiè] 97	收拾 [shōu shí] 97	睡觉 [shuì jiào] 101
身体 [shēn tǐ] 272	世界 [shì jiè] 274	收拾 [shōu shí] 274	水平 [shuǐ píng] 426
甚至 [shén zhì] 272	时刻 [shí kè] 420	收缩 [shōu suō] 521	水 [shuǐ] 100
慎重 [shèn zhòng] 520	时髦 [shí máo] 273	手套 [shǒu tào] 98	顺便(儿) [shùn biàn(r)] 427
深 [shēn] 272	食品 [shí pǐn] 201	手套 [shǒu tào] 274	顺利 [shùn lì] 427
深 [shēn] 95	时期 [shí qī] 420	首先 [shǒu xiān] 424	顺序 [shùn xù] 275
生病 [shēng bìng] 184	事情 [shì qíng] 274	收音机 [shōu yīn jī] 522	说服 [shuō fú] 275
生长 [shēng cháng] 418	事情 [shì qíng] 97	收音机 [shōu yīn jī] 98	说明 [shuō míng] 427
生动 [shēng dòng] 418	失去 [shī qù] 419	手指 [shǒu zhǐ] 186	说 [shuō] 101
生活 [shēng huó] 184	湿润 [shī rùn] 273	瘦 [shòu] 425	丝毫 [sī háo] 276
盛开 [shèng kāi] 520	实施 [shí shī] 520	受 [shòu] 99	司机 [sī jī] 427
胜利 [shèng lì] 419	事实 [shì shí] 422	手 [shǒu] 98	思考 [sī kǎo] 276

思念 [sī niàn] 522
思索 [sī suǒ] 523
死亡 [sǐ wáng] 523
思想 [sī xiǎng] 427
四 [sì] 101
死 [sǐ] 101
死 [sǐ] 276
送行 [sòng xíng] 428
送 [sòng] 102
送 [sòng] 276
速度 [sù dù] 428
算 [suàn] 276
算 [suàn] 102
酸 [suān] 187
随便 [suí biàn] 277
随便 [suí biàn] 102
虽然 [suī rán] 429
虽然 [suī rán] 276
随着 [suí zháo] 276
随 [suí] 187
岁 [suì] 102
孙女(儿) [sūn nǚ(r)] 188
损失 [sǔn shī] 428
孙子 [sūn zi] 188
缩短 [suō duǎn] 277
缩小 [suō xiǎo] 277
所以 [suǒ yǐ] 103
所以 [suǒ yǐ] 277
所有 [suǒ yǒu] 277
所有 [suǒ yǒu] 103

T

他们 [tā men] 103
她 [tā] 104
它 [tā] 103
他 [tā] 103
它 [tā] 277
态度 [tài dù] 188
太太 [tài tai] 278
太太 [tài tài] 104
太阳 [tài yáng] 278
太阳 [tài yáng] 104
抬 [tái] 428

台 [tái] 188
太 [tài] 104
谈判 [tán pàn] 428
探索 [tàn suǒ] 523
谈 [tán] 188
倘若 [tǎng ruò] 523
糖 [táng] 104
糖 [táng] 278
趟 [tàng] 105
趟 [tàng] 278
烫 [tàng] 429
躺 [tǎng] 105
躺 [tǎng] 278
汤 [tāng] 189
讨论 [tǎo lùn] 105
讨论 [tǎo lùn] 278
讨厌 [tǎo yàn] 429
特别 [tè bié] 105
特别 [tè bié] 278
特长 [tè cháng] 523
特点 [tè diǎn] 429
特殊 [tè shū] 429
疼 [téng] 279
疼 [téng] 105
体操 [tǐ cāo] 106
提倡 [tí chàng] 429
提高 [tí gāo] 189
提供 [tí gōng] 430
体会 [tǐ huì] 430
提前 [tí qián] 430
提示 [tí shì] 523
提问 [tí wèn] 279
提醒 [tí xǐng] 189
体验 [tǐ yàn] 279
提议 [tí yì] 524
体育 [tǐ yù] 430
替 [tì] 106
天才 [tiān cái] 524
天气 [tiān qì] 106
天真 [tiān zhēn] 430
甜 [tián] 106
甜 [tián] 279
天 [tiān] 106

调剂 [tiáo jì] 524
调节 [tiáo jié] 524
跳舞 [tiào wǔ] 190
调整 [tiáo zhěng] 431
条 [tiáo] 107
条 [tiáo] 279
跳 [tiào] 107
挑 [tiāo] 107
听见 [tīng jiàn] 431
停止 [tíng zhǐ] 431
停 [tíng] 107
听 [tīng] 107
通常 [tōng cháng] 279
通过 [tōng guò] 431
痛苦 [tòng kǔ] 433
同情 [tóng qíng] 433
同事 [tóng shì] 279
统统 [tǒng tǒng] 524
同学 [tóng xué] 108
通讯 [tōng xùn] 432
同意 [tóng yì] 432
统一 [tǒng yī] 432
统治 [tǒng zhì] 433
通知 [tōng zhī] 432
同 [tóng] 190
通 [tōng] 108
头发 [tóu fā] 109
头发 [tóu fà] 280
投机 [tóu jī] 524
投入 [tóu rù] 433
投降 [tóu xiáng] 524
头 [tóu] 108
土豆(儿) [tǔ dòu(r)] 434
途径 [tú jìng] 525
突破 [tū pò] 525
突然 [tū rán] 431
图书馆 [tú shū guǎn] 108
图书馆 [tú shū guǎn] 280
团结 [tuán jié] 434
退步 [tuì bù] 280
推迟 [tuī chí] 280
推辞 [tuī cí] 280
推动 [tuī dòng] 434

推翻 [tuī fān] 525
推广 [tuī guǎng] 434
腿 [tuǐ] 280
腿 [tuǐ] 109
推 [tuī] 109
推 [tuī] 280
妥当 [tuǒ dàng] 525
脱离 [tuō lí] 435
妥协 [tuǒ xié] 525
脱 [tuō] 190
脱 [tuō] 109
拖 [tuō] 434

W

袜子 [wà zi] 281
袜子 [wà zǐ] 109
外行 [wài háng] 525
歪曲 [wāi qū] 525
外 [wài] 281
外 [wài] 109
完备 [wán bèi] 526
完成 [wán chéng] 435
顽固 [wán gù] 526
完全 [wán quán] 435
完善 [wán shàn] 281
晚上 [wǎn shàng] 110
晚上 [wǎn shàng] 281
万一 [wàn yī] 281
完整 [wán zhěng] 435
完 [wán] 281
完 [wán] 110
玩 [wán] 110
万 [wàn] 281
万 [wàn] 110
晚 [wǎn] 110
碗 [wǎn] 190
忘记 [wàng jì] 436
网球 [wǎng qiú] 111
网球 [wǎng qiú] 282
往往 [wǎng wǎng] 436
忘 [wàng] 111
望 [wàng] 436
往 [wǎng] 190

违背 [wéi bèi] 526
维持 [wéi chí] 526
伟大 [wěi dà] 437
味道 [wèi dào] 438
违反 [wéi fǎn] 437
危害 [wēi hài] 436
维护 [wéi hù] 437
危机 [wēi jī] 436
围巾 [wéi jīn] 282
未来 [wèi lái] 437
为了 [wèi le] 438
为难 [wéi nán] 526
为什么 [wèi shén me] 111
为什么 [wèi shén me] 282
委托 [wěi tuō] 282
慰问 [wèi wèn] 526
危险 [wēi xiǎn] 282
危险 [wēi xiǎn] 111
位 [wèi] 111
喂 [wèi] 112
位 [wèi] 282
胃 [wèi] 438
稳定 [wěn dìng] 439
温度 [wēn dù] 438
温和 [wēn hé] 526
文化 [wén huà] 191
文件 [wén jiàn] 439
文明 [wén míng] 439
温暖 [wēn nuǎn] 439
问题 [wèn tí] 191
文章 [wén zhāng] 282
问 [wèn] 112
问 [wèn] 283
我们 [wǒ men] 112
卧室 [wò shì] 283
握手 [wò shǒu] 440
我 [wǒ] 112
午饭 [wǔ fàn] 191
误会 [wù huì] 440
舞会 [wǔ huì] 191
无聊 [wú liáo] 283
无论 [wú lùn] 440
污染 [wū rǎn] 440

屋子 [wū zi] 283
无 [wú] 440
五 [wǔ] 112

X

西餐 [xī cān] 192
西瓜 [xī guā] 441
习惯 [xí guàn] 192
西红柿 [xī hóng shì] 441
喜欢 [xǐ huan] 113
袭击 [xí jī] 527
吸取 [xī qǔ] 527
牺牲 [xī shēng] 441
洗手间 [xǐ shǒu jiān] 114
吸收 [xī shōu] 441
希望 [xī wàng] 113
希望 [xī wàng] 283
细心 [xì xīn] 442
洗衣机 [xǐ yī jī] 284
洗衣机 [xǐ yī jī] 113
吸引 [xī yǐn] 442
喜悦 [xǐ yuè] 527
洗澡 [xǐ zǎo] 192
细致 [xì zhì] 527
洗 [xǐ] 283
洗 [xǐ] 113
吸 [xī] 441
西 [xī] 283
下班 [xià bān] 442
下课 [xià kè] 442
下来 [xià lái] 443
下去 [xià qù] 443
夏天 [xià tiān] 114
下午 [xià wǔ] 114
下月 [xià yuè] 114
下 [xià] 114
夏 [xià] 442
现代 [xiàn dài] 192
显得 [xiǎn dé] 443
现金 [xiàn jīn] 284
先进 [xiān jìn] 443
鲜明 [xiān míng] 527

羡慕 [xiàn mù] 445
显然 [xiǎn rán] 444
先生 [xiān sheng] 115
现实 [xiàn shí] 444
显示 [xiǎn shì] 284
现在 [xiàn zài] 192
限制 [xiàn zhì] 444
显著 [xiǎn zhù] 444
咸 [xián] 115
咸 [xián] 284
线 [xiàn] 115
先 [xiān] 115
先 [xiān] 284
相当 [xiāng dāng] 445
向导 [xiàng dǎo] 527
相对 [xiāng duì] 284
想法 [xiǎng fǎ] 447
相反 [xiāng fǎn] 447
相互 [xiāng hù] 445
香蕉 [xiāng jiāo] 116
香蕉 [xiāng jiāo] 285
向来 [xiàng lái] 527
想念 [xiǎng niàn] 447
相似 [xiāng sì] 445
相同 [xiāng tóng] 446
详细 [xiáng xì] 446
乡下 [xiāng xià] 115
想像 [xiǎng xiàng] 285
相信 [xiāng xìn] 284
相信 [xiāng xìn] 116
响应 [xiǎng yīng] 446
箱子 [xiāng zǐ] 115
向 [xiàng] 285
向 [xiàng] 116
像 [xiàng] 193
象 [xiàng] 117
响 [xiǎng] 446
想 [xiǎng] 116
香 [xiāng] 447
消除 [xiāo chú] 528
消费 [xiāo fèi] 448
效果 [xiào guǒ] 449
消耗 [xiāo hào] 528

笑话 [xiào huà] 450
消化 [xiāo huà] 448
消极 [xiāo jí] 528
小姐 [xiǎo jiě] 117
消灭 [xiāo miè] 448
小时 [xiǎo shí] 193
消失 [xiāo shī] 448
小说(儿) [xiǎo shuō(r)] 449
消息 [xiāo xī] 448
小心 [xiǎo xīn] 117
小心 [xiǎo xīn] 285
小学 [xiǎo xué] 449
校长 [xiào zhǎng] 449
笑 [xiào] 285
笑 [xiào] 117
小 [xiǎo] 117
谢绝 [xiè jué] 528
协商 [xié shāng] 528
谢谢 [xiè xie] 193
协助 [xié zhù] 528
鞋 [xié] 118
鞋 [xié] 285
谢 [xiè] 118
血 [xiě] 118
写 [xiě] 118
血 [xiě] 285
信封(儿) [xìn fēng(r)] 450
辛苦 [xīn kǔ] 193
辛亏 [xīn kuī] 119
信赖 [xìn lài] 529
信念 [xìn niàn] 529
辛勤 [xīn qín] 529
心情 [xīn qíng] 450
信任 [xìn rèn] 286
欣赏 [xīn shǎng] 286
薪水 [xīn shuǐ] 119
心疼 [xīn téng] 528
新闻 [xīn wén] 286
新闻 [xīn wén] 119
信息 [xīn xī] 286
新鲜 [xīn xiān] 194
信心 [xìn xīn] 451

573

信仰 [xìn yǎng] 529
信用卡 [xìn yòng kǎ] 286
信用 [xìn yòng] 194
心脏 [xīn zàng] 450
信 [xìn] 120
信 [xìn] 286
新 [xīn] 119
心 [xīn] 119
新 [xīn] 286
形成 [xíng chéng] 451
兴奋 [xīng fèn] 451
幸福 [xìng fú] 194
性格 [xìng gé] 453
幸亏 [xìng kuī] 195
行李 [xíng li] 287
行李 [xíng li] 120
性命 [xìng mìng] 529
星期天 [xīng qī tiān] 120
星期 [xīng qī] 120
兴趣 [xìng qù] 452
行人 [xíng rén] 287
形势 [xíng shì] 451
形式 [xíng shì] 451
形态 [xíng tài] 529
形象 [xíng xiàng] 452
星星 [xīng xīng] 120
性质 [xìng zhì] 453
形状 [xíng zhuàng] 452
行 [xíng] 194
醒 [xǐng] 452
兄弟 [xiōng dì] 195
熊猫 [xióng māo] 453
雄伟 [xióng wěi] 287
休息 [xiū xi] 121
修 [xiū] 121
修 [xiū] 287
许多 [xǔ duō] 287
许多 [xǔ duō] 121
虚假 [xū jiǎ] 529
需求 [xū qiú] 530
虚伪 [xū wěi] 530
虚心 [xū xīn] 453
需要 [xū yào] 195

宣布 [xuān bù] 453
宣传 [xuān chuán] 454
选举 [xuǎn jǔ] 287
选择 [xuǎn zé] 454
学生 [xué shēng] 121
学习 [xué xí] 121
学校 [xué xiào] 122
雪 [xuě] 195
迅速 [xùn sù] 454
询问 [xún wèn] 287

Y

牙齿 [yá chǐ] 122
牙膏 [yá gāo] 196
呀膏 [yā gāo] 122
压力 [yā lì] 288
压迫 [yā pò] 454
牙刷 [yá shuā] 455
压缩 [yā suō] 530
压制 [yā zhì] 530
呀 [yā] 196
延长 [yán cháng] 455
演出 [yǎn chū] 455
掩盖 [yǎn gài] 531
严格 [yán gé] 455
掩护 [yǎn hù] 531
宴会 [yàn huì] 196
严禁 [yán jìn] 530
眼镜(儿) [yǎn jìng(r)] 288
眼镜 [yǎn jìng] 122
眼睛 [yǎn jīng] 288
眼睛 [yǎn jīng] 123
研究 [yán jiū] 456
研究生 [yán jiū shēng] 288
眼泪 [yǎn lèi] 196
严厉 [yán lì] 530
严密 [yán mì] 530
颜色 [yán sè] 288
颜色 [yán sè] 122
掩饰 [yǎn shì] 531
严肃 [yán sù] 456
厌恶 [yàn wù] 531

演员 [yǎn yuán] 456
严重 [yán zhòng] 456
盐 [yán] 288
养成 [yǎng chéng] 288
阳光 [yáng guāng] 456
样子 [yàng zi] 196
羊 [yáng] 123
要紧 [yào jǐn] 123
邀请 [yāo qǐng] 289
要求 [yāo qiú] 197
钥匙 [yào shi] 289
要是 [yào shì] 124
要是 [yào shì] 289
遥远 [yáo yuǎn] 531
药 [yào] 289
要 [yào] 123
药 [yào] 123
要 [yào] 289
业务 [yè wù] 457
也许 [yě xǔ] 124
也许 [yě xǔ] 290
爷爷 [yé ye] 197
业余 [yè yú] 290
叶子 [yè zi] 290
夜 [yè] 290
页 [yè] 457
也 [yě] 289
也 [yě] 124
一般 [yì bān] 197
一边 [yì biān] 457
遗产 [yí chǎn] 532
一点儿 [yì diǎnr] 125
一定 [yí dìng] 125
一定 [yí dìng] 290
衣服 [yī fu] 126
一共 [yí gòng] 125
一共 [yí gòng] 290
遗憾 [yí hàn] 291
以后 [yǐ hòu] 292
以后 [yǐ hòu] 127
一会(儿) [yí huì(r)] 291
一会儿 [yí huì(r)] 125

意见 [yì jiàn] 198
已经 [yǐ jīng] 292
已经 [yǐ jīng] 126
依旧 [yī jiù] 531
依据 [yī jù] 531
依靠 [yī kào] 457
遗留 [yí liú] 532
议论 [yì lùn] 292
仪器 [yí qì] 458
一起 [yì qǐ] 291
一起 [yì qǐ] 125
以前 [yǐ qián] 292
以前 [yǐ qián] 127
一切 [yí qiè] 291
依然 [yī rán] 291
医生 [yī shēng] 197
艺术 [yì shù] 458
意思 [yì si] 198
一同 [yì tóng] 457
意外 [yì wài] 458
以为 [yǐ wéi] 127
以为 [yǐ wéi] 292
疑问 [yí wèn] 458
义务 [yì wù] 292
一样 [yí yàng] 126
一样 [yí yàng] 291
医院 [yī yuàn] 198
一直 [yì zhí] 291
一直 [yì zhí] 126
抑制 [yì zhì] 532
椅子 [yǐ zi] 127
亿 [yì] 292
以 [yǐ] 198
一 [yī] 124
因此 [yīn cǐ] 293
因此 [yīn cǐ] 127
引导 [yǐn dǎo] 532
因而 [yīn ér] 459
饮料 [yǐn liào] 199
引起 [yǐn qǐ] 293
因为 [yīn wèi] 293
因为 [yīn wèi] 128
印象 [yìn xiàng] 199

银行 [yín xíng] 128	邮票 [yóu piào] 129	原料 [yuán liào] 466	造成 [zào chéng] 298
银行 [yín xíng] 293	尤其 [yóu qí] 462	愿望 [yuàn wàng] 297	早饭 [zǎo fàn] 201
隐约 [yǐn yuē] 532	有趣 [yǒu qù] 462	原先 [yuán xiān] 534	造句 [zào jù] 468
音乐 [yīn yuè] 459	游戏 [yóu xì] 295	愿意 [yuàn yì] 464	早上 [zǎo shàng] 298
阴 [yīn] 293	有效 [yǒu xiào] 464	愿意 [yuàn yì] 132	早上 [zǎo shàng] 133
阴 [yīn] 128	优秀 [yōu xiù] 461	原因 [yuán yīn] 466	造 [zào] 133
应酬 [yìng chóu] 532	友谊 [yǒu yì] 463	圆珠笔 [yuán zhū bǐ] 131	责备 [zé bèi] 298
婴儿 [yīng ér] 532	游泳 [yóu yǒng] 295	圆 [yuán] 200	责任 [zé rèn] 298
应付 [yìng fù] 294	游泳 [yóu yǒng] 130	元 [yuán] 200	怎么样 [zěn me yàng] 134
应该 [yīng gāi] 128	由于 [yóu yú] 294	远 [yuǎn] 296	怎么 [zěn me] 134
应该 [yīng gāi] 293	犹豫 [yóu yù] 294	远 [yuǎn] 131	增加 [zēng jiā] 299
迎接 [yíng jiē] 459	优越 [yōu yuè] 533	阅读 [yuè dú] 466	增添 [zēng tiān] 535
影响 [yǐng xiǎng] 199	幼稚 [yòu zhì] 533	约会 [yuē huì] 466	增长 [zēng zhǎng] 468
英雄 [yīng xióng] 459	由 [yóu] 464	月亮 [yuè liàng] 132	扎 [zhā] 468
应邀 [yìng yāo] 533	油 [yóu] 130	月亮 [yuè liàng] 297	战斗 [zhàn dòu] 469
应用 [yìng yòng] 460	又 [yòu] 130	约束 [yuē shù] 534	沾光 [zhān guāng] 535
英勇 [yīng yǒng] 459	又 [yòu] 295	越 [yuè] 132	占据 [zhàn jù] 535
影子 [yǐng zi] 128	右 [yòu] 131	越 [yuè] 297	展开 [zhǎn kāi] 468
赢 [yíng] 293	有 [yǒu] 130	月 [yuè] 132	展览会 [zhǎn lǎn huì] 469
硬 [yìng] 294	预报 [yù bào] 200	运动员 [yùn dòng yuán] 466	占领 [zhàn lǐng] 535
硬 [yìng] 129	预备 [yù bèi] 465	运动 [yùn dòng] 297	战略 [zhàn lüè] 536
勇敢 [yǒng gǎn] 460	愚蠢 [yú chǔn] 533	运动 [yùn dòng] 132	战胜 [zhàn shèng] 469
用功 [yòng gōng] 533	遇到 [yù dào] 464	运气 [yùn qì] 297	战术 [zhàn shù] 536
用功 [yòng gōng] 129	预订 [yù dìng] 296	运输 [yùn shū] 467	展望 [zhǎn wàng] 535
拥护 [yōng hù] 460	语法 [yǔ fǎ] 200	运行 [yùn xíng] 534	崭新 [zhǎn xīn] 535
勇气 [yǒng qì] 460	预防 [yù fáng] 296	允许 [yǔn xǔ] 467	占有 [zhàn yǒu] 535
拥有 [yōng yǒu] 533	愉快 [yú kuài] 464	运用 [yùn yòng] 467	战争 [zhàn zhēng] 469
永远 [yǒng yuǎn] 460	羽毛球 [yǔ máo qiú] 464	云 [yún] 297	站 [zhàn] 299
踊跃 [yǒng yuè] 533	玉米 [yù mǐ] 465	云 [yún] 132	站 [zhàn] 134
用 [yòng] 129	与其 [yǔ qí] 296		障碍 [zhàng ài] 536
用 [yòng] 294	于是 [yú shì] 295	**Z**	掌握 [zhǎng wò] 470
右边 [yòu biān] 462	预习 [yù xí] 199	杂志 [zá zhì] 298	长 [zhǎng] 201
优点 [yōu diǎn] 461	语言 [yǔ yán] 199	杂志 [zá zhì] 133	张 [zhāng] 134
幼儿园 [yòu ér yuán] 295	宇宙 [yǔ zhòu] 296	灾害 [zāi hài] 467	张 [zhāng] 299
友好 [yǒu hǎo] 462	鱼 [yú] 131	栽培 [zāi péi] 534	招待 [zhāo dài] 470
悠久 [yōu jiǔ] 461	鱼 [yú] 295	再说 [zài shuō] 200	照顾 [zhào gù] 470
邮局 [yóu jú] 294	与 [yǔ] 465	在 [zài] 298	招呼 [zhāo hū] 470
邮局 [yóu jú] 129	雨 [yǔ] 131	在 [zài] 133	着急 [zháo jí] 299
有力 [yǒu lì] 463	缘故 [yuán gù] 296	再 [zài] 133	着急 [zháo jí] 134
有利 [yǒu lì] 463	原来 [yuán lái] 296	赞成 [zàn chéng] 468	照片 [zhào piàn] 299
优良 [yōu liáng] 461	原来 [yuán lái] 131	赞美 [zàn měi] 298	照片 [zhào piàn] 135
有名 [yǒu míng] 463	原理 [yuán lǐ] 534	暂时 [zàn shí] 467	招聘 [zhāo pìn] 299
幽默 [yōu mò] 295	原谅 [yuán liàng] 465	赞扬 [zàn yáng] 534	照 [zhào] 135

这个 [zhè ge] 135	植物 [zhí wù] 473	主要 [zhǔ yào] 474	总 [zǒng] 141
这里 [zhè lǐ] 135	执行 [zhí xíng] 472	注意 [zhù yì] 304	走 [zǒu] 306
着 [zhe] 299	只要 [zhǐ yào] 302	注意 [zhù yì] 140	走 [zǒu] 141
着 [zhe] 136	只要 [zhǐ yào] 138	主张 [zhǔ zhāng] 475	组成 [zǔ chéng] 306
这 [zhè] 135	职业 [zhí yè] 201	祝 [zhù] 202	足球 [zú qiú] 141
珍贵 [zhēn guì] 536	至于 [zhì yú] 302	住 [zhù] 139	阻止 [zǔ zhǐ] 306
镇静 [zhèn jìng] 536	支援 [zhī yuán] 472	煮 [zhǔ] 139	钻研 [zuān yán] 539
真理 [zhēn lǐ] 471	制造 [zhì zào] 473	煮 [zhǔ] 303	最好 [zuì hǎo] 202
真实 [zhēn shí] 471	制止 [zhì zhǐ] 537	猪 [zhū] 139	最后 [zuì hòu] 202
珍惜 [zhēn xī] 300	制作 [zhì zuò] 302	猪 [zhū] 303	最近 [zuì jìn] 203
镇压 [zhèn yā] 536	指 [zhǐ] 138	抓紧 [zhuā jǐn] 476	最 [zuì] 306
阵 [zhèn] 300	纸 [zhǐ] 138	转变 [zhuǎn biàn] 476	嘴 [zuǐ] 141
针 [zhēn] 136	只 [zhǐ] 301	转达 [zhuǎn dá] 538	嘴 [zuǐ] 141
真 [zhēn] 300	只 [zhǐ] 137	转告 [zhuǎn gào] 476	嘴 [zuǐ] 306
真 [zhēn] 136	指 [zhǐ] 302	装备 [zhuāng bèi] 538	尊敬 [zūn jìng] 478
正当 [zhèng dāng] 537	只 [zhǐ] 301	状况 [zhuàng kuàng] 477	遵守 [zūn shǒu] 478
整顿 [zhěng dùn] 537	只 [zhǐ] 137	壮丽 [zhuàng lì] 538	尊严 [zūn yán] 539
争夺 [zhēng duó] 536	枝 [zhī] 301	装饰 [zhuāng shì] 304	尊重 [zūn zhòng] 306
政府 [zhèng fǔ] 301	枝 [zhī] 137	状态 [zhuàng tài] 477	做法 [zuò fǎ] 479
正好 [zhèng hǎo] 471	忠诚 [zhōng chéng] 537	庄严 [zhuāng yán] 477	作风 [zuò fēng] 539
整理 [zhěng lǐ] 136	重大 [zhòng dà] 473	撞 [zhuàng] 304	座谈 [zuò tán] 479
整理 [zhěng lǐ] 300	中断 [zhōng duàn] 537	准备 [zhǔn bèi] 202	尊重 [zūn tiān] 142
争论 [zhēng lùn] 300	中间 [zhōng jiān] 201	准时 [zhǔn shí] 304	作业 [zuò yè] 478
证明 [zhèng míng] 301	重视 [zhòng shì] 474	桌子 [zhuō zǐ] 140	做主 [zuò zhǔ] 539
征求 [zhēng qiú] 300	忠实 [zhōng shí] 538	字典 [zì diǎn] 304	坐 [zuò] 142
争取 [zhēng qǔ] 471	钟头 [zhōng tóu] 139	字典 [zì diǎn] 140	做 [zuò] 142
正式 [zhèng shì] 472	终于 [zhōng yú] 302	自豪 [zì háo] 304	左 [zuǒ] 142
整体 [zhěng tǐ] 300	种 [zhǒng] 303	自己 [zì jǐ] 305	
整天 [zhěng tiān] 136	种 [zhǒng] 139	自己 [zì jǐ] 140	
正在 [zhèng zài] 201	钟 [zhōng] 138	资料 [zī liào] 304	
正 [zhèng] 137	中 [zhōng] 138	自满 [zì mǎn] 538	
正 [zhèng] 301	钟 [zhōng] 302	仔细 [zǐ xì] 477	
争 [zhēng] 201	周到 [zhōu dào] 474	自行车 [zì xíng chē] 305	
支持 [zhī chí] 472	周密 [zhōu mì] 538	自行车 [zì xíng chē] 140	
指导 [zhǐ dǎo] 473	主持 [zhǔ chí] 303	自由 [zì yóu] 477	
知道 [zhī dào] 301	嘱咐 [zhǔ fù] 503	自愿 [zì yuàn] 305	
知道 [zhī dào] 137	主观 [zhǔ guān] 474	综合 [zōng hé] 478	
值得 [zhí dé] 472	祝贺 [zhù hè] 475	总结 [zǒng jié] 478	
制定 [zhì dìng] 473	逐渐 [zhú jiàn] 475	总括 [zǒng kuò] 305	
只好 [zhǐ hǎo] 137	著名 [zhù míng] 476	总是 [zǒng shì] 305	
治理 [zhì lǐ] 537	主人 [zhǔ rén] 139	总算 [zǒng suàn] 305	
治疗 [zhì liáo] 302	主人 [zhǔ rén] 303	总之 [zǒng zhī] 305	
支配 [zhī pèi] 537			